풍성한 삶의 기초

풍성한 삶의 기초

김형국 지음

2017년 3월 9일 초판 1쇄 발행
2024년 10월 15일 초판 16쇄 발행

펴낸이 김도완   **펴낸곳** 비아토르
등록번호 제2021-000048호   **주소** 서울시 종로구 삼일대로 428, 500-26호
      (2017년 2월 1일)   (우편번호 03140)
전화 02-929-1732   **팩스** 02-928-4229
전자우편 viator@homoviator.co.kr

편집 김명희, 이지혜   **디자인** 이은혜
제작 제이오   **인쇄** (주)민언프린텍   **제본** 다온바인텍

ISBN 979-11-960265-4-7 03230   **저작권자** ⓒ 김형국, 2017

이 도서의 국립중앙도서관 출판예정도서목록(CIP)은 서지정보유통지원시스템 홈페이지(http://seoji.nl.go.kr)와
국가자료공동목록시스템(http://www.nl.go.kr/kolisnet)에서 이용하실 수 있습니다.(CIP제어번호: CIP2017005202)

하나님나라 복음에 기초한 일대일 제자훈련

풍성한 삶의 기초

Foundation Of Abundant Life

김형국

| 차 례 |

I 그리스도 안에 있는 새로운 피조물인 나

풍성한 삶,
어떻게 시작하는가

고등학교 1학년 때 예수님을 알고 난 다음, 어린 제 마음을 무척 곤혹스럽게 했던 말씀이 있었는데, 바로 요한복음 10장 10절입니다.

> 내가 온 것은 양으로 생명을 얻게 하고 더 풍성히 얻게 하려는 것이라(개역개정).

예수님이 "양으로 생명을 얻게 하기" 위해 오셨다는 말씀은 어느 정도 수긍이 되었습니다. 그리스도인들이 생명을 얻고 구원을 받아서 영원한 멸망에 이르지 않고 천국에 들어간다는 것은 이미 알고 믿고 있었기 때문입니다.

저를 어렵게 한 부분은 "더 풍성히 얻게 하려는 것이라"는 후반부였습니다. 예수님은 단순히 우리를 구원하시기 위해서가 아니라, 그 이상으로 아주 풍성한 삶, 이 땅에서 매우 매력적이고 균형 있고 아름다운 삶을 살게 하려고 우리를 부르셨다고 말씀하십니다. 그런데 문제는 주변에 있는 그리스도인들을 보면, 그들의 삶이 참으로 '풍성하다', '흘러

넘친다'는 느낌이 들지 않았다는 것입니다. 많은 경우, 오히려 그 반대였습니다. 풍성하기보다는 꾀죄죄하고, 너그럽기보다는 완고하고, 다른 사람을 배려하기보다는 자기중심적이고, 사회와 역사를 바라보며 폭넓게 사고하는 모습보다는 세상에서 분리되어 매우 교조적이고 자기만 옳다고 하는 모습을 많이 보았습니다.

곤혹스럽고 고민스러웠습니다. '예수님은 더 풍성한 생명을 위해 오셨다고 하는데 그리스도인들은 왜 풍성한 삶을 누리지 못할까? 왜 그렇게 되었을까? 그리스도인들에게 허락된 풍성한 삶이란 도대체 무엇일까?' 이 질문은 신앙생활 초기부터 꽤 오랜 시간 저를 떠나지 않았습니다.

그러다 그리스도인으로 성장해가면서, 예수 그리스도께서 진정으로 우리에게 전해주기 원하셨던 가르침이 무엇인지 알아가기 시작했습니다. 성경적 가르침과 가치관에 근거한 그리스도인의 삶을 배워나가면서 제 혼란스러웠던 마음은 조금씩 정리되고 더 나아가 이런 깨달음과 기쁨으로 바뀌었습니다. '아, 하나님이 원하시는 삶이 이런 것이구나. 이렇게 멋진 삶이구나. 내가 그것을 다 따라가지 못하고 다 배우지 못할 수는 있지만 하나님이 우리를 위해 계획하신 삶은 참으로 놀랍다. 참으로 대단하다'는 생각이 들었습니다. 그리고 이 놀라운 삶을 다른 사람들과 나누고 싶어졌습니다.

풍성한 삶을 누리지 못하는 세 가지 이유

많은 사람들이 그리스도인이라면서도 풍성한 삶을 잘 누리지 못하는 이유가 세 가지 있습니다. 첫 번째는, **예수님의 가르침을 있는 그대로 받아들이지 않았기 때문입니다.** 예수에 대하여 수없이 말하지만 정작 예수님이 그토록 가르치기 원하셨던 내용에 그리스도인들이 무지하다는 사실은 경악할 만한 일입니다. 예수님의 죽으심으로 우리의 죄가 용서받고, 예수님의 부활하심으로 우리가 영생을 얻을 소망을 얻게 되었다는 것은 모든 그리스도인이 분명히 이해하고 있는 성경의 핵심 진리입니다. 이것이 예수님의 십자가와 부활을 통해서 우리에게 전해주신 '십자가의 복음'이라면, 예수님이 사역을 시작하시면서부터 지속적으로 가르치신 주제는 '하나님나라'입니다. 예수님의 핵심 사상이 무엇이냐고 묻는다면, 성경을 제대로 읽은 사람이라면 누구나 동일하게 '하나님나라'라고 말할 것입니다.

문제는 오랜 기간 기독교 내에서 '십자가의 복음'과 '하나님나라'가 별개로 존재했다는 것입니다. 이것은 묵과할 수 없는 심각한 문제입니다. 예수님이 공생애를 통해 가르치시고, 자신의 죽음과 부활을 통해서 전해주신 메시지는 '하나님나라의 복음'이라는 통합된 메시지입니다. 이런 진리를 한쪽 측면만 강조하면, 반을 잃는 것이 아니라 진리 전체에 심각한 왜곡을 가져오게 됩니다. 이렇게 균형 잃은 가르침은 균형 잃은 삶을 만들어낼 수밖에 없었습니다.

풍성한 삶을 제대로 누리지 못하는 두 번째 이유는, 이런 가르침을 제대로 배우고 익히지 못했기 때문입니다. 아무리 좋은 가르침과 삶이 있어도 그것을 함께 나누고 배우고 익히는 과정이 없다면 자신의 것이 될 수 없습니다.

예수님은 스스로 본을 보이시며 제자들을 '하나님의 사람'으로 키우셨습니다. 자신의 제자로 삼으셨습니다. 가르침으로 그들의 눈을 열어주시고, 함께 살며 그분의 인격과 삶으로 그들의 마음을 만져주셨습니다. 진리는 단순히 지적인 내용을 습득해서 얻는 것이 아니라 전인격적이라는 사실을 보여주셨습니다. 그리고 자신이 그러셨던 것처럼, 제자들도 다른 사람들을 제자로 삼을 수 있기를 원하셨습니다.

제자들은 사람들을 예수께 인도했고, 그 사람들은 예수님이 만드신 새로운 공동체에서 예수를 따라가는 삶을 제대로 배우고 익힐 수 있었습니다. 그렇게 제자가 된 자들이 또다시 제자를 배출하고, 그 제자들이 다가오는 세대에 또 제자를 배출하고…그렇게 해서 오늘 저와 여러분이 예수님을 소개받고, 오늘 이렇게 예수를 주인으로 고백하게 되었습니다. 제자 삼는 일은 지난 2천 년 동안 기독교의 본질적 메시지를 오늘까지 전수시킨 '거룩한 방법론'이었습니다.

사람들이 요한복음 10장 10절이 말하는 **풍성한 삶을 누리지 못하는 세 번째 이유는 균형 있는 삶을 잃었기 때문입니다.** 여기서 균형이란, 우리 삶의 모든 영역에서 그리스도인다운 삶을 살아가는 것을 말합니다. 먼저, 균형을 잃어버린 모습을 생각해봅시다. 많은 그리스도인들이 기도, 예배, 교회생활처럼 하나님과 맺는 관계에는 익숙하지만, 사람들과 관계를 맺는 데는 미숙합니다. 사랑하라는 말은 수없이 들었기에 다른 사람을 사랑하는 척하지만, 나를 싫어하는 사람, 아니 나를 교묘하게 걸고 넘어지는 사람, 나를 계속 힘들게 하는 사람은 어떻게 사랑해야 하는지 잘 모릅니다.

직업을 선택하고 돈을 버는 일, 하루 중 대부분의 시간을 보내는 학교나 직장 생활의 의미를 찾는 데도 미숙한 편입니다. 교회에 오면 성경

이야기는 많이 들을 수 있을지 모르지만, 우리가 많은 시간을 보내는 세상에서 어떻게 살아야 할지에 대해서는 지혜나 경험이 부족해 보입니다. 성경은, 그리스도 안에 있는 풍성한 삶은 매우 균형 잡힌 삶이라고 강조합니다. 하나님과의 관계뿐 아니라, 이를 근간으로 자기 자신을 성경적인 방식으로 돌보고, 주변 사람들과 건강한 관계를 맺고, 삶의 현장에서 자신의 몫을 감당하며 의미 있는 삶을 사는 것이 예수님이 우리에게 선사하고 싶으셨던 삶의 모습입니다.

하나님나라 복음에 기초한 제자훈련 교재

이러한 이유들 때문에 그리스도인들이 마땅히 누리고 드러내야 할 풍성한 삶을 누리지 못하고 있습니다. 한국 교회가 사랑과 소망의 상징이 아니라 비난과 냉소의 대상이 된 것은 이상한 일이 아닙니다. 교회가 '주'로 고백하는 분인 예수의 가르침에 충실하지 않으니, 이런 결과가 오는 것은 당연합니다.

이런 안타까움에서 《풍성한 삶의 기초》가 탄생했습니다. 《풍성한 삶의 기초》는 하나님나라 복음에 기초한 균형 있는 삶의 토대를 공동체에서 배우고 익혀 형성할 수 있게 하는 제자 훈련 교재입니다. 먼저 《풍성한 삶의 기초》는 균형 있는 삶을 가르칩니다. 다음에 나오는 표는 전체적인 개념을 소개합니다. 먼저 첫 번째 만남과 두 번째 만남에서는 도표 가운데에 있는 '그리스도 안에 있는 나'에 대해 이야기합니다. 그리스도 안에 있다는 것이 도대체 무엇을 의미하는지를 다루게 될 것입니다.

세 번째 만남과 네 번째 만남은, 그리스도 안에 있는 내가 하나님과 어떻게 특별하고 새로운 관계를 맺을 수 있는지를 다룹니다. 그리고 난 다음 다섯 번째 만남과 여섯 번째 만남에서는 나라는 존재, 나도 어쩔 수 없는 나를 어떻게 다룰 것인지에 대해 이야기를 나눕니다.

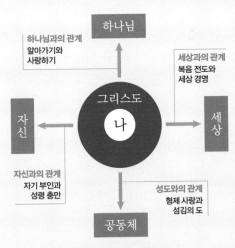

그리스도 안에 있는 풍성한 삶

그리스도 안에 있으면 하나님의 공동체를 얻게 되므로, 그 다음 일곱 번째와 여덟 번째 만남에서는, 그 공동체 안에서 어떻게 살 것인지, 공동체의 비밀은 무엇인지를 다룹니다. 그런데 '그리스도 안에 있는 나'는 놀랍게도 그리스도 안에 있는 나로 끝나지 않고 여전히 세상 가운데 살고 있습니다. 그러므로 이어지는 아홉 번째 만남과 열 번째 만남에서는 그리스도인으로 세상에서 어떻게 살아야 하는지를 이야기합니다. 이렇게 다섯 가지 주제를 다루고 난 다음, 열한 번째 만남과 열두 번째 만남에서는 어떻게 하면 꾸준하게 평생 동안 성장할 수 있는지를 마지막으로 이야기합니다.

이것을 '총체적 복음'이라고도 하지만, 더욱 성경적인 표현으로 '하나님나라 복음'이라고 할 수 있습니다. 하나님나라는 하나님이 우주의 주인이시고 인간 역사를 주관하시는 분이어서, 인간 삶의 모든 영역뿐 아니라 우주 전체를 다스리고 계시다는 사상입니다. 예수님은 이 하나님나라를 선포하셨고, 십자가와 부활을 통해서 그 나라에 감히 들어갈 수 없었던 우리가 그 나라의 백성이 될 수 있는 길을 여셨습니다. 이는 우리에게 '기쁜 소식'이 아닐 수 없습니다. 하나님나라는 그의 백성들을 통해서 구체적으로 드러나고, 역사 속에서 점진적으로 확장되다가, 이 깨지고 아픈 세상에 예수께서 다시 오심으로 온전히 회복될 것입니다.

그러므로 '하나님나라 복음'은 우리가 예수 그리스도로 말미암아 변화된 존재로, 우리 내적·외적 삶의 영역에서, 교회뿐 아니라 세상에서, 예수님을 주로 섬기는 사람답게 사는 원리와 방법을 가르쳐줍니다. 이런 면에서《풍성한 삶의 기초》에서 '기초'라는 말은 초보basic라는 뜻보다는 토대foundation라는 뜻에 가깝습니다. 하나님나라 복음에 근거한 삶은 평생 일구어나가야 할 우리의 인생 여정입니다. 이 훈련의 목적은 그 삶의 토대를 바로 세워서, 평생 이 토대에서 올곧게 자라가고, 뿌리를 든든히 박아 생명력 넘치는 삶을 살게 도와주는 것입니다.

이 책은 단순히 읽기 위해서 쓰인 책이 아닙니다. 읽기만 한다고 책의 내용이 자신의 것이 되지 않습니다. 이 책은 제자훈련 교재로 사용해야 그 효과를 제대로 발휘할 수 있습니다. 이 책은 두 사람이 일대일로 만나 사용하도록 구성했습니다. 여러 사람이 함께 모여서 대화하는 것도 개인의 고민과 성찰에 도움이 되지만, 제자훈련에서는 오히려 방해가 될 수 있습니다. 이 훈련은 12주 동안 매주 해당 부분을 읽고 묵상하여 자신의 삶에 적용해보고, 이끄미와 따르미가 만나 그 내용을 나누고, 일주일 동안 과제를 해가면서 함께 성장해가는 훈련 프로그램입니다(자세한 내용은 이 책의 활용법 참조).

우리를 몸으로 부르신 하나님은 우리가 건강한 그리스도의 공동체 가운데 있을 때 정상적으로 성장하도록 만드셨습니다. 두 사람은 공동체를 형성할 수 있는 최소 단위입니다. 두 사람이 함께 예수를 따라가는 삶을 배우고 익히면, 그리스도 안에서 평생의 영적 동반자가 될 수도 있습니다. 이렇게 하여 함께 주를 진실하게 따르는 이들이 모일 때, 한국 교회를 갱신할 수 있는 '하나님나라 복음'의 일꾼들이 세워질 것입니다.

더불어서 이 훈련 프로그램을 마치고 나서 자신에게 '풍성한 삶의 기초'가 놓이고, 하나님나라의 복음이 내면화되어가고 있다고 생각되면, 이끄미로 준비하는 과정을 시작하십시오. 《제자훈련: 폐기할 수 없는 기독교의 생존전략》(가제, 근간)이라는 후속 책은 《풍성한 삶의 기초》의 근간이 되는 성경의 진리를 좀 더 깊이 공부하는 과정입니다. 이 책에서는 에베소서 2장 1-10절과 로마서 1-8장, 하나님나라 신학, 영적 성장에 대해 자세히 배우고, 하나님나라 복음을 전수하는 제자훈련 방법론과 《풍성한 삶의 기초》를 잘 활용할 수 있는 방법도 익힙니다. 제자훈련은 훈련받은 사람이 또 다른 제자를 '재생산'할 때 성공합니다. 혼자 배우고 거기서 끝난다면 제자훈련이 아니라 단순 학습일 뿐입니다.

마지막으로, 이 제자훈련 교재는 2001년에 세워진 나들목교회에서 14년 동안 1,000명에 가까운 사람들이 실제로 훈련하며 만들어진 자료입니다. 새로 세워진 교회가 이 훈련과 함께 성장하여 건실한 공동체를 이루었습니다. 나들목교회에서는 이 교재로 훈련을 시작한 사람들이 매년 반복해서 자신의 따르미를 찾아 섬기는 모습을 자주 볼 수 있습니다. '하나님나라 복음'의 진리는 전수될수록 지속적으로 반복되면서 심화되는 성격을 가졌기 때문입니다.

한국 교회가 문제라고 아우성입니다. 실제로 우리는 심각한 위기 상황에 직면해 있습니다. 우리는 한국 교회가 가진 여러 문제를 직면하고 해결해야 합니다. 그러나 진짜 핵심적인 문제는 우리가 예수님이 가르치신 바, 곧 '하나님나라 복음'을 놓쳤다는 데에 있습니다. 우리가 이 하나님나라 복음을 바로 이해하고, 그 명확한 기초 위에서 우리가 전수받은 진리를 삶의 모든 영역에서 살아내려고 함께 애쓴다면, 우리 한국 교회에도 소망이 있습니다. 무엇보다 중요한 것은 우리가 먼저 그분의 자녀와 백성으로 '풍성한 삶'을 누리는 것입니다. 그것이 모든 갱신과 회복의 출발점입니다.

지난 2천 년 동안 그러했던 것처럼, 특별히 교회가 세상에서 소금과 빛의 역할을 제대로 하지 못할 때, '하나님나라 복음'을 바로 이해하고 살아내는 그의 진정한 제자, 예수 따르미들이 하나님을 이 세상 속에 드러내었고, 참된 갱신과 부흥을 경험하고, 더 나아가 세상을 변화시켰습니다. 오늘도 하나님은 하나님나라 복음을 누리며 전하는 예수 따르미들을 찾으십니다. 그들이 하나님나라의 역사를 써내려가고 있기 때문입니다.

【 《 풍 성 한 삶 의 기 초 》 활 용 법 】

이 교재를 본래 목적에 맞게 잘 활용하기 위해서는 다음과 같은 사실을 숙지하는 것이 꼭 필요합니다.

1. 《풍성한 삶의 기초》는 이미 예수님을 영접하고 주인으로 모시기로 결심한 사람들을 대상으로 만들어졌습니다. 아직 예수님을 삶의 주인으로 모시지 않은 사람들은 이 책을 사용하지 마십시오. 그분들은 먼저 《풍성한 삶으로의 초대》(포이에마)를 읽고 성경이 가르치는 복음의 내용을 분명히 하십시오.

2. 《풍성한 삶의 기초》는 '풍성한 삶의 기초' 이끄미반을 이수한 이끄미(인도자)가 따르미와 함께 공부하도록 구성한 일대일 훈련 교재입니다. 절대로 혼자서 그냥 읽지 마십시오. 좀 더 책임 있는 훈련과 공동체 내에서의 체계적인 제자훈련을 위해 www.hanabokdna.org에서 등록을 하시면 더 많은 도움을 받으실 수 있습니다. 이렇게 웹사이트에 등록하셔서 《풍성한 삶의 기초》를 수료하신 분들은 이끄미반을 공부하면서, 제자 삼는 자로서 준비하실 수 있습니다. 그러나 만약 이끄미나 함께 훈련할 사람이 없다면, 그 사람을 만나기 위해 먼저 기도하고 기다리십시오. 이끄미를 전혀 찾을 수 없는 경우라면, 함께 훈련할 사람을 찾아 두 사람이 함께 웹사이트에 신청을 하시고 이 훈련 프로그램을 진행하실 수 있습니다(자세한 내용은 웹사이트 참조).

3. 이렇게 함께 훈련할 사람을 찾았다면, 먼저 두 사람이 방해받지 않고 공부할 수 있는 시간과 장소를 마련하십시오. 또 개인적으로 교재의

내용을 읽고 묵상할 수 있는 시간과 장소를 미리 정해두십시오. 본격적으로 훈련을 시작하기에 앞서 별도의 준비 모임을 갖는 것이 좋습니다. 준비 모임에서는 서문을 함께 읽고 서약서를 작성한 다음, 앞으로의 훈련을 위해 함께 기도하십시오.

4. 본 교재는 총 열두 번의 만남으로 구성되어 있으며, 각 만남은 네 장으로 나누어져 있습니다. 일주일에 한 번의 만남을 소화하는 것이 가장 이상적입니다. 각자 일주일 동안 시간을 정해서 이 책의 각 만남에서 읽어야 할 네 개의 장을 읽고, 생각하고, 묵상 질문에 답해보십시오. 그리고 워크북을 사용해서 각 장의 내용을 정리해보십시오. 가장 이상적인 것은 이렇게 일주일에 소화해야 할 네 장을 개인적으로 시간을 내서 읽는 것입니다. 이것을 두세 번으로 나누어 할 수도 있습니다. 중요한 것은 각자 시간을 헌신해서 이 훈련에 참여하는 것입니다.

5. 네 장을 각자 읽고 묵상하고, 일주일에 한 번 이끄미와 따르미가 만나서 한 주 동안 묵상한 내용을 복습하고 나누는 시간을 갖도록 하십시오. 이 나눔에는 최소한 45분의 시간이 필요하고, 깊이 나누게 된다면 한 시간 또는 두 시간 이상이 필요할 수도 있습니다. 충분한 시간을 내어 깊이 나눌수록 하나님나라의 복음이 내면화될 것입니다. (이 훈련 교재는 나들목교회에서 오랫동안 강의한 내용을 '읽는 교재'로 만든 것입니다. 만약 이 훈련을 책을 읽으면서 하지 않고 강의를 보거나 들으면서 하고 싶은 경우에는 www.hanabokdna.org에서 등록한 후 mp3파일과 동영상 강의를 제공받을 수 있습니다.)

6. 각 만남의 끝에는, 다음 번 만남까지 준비할 과제물이 있습니다. 워크북에 있는 과제물을 활용하여서 이끄미와 따르미가 깊은 나눔을

가지십시오. 과제물을 성실하게 해오는 것은 이 훈련에서 아주 중요한 부분입니다.

7. 이 훈련으로 유익을 얻으신 분은 '풍성한 삶의 기초' 이끄미반을 수강하여 어린 그리스도인들을 돕는 자로 성장해나가며, 하나님나라 복음이 자신 속에서 더욱더 심화되는 축복을 누리십시오.

'풍성한 삶의 기초'를 실패하는 일곱 가지 비책

나들목교회에서 14년간 이 프로그램을 훈련하면서《풍성한 삶의 기초》를 함께 했지만 풍성한 열매를 거두지 못하는 경우를 보기도 했습니다.《풍성한 삶의 기초》를 통하여 제자훈련의 효과를 100퍼센트 얻기 원한다면, 꼭 피해야 할 '실패하는 일곱 가지 비책秘策'이 있습니다.《풍성한 삶의 기초》를 통해 진정한 제자로 자라가기 원한다면, 다음의 속임수에 넘어가지 않도록 주의하시기 바랍니다.

첫 번째, 내용을 대충 빨리 읽으십시오. 성경 구절은 익숙하니 건너뛰고, 다 아는 내용이라고 생각하며 대충 읽으십시오. '묵상 질문'은 그냥 한 번 읽어보는 질문 정도로 생각하십시오. 특히 나눔을 하기 직전에 재빨리 훑어보면 좋습니다. 그러나 실패하지 않으려면, 시간을 따로 떼어 놓고 내용을 꼼꼼히 정독하십시오. 성경 구절들은 따로 좀 더 집중해서 묵상하셔도 좋습니다. 만약 나눔을 위해 만났는데, 읽고 와야 할 내용을 미리 읽지 않고 왔다면 나눔 대신 함께 읽고 묵상하는 편이 좋습니다.

두 번째, 대답은 '예', '아니오'로만 하고, 만남을 짧게 하십시오. 특별히 나눔이 필요한 질문들에 단답형으로 답하거나 "은혜 받았어요"나 "좋았어요" 같은 식으로 답하십시오. 그러나 실패하지 않으려면, 이 훈련의 중요한 부분은 내면의 이야기를 하는 것임을 기억하십시오. 다시 말해서 성경의 가르침과 자기 자신을 비교하는 것입니다. 이것은 마치 날카로운 칼로 우리를 해부하는 것과 같아서, 정직한 직면이 매우 중요합니다. 직면하지 않으면 진정한 성숙은 있을 수 없습니다. 모임을 길게 해도 비슷한 결과를 얻는 경우도 있습니다. 군대 이야기, 실연한 이야기, 현재 진행 중인 연애 이야기, 남편이나 시어머니 흉 등 그 만남에서 다루고 있지 않은 다른 이야기들로 빠져나가지 않도록 주의하십시오.

세 번째, 과제물과 성구 암송을 별로 중요하게 여기지 마십시오. "내가 무슨 초등학생이야?" 혹은 나이가 드신 분들이라면, "이제는 잘 안 외워져요" 등의 말로 합리화하고 건너뛰십시오. 암송을 가볍게 여기면 이 훈련에 꼭 실패할 수 있습니다. 그러나 실패하지 않으려면, 이것이 훈련임을 기억하십시오. 훈련은 건강한 습관을 만듭니다. 이 훈련의 과제물과 암송은 그리스도인으로서 기본적인 습관을 형성할 수 있도록 도와줍니다. 특히 이 훈련에 나오는 열두 개 암송 구절은 풍성한 삶의 기초가 되는 아주 중요한 구절들입니다. 그러므로 과제물과 암송을 가볍게 여기면서 '풍성한 삶의 기초'를 성공할 수는 없습니다.

네 번째, 급하고 바쁜 일이 있을 때는 한 번쯤 쉬십시오. 세상살이가 얼마나 바쁘고 힘이 듭니까? 그러니 훈련 중에도 이런 '긴급한 일'이 일어나면 한 번쯤 쉬고 다음 주에 재개하면 되지 않겠습니까? 그러나 훈련을 하면서 자꾸 융통성을 발휘하면 반드시 실패합니다. 일단 훈련을 시작하면 끝날 때까지 매주 빠지지 마십시오. 이것은 훈련입니다. 훈련은 헌신입니다. 하다가 중간에 쉬는 것은 훈련이 아니라 취미 생활입니다. 훈련은 하기 싫어도 하는 것입니다. 이끄미들에게도 분명 이런 마음이 드는 침체의 순간이 있습니다. 그때 자기를 부인하고, 쉬고 싶은 유혹을 이겨내십시오. 그러면 하나님이 주신 놀라운 은혜를 경험할 것입니다.

간혹 천재지변이나 교통사고처럼 어쩔 수 없는 상황이 생길 수 있습니다. 피치 못할 사정으로 훈련을 건너뛰면, 반드시 그 주 안에 다시 약속을 잡으십시오. 따르미들은 이를 통해 훈련과 헌신이 무엇인지를 배우게 될 것입니다.

다섯 번째, 이끄미와 따르미는 '나눔' 시간 외에 굳이 만나거나 연락하지 마십시오. '풍성한 삶의 기초' 훈련은 교회나 공동체에서 하는 훈련이니, 그 시간 외에 다른 시간을 내지 마십시오. 이 만남을 성경 공부에 국한시키고 인격적 관계를 가꾸는 것은 피하십시오. 그러나 이렇게 하면 성경 지식은 갖출 수 있을지 모르지만, 우리의 인격과 인생이 변화되는 것을 경험하기는 어려울 것입니다. 사람은 사랑하는 관계에 있을 때 변화됩니다. '풍성한 삶의 기초' 이외의 시간에도 일부러 만나십시오. 연락도 자주 하십시오. 우리는 이 훈련을 통해서 영적 동반자를 얻는 축복을 누릴 것입니다. 그러므로 가능하면 같은 공동체 안에서 이 훈련을 하기를 권합니다. 두 사람이 이 훈련을 하는 동안 공동체의 다른 사람들이 이들을 위해 기도해주는 관계라면 더더욱 좋겠습니다.

여섯 번째, 서로를 위해 기도하지 않고 그냥 강의만 듣고 이야기만 하십시오. 실제로 많이 만나고 연락하고 사랑을 주고받는 관계로 발전하더라도 서로를 위해서 굳이 기도까지 하지는 마십시오. 인간적으로 친해지는 것에 만족하십시오. 하나님나라 복음으로 함께 변화되어가는 영적 동반자를 얻으려고 굳이 애쓰지 마십시오. 그러나 이 훈련에서 실패하고 싶지 않다면, 다른 사람을 품고 중보하는 법을 배우기 시작하십시오. 이끄미는 당연히 따르미들을 위해 기도할 것입니다. 그러나 따르미도 이끄미를 위해서 기도해주십시오. 영적으로 성숙하기 시작하면 다른 사람을 마음에 품고 기도하게 됩니다. 마음속에 품는 사람이 점점 많아지는 것, 그것이 영적 성숙의 매우 중요한 척도입니다. 그저 친하게만 지내지 마시고 서로를 위해 기도하십시오.

마지막으로 일곱 번째, 노련한 이끄미라면 여러 명과 해야 훈련이 더욱 풍성해진다고 생각하십시오. 시간도 없고 훈련을 해야 할 사람도 많으니, 여러 명이 한꺼번에 하십시오. 일대일은 너무 비효율적이니, 소그룹에서 이 훈련을 하십시오. 그러면 자신의 내면에 있는 이야기들을 다루시는 성령님의 섬세한 이끄심을 경험하지 않고, 대강 내용을 숙지하는 것으로 끝낼 수 있습니다. 하지만 제자훈련은 그 내용도 물론 중요하지만, 내용만큼이나 중요한 것이 또 있습니다. 인격적인 만남을 통해서 삶을 나누고 문제점을 발견하고 같이 고민하는 것입니다. 그런데 한 사람이 여러 사람을 상대하면 속에 있는 문제들을 꺼내놓기가 힘들어집니다. 피상적인 나눔에서 그치게 되죠. 이 훈련은 처음부터 일대일 훈련으로 만들어진 것입니다.

이 일곱 가지 비책을 기억하십시오. 이 비책을 뒤집는다면, 이 훈련에 성공하는 비결을 알 수 있습니다.

'풍성한 삶의 기초' 훈련 서약서

이끄미 _____ 과(와) 따르미 _____ 는(은) 예수님이 허락하신 풍성한 삶을 배우고 누리기 위해서 다음과 같은 내용을 하나님 앞에서 약속합니다.

* * *

1. 이 과정은 훈련이므로 이에 최우선순위를 두겠으며, 이 훈련을 잘 마치기 위해 우리는 ___월 ___일에서 ___월 ___일까지 _____에서 ___요일 ____시에 모여 매주 빠지지 않고 만나 훈련하겠습니다.

2. 나는 성실하게 읽고 묵상하는 시간을 갖고 과제물을 충실하게 해내겠습니다.

3. 나는 상대방을 위해서 기도하며, 나눔 가운데 있었던 속 깊은 이야기를 다른 사람들에게 절대 옮기지 않고 내 기도 가운데서만 주님 앞에서 기억하겠습니다.

년   월   일

이끄미: 서명:

따르미: 서명:

Foundation Of Abundant Life

1부

그리스도 안에 있는
새로운 피조물인 나
New Creation in Christ

예수님을 우리의 왕과 주인으로 고백하는 것은 우리가 생각하는 것보다 더 많은 것을 담고 있습니다. 그 고백은 입술의 고백으로 끝나지 않기 때문입니다. 우리 삶의 모든 영역에 영향을 끼치게 됩니다. 무엇보다 "예수님이 나의 주인이십니다"라는 고백의 진정성은 인생의 중요한 결정을 내릴 바로 그 순간에 드러납니다.

그리스도 안에서
주어진 축복

1

그리스도인이
된다는 것의 의미

생각해볼 질문

당신은 언제, 어떻게 그리스도인이 되었습니까?
당신에게 그리스도인이 되었다는 것은 어떤 의미입니까?

그리스도인이 되는 것은 생명을 내놓을 준비를 하는 것이라고 생각하던 때가 있었습니다. 예수님도 "나를 따르려거든 자기 십자가를 지라"고 하셨는데, 십자가란 당시에는 다름 아닌 사형 틀이었습니다. 그리스도인이 되는 것이 너무도 쉬워 보이는 오늘날, 진정으로 그리스도인이 된다는 것은 무엇을 의미할까요? 혹 오늘날 우리가 그리스도인이라고 생각하는 모습이 진짜가 아니라 가짜라면, 심각한 문제가 아닐 수 없습니다.

제가 대학을 다니던 시절에는 가끔씩 '가짜 대학생'을 만날 수 있었습니다. 캠퍼스에서 같이 대학 생활을 하지만 사실은 대학생이 아닌 이들이 있었습니다. 학번도 이야기하고, 같이 공부도 하고, 시험도 보러 오고, 엠티도 가고, 미팅도 따라 나가기 때문에, 사실 처음에는 이들이 가짜 대학생인지 잘 모릅니다. 그러나 이들은 진짜 대학생이 아니기에 공부를 다 마쳐도 졸업장을 받지 못합니다. 입학을 하지 않았기 때문이죠. 그저 대학생인 척하며 대학 생활을 했을 뿐입니다.

오늘날 교회를 다니는 사람들 중에도 이런 가짜 대학생 같은 이들이 있는 것 같습니다. 그리스도인이 되는 출발점이 없이 그저 교회라는 문화 가운데 살아가는 이들이 그들입니다. 문화적으로는 비슷하고, 겉모습도 비슷하지만 이들은 결정적 순간에 가짜로 드러납니다. 출발점을 분명히 하지 않았기 때문에, 또는 그 출발점이 아예 없었기 때문입니다. 가짜 대학생들처럼 제대로 입학을 하지 않았기 때문입니다.

그리스도인으로 살아가기 위해서, 또 그리스도인다운 풍성한 삶을 누리기 위해서는 이 출발점을 분명히 하는 일이 무엇보다도 중요합니다. 이제 그 출발점에 대해 본격적으로 이야기하기 전에 먼저 출발점으로 오해하기 쉬운 것들을 잠시 점검하고자 합니다. 놀랍게도 그리스도인의 출발점에 대해서는 여러 가지 오해가 있습니다.

출발점에 대한 오해

많은 사람들이 **모태 신앙**이면, 즉 엄마 배 속에서부터 교회를 다녔다면 그리스도인으로 출발한 것이 아니냐고 말합니다. 모태 신앙은 아니더라도 어릴 적부터 교회를 다녔다면 그리스도인이라고 생각합니다. 그러나 이것만 가지고 그들을 그리스도인이라고 말하는 데는 무리가 있습니다. 사실, 어릴 때부터 교회를 다녔지만 회의에 빠지고, 기독교와 기독교 문화에는 익숙하지만 실제로 생명력이 없는 사람들이 적지 않습니다. 오죽하면, "신앙이 아직 모태에 있어서 나오지 않았거나, 신앙생활을 못해(모태)서 모태신앙이다"라는 말이 있겠습니까? 더 나아가 모태신앙인데도 아예 신앙생활을 하지 않고 있는 사람들도 자주 만납니다.

또 어떤 사람은 자신은 **영접 기도**를 했기 때문에 그리스도인이라고 말합니다. 그러나 영접 기도를 한 것만으로, 그 기도문을 외운 것만으로 그리스도인이 되었다고 말할 수 있을까요? 영접 기도를 하고 난 다음에도 세상으로 돌아간 적지 않은 사람들은 어떻게 된 것입니까?

어떤 사람들은 교회에서 교육을 받고 **세례**를 받았기 때문에 자신은 그리스도인이라고 말하기도 합니다. 그러나 우리가 다 알듯이 유럽을 비롯한 후기 기독교 사회에서는 사람들이 모두 태어날 때 세례를 받지만 그리스도인으로 살지는 않습니다.

혹은 자신은 **구원의 확신**이 있다고 말하기도 합니다. 그러나 곰곰이 생각해보면, 이 구원의 확신이라는 말은 참 모호합니다. 이는 자기가 구원 받았다고 믿는 것을 확신한다는 말입니다.

저는 구원 받았어요.
- 왜요?
구원의 확신이 있거든요.
- 그럼, 구원의 확신이 뭔데요?

제가 구원 받았다는 걸 믿는 거예요.

– 믿는 걸 확신해서 구원 받았다는 거군요.

우리는 간혹 이런 구원의 확신이 있다고 주장하면서도 구원의 내용은 제대로 알지 못하는 사람들을 만납니다. 자신이 받은 구원의 내용도 분명히 모르는데, 그런 모호한 내용을 확신한다고 구원을 받았다고 할 수 있을까요?

문제가 무엇일까요? 무엇이 부족한 걸까요? 이제 아주 본질적인 내용, 즉 그리스도인이 된다는 것이 과연 무엇인지, 우리가 분명히 해야 할 그 출발점에 대해 생각해보겠습니다.

그리스도인이 된다는 것의 의미

그리스도인이 된다는 것은, 다음 네 가지 중요한 사실을 진심으로 믿고 살아 계신 예수님께 반응하는 것을 의미합니다.

첫 번째는, "하나님이 세상과 인간과 나를 창조하셨기에 하나님은 창조주이시며 인간의 역사와 문화 그리고 나의 주인이시다"라는 것입니다. 한마디로, **하나님이 주인**이시라는 것입니다(창 1장; 특히 26-28절). 이것을 고대의 표현으로 바꾸면, 하나님이 왕이시라는 것입니다. 이 주인이신 하나님은 인간으로 하여금 그분의 모든 창조세계를 다스리게 하셨습니다. 하나님이 존재하실 뿐 아니라, 그가 주인, 곧 왕이라는 사실은 창세기에서부터 계시록까지 성경 전체에서 말하고 있으며, 이것이 빠져버리면 성경의 가르침이 다 무너져버리는, 성경의 척추와도 같은 것입니다.

당신은 우주 만물과 자신의 인생을 보며, 하나님이 계실 뿐만 아니라 그분이 주인이며 왕이신 것을 믿습니까? 그것이 삶의 기본 전제가 되어 있습니까? 그렇지 않다면, 둘째 셋째 넷째까지 더 나갈 필요도 없습니다. 그분이 전 우주와 우리 인생의 주인 되시는 하나님이 아닌 바에야 그 다음 내용은 별 의미가 없습니다. 첫 번째로 중요한 것은 하나님이 정말 주인이신가 하는 것입니다.

두 번째 내용은, "그러나 인간은 하나님이 주인이신 것을 거부하고 자신이 스스로 주인 행세를 하고 있고 나 또한 그러한 사람이었다"라는 것입니다. 이러한 상태를 '죄'라고 합니다. 한마디로 말해서 둘째 내용은 **우리는 죄인**이라는 것입니다(창 3장: 롬 3:23).

로마서 3장 23절은 "모든 사람이 죄를 범하였습니다. 그래서 사람은 하나님의 영광에 못 미치는 처지에 놓여 있습니다"라고 말합니다. '죄'가 무엇입니까? 성경에서 말하는 죄는 거짓말이나 사기, 도둑질 같은 어떤 행위가 아닙니다. '죄'를 뜻하는 영어 단어 SIN의 가운데에 있는 알파벳 I가 말해주듯, '나 자신'이 중심인 상태I-centered, '나 자신'이 주인인 상태가 바로 성경에서 말하는 죄입니다. 원래 하나님의 것인데 전부 "내 거야It's mine"라고 주장하는 그 자세가 죄입니다. 여기에서 온갖 거짓말과 도둑질, 사기 같은 죄의 열매들이 나옵니다.

친구 목사에게서 들은 이야기를 통해 죄의 본성에 대해 다시 깨닫게 된 경우가 있었습니다. 그 친구에게는 다비다라는 딸이 있는데, 그 아이가 너덧 살쯤 되었을 때의 일입니다. 이 아이가 자꾸 손가락을 코에 넣어서 그 속에 있는 걸 꺼내 돌돌돌 말더니, 결국 그걸 먹기까지 하는 겁니다. 엄마가 보니 그 모습이 얼마나 더러웠겠습니까? 엄마가 "다비다, 제발 그러지 좀 마. 너무 더러워"라고 했더니, 이 꼬마가 보란 듯이 코에다 손가락을 집어넣어서 속에 든 걸 꺼내 돌돌 말아 엄마에게 보여주더랍니다. 그러더니 "엄마, 이건 내 거야!!"라며 입 속으로 쏙 집어넣었답니다.

이 이야기를 들으며 한참 웃다가, 이 모습이 어떤 면에서는 인간의 죄성을 잘 설명해준다는 생각이 들었습니다. 너덧 살 된 아이처럼 "이건 내 거야"라고 주장하는 것, 하나님 앞에서 "이건 내 거야"라고 주장하는 것, "내 거니까, 당신 손 떼세요"라고 주장하는 것, 이것이야말로 성경이 말하는 죄의 본성, 죄의 본질이라 할 수 있을 것입니다.

하나님을 진정한 주인으로 생각하지 않으면, 죄라는 개념은 단순한 도덕 개념을 넘어설 수 없습니다. 하지만 죄는 하나님에 대한 반역입니다. 하나님의 주인 되심을 거절하는 것입니다. "내 인생이 내 것"이라고 주장하는 것입니다. 그것이 죄의 본성입니다.

이러한 죄의 본성을 가진 인간들은 관계에서 서로 고통을 주고, 하나님 없이 사회를 구성하고 발전시키고, 또한 문화를 만들어냅니다. 사람들은 늘 선한 의도를 가지고 있다고 하지만, 이 자기중심성을 극복하지 못하는 인간은 사회에 수많은 문제와 고통을 야기합니다. 그래서 우리 인간의 죄의 문제가 해결되지 않는 한, 우리가 살고 있는 사회와 문화, 더 나아가 생태계까지 고통과 악을 경험합니다. 이것이 주인이신 하나님을 거절하여 우리가 겪고 있는 삶의 실존입니다.

셋째, 이러한 창조주에 대한 반역의 대가는 죽음밖에 없습니다. 그런데 하나님은 우리 인간, 우리 각자를 너무 사랑하셨기 때문에 우리가 지불해야 할 대가를 예수님이 십자가에서 대신 지게 하십니다. 여기서 우리는 하나님의 정의에 기초한 사랑을 만납니다. 이것이 세 번째 중요한 진리입니다. **예수님이 우리를 대신하여 돌아가셨다**는 것입니다(롬 6:23; 요 3:16).

하나님의 정의 때문에 우리가 죽어야 할 자리에서 하나님의 사랑 때문에 예수님이 대신 죽으셨습니다. 그저 예수님이 우리 자신을 위해서 죽으셨다는 표현은 조금 약합니다. 우리를 위해서, 우리를 사랑하셔서 죽으셨다는 것은 완전한 표현이 아닙니다. 틀린 말은 아니지만, 그것만으로는 부족합니다. 더 정확한 표현은, 우리를 대신해서, 우리가 죽어야 할 그 자리에서 예수님이 죽으셨다는 것입니다.

그리스도인들은 이 사실을 깨달은 사람들입니다. 자신은 죽을 수밖에 없는 존재이며, 악한 세상에서 악에 물들어 살아가는, 그래서 하나님의 심판 아래 있다는 사실을 아는 사람들입니다. 그런데 예수님이 그 심판을 대신 짊어지셨다는 사실에 또한 감격하며 이를 받아들인 사람들입니다. 때때로 그리스도인들이 구원의 감격을 누리지 못하는 이유는, 자기가 죽어야 할 자리에서 예수님이 죽으셨다는 사실을 깊이 성찰하지 않기 때문입니다. 그냥 하나님이 우리를 사랑하신다고 생각합니다. 우리는 그럭저럭 잘 사는데, 사랑 안 하시는 것보다는 사랑하시는 것이 좋다는 정도이니, 감격이 없을 수밖에요.

그러나 죄의 개념과 그에 따른 심판의 개념이 분명하면 그럴 수 없습니다. 하나님이 주인이신 자리에 들어가 우리가 주인이 되었기 때문에 우리는 하나님께 반역한 자입니다. 우리 각자에게는, 죽음이라는 아주 고통스러운 하나님과의 단절, 영원한 단절이 있을 따름입니다. 그런데 예수님이 그 문제를 해결하시기 위해서 우리가 심판 받아야 하는 자리에서 대신 죽으셨습니다. 이 사실을 깨달을 때에야 비로소 우리는 십자가에 나타난 하나님의 사랑을 알고, 내가 받은 구원이 얼마나 가치 있는지를 알게 됩니다. 죄를 깊이 인식할수록 그 죄를 해결하기 위해 우리를 대신하여 죽으신 하나님의 사랑도 더 깊이 깨달을 수 있습니다.

네 번째는, "예수님의 십자가 죽음으로 나타난 하나님의 사랑을 받아들이고 예수님을 나의 삶의 주인으로 영접하면 나는 하나님의 자녀가 될 수 있다"는 것입니다. 하나님의 자녀가 되려면, 어떤 선행이 필요한 것이 아니라 단 한 가지, 우리 각자를 위해서 돌아가신 그 예수님을 자신의 삶의 주인으로 받아들이면 됩니다. 이것을 짧게 요약한다면, **예수님을 주인으로 영접하면 그리스도인이 된다**는 것입니다(요 1:12).

여기서 예수님을 '영접'한다는 것은 그저 "감사합니다, 예수님. 하나님, 날 사랑해주셔서 감사합니다" 하고 이야기하는 것과는 다릅니다. 예를 들어, 물에 빠졌다가 구조를 받은 사람이 "살려주셔서 감사합니다. 너무 고마워요. 위험을 무릅쓰고 저를 살려주셨군요. 감사합니다" 하고 이야기하는 것은 영접이 아닙니다. 굳이 예를 들자면, 영접이란 "제가 죽을 목숨인데 당신이 생명을 걸고 나를 살려주셨으니 이제부터 제가 당신의 종이 되겠습니다. 이제부터는 당신을 좇아다니면서 내 생명을 살려주신 그 은혜에 보답하며 살겠습니다"라고 하는 것입니다. 그분을 주인으로 모셔들이지 않는다면 영접은 아무 의미가 없습니다.

어떤 그리스도인들은 예수님을 영접은 하지만 자신의 주인으로 모시지는 않겠다고 합니다. 주인으로 모시는 것은 나중에 신앙이 성숙하고 난 다음에 하겠다고 합니다. 그것은 영접이 아닙니다. 영접이란, 죄로 야기된 문제를 해결하고 하나님 앞에 자신을 바로 세우는 일입니다. 하나님이 주인이신데 자신이 주인 노릇하는 것이 죄라면, 예수님을 영접했다고 하면서 예수님을 주인으로 모시는 것은 나중에 하겠다고 하는 것은 아직 죄의 문제가 해결되지 못했다는 이야기입니다. 예수님을 주인으로 영접하지 않으면 우리는 예수님을 영접했다고 말할 수 없습니다.

다시 말해, 예수님을 영접하는 것, 그리스도인이 된다는 것은 하나님이 주인이시라는 첫 번째 진리를 깨뜨린 두 번째 진리, 즉 죄의 문제를 세 번째 진리인 예수님이 해결하셨음을 전인격적으로 받아들이고, 이제는 네 번째 진리인 하나님의 원래 뜻을 따라, 그분의 다스림 아래 살아가겠다고 결단하고 살아가는 것을 뜻합니다. 이렇게 예수님을 진정으로 영접한 자들, "예수님이 나의 왕이십니다. 예수님이 나의 주인이십니다"라고 고백한 자들, 이들은 진정으로 그리스도인이 되었다고, 진정으로 구원을 받았다고 말할 수 있습니다.

묵상 질문

1. 진정한 그리스도인이 믿는 네 가지 내용을 당신의 말로 다시 정리해보십시오. 당신은 이 네 가지를 진심으로 믿습니까? 하나님께 당신의 마음을 정직하게 고백하십시오(감사, 고백, 간구 등).

2. 로마서 5:8을 읽고 묵상해보십시오.

2

예수님을 주로 영접한
이들의 고백

생각해볼 질문
 스스로를 자신 있게 그리스도인이라고 말할 수 있습니까?
그렇지 못하다면 그 이유는 무엇입니까?

  예수님을 우리의 왕과 주인으로 고백하는 것은 실로 엄청난 감격이며 놀라운 고백입니다. 이렇게 진정으로 예수님을 영접한 자들, 진정한 그리스도인들의 고백은 성경 곳곳에서 다양한 형태로 나와 있습니다. 여기서는 사도 바울의 고백을 통해 예수님을 영접한다는 것이 어떤 의미인지 조금 더 자세하게 살펴보고자 합니다.

사도 바울의 고백

사도 바울은 로마서 14장 7-9절에서 이렇게 고백합니다.

> 7우리 가운데는 자기만을 위하여 사는 사람도 없고 또 자기만을 위하여 죽는 사람도 없습니다. 8우리는 살아도 주님을 위하여 살고 죽어도 주님을 위하여 죽습니다. 그러므로 우리는 살든지 죽든지 주님의 것입니다. 9그리스도께서 죽으셨다가 살아나신 것은 죽은 사람에게도 산 사람에게도 다 주님이 되시려는 것이었습니다.

7절에서 사도 바울이 '우리 가운데'라고 할 때 '우리'는 사도 바울이 편지를 쓰고 있을 때 같이 있었던 그의 팀원들과 로마에 있는 모든 그리스도인을 말합니다. 다시 말해서 그리스도인 전체를 가리킵니다. 우리 가운데, 우리 그리스도인들 가운데는 자기만을 위해 사는 사람도 없고, 자기만을 위해 죽는 사람도 없다는 것입니다. 다시 말해, 그리스도인들은 더 이상 자기중심성에 매여 있지 않다는 것입니다.

이렇게 첫 번째는 부정적인 표현을 쓰고 난 다음, 바울은 8절에서 그것을 다시 풀어서 이렇게 이야기합니다. "우리는 살아도 **주님을 위하여** 살고, 죽어도 **주님을 위하여** 죽습니다." 예수님을 주인으로 모신 진정한 그리스도인들은 입을 열어서 이렇게 고백합니다. "이제, 주님을 위해서 살겠습니다." 삶의 목적이 선명해졌다는 것입니다.

그런데 사도 바울은 주님을 위해서 살겠다고 말하는 것에서 끝나지 않고 한 걸음 더 나아갑니다. 8절 후반부에서 그는 "그러므로 우리는 살든지 죽든지 **주님의 것입니다**"라고 말합니다. '누구를 위해서 산다'라는 표현과 '누구의 것'이라는 표현은 약간 다릅니다. "주님의 것입니다"라는 말은 훨씬 더 강력한 표현입니다.

예를 들어서, 아내를 위해서 사는 어떤 남자가 있다고 합시다. 아내를 **위해서** 설거지도 하고, 아내를 **위해서** 밖에서 열심히 일해서 받은 급여를 아내가 관리하는 통장으로 이체하는 것, 이것이 아내를 위해 사는 것이라 할 수 있습니다. 하지만 그러다가도 그 사람이 싫으면 그렇게 하지 않을 수 있습니다. "오늘은 설거지 안 할래. 급여 통장은 이번 달부터 내 통장으로 바꿀래"라고 말할 수 있습니다. '누구를 위해서 산다'는 것은 이런 자발적인 선택을 뜻합니다.

그러나 '주님의 것'이라는 뜻의 헬라어 *tou Christou*는 '주님께 속했다'는 뜻도 됩니다. 앞의 예로 이야기하자면, 이 남편이 밖에서 열심히 일하고 있는데 아내가 전화를 걸어서 "당신, 좀 들어와야 되겠어요. 설거지가 밀렸어요"라고 하면, 그냥 하던 일을 멈추고 가야 합니다. 그 사람에게는 선택의 여지가 없습니다.

'주님의 것'이라는 말은, 주님을 위해서 산다는 것보다 훨씬 강력한 표현입니다. 이제 우리에게는 선택의 여지가 없습니다. 이제 그분의 뜻이라면 그것이 최상의 뜻이고 최선의 길이니 그 길을 좇겠다고 이야기합니다. 이것이 진실한 그리스도인들의 표현입니다. 이제는 자신의 뜻대로가 아니라 그분의 뜻대로 살겠다고 결심하는 것, 이것이 그리스도인들이 드리는 참된 고백입니다.

삶의 모든 영역에서 예수님을 주인으로 모신 자의 삶

하지만 그것은 단순한 고백에서 끝나지 않습니다. 예수님이 우리 삶의 주인이시라면, 그때부터는 그 예수님이 주인으로서 우리 삶의 모든 영역에 영향을 끼치기 시작합니다.

"예수님이 나의 주인이십니다"라는 고백의 진정성은 인생의 중요한 순간순간에 나타납니다. 인생에서 중요한 결정을 내릴 때 그 사람이 예수님을 진정한 주인으로 모시고 있는지가 드러납니다. 직장을 결정할 때, 직장을 옮길 때, 이성교제를 할 때, 배우자를 선택할 때, 아이들을 키울 때 그것이 나타납니다. 그때 그 사람이 무슨 가치에 의해서, 무슨 목적으로 왜 그런 선택을 하는지를 보면 그 사람이 정말 예수님을 주인으로 모시고 있는지 아닌지가 나타납니다.

특별히 돈을 가장 중요하게 여기는 자본주의 사회에서, 돈을 벌고 축적하고 쓰는 우리의 경제생활을 보면, 즉 이 과정에서 정말 예수님의 뜻을 따르고 있는지, 그분의 가치관과 뜻에 순종하는지를 보면, 진정으로 예수님이 주인인지 아닌지가 그대로 드러납니다. 실제로 예수님도 세상에서 하나님과 경쟁할 만한 존재로 '맘몬' 곧 재물을 드셨습니다(마 6:24). 이는 우리가 하나님 대신에 돈을 섬길 수 있는 위험이 얼마나 큰지를 보여줍니다. 마음의 회심은 반드시 지갑의 회심으로 드러납니다.

예수님이 우리 삶의 주인이시라면, 인간에게 지대한 영향을 끼치는 돈의 문제는 물론, 삶의 중요한 순간순간에 이르기까지, 우리가 주인이 아니라 예수님이 주인이시라고 고백하고 그렇게 살아가게 됩니다.

완벽과 진실

이런 말을 들으면 사람들이 이런 생각을 할지도 모르겠습니다. "아, 나는 그리스도인이 아닌가 봐. 그리스도인이라고 말은 하지만, 이렇게 모든 영역에서 정말 예수님이 주인인 것처럼 따라가지는 못하잖아. 무슨 결정을 내릴 때도 하나님의 뜻을 따르기보다는 세상이나 주변 사람들의 영향을 너무 많이 받고. 난 진정한 그리스도인이 아닌가 봐." 예수님을 주인으로 받아들이고 살아왔다고 생각했는데, 순간순간 그 기준에 못 미친다고 느끼는 경우가 있습니다. 또 예수님을 주인으로 모셨다는 사람들의 이야기를 들을 때, 많은 경우 우리 마음속에는 이런 생각이 들곤 합니다. "네가 그렇게 산다고? 정말 예수님이 네 주인이야? 너, 돈 네 맘대로 쓰잖아. 이성교제 요즘 멋대로 하잖아?"

이뿐 아니라, 어떤 일이 잘 풀리지 않으면 금세 마음속에 "이럴 줄 알았어. 내가 하는 일이 잘 되는 것 봤나? 난 원래 이래" 하는 생각이 들지 않습니까? "왜 나만 안 풀리는 거야?"부터 시작해서 온갖 부정적인 생각이 꽉 들어찹니다.

이는 또 다른 영적 존재가 우리 속에서 준동하고 있기 때문입니다. 그 또 다른 영적 존재를 성경은 사탄이라고 말합니다. 사탄이 하는 일 중의 하나가 참소, 곧 고소하는 일입니다. 우리에게 계속 우리 자신이 잘못되었다고 고소하는 것, 이것이 사탄이 하는 가장 중요한 일입니다. 예수님을 영접하고 주인으로 고백했음에도, 사탄은 완벽하지 못한 부분, 부족한 부분, 덜 성숙한 부분을 집요하게 공격하면서 "너는 그리스도인이 아니야"라고 말합니다.

육군훈련소(예전의 논산훈련소)의 훈련병을 생각해봅시다. 훈련소에 갓 들어온 훈련병은 총기 분해나 조립은 고사하고 총도 한 번 쏴보지 못했습니다. 그저 제식훈련이나 겨우 하는 수준입니다. 군대에 갔다고 곧바로 총도 잘 쏘고 전투도 잘 하는 것은 아닙니다. 그는 많은 훈련을 받아야 합니다. 그러나 우리는 일단 육군훈련소에 입소한 사람은 군인이라고 부릅니다. 그는 아직 특전사와 같은 존재가 되지는 않았습니다. 특수 훈련을 받아서 고공 침투에서부터 수중 폭파 등에 두루 능한 그런 군인들과는 비교가 되지 않습니다. 아직 훈련병입니다. 그러나 훈련소에 입소한 군인도 군인 아닙니까? 맞습니다. 특전사 군인이 아니라고 해서 군인이 아닌 것은 아닙니다.

중요한 것은, 진실로 하나님을 우리의 주인으로 인정하고 그 사실을 하나님 앞에서 진정으로 고백하는가 하는 것입니다. 이런 진정성은 다른 사람들은 잘 모르지만 하나님과 우리 자신이 압니다. "예수님을 내 마음의 주인으로 모시기는 했지만, 여전히 부족한 삶을 살고, 여전히 성장해야 하고, 아직도 미성숙한 부분이 많습니다. 과거에서 오는 여러 습관으로부터 완전히 해방되지 못했기 때문에 그렇습니다. 그렇다 할지라도 주님, 당신이 내 삶의 주인이십니다. 일단 군에 입대하면 비록 총 한 번 제대로 못 쏴보고 제식훈련이 몸에 배지 않았어도 군인이듯이, 당신이 내 삶의 주인이십니다" 하고 고백한다면, 그 사람은 그리스도인이라고 말할 수 있습니다.

실제로 이 부분은 아주 중요합니다. 우리 인생에서 하나님을 우리의 주인으로 진심으로 받아들인 적이 있는지, 자신의 인생을 하나님께 양도했는지 생각해보십시오. "하나님, 내 인생을 이제부터 인도해주십시오. 당신이 내 주인입니다"라고 진심으로 양도한 적이 있습니까? 그리스도인이 된다는 것은 그분을 따르겠다는 것입니다. 그를 위해서, 그와 함께 살겠다는 것입니다. 그분이 이제 우리의 주인이라고 고백하는 것입니다. 비록 우리가 다 못 따라간다 할지라도 그분이 주인이라고 고백하고, 그분과 더불어 그분의 뜻을 따라 성장하면서 살아가겠다고 고백하는 것입니다.

만약 그렇게 고백했다면 그 사람은 그리스도인의 삶을 시작했다고, 그리스도인이 되었다고 분명히 말할 수 있습니다. 그렇다면 그 사람에게는 이제부터 풍성한 삶을 어떻게 누리는지를 배우고 성숙하는 일이 남아 있습니다. 그러나 아직도 예수님을 주인으로 받아들이지 않았다면, 풍성한 삶을 아무리 배운다 해도 가짜로 살아갈 수밖에 없습니다.

지금이라도 혹시 여러분 중에 어려서부터 교회를 다녔거나 문화적으로 기독교에 익숙하긴 해도 아직 예수님이 자신의 주인이 아닌 것 같다고 생각하는 사람, 아직 한 번도 진정으로 예수님이 죽으신 의미를 제대로 받아들인 적이 없는 사람, 하나님이 주인 되시는 삶을 살겠다고 결단한 적이 없는 사람이 있다면, 이는 매우 중요한 출발점이기 때문에 확실하게 해야 합니다.

사실, 이 문제는 한국 교회의 심각한 문제입니다. 교회를 다니는 사람들, 자신을 그리스도인이라고 생각하는 사람들 대다수가 기독교를 진리로 믿어서가 아니라 어릴 때부터 교회에 다녔기 때문에, 또는 일주일 내내 힘들게 살았는데 일요일에라도 마음에 평안을 얻기 위해서, 가족들이 다 다니니까 가족의 평안을 위해서 교회를 다닙니다. 주일 예배를 빠지지 않고 헌금도 하고 교회에서 직분까지 받으면서 스스로를 그리스도인이라고 생각하는 경우가 많습니다. 이들은 정확하게 문화적 그리스도인cultural Christian 또는 명목상 그리스도인nominal Christian입니다.

그리스도인이 되는 것은 성경과 예수님이 가르치시는 메시지에 정직하게 반응할 때 가능합니다. 그러므로 이 훈련 역시, 이러한 출발점을 분명히 하지 않은 상태에서 시작한다면, 하나님의 진리가 자신의 인격에 부딪혀 일으키는 진정한 변화가 일어나지 않고, 성경 지식을 축적하는 것으로 끝날 가능성이 있습니다.

그러므로 만약 이 부분이 분명치 않다면, 이 책의 진도를 더 나가지 말고, 주위의 이끄미나 영적인 지도자와 이야기를 나누어 이 문제를 먼저 확실히 하십시오. '나는 여전히 부족하지만 그분이 나의 주인이 확실하다'고 고백할 때에야 '풍성한 삶의 기초'를 본격적으로 배우고 누릴 수 있는 준비가 된 것입니다.

묵상 질문

1. 로마서 14:7-9을 읽고 묵상해봅시다.

2. 당신도 로마서 14:7-9의 바울처럼 고백할 수 있습니까? 어려움이 있다면 그 이유는 무엇입니까? 당신을 군인으로 표현한다면, 훈련병으로부터 특전사까지의 군인 중 어떤 군인입니까?

3

그리스도 안에서
이루어진 일 I

생각해볼 질문

그리스도인이 되면서 당신이 누리게 된 좋은 것들은 무엇입니까?

신문에서 가끔 이런 기사를 읽곤 합니다. 아주 가난하게 살던 노파가 죽었는데 사람들이 집 안을 정리하다가 구들장 밑에서 거액의 돈을 발견한 것입니다. 노파는 엄청난 돈을 모아놓고 그 위에서 잠을 잤지만, 돈을 잘 쓰는 법을 몰랐기 때문에 평생 궁핍했습니다. 모아놓은 것에 만족할 뿐 그것을 쓰지 못하고 누리지 못했습니다. 이 노파가 꼭 우리 그리스도인들의 모습 같습니다.

그리스도인들도 이 노파처럼 엄청난 혜택과 축복을 받았지만 그것을 꺼내 쓰지 않고 있습니다. 뭐가 있는지조차 모르는 사람들도 있습니다.

엄청나게 많은 돈을 모아놓고도 진정 자기 것으로 누리지 못했던 노파처럼 우리 그리스도인들도 그런 모습으로 살고 있는 것 같습니다.

우리가 예수님을 믿을 때 하나님은 엄청난 축복을 주십니다. 그러나 쓰지 않고 쌓아놓으면 그것은 이론에 불과할 뿐입니다. 그리스도인들의 삶이 매력적이지도 풍성하지도 않고, 그리스도인 공동체의 모습을 보면서 '저렇다면 하나님이 있을 리가 없어'라는 생각이 드는 것도, 하나님이 주신 축복을 사용하고 있지 않기 때문입니다.

여기서 저는 우리가 예수님을 믿어 그리스도 안에 있게 되었다면, 예수님께 속하여 그분의 것이 되었다면, 그로 인해 우리에게 일어난 엄청난 일은 과연 무엇인지를 나누려고 합니다. 그 영적인 축복을 끊임없이 발굴하고 탐험해나가는 것이 그리스도인의 삶이라 할 수 있습니다. 세 가지 축복 중에 먼저 두 가지를 이야기하겠습니다.

그리스도 안에서 이루어진 일 1
- 하나님이 그리스도 안에서 나를 받아들이셨다

첫 번째 축복은 "하나님이 그리스도 안에서 나를 받아들이셨다"는 것입니다.

그리스도께서 우리를 위해 죽으셔서 우리 죄의 대가를 지불하셨기 때문에 우리는 전혀 다른 존재가 되었습니다. 요한복음 1장 12절에 나오는 것처럼 우리는 '하나님의 자녀'가 되었습니다.

> 그러나 그를 맞아들인 사람들, 곧 그 이름을 믿는 사람들에게는 하나님의 자녀가 되는 특권을 주셨다.

'그 이름을 믿는 사람'이란, 예수님의 인격과 사역, 즉 그분이 어떤 분이시고 우리를 위해서 하신 일이 무엇인지를 진심으로 받아들이고 그분을 따르는 사람을 말합니다. 이들은 하나님의 자녀가 됩니다. 이것이 바로 엄청난 특권입니다.

로마서 8장 15절은 그것을 '입양되었다'고 표현하고 있습니다.

> 여러분은 또다시 두려움에 빠뜨리는 종살이의 영을 받은 것이 아니라, 자녀로 삼으시는 영을 받았습니다. 그래서 우리는 그 영으로 하나님을 "아빠, 아버지"라고 부릅니다.

'자녀로 삼으시는 영'을 다르게 표현하면 '입양해주시는 영'이라고 할 수 있습니다. 우리는 입양되어 하나님을 '아빠'라고 부르게 되었습니다. 우리는 원래 고아 같은 존재였습니다. 그런데 하나님이 고아 같은 우리를 입양하셨습니다. 그냥 입양한 것이 아니라, 아주 모진 대가를 지불하시고 우리 아버지가 되셨습니다.

물론 우리 가운데는 아버지에 대한 부정적인 이미지 때문에 하나님을 아버지라고 부르는 데 어려움이 있는 이들이 있습니다. 그러나 성경에 나오는 아버지는 자신의 모든 것을 희생해서 우리를 되살리신, 자상하고 사랑이 넘치는 아버지이십니다.

저도 제 아이들을 바라볼 때면 지금도 심장이 뛰는 것 같습니다. 만화 영화에 나오는 장면처럼, 심장이 나왔다 들어갔다 하는 것 같습니다. 그런데 저희 집 셋째는 입양한 아이인데, 이 아이는 조금 달랐습니다. 지금은 시간이 많이 지나서 자연스럽게 사랑이 흘러나오지만, 처음부터 그렇지는 않았습니다. 첫째와 둘째한테는 사랑하는 감정이 심장에서 자동으로 흘러나오는데 셋째아이한테는 처음에는 그렇지 않았습니다. 사랑해야겠다는 결심을 해야 했습니다.

생후 14개월 된 이 아이가 우리 집에 온 첫날밤이었습니다. 14개월 된 아이가 갑자기 새로운 환경에 왔으니, 저희가 아무리 잘해줘도 불안했던 것 같습니다. 옆에 누이고 재우려는데, 아이가 잠도 잘 자지 못하고 계속 울면서 자꾸 쿨럭거리는 게 토하려고 하는 것 같았습니다. 얼른 아이를 일으켜 세우려 했지만 이미 늦어버렸습니다. 입에서 나온 내용물이 공중으로 솟구쳤다가 저한테로 우두두둑 떨어졌습니다. 바로 화장실로 데리고 갔습니다. 견디기 힘든 냄새가 났습니다.

저부터 옷을 벗고 대강 씻고 나서 아이를 씻기려고 하는데 아직 채 씻기지도 않은 아이가 울면서 제게 팔을 벌리고 걸어오고 있었습니다. 그런데 순간 제가 멈칫했습니다. 너무 더럽고 냄새가 심했기 때문입니다. 하지만 잠시 멈칫했던 저는 아이를 안았습니다.

그때 제 속에 두 가지 생각이 들었습니다. 첫 번째는 '아, 내가 이 아이의 아버지구나'라는 생각이었고, 두 번째는 '하나님 아버지는 나같지 않으신데…두 번 생각하지 않으시는데…하나님 아버지는 나를 있는 그대로 그냥 받아주시는데…냄새난다고, 한번 생각해보고 결단하고 안아주시지 않는데…그냥 안아주시는데…' 하는 생각이었습니다.

하나님은 우리가 냄새나고 지저분하고 실패하고 형편없이 살아도 두 번 생각하지 않으시고 우리를 그냥 안아주십니다. 그냥 받아주십니다. 이것은 완전한 용납입니다. 이 사실을 깨달으면 세상에 두려울 것이 없습니다.

고린도전서 6장 19-20절에서는, 우리를 이렇게 완벽하게 용납하셔서 그의 것, 그의 소유로 삼으시기 위해 하나님이 무엇을 하셨는지 알려줍니다.

> 19여러분의 몸은 여러분 안에 계신 성령의 성전이라는 것을 알지 못합니까? 여러분은 성령을 하나님으로부터 받아서 모시고 있습니다. 여러분은 여러분 자신의 것이 아닙니다. 20여러분은 하나님께서 값을 치르고 사들인 사람입니다. 그러므로 여러분의 몸으로 하나님을 영화롭게 하십시오.

이 구절은 하나님이 값을 지불하고 우리를 사들이셨기 때문에 이제 우리는 우리 자신의 것이 아니라 하나님의 소유가 되었다고 말합니다.

우리는 원래 하나님이 창조하셨기 때문에 하나님의 것이었습니다. 그런데 하나님이 주인인 것을 거부하고 우리 스스로가 주인 행세를 하여 죄에 팔린 존재가 되었습니다. 그러나 이제 하나님이 그런 우리를, 세상과 죄, 욕심과 정욕에 종이 되어 있는 우리를 값을 지불하고 되사오셨습니다.

우리는 가끔씩 "내 몸값은 얼마나 될까?", "나는 연봉 5천짜리이다"라는 식으로 연봉 이야기를 합니다. 그런데 우리 각자 앞에 붙은 가격표에는 과연 얼마가 쓰여 있을까요? 나는 '연봉 5천' 기껏해야 '연봉 1억'

인생입니까? 아닙니다. 우리의 가격표에는 바로 "예수 그리스도!"라고 적혀 있습니다. 우리를 되사오기 위해 하나님이 예수님을 지불하셨기 때문입니다. 우리 가격은 예수 그리스도'짜리'입니다. 그렇다면 이렇게 우리를 완전히 자기 것으로 받아들이신 하나님이 우리를 어떻게 바라보시겠습니까?

한번 생각해보십시오. 집을 팔아서 최고급 승용차를 한 대 샀다고 합시다. 따로 여윳돈이 있어서가 아니라 집을 팔아서 차를 샀다면, 그 마음이 어떻겠습니까? 밖에 나가서 일하고 있을 때도 '그 차 누가 건드리면 안 되는데' 하는 생각이 들고, 밤에도 차 주변에 텐트를 치고서 차를 지키지 않겠습니까? 가장 소중한 것, 우리가 가진 것을 다 팔아서 산 물건이 있다면 우리는 거기서 눈을 떼지 못할 것입니다.

하나님이 우리를 받으시기 위해서 자신의 독생자 예수 그리스도를 지불하셨다면, 하나님이 우리에게서 눈을 떼실 수 있을까요? 눈을 떼시지 못할 겁니다. 우리가 그 사실을 믿지 못할 뿐이지, 하나님은 우리에게서 눈을 떼지 못하십니다. 예수 그리스도를 지불하고 우리를 되사실 만큼 우리가 존귀한 존재이기 때문에, 우리를 너무 사랑하시기 때문에 눈을 떼실 수가 없습니다.

우리는 예수 그리스도 안에서 완전하게 받아들여졌습니다. 이를 위해 모든 대가를 다 지불하신 하나님은, 지금도 우리를 그렇게 바라보고 사랑하십니다. 이것이 하나님의 사랑입니다.

골로새서 1장 13-14절에서는 이러한 놀라운 축복을 이렇게 표현하고 있습니다.

13아버지께서 우리를 암흑의 권세에서 건져내셔서, 자기의 사랑하는 아들의 나라로 옮기셨습니다. 14우리는 그 아들 안에서 구속, 곧 죄사함을 받았습니다.

이 구절은 우리가 그 아들 안에서 '죄사함을 받았다'고 표현합니다. '받을 것이다'가 아니라 '받았다'입니다. 즉, 이는 과거에 이루어진 일입니다. 우리는 죄사함을 받아 아버지의 품에 들어가게 되었습니다. 우리의 하늘 아버지는, 우리가 더러운 모습이어도 그리스도의 보혈로 우리를 용서하시고, 우리를 그대로 받아주셨습니다.

더군다나, 이 본문은 우리가 그리스도 안에 있게 된 것(14절)과 그의 사랑하는 아들의 나라로 옮겨진 것(13절)은 같은 것이라고 암시합니다. 우리가 그의 아들의 나라, 곧 하나님나라에 들어가게 되어, 이제 하나님의 완전한 용납을 경험하고, 그분의 선하신 다스림 아래 들어갔음을 보여주는 구절입니다. 그렇습니다. 우리는 그에게 완전히 용납되어 그리스도 안에 있고, 또 하나님나라에 속하게 되었습니다.

그리스도 안에서 이루어진 일 2
– 나는 그리스도 안에서 특별한 존재다

두 번째 축복은, "나는 그리스도 안에서 특별한 존재"라는 것입니다. 우리는 사실 별 볼일 없는 존재입니다. 그러나 우리는 예수님과 특별한 관계를 맺었기 때문에 더 이상 평범한 사람일 수 없게 되었습니다. 하나님은 우리 각자에게 특별한 의미를 부여하셨고, 그 의미 때문에 우리 한 사람 한 사람은 모두 다 특별한 존재입니다. 요한복음 15장 5절은 이렇게 말합니다.

> 나는 포도나무요, 너희는 가지다. 사람이 내 안에 머물러 있고, 내가 그 안에 머물러 있으면, 그는 많은 열매를 맺는다. 너희는 나를 떠나서는 아무것도 할 수 없다.

원래 우리는 그저 나뭇가지 같은 별 볼일 없는 존재였습니다. 우리는 별 의미 없는 가지에 불과한데, 포도나무에 붙은 존재가 되었기에 연약해 보이는 가지에서 포도 열매가 맺힙니다. 가지 혼자서는 열매를 맺을 수 없지만 포도나무에 붙어서 특별한 존재가 되었습니다. 우리의 수액도 아니고, 우리의 영양분도 아닙니다. 뿌리에서 공급해주는 수액과 영양분으로 열매를 맺습니다.

마찬가지로 원래 우리는 지혜도, 명철도, 용기도, 순수함도 없었지만 예수 그리스도를 통해서 지혜와 명철과 용기와 순수함을 얻습니다. 우리는 특별한 존재가 아니지만, 예수 그리스도 때문에 그분으로부터 오는 이런 것들이 우리 것이 되기 시작했습니다. 그러니 우리가 특별한 존재라고 아니할 수 없습니다. 이것을 에베소서 2장 10절에서는 이렇게 표현합니다.

> 우리는 하나님의 작품입니다. 선한 일을 하게 하시려고, 하나님께서 그리스도 예수 안에서 우리를 만드셨습니다. 하나님께서 이렇

게 미리 준비하신 것은, 우리가 선한 일을 하며 살아가게 하시려는 것입니다.

우리는 하나님의 '포이에마poiema', 즉 작품masterpiece입니다. 하나님이 특별하게 그분의 손으로 빚으신 작품입니다. 만약 우리가 스스로를 진정으로 하나님이 만드신 작품으로 바라보고, 우리 주변에 있는 사람을 정말 하나님이 만드신 작품으로 보기 시작한다면, 우리 인생은 바뀌기 시작할 것입니다.

하지만 사람들은 스스로를 불량품이라 생각합니다. 그렇지 않습니다. 하나님은 그리스도 안에 있는 우리에게 "너는 나와 특별한 관계이고, 내가 특별히 만든 나의 작품이다"라고 말씀하셨습니다. 많은 사람들이 그 사실을 받아들이지 않을 뿐입니다.

교회에서 마음에 들지 않는 사람을 만났을 때 그 사람도 하나님의 작품인 것을 기억해야 합니다. 사실 우리는 '왜 저 사람은 저렇게 행동할까!', '왜 저 사람은 저렇게 말할까!'라고 생각하며, 다른 사람의 말과 행동에 상처를 받습니다. 또 어떤 사람은 자기가 상처를 주는 줄도 모르고 상처를 줍니다. 그러나 그들이 지금도 완성되고 있는 작품이라고 생각한다면 조금 달라질 수 있을 것입니다.

또 이렇게 말하는 이들이 있을지도 모르겠습니다.

"목사님이 아무리 그렇게 말씀하셔도 제 인생은 이미 깨졌습니다. 옛날에 아주 크게 실패했습니다."

"전 대학도 제대로 못 다녔습니다."

"저는 이미 옛날에 아주 심각하게 의기소침해질 수밖에 없는 사건을 겪었습니다. 다시는 용기를 낼 수 없는 그런 사건 말입니다. 그런데 제가 어떻게 특별한 존재가 될 수 있겠습니까?"

큰 어려움 없이 무난하게 자란 저에게도 어려움은 있었습니다. 저는 첫 번째 결혼에 실패했습니다. 목사가 된 직후인 30대 초중반에 미국에서 그 일을 겪으면서, 저는 제 인생이 끝났다고 생각했습니다. 늘 죽음을 생각하고 살았습니다. 제 인생의 바닥이었습니다. 더 이상 회복의 가능성은 없고, 한국으로 다시 돌아가지 못할지도 모른다고 생각했습니다.

그때 저에게 아주 결정적인 깨달음을 준 친구가 있었습니다. 블로스라는 나이지리아 친구와는 같이 축구를 하면서 친해진 사이였습니다. 학위 과정을 마치고 둘 다 학교를 떠날 무렵, 우리는 교내 한 카페에서 만났습니다. 거기서 서로 기도 제목을 나누며, 저는 학교 친구들 가운데 처음으로 블로스에게 저에게 일어난 일들, 그 고통스러웠던 과정을 이야기했습니다.

내 이야기를 들은 친구는 탁자 위에 있던 냅킨을 한 장 펴더니 주머니에서 만년필을 꺼내 눌러서 냅킨에 잉크를 뚝뚝 떨어뜨렸습니다. 그리고 저에게 "네 삶이 꼭 이렇구나. 이렇게 흠이 많이 생겼구나"라고 말했습니다. 그러더니 친구는 제 눈을 보면서 이렇게 말했습니다. "하나님은 이 점들로 새로운 작품을 만드실 거야. 점을 없애시지 않고, 이 점을 가지고 새로운 작품을 만드실 거야!"

어떤 사람들은 자신이 가진 상처 때문에 더욱 특별한 존재가 됩니다. 어떤 사람들은 자기 속에 지우고 싶은 과거가 있지만 오히려 하나님이 그것을 사용하기 시작하실 때, 인간이 절대 빚을 수 없는 특별한 존재로 살아가게 됩니다. 그것이 하나님이 하시는, 바로 거장들이 하는 방법입니다. 깨진 인생, 회복하기 힘들어 보이는 인생을 하나님이 만지십니다. 하나님이 고치십니다. 하나님이 놀랍게 회복하십니다.

우리는 그리스도 안에서 특별한 존재입니다. 그 사실을 알았던 사도 바울은 빌립보서 4장 13절에서 이렇게 고백합니다.

> 나에게 능력을 주시는 자 안에서, 내가 모든 것을 할 수 있습니다.

사도 바울에게는 어떤 과거가 있었습니까? 우리는 그것을 작은 일로 여길지 모르지만, 사도 바울에게는 예수님을 핍박했던 과거가 있었습니다. 그는 많은 그리스도인을 핍박했고, 그의 손에 사람들이 죽기도 했습니다. 그러나 하나님은 그를, 기독교 교회 역사상 없어서는 안 될 존재로 바꾸셨습니다. 사도 바울은 다른 곳에서 이렇게 고백합니다. "나는 핍박자요, 훼방자였지만, 하나님이 나를 불쌍히 여기셔서 나를 일꾼으로 삼아주셨습니다"(참고. 딤전 1:12-13).

더군다나, 바울은 이 편지를 쓰고 있는 현재, 감옥에 갇혀 있습니다. 그는 매여 있는 상태였지만, 그가 현재 겪고 있는 어떤 상황도, "나에게 능력을 주시는 자 안에서" 문제가 되지 않았습니다. 그는 하나님께 특별한 존재였기 때문입니다.

여러분에게 어떤 과거가 있는지, 어떤 슬픔과 실패가 있는지, 좌절해서 다시 일어설 수 없는 무언가가 있는지 모르겠습니다. 현재 어떤 어려움 속에 있는지 저는 모릅니다. 그러나 예수님은 과거가 됐든 현재가 됐든 그런 어려움과 아픔들로 작품을 만드시는 분입니다. 우리가 그리스도 안에서 특별한 존재임을 기억하십시오.

묵상 질문

1. 예수님이 우리 가운데 계시고, 우리가 그 안에 있음으로 얻게 되는 축복 세 가지 중 여기서는 두 가지를 이야기했습니다. 그 두 가지를 다시 한 번 소리 내어 말해보십시오. 새롭게 깨달은 내용이 있다면, 기도로 고백하십시오.

2. 이 두 가지 축복을 알려주는 성경 구절 중에서 특별히 마음에 와 닿는 구절을 읽고 깊이 묵상해보십시오.

4

그리스도 안에서
이루어진 일 II

생각해볼 질문

그리스도인으로서 살아가면서 혼자라는 생각이 들 때가 있습니까?
언제, 왜 그런 생각이 듭니까?

앞에서는 그리스도 안에서 우리가 누리게 되는 축복 두 가지를 이야
기했습니다. 이제 마지막 세 번째입니다.

그리스도 안에서 이루어진 일 3
– 나는 그리스도 안에서 새로운 가족 공동체에 속했다

마지막 세 번째 축복은, "나는 그리스도 안에서 새로운 가족 공동체에

속했다"는 것입니다. 처음에는 깨닫기 어려울 수도 있지만, 고아와 같이 버려진 존재였던 우리 각자가 그리스도 안에 속했음을 발견하고 난 다음에는, 그리스도 안에 자신만 있는 것이 아니라 다른 사람들이 있다는 것을 깨닫게 됩니다.

그 사람들도 하나님을 '아버지'라고 부릅니다. 우리는 하나님을 아버지로 둔 사람들입니다. 이전에 우리는 다 고아처럼 아버지 없이 살았습니다. 그런데 하나님이 아버지가 되셔서 우리를 받아들이셨습니다. 교회는 고아들이 모여 사는 보육원 같은 곳입니다. 하나님 아버지 원장님이 우리를 입양하셨습니다. 목사인 저는 그 고아원의 총무쯤 되는 것이지요. 그래서 에베소서 2장 19절은 그리스도 안에 있는 우리를 이렇게 표현합니다.

그러므로 이제부터 여러분은 외국 사람이나 나그네가 아니요, 성도들과 함께 시민이며, 하나님의 가족입니다.

본문은 우리를 **하나님의 가족**이라고 표현합니다. 하나님은 우리를 가족으로 살아가도록 만드셨습니다. 가족이 되었다는 것은, 서로 보살피고 사랑하는 특권을 누리는 존재가 되었다는 것입니다.

그런데 밖에서 거칠게 구르던 사람들이 이 가족으로 들어옵니다. 하나님의 가족이 된 아이들은 심상치 않습니다. 과거의 모습이 그대로 남아 있어서, 이 안에 들어와서도 이상한 행동을 하게 됩니다. 교회 공동체에서 이런 행동을 하는 사람들을 볼 때는, '어떻게 교회에서 저런 행동을 할 수 있어!'라고 생각하지 말고, '저 사람, 참 힘든 과거가 있구나' 하고 생각해야 합니다. 우리는 고아였다가 하나님의 가족이 된 이들입니다. 형편없이 살았지만 아버지 덕에 인생이 바뀌기 시작한 사람들이 모여 있는 곳이 교회입니다. 이것이 하나님 가족의 특징입니다.

제 친구가 이런 말을 했습니다. "교회는 가고 싶지 않아. 교회에는 위선자가 너무 많아!" 그래서 제가 그 친구에게 이렇게 말했습니다. "그래, 교회에 위선자들이 많아도 너무 많아. 그래서 너도 와야 해!" 사람은 정도의 차이가 있을 뿐, 모두 위선자입니다. 그런 사람들을 불러서 변화시켜주시는 분이 우리 하나님 아버지이시고, 그렇게 함께 모인 자들이 바로 하나님의 가족인 교회입니다.

고린도전서 12장 27절에서는 교회를 또 이렇게 표현합니다.

여러분은 그리스도의 몸이요, 따로 따로는 지체들입니다.

교회는 **그리스도의 몸**입니다. 가족이 사랑하고 보살피는 관계라면, 그리스도의 몸은 유기체로 연결되어 있습니다. 몸의 한쪽 부분이 떨어져 나가면, 심각한 어려움을 겪습니다. 그리스도의 몸은 우리가 함께 속해서 한 가지 목표를 가지고 같이 움직여나간다는 의미가 있습니다. 하나님은 우리를, 서로가 서로에게 없어서는 안 될 존재로, 어떤 사명과 목적을 향해서 함께 걸어가는 존재로 만드셨습니다.

이렇게 하나님은 우리가 유기적 공동체에 속하여 살도록 만드셨는데, 개인주의의 영향으로 많은 사람들이 개인주의적 영성을 갖게 되었습니다. '영적 독립군'이 적지 않습니다. 이렇게 홀로 싸우며 살아가는 그리스도인들은 하나님이 허락하신 '몸'의 소중함을 누릴 수 없습니다.

그리스도 몸의 각 지체는 다른 모양과 다른 기능이 있습니다. 교회 안에는 온갖 다양한 사람들이 모여 있습니다. 그러나 머리이신 예수 그리스도의 지시를 받고 살아갈 때, 우리는 주님이 이끄시는 뜻에 따라, 각각 다른 역할을 감당하면서 그 사명을 이루어냅니다. 이것이 몸이 갖는 비밀입니다. 우리가 그리스도의 몸이라는 것은 죽어 있는 고깃덩어리를 뜻하지 않고, 살아서 서로 연결되고 함께 일하며 더불어 살아가는 유기체를 뜻합니다.

뿐만 아니라 하나님의 가족, 그리스도의 몸인 하나님의 공동체를 에베소서 2장 21-22절에서는 **성령의 전**이라고 표현합니다.

> [21]그리스도 안에서 건물 전체가 서로 연결되어서, 주님 안에서 자라서 성전이 됩니다. [22]그리스도 안에서 여러분도 함께 세워져서 하나님이 성령으로 거하실 처소가 됩니다.

이 구절은 우리가 '하나님이 성령으로 거하실 처소'가 된다고 말합니다. 주님 안에서 함께 자라서 성전이 된다고 합니다. '성전temple' 하면 고즈넉한 분위기가 느껴지지만, 성경에서 이야기하는 성전은 '제사'를 드리는 곳입니다. 구약의 제사는 '예배'입니다. 성전의 가장 중요한 본질은 하나님을 예배하는 것입니다.

'성령의 전'이라고 할 때 중요한 것은 바로 '예배하는 공동체'입니다. 형식적인 예배가 아니라, 정말 그분이 좋아서 어쩔 줄 몰라 예배하는 공동체입니다. 진정한 예배는 하나님을 사랑하는 것입니다. 그분을 흠모하는 것, 그분께 집중하는 것, 그분에게 몰입하는 것입니다. 이 공동체는 다 하나님이 너무 좋아서 모인 사람들입니다. 하나님 애기라면 너무 좋아서, 하나님만 생각하는 사람들입니다. 하나님을 함께 바라보고, 함께 즐거워하고, 그분의 덕을 기리는 사람들입니다.

무엇보다도 그리스도인 공동체는 하나님이 우리 가운데 계신 것을 사모하고 누리는 사람들입니다. 이렇게 하나님의 임재를 사모할 뿐 아니라, 그 임재가 온전하게 나타날 날을 간절히 사모하는 '종말론적' 공동체입니다.

우리는 이런 존재입니다. 그런데 이런 존재가 되기 위해서 '함께 지어져가고 있다'고 성경은 말합니다. 하나님은 다양한 우리들을 그리스도 안에서 서로 연결되고 함께 지어져 영원에까지 함께 가도록 하셨습니다. 이러한 일들을 가능케 하신 하나님을 우러르고, 바라보고, 사모하고, 사랑하고, 종국에는 '하나님이 이런 분이시구나!' 하면서 그분의 아름다움에 감탄하는, 그런 날이 있을 것입니다.

이제 우리는 그리스도 안에서 새로운 하나님의 가족 공동체에 속하게 되었습니다. 우리가 서로 사랑하며 보살피고, 어떤 사명을 가지고 함께 일하며, 궁극적으로 이것을 가능케 하신 하나님을 바라보고 즐거워하며 기뻐하고 예배하며 살도록 하나님이 만들어주셨습니다.

그리스도인이 되는 감격

여기 아주 중요한 사실이 있습니다. 우리가 하나님의 가족이고, 그리스도의 몸이고, 성령의 성전이라는 것, 이것은 이미 다 이루어진 일입니다. 우리가 예수님을 주인으로 받아들이고 그리스도께 속할 때 우리에게 '일어난 일'입니다. 우리에게 주어진 것입니다. 이것이 우리의 '보화'입니다. 이런 내용을 알았던 사도 바울은 이런 사실들을 바라보면서 감격합니다. 고린도후서 5장 17절을 보십시오.

> 누구든지 그리스도 안에 있으면, 그는 새로운 피조물입니다. 옛 것은 지나갔습니다. 보십시오, 새 것이 되었습니다.

사도 바울은 감격합니다. '이전 것이 다 지나갔구나! 그리스도 안에서 새로운 피조물이 되었구나! 이제는 그리스도 예수 안에서 우리가 받아들여졌구나! 우리가 그리스도 예수 안에서 특별한 존재구나! 우리가 그리스도 예수 안에서 하나님의 가족 공동체에 속했구나!' 사도 바울은 이것을 '새로운 피조물'이라고 한마디로 요약해서 표현하고 있습니다.

사도 바울이 '새로운 피조물'이라고 표현한 이 단어는 영어로는 'new creation'으로, '피조물'보다는 '새창조'에 가깝습니다. 즉, 각각의 피조물을 뜻하기보다는 새롭게 창조된 만물 전체를 가리킵니다. '옛 것'과 '새 것'도 모두 복수형인데, 이는 이전 시대에 속한 것들과 새로운 시대에 속한 것들을 뜻합니다. 즉, 이 놀라운 성경 말씀은 누구든지 예수 그리스도를 믿어 그 안에 있게 된다면, 더 이상 지나가버린 옛 시대에 속하지 않고 새로운 시대에 속하게 되었다고 이야기합니다. 이미 임한 하나님나라에 속하였다는 것입니다. 그리스도인이 된다는 것은 하나님이 우리를 위해서 하신 일을 진심으로 믿어 우리가 그리스도 안에 속하게 되었고, 이미 임한 그 나라의 백성이 되었다는 것을 뜻합니다.

고린도후서 5장의 말씀은 이렇게 새로운 창조에 속한 새로운 존재가 되었다는 선언입니다. 앞에서 살펴본 에베소서 2장 10절에서 우리가 "그의 만드신 바"(포이에마)라고 했는데, 이 역시 우리 한 개개인을 뜻하기도 하지만 단수로 표현된 포이에마라는 단어는 그리스도 안에 있는 모든 사람이 바로 '그 작품'이 되었다는 것을 보여줍니다. 이렇게 우리는 그리스도 안에 있음으로 말미암아 우리 모두가 하나님께서 만드신 하나의 작품이 된 것입니다. 우리가 예수를 믿어서 예수 그리스도 안에 있게 되었을 때, 하나님께서 우리를 위해서 이렇게 놀라운 일을 행하신 것입니다.

그런데 오늘날 그리스도인들이 이 사실을 믿지 않는 것은 얼마나 큰 불행인지 모릅니다. '하나님이 그리스도 안에서 나를 받아들이셨다'는 사실을 믿는 것이 아니라, '하나님은 지금도 나를 미워하실 거야. 내가 잘못하는 것을 책망하시고 심판하려고 하실 거야' 하고 믿습니다. '나는 그리스도 안에서 특별한 존재' 라는 사실을 믿는 것이 아니라, '난 별 볼일 없는 존재야. 내 삶이 뭐 볼 게 있겠어. 내 인생에 무슨 할 일이 있겠어?' 하고 믿습니다. '내가 그리스도의 가족 공동체에 속했다'는 사실을 믿는 것이 아니라, '나는 혼자야. 난 외로워. 아무도 내 옆에 없어'라고 믿습니다. 참으로 대단한 믿음입니다. 그러니 그리스도인들의 삶이 꾀죄죄하고 매력, 생명력도 없을 수밖에 없습니다.

우리가 충분히 이해하든 이해하지 못하든, 느끼든 느끼지 못하든, 우리가 예수님을 영접했다면, 그리스도 안에서 새로운 피조물이 되어서 놀라운 축복을 받았습니다. 이제 우리가 할 일은 그것을 제대로 누리는 법을 배워 이 축복을 누리는 것입니다.

그리스도 안에서 엄청난 선물을 받았음에도 불구하고, 새로운 피조물로서 누릴 수 있는 것이 엄청나게 많음에도 불구하고, 그 사용법을 제대로 배우지 못한 그리스도인들이 많습니다. 엄청난 돈을 가졌음에도 불구하고, 쓰지는 않고 그 위에서 잠자는 것으로 만족합니다. 그저 옛날에 살던 모습에 머물러 있습니다. 얼마나 통탄할 일입니까? 하나님은 우리를 그렇게 만드시지 않았습니다. 하나님은 하나님나라가 온전히 임할 때까지 우리가 그렇게 꾀죄죄하게 살도록 하지 않으셨습니다.

이제 하나님이 만들어주신 새로운 세계를 향해서 걸어가시기를 바랍니다. 우리에게 주신 풍성한 삶을 누리는 방법을 배우시기를 바랍니다. 하룻밤에 가능하지는 않겠지만, 주님과 함께한 세월만큼 깊어지고 멋있어지는 그런 풍성한 삶을 누리기를 원합니다. 우리는 그리스도 예수 안에 있기 때문입니다. 우리는 하나님의 다스림을 받는 그의 백성이며 그의 자녀이기 때문입니다.

묵상 질문

1. 여기서는 예수님이 우리 가운데 계시고, 우리가 그 안에 있어서 얻게 되는 축복 세 가지 중 마지막 한 가지를 이야기했습니다. 다시 한 번 소리 내어 말해보고 새롭게 깨달은 내용이 있다면, 기도로 고백하십시오.

2. 우리가 속한 공동체를 다룬 성경 구절 중에서 특별히 마음에 와 닿는 구절을 읽고 깊이 묵상해보십시오.

성경적
믿음의 원리

1

그리스도 안에서 받은
축복을 누리는 열쇠

생각해볼 질문

 그리스도인으로 새롭게 태어났지만 성장하지 못하는 사람들이 많습니다.
이유가 무엇일까요?

지난 첫 번째 만남에서는 그리스도인이 된다는 것이 어떤 의미인지,
그리스도인이 되면서 우리에게 이루어진 놀라운 일이 무엇인지를 살펴
보았습니다. 그런데 안타까운 일은 그리스도인들 가운데 이런 놀라운
사실을 자기 것으로 누리면서 사는 사람이 많지 않다는 것입니다.

오히려 신앙생활을 처음 시작하는 사람들에게서는 늘 반짝반짝 생기
가 넘치고 하나님의 은혜에 감격하는 모습을 볼 수 있습니다. 그런 모습
을 보면서 신앙생활을 오래한 이들은 이렇게 말하곤 하죠. "처음엔 다
그런 거야, 조금 지나봐."

이것이 과연 자연스러운 모습일까요? 성경이 가르치는 '그리스도 안에 있는 삶'은 결국 예수님을 처음 만났을 때는 기쁨이 풍성하지만 시간이 지나면서 탈색하고 퇴색하고 생기가 없어지는 것입니까? 그렇다면 성경에 나오는 모범적인 그리스도인들의 신앙은 날이 갈수록 퇴색했습니까?

그렇지 않습니다. 성경에 나오는 믿음의 선배들은 세월이 지나면 지날수록 신앙이 더 깊어지고, 더 맛이 나고, 더 멋있어졌습니다. 그렇다면 우리는 왜 그렇지 못합니까? 예수님을 영접하여 이 놀라운 축복을 받았는데도 왜 많은 그리스도인들이 옹졸하게 뒤틀리고 궁상맞게 살아갑니까?

예수님이 가르치신 말씀에서 그에 대한 고전적인 답변을 찾아봅시다.

씨 뿌리는 사람의 비유

예수님은 누가복음 8장 5-15절에서 많은 그리스도인들이 놀라운 축복을 받았음에도 그에 걸맞게 자라지 못하는 이유를 가르쳐주십니다.

> 5씨 뿌리는 사람이 씨를 뿌리러 나갔다. 그가 씨를 뿌리는데, 더러는 길가에 떨어지니, 발에 밟히기도 하고, 하늘의 새들이 쪼아먹기도 하였다. 6또 더러는 돌짝밭에 떨어지니, 싹이 돋아났다가 물기가 없어서 말라버렸다. 7또 더러는 가시덤불 속에 떨어지니 가시덤불이 함께 자라서, 그 기운을 막았다. 8그런데 더러는 좋은 땅에 떨

어져서 자라나 백 배의 열매를 맺었다…

11그 비유의 뜻은 이러하다. 씨는 하나님의 말씀이다. 12길가에 떨어진 것들은 말씀을 듣기는 하였으나 그 뒤에 악마가 와서 그들의 마음에서 말씀을 빼앗아가므로 믿지 못하고 구원을 받지 못하게 되는 사람들이다. 13돌짝밭에 떨어진 것들은, 들을 때에는 그 말씀을 기쁘게 받아들이지만 뿌리가 없으므로 잠시 동안 믿다가 시련의 때가 오면 떨어져나가는 사람들이다. 14가시덤불에 떨어진 것들은, 말씀을 들었으나 살아가는 동안에 근심과 재물과 인생의 향락에 사로잡혀서 열매를 맺는 데에 이르지 못하는 사람들이다. 15그리고 좋은 땅에 떨어진 것들은 바르고 착한 마음으로 말씀을 듣고서 그것을 굳게 간직하며 견딘 가운데 열매를 맺는 사람들이다.

마태복음, 마가복음, 누가복음에 다 나오는 이 이야기는 예수님의 비유 중에서 가장 잘 알려진 비유입니다. 복음서 저자들은 예수의 하나님 나라 비유들을 한데 모아 공통적으로 기록하고 있는데, 이 비유가 그 부분의 서론 역할을 하고 있으니, 이는 정말 중요한 비유입니다.

농경 사회에 익숙한 사람들은 이 비유를 들으면 금세 그림이 그려집니다. 보통 화분에 씨를 심을 때는 흙을 파내고 씨를 넣은 다음 흙을 덮는 과정을 거칩니다. 그러나 본문과 같이 넓은 밭에 씨를 뿌릴 때는 씨를 담은 소쿠리나 그릇을 한 손에 들고 다른 손으로 씨를 흩뿌립니다. 그러면 대부분의 씨는 좋은 땅에 떨어지지만, 노련한 농부가 뿌려도 그 중 일부는 길가에 떨어지기도 하고, 돌이 많은 곳에 떨어지기도 하고, 밭 근처 가시덤불에 떨어지기도 합니다. 이렇게 어떤 밭에 떨어졌느냐에 따라 열매를 맺기도 하고 그렇지 못하기도 하는 것이죠.

이제 이 비유의 의미를 살펴봅시다. 먼저 여기 나오는 씨는 무엇을 가리킬까요? 씨는 '하나님의 말씀'이라고 11절에서 정확하게 설명해줍니다. 하나님의 말씀이란 하나님이 주신 일반적인 모든 메시지라고 말할 수 있습니다. 그러므로 이 본문은 하나님의 말씀을 듣는 모든 상황에 적용할 수 있습니다. 그러나 우리가 다루는 주제와 관련하여 여기서 던질 질문은, 예수님이 가르치신 일반적인 많은 가르침 중에서 가장 핵심인 메시지가 무엇이냐 하는 것입니다.

우리는 12절에서 그 중심 메시지에 대한 힌트를 얻을 수 있습니다. 12절에 나오는 "믿지 못하고 구원을 받지 못하게 되는"이라는 표현을 보면, 이 씨가 떨어져서 궁극적으로 맺고자 하는 열매는 바로 구원임을 알 수 있습니다. 따라서 씨앗은 하나님의 말씀이고 예수님이 가르치신 일반적인 가르침이라고 할 수 있지만, 그중에서도 핵심 메시지는 구원과 관련된 것이라고 할 수 있습니다. 앞에서도 이야기한 것처럼, 그 구원의 내용은 하나님의 정의와 하나님의 사랑이 만나는 십자가 사건을 통해 그리스도 예수 안에서 우리가 온전하게 받아들여졌다는 것, 그리스도 예수 안에서 우리가 특별한 존재가 되었다는 것, 그리스도 예수 안에서 우리가 하나님의 공동체에 속하게 되었다는 것입니다.

그러므로 씨앗은 이런 놀라운 구원을 이루게 하는 예수께서 전하신 하나님의 말씀입니다. 예수님은 이 땅에 오셔서 이 구원의 메시지를 말씀과 사역, 삶과 죽음, 부활을 통해 우리에게 전해주셨습니다. 그리고 그 말씀을 받아들여 열매를 맺은 사람들이 또다시 그 '씨앗'을 사람들에게 뿌렸고, 이 일은 지난 2천 년 동안 계속되었습니다.

네 가지 밭

그렇다면 그 씨가 뿌려져서 어떻게 되는지 좀 더 살펴보겠습니다. 우선 본문에 나오는 네 경우에는 공통점이 있습니다. 네 경우 다 말씀을 듣기는 했다고 말합니다. 그러나 **길가**에 떨어진 씨는 말씀을 듣기는 했지만(12절), 악마가 그것을 공중의 세계로 가져가버립니다. 본문은 악마가 말씀을 **빼앗아갔다**고 이야기합니다. 참으로 안타까운 일이지만, 말씀이 아예 들어가지 않는 사람들이 있습니다. 말씀을 들을 때 아예 들을 생각조차 하지 않는 이들이 있습니다. 씨앗이 떨어지자마자 누군가 채가는 경우입니다. 여러 가지 이유가 있을 것입니다. 그 사람이 교만하거나 딴생각에 빠져 있을 수도 있겠지만, 예수님은 이것을 영적으로 해석하시고 그 배후의 영적 세력을 지적하십니다.

두 번째 씨는 **돌짝밭**에 떨어집니다(13절). 돌짝밭에 떨어진 씨앗은 초기에는 말씀을 기쁨으로 받습니다. 말씀을 들으면서 "아, 참 좋다. 맞아, 이것이 축복의 말씀이구나. 나를 살리겠구나"라고 하면서 기쁘게 받아들입니다. 그런데 문제는, 잠시 후 시련이 왔을 때 이 씨앗이 뿌리를 내리지 못한다는 것입니다. 돌짝밭이기 때문에 씨앗이 메말라서 없어져버린다고 본문은 이야기합니다. 돌짝밭에 떨어진 씨앗은, 기쁜 마음으로 말씀을 받아들이지만 뿌리를 내리지 못했기 때문에 어려움을 당하면 죽어버립니다.

세 번째는 **가시덤불**에 떨어진 씨입니다. 이 씨는 가시덤불 속에 뿌리는 내렸지만, 가시덤불이 그 위를 감싸고 있어서 자라지 못합니다. 예수님은 이런 사람들에 대해 살아가는 동안 "근심과 재물과 인생의 향락"

이 그 자라는 기운을 막아버린다고 말씀하십니다. 그래서 자라지 못합니다.

그렇다면 반대로 어떻게 하면 **좋은 땅**에서 열매를 맺는 사람이 될 수 있습니까? 15절은 어떻게 하면 축복을 누리는 사람이 될 수 있는지 가르쳐줍니다. 첫 번째, "바르고 착한 마음으로 듣고"라고 말합니다. 다른 사람의 말을 듣기는 하되 삐딱한 마음으로, 약점을 잡기 위해 귀를 기울이는 이들이 있습니다. 복음을 들을 때도 마찬가지입니다. 그 복음이 자신에게 무슨 의미가 있는지를 염두에 두고 착하고 바른 마음으로 듣지 않고, 삐딱한 마음으로 들을 수 있습니다. 그러면 복음이 들어갈 곳이 없습니다. 바르고 착한 마음으로 듣는 것은 길가에 떨어진 씨앗과 대조됩니다.

두 번째는 "굳게 간직하며"라고 말합니다. 굳게 간직하는 것은 돌짝밭에 떨어진 씨앗들과 비교됩니다. 어려움이 닥치면 돌짝밭은 씨앗을 간직하지 않고 날려버립니다. 예수 믿으면 만사형통이라 생각하고, 또 그렇게 가르치기도 하지만, 예수님은 인생에 반드시 어려움이 온다고, 그때 우리가 그 말씀을 굳게 간직해야 한다고 가르치십니다.

세 번째로, 인생이 계속해서 우리를 가시덤불과 같은 것으로 시험하고, 우리로 딴 마음을 품거나 좌절하게 만들 때 어떻게 해야 합니까? "견뎌야" 합니다. 그럴 때 우리는 풍성한 열매를 맺을 수 있습니다.

실제로 예수님이 가르치신 이 비유는 지난 2천 년 동안 그리스도인들이 하나님나라 백성으로 살 수 있도록 주신 가르침이라고 할 수 있습니다. 아예 하나님의 말씀을 듣지 못하는 길가에 뿌려진 씨앗을 제외한다면, 예수에 대한 놀라운 소식을 듣고 하나님나라에 들어가게 된 사람들이 그리스도 안에서 받은 축복을 누리지 못하도록 하는 방해물이 두 가지임을 알 수 있습니다. 그중 하나는 불편함이나 손해 보는 것부터 박해에 이르는 어려움이고, 또 하나는 세상살이에서 오는 유혹과 근심입니다. 돌짝밭과 가시덤불은 지난 2천 년 동안 그리스도인들이 풍성한 삶을 누리지 못하도록 만드는 마음 자세였습니다.

사실, 제 신앙생활 30-40년을 돌아보아도 이 두 가지 방해물이 없었던 때는 없었습니다. 주님을 따르기 위해 희생하고 헌신하지 못하게 만드는 인생의 어려움이 한차례 몰려옵니다. 이 어려움이 지나가고 삶이 안정되면 이런저런 유혹이 저를 기다리고 있습니다. 때로는 이 두 가지가 함께 몰아치기도 합니다. 돌짝밭과 가시덤불은 제 삶에 늘 있었습니다. 저는 이 문제가 그리스도인 개인의 문제뿐 아니라 모든 공동체의 문제이기도 한 것을 발견합니다.

예수님은 이런 영적 비밀을 꿰뚫어보시고 우리를 준비시키십니다. 우리는 꼭 기억해야 합니다. 이런 방해물은 언제나 있고, 우리가 이 방해물에 마음을 내어주면, 예수님이 주시는 풍성한 삶을 누리지 못한다는 것을!

반대로, 우리는 그리스도 안에서 이루어진 놀라운 축복, 그 놀라운 은혜가 우리 속에서 자라나서 백 배, 육십 배, 삼십 배의 놀라운 열매를 맺는 것을 경험할 수도 있습니다. 예수님은 그 비결을 "바르고 착한 마음으로 말씀을 받아서 그것을 굳세게 지키고 견뎌내는 것"이라고 하셨습니다. 이것이 바로 '믿음'입니다. 하나님이 하신 일, 곧 구원이라는 놀라운 씨앗을 마음속에 품고, 시련이 와도 흔들리지 않고, 세상 유혹과 여러 가지 염려가 와도 거기에 마음을 빼앗기지 않고, 끝까지 붙들고 열매를 맺게 만드는 것, 이것이 믿음입니다. 이 믿음이 무엇인지 다음 장에서 좀 더 깊이 살펴보게 될 것입니다.

묵상 질문

1. 누가복음 8:5-8, 11-15을 다시 읽고 묵상해봅시다.

2. 우리 마음 상태는 네 가지 밭 중에서 어떤 밭일 때가 많습니까? 특별히 하나님이 마음에 뿌리신 씨앗이 우리 삶과 인격에서 결실을 맺기 위해 우리에게 필요한 것은 무엇이라고 생각합니까?

2

은혜와 믿음

생각해볼 질문

'믿음이 좋다', '강한 믿음을 가지고 있다'는 말은 어떤 의미라고 생각하십니까?

앞에서 우리는, 바르고 착한 마음으로 말씀을 듣고 그것을 굳게 간직하며 견디는 것이 '믿음'이라고 이야기했습니다. 그런데 어떻게 하면 말씀을 듣고 굳게 지켜서 견디어낼 수 있을까요? 이것은 우리의 의지력과 정신력으로 참고 견디는 것을 의미할까요? 사도 바울은 에베소서 2장 8-9절에서 그 믿음에 대해 매우 중요한 가르침을 줍니다.

8여러분은 믿음을 통하여 은혜로 구원을 얻었습니다. 이것은 여러분에게서 난 것이 아니요 하나님의 선물입니다. 9행위에서 난 것이 아닙니다. 그러므로 아무도 자랑할 수 없습니다.

본문은 우리가 두 가지를 통해 구원을 받았다고 설명합니다. "믿음을 통하여 은혜로" 구원을 얻었다고 말합니다. 바울은 우리가 **믿음을 통하여** 또한 **은혜로** 구원을 얻는다고 말합니다. 이 두 가지는 어떤 관계이고, 둘 중에서 무엇이 더 중요할까요? 구원을 얻는 데 더 근본적인 영향을 끼치는 것은 믿음일까요, 아니면 은혜일까요? 이것은 우리의 구원을 이해하는 데 매우 중요한 부분입니다. 이를 위해, 먼저 은혜가 무엇인지를 이야기해보겠습니다.

은혜

성경에서 가르치는 개념들은 성경이 아닌 일반 세상에서도 쓰는 단어들이기 때문에 성경 개념에 세상 개념을 덧씌우는 경우가 있습니다. 이럴 때 매우 중요한 성경의 가르침이 성경의 맥락에서 이탈된 채 이해되고 회자되곤 합니다. 이런 이유로 많은 사람들이 신앙생활에 큰 혼란과 어려움을 겪기도 하죠. 은혜도 그런 개념 중 하나입니다.

은혜란 무엇입니까? 많은 사람들이 예배를 드리면서 감동을 받고, 찬양하다 눈물이 흐르는 것을 은혜라고 생각합니다. 맞습니다. 그것도 은혜이긴 합니다. 은혜는 하나님이 우리에게 값없이 주시는 것이니 모든 것이 하나님의 은혜입니다. 하지만 은혜 중의 은혜는, **하나님이 우리에게 값없이 주시는 예수 그리스도**이십니다. 하나님의 사랑을 받을 가치가 없었던 우리, 하나님께 적대적이었던 우리, 하나님을 무시했던 우리를 위해 하나님이 예수 그리스도를 주셨습니다. 그냥 주신 정도가 아니라 우리를 위해 돌아가시게 하셨습니다. 은혜의 한복판에 예수 그리스도가 계십니다. 예수 그리스도를 통해 나타난 하나님의 놀라운 사랑, 예수 그리스도를 통해 나타난 하나님의 놀라운 구원, 이러한 것들이 은혜의 중심에 있습니다.

본문에서 바울은 우리가 이런 '은혜로' 구원을 받았다고 말합니다. 우리는 구원받을 자격이 전혀 없는데, 하나님이 우리를 불쌍히 여기셔서 예수 그리스도를 보내셨습니다. 예수님이 빌라도에게 재판을 받으실 때 유대인들은 예수님이 아니라 바라바라는 사람을 살려달라고 소리쳤고, 빌라도는 결국 예수님을 돌아가시게 하고 흉악무도한 바라바를 살려주었습니다. 이 사건이 바로 은혜를 대표적으로 상징하는 모습입니다. 우리는 바라바 같은 사람들입니다. 우리가 살고 예수님이 죽으셨습니다. 참으로 놀라운 일이 아닐 수 없습니다. 은혜의 본질은 예수 그리스도이십니다.

믿음

믿음은 무엇입니까? 어떤 사람은 "이것은 여러분에게서 난 것이 아니요 하나님의 선물입니다"라는 구절에서 '이것'이 믿음을 가리킨다고 생각합니다. 그래서 믿음, 곧 믿게 되는 것도 하나님의 선물이라고 말합니다. 그러나 적어도 이 본문에서 '이것'은 문법적으로 볼 때, 앞에 나오는 믿음도 은혜도(둘 다 여성 명사) 대신할 수 없는 중성 대명사입니다. 즉 이 본문에서 '이것'은 "믿음을 통하여 은혜로 구원을 얻는 것" 전체를 가리킵니다.

그러면 믿음은 무엇인지 한번 예를 들어 설명해보겠습니다. 제가 제지갑을 통째로 친구에게 건넸을 때 친구가 그것을 감사하며 받는 것, 그것이 믿음입니다. 믿음이란, 하나님이 우리에게 주신 구원이라는 놀라운 은혜를 "감사합니다" 하고 받는 것입니다.

에베소서 1장 7절을 보면 그 의미를 좀 더 분명히 알 수 있습니다.

> 우리는 이 아들 안에서 하나님의 풍성한 은혜를 따라 그의 피로 구속 곧 죄 용서함을 받게 되었습니다.

이 구절에는 믿음이라는 단어가 나오지 않습니다. 구속 곧 죄 용서함을 받은 것이 은혜 때문이라고 말합니다. 믿음은 그 은혜가 우리 것이 되게 할 뿐입니다. 구원받는 데서 믿음은 매우 중요한 역할을 하지만, 절대로 은혜보다 중요할 수 없습니다. 믿음은 하나님이 주시는 은혜를 받아들이는 행위입니다. 에베소서 2장 5절에도 같은 말씀이 나옵니다.

> 범죄로 죽은 우리를 그리스도 예수와 함께 살려주셨습니다. 여러분은 은혜로 구원을 얻었습니다.

범죄로 죽은 우리를 위해 그리스도께서 돌아가시고 사신 것이 은혜입니다. 믿음이란 그 하나님의 은혜를 그대로 받아들이는 것입니다.

다시 한 번 요약한다면, **믿음은 하나님이 주신 선물을 감사함으로 받는 것, 하나님이 하신 일과 하실 일에 대해 전인격적으로 "네" 하고 받아들이는 것입니다.** 그래서 자랑할 것이 없습니다. 그것은 행위가 아닙니다. 어떤 사람은 믿음이 행위라고 생각합니다. 믿기가 너무 어렵기 때문입니다. 저도 어릴 때는 그렇게 생각했습니다. 믿는 것이 너무 어려우니 애를 써야 한다고 말입니다. 하지만 그것은 믿음이 무엇인지, 은혜가 무엇인지 모르는 것입니다. 자신이 어떤 상태에 있고, 하나님의 은혜가 얼마나 절대적인지 모르기 때문에, 마치 믿음으로 무엇을 하는 줄 아는데, 그렇지 않습니다.

몇 년 전에 뉴질랜드를 다녀왔습니다. 인생의 가장 어려운 순간에 곁에서 저를 도와주신 선생님을 만나 인사를 드리기 위해서였습니다. 뉴질랜드 남섬의 한 작은 마을에 살고 계신 선생님을 뵙고, 뉴질랜드에서 유명한 래프팅을 하게 되었습니다.

헬기를 타고 산 중턱까지 올라가서 보트를 만들어 장비를 다 갖추고 보트 열 대가 함께 빙하가 흐르는 급류를 따라 내려갔습니다. 팀 리더들이 긴장하는 모습만 봐도 이것이 얼마나 위험한 일인지 느껴졌습니다. 스릴을 즐기는 저는 당연히 보트의 맨 앞에 탔습니다. 제일 많이 흔들리고 제일 위험하거든요. 보트를 타고 가다가 폭포가 나오면, 뒤쪽에서 사람들에게 안으로 들어오라고 말하고 그러면 모두 보트 속으로 납작 엎드립니다. 그렇게 폭포를 지나면 몸을 일으켜 다시 노를 저으며 앞으로 나아갑니다.

그런데 제가 말을 잘못 알아들었습니다. "보트 안으로"라고 했는데 저 혼자 그냥 앉아 있었습니다. 폭포에서 떨어지면서 저는 보트 밖으로 날아갔습니다. 저야 뭐 물을 워낙 좋아하니까 별 걱정이 없었습니다. 그런데 그곳을 지나면 낭떠러지가 나오기 때문에 그 전에 구조를 받아야 했습니다. 저는 떠내려가고 있고 리더는 너무 놀라 정신없이 뛰어다녔습니다. 그러다 사람들이 밧줄을 던져주기에 잡고 나왔습니다. 모두들 여유 있는 제 모습을 한심하다는 표정으로 쳐다보았습니다. 저는 별거 아니라고 생각했습니다. 그런데 가만히 생각해보니 몹시 위급한 상황이었습니다. 만약 제가 그 밧줄을 놓쳤으면 큰일 날 뻔했지요.

그런데 다시 생각해보니, 제가 밧줄을 잘 잡아서 산 것이 아닙니다. 그보다는 제 위치로 밧줄을 정확히 던져준 것이 중요했습니다. 이처럼 누군가가 내민 생명줄이 은혜라면, 그것을 덥석 잡은 것이 믿음입니다.

우리는 예수 그리스도나 하나님 없이 죽은 것이나 마찬가지였습니다. 인생이 점점 망가지고 있었습니다. 계속 이렇게 가다가는 망할 수밖에 없는 상황이었습니다. 우리가 스스로를 그 속에서 건져낼 수는 없었습니다. 그런데 하나님이 우리를 긍휼히 여기셔서 자신의 아들을 희생시키셔서 구원의 밧줄을 우리에게 던지셨습니다. 정확하게 던지셨습니다. 우리는 그것을 잡았습니다.

우리가 구원받은 것은 은혜 때문입니다. 믿음도 매우 중요합니다. 그러나 은혜가 없다면 믿음은 아무런 소용도 없습니다. 믿음은, 아닌 것 같은데 억지로 믿는 것이 아닙니다. 우리의 영적 상태를 보고, 우리의 핍절한 상태와 끔찍한 상황을 바라보면서, '하나님 없이는 안 되겠구나'라고 하던 차에 하나님이 우리에게 부어주신 은혜에 반응하는 것, 그것이 믿음입니다.

그렇다면, 씨 뿌리는 자의 비유에 나오듯 믿음으로 말씀을 받는 것과 믿음으로 구원을 얻는 것은 어떤 관계가 있을까요? 사람들은 믿음으로 구원을 얻는 것을 일회성 사건으로만 이해하는 경향이 있습니다. 그러나 하나님이 우리를 위해 행하신 놀라운 일의 의미를 우리가 받아들였을 때, 우리는 믿음을 시작한 것입니다. 은혜를 누리기 시작한 것입니다. 이렇게 믿음으로 시작했다면 우리가 받은 진리의 말씀, 우리를 구원에 이르도록 돕는 이 말씀을 마음에 새기고 그것을 '굳세게 간직하고' 또한 '견뎌내야' 합니다. 그러므로 믿음으로 은혜를 받아 구원을 받는 것은 단지 한 순간에 이루어지고 끝나는 것이 아니라, 하나님이 우리를 위해서 행하신 놀라운 구원의 역사를 지속적이며 인격적인 믿음으로 받아들이는 것을 뜻합니다. 우리는 하나님의 놀라운 은혜를 믿음으로 구원을 얻었습니다.

묵상 질문

1. 에베소서 2:8-9을 묵상하십시오. 흔히 사람들이 말하는 '믿음이 좋다'는 말과 이 본문에서 이야기하는 믿음은 어떤 차이가 있습니까?

2. 당신은 어떤 상황에서 하나님이 어떤 은혜를 보여주셔서 믿음으로 반응했습니까? 당신이 구원받는 과정에서 자신의 믿음을 자랑할 수 없는 이유는 무엇입니까? (이론적으로 설명하는 것을 넘어서서, 자신의 이야기를 생각해보십시오.)

성경이 가르치는
믿음

생각해볼 질문

'미신'이나 이단의 믿음과 기독교의 믿음은 어떻게 다를까요?

우리는 앞에서 이미 씨앗 속에 있는 그 생명을 받아들이는 것, 하나님이 하신 일, 그 구원이라는 씨앗, 그 놀라운 은혜를 받아들이는 것, 그 씨앗을 품고 굳게 간직하고 지키는 것이 믿음이라고 이야기했습니다. 하나님이 우리에게 값없이 주신 은혜에 감사로 반응하는 것이 믿음이라는 사실을 살펴보았습니다. 이제 성경에서 그 믿음을 어떻게 가르치는지 조금 더 살펴보고자 합니다.

우리가 믿어야 할 두 가지

히브리서 11장 6절은 성경이 가르치는 믿음이 무엇인지를 완벽하게 정의해줍니다.

> 믿음이 없이는 하나님을 기쁘게 해드릴 수 없습니다. 하나님께 나아가는 사람은, 하나님이 계시다는 것과 하나님은 자기를 찾는 사람에게 상을 주시는 분이시라는 것을 믿어야 합니다.

본문은 두 가지를 반드시 믿어야 하나님을 기쁘시게 할 수 있다고 말합니다. 첫 번째는, **하나님이 계시다**는 것입니다. 이것은 세계관의 문제요 전제의 문제입니다. 어떤 사람들은 하나님이 계시다는 유신론은 신앙이고, 하나님이 계시지 않는다는 무신론은 과학이나 이성이라고 하는데 그것은 착각입니다. 하나님이 있다고 생각하든 없다고 생각하든 그것은 모두 믿음입니다. 그중에 그리스도인들이 가진 믿음은 하나님이 없다는 믿음이 아니라 하나님이 계시다는 믿음인 것입니다.

그래서 우리는 예배할 때 하나님이 우리 가운데 계신 것을 믿습니다. 기도할 때 하나님이 우리 가운데 계신 것을 믿습니다. 하나님이 계신 것을 믿지 않고 허공에 대고 노래하고 예배드리고 기도하고 성경 읽는 것은 의미가 없습니다. 그것은 근본적으로 출발점이 잘못되었기 때문입니다. 이는 전제의 문제와 사상의 문제이기도 하지만, 또한 내면의 자세 문제이기도 합니다. 단지 신이 존재할 것이라는 지적인 동의를 넘어서, 살아 계신 하나님에 대한 진실한 자세가 필요합니다.

두 번째는 **하나님이 자기를 찾는 자에게 상 주시는 이**심을 믿어야 합니다. 여기서 '상'이 뭘까요? 믿음을 잘못 알고 있는 사람들은, 자신이 원하는 것, 자신이 얻고 싶은 것을 강하게 믿으면 하나님이 그것을 상으로 주신다고 생각합니다. 우리가 갖고 싶은 것은 건강일 수도, 공부 잘하는 자녀일 수도, 승진일 수도 있는데, 이런 것들을 주실 줄 믿고 열심히 기도하면 하나님이 상을 주신다고 생각합니다.

하지만 이것은 성경 전체를 잘못 이해한 해석입니다. 여기서 상이란, 하나님이 인간에게 가장 주고 싶어 하시는 구원을 가리킵니다. 예수 그리스도를 통해서 하나님과 관계가 회복되는 것이 복 중의 복이며, 상 중의 상입니다. 또한 우리가 충분한 이해에 도달할 수 없지만, 하나님은 자신을 우리에게 상으로 주고 싶어 하신다는 것이 성경의 가르침입니다. 그래서 하나님은 우리가 믿음으로 하나님이 주시는 상을 받아들이기를 원한다고 하십니다.

성경이 말하는 믿음은 우리가 믿고 싶은 것을 열심히 믿는 것이 아닙니다. 주님이 가르치시고 성경이 증거하는 믿음은, **하나님이 하신 일을 전인격적으로 긍정하는 것**입니다. 믿음은 철저하게 하나님이 하신 일에 대한 우리의 반응이며, 우리 하나님께 인격적으로 "네, 그렇습니다" 하고 답하는 것입니다.

잘못된 믿음

하지만 이 믿음이라는 단어 역시 세상에서 쓰는 단어여서, 적지 않은 오해가 있습니다. 성경이 말하는 믿음이 아닌 잘못된 믿음이 여럿 있는데, 미신, 맹신, 광신 같은 것들이 그렇습니다. 먼저 **미신**이 있습니다. 미신이란 없는 것을 믿는 것입니다. 그 다음으로 **맹신**이 있습니다. 맹신은 무조건 믿는 것입니다. 또 **광신**이 있습니다. 광신은 자기 멋대로 믿는 것입니다. 이러한 미신, 맹신, 광신은 성경에서 이야기하는 믿음이 아닙니다. 성경에서 이야기하는 믿음은 **확신**입니다. 확신이란, 사실에 근거해서 믿는 것, 진리에 근거하여 그것을 받아들이는 것입니다.

그런데 요즘 그리스도인들 사이에서, 엄마가 믿음이 부족해서 자식이 대학에 떨어졌다는 식의 말을 하곤 합니다. 정말 끔찍한 노릇입니다. 도대체 말이 되지 않는 이야기인데 실제로 그리스도인들이 그렇게 생각합니다. 아이가 대학에 떨어지면 부모들은 얼굴을 못 들고 다닙니다. 남편 사업이 잘 안 풀리면 아내들은 얼굴을 못 들고 다닙니다. 믿음이 없어서 집안이 번창하지 못한다는 이야기들을 합니다. 강하게 믿고 기도하면 하나님이 복을 주셔서 잘 살 텐데, 그렇지 못했다는 것입니다.

이런 것들은 믿음에 대한 잘못된 사상이 우리 가운데 들어와 있는 예입니다. 믿음은 하나님이 하신 일을 믿는 것이지, 우리가 얻고 싶은 것을 강하게 믿는 것이 아닙니다. 그런데 샤머니즘의 영향을 받은 한국에서는 이런 경향이 심합니다. 우리가 믿고 싶은 것을 강하게 진실로 믿으면 하나님이 감동하셔서 그것을 들어주시리라고 생각합니다. 옛말에도 있듯이 "지성이면 감천"이라고 합니다. 지성을 다하는 것을 믿음이라고 생각합니다. 하나님 마음에 들도록 새벽에 일어나서 목욕재계하고 정화수 떠놓고 "비나이다, 비나이다" 하면서 매일같이 지성으로 빌면, 그렇게 믿으면 하나님이 우리 마음의 소원을 들어주시리라고 생각합니다.

이것은 성경에서 이야기하는 믿음이 아닙니다.

좀 더 쉬운 예를 들어봅시다. 여러분은 머리가 아플 때 어떤 약을 드시나요? 두통약을 먹죠. 그런데 머리가 아플 때 "뭐, 나을지 안 나을지 모르겠지만 두통약이나 먹자" 하고 먹는 것이 건강한 믿음일까요, 아니면 소화제를 먹으면서 "이걸 먹으면 두통이 나을 거야"라고 굳게 믿는 것이 건강한 믿음일까요? 오늘날 그리스도인들은 마치 머리가 아픈데 소화제를 먹으면서 "나을 줄 믿습니다!"라고 하는 사람과 같습니다. 머리가 아플 때는 "이거 먹으면 나아" 하고 그냥 두통약을 먹는 것이 건강한 믿음입니다.

강하게 믿으면 이루어진다는 생각은 매우 잘못된 믿음일 뿐 아니라 하나님을 조종하려는 것입니다. 우리의 강한 믿음을 보시고 원래 하나님 뜻이 아닌데도 이루어주실 것이라고 생각하기 때문입니다. 하지만 하나님은 그렇게 인간에게 조종당하시는 분이 아닙니다. 사람도 다른 사람에게 조종당하는 것을 싫어하는데 하물며 우리 마음을 아시는 하나님이 사람에게 조종당하실 수 있을까요? 믿음은 하나님의 은혜에 대한 우리의 반응이지, 우리가 하나님을 움직이려는 것이 아닙니다.

또한 믿음은 자기 세뇌나 자기 확신, 자기 의지가 아닙니다. 사람들은 "믿음이 부족해서", "믿음이 없어서"라는 말을 "자기 의지가 부족해서", "자기 결단이 부족해서"와 비슷한 뜻으로 사용합니다. 하지만 믿음은 우리가 믿어야 하는 바를 억지로, 결단해서, 의지력을 동원해서 믿는 것이 아닙니다. 하나님이 그렇게 하셨고, 그렇게 하고 계시고, 또한 그렇게 하시겠다고 약속하신 것을 받아들이는 것입니다. 다시 말해, 성경에서 이야기하는 믿음은 하나님이 하신 일에 대해 "네, 당신이 그렇게 하셨습니다. 네, 당신이 그렇게 하실 것입니다. 아멘"이라고 말하는 것입니다.

이 믿음에 대한 오해만 걷어내도 한국 교회는 몰라보게 변할 것입니다. 우리는 너무 오랫동안, 우리가 믿고 싶은 것을 강하게, 지성至誠으로 믿으면 하나님이 그것을 들어주신다고 배웠습니다. 그래서 많은 사람들이 자신의 소원을 하나님께 아뢰고, 이뤄주시기를 글자 그대로 맹렬하게 기도했습니다. 그러나 그렇게 기도했건만 하나님이 대학 입학 대신에 재수를, 결혼 대신에 오랜 독신 생활을, 사업 성공 대신에 실패를, 병고침 대신에 죽음을 주시면, 실망을 넘어서서 하나님께 분노를 품거나 아예 하나님을 떠나버리기도 합니다.

다시 이야기하지만, 기독교는 우리의 신심으로 하나님을 움직여 내 소원과 뜻을 이루는 종교가 아닙니다. 오히려 하나님이 하신 일을 듣고 이해하고 믿음으로써 내 소원이 하나님의 뜻에 맞게 정화되고 성숙해지는 것입니다. 이를 위해서 믿음이 정말 중요한데, 그 믿음은 내가 믿고 싶은 것을 믿는 믿음이 아니라, 하나님이 하신 일을 진심으로 받아들이는 믿음입니다. 하나님이 하신 일과 하실 일에 대한 전인격적 긍정, 이것이 믿음입니다.

묵상 질문

1. 성경이 가르치는 믿음과 당신의 믿음을 비교해보십시오. 어떤 부분을 교정해야 하겠습니까?

2. 히브리서 11:6을 묵상하며, 묵상하는 지금 이 순간에 함께하시는 하나님을 바라보십시오. 그분이 당신에게 주기 원하시는 상이 무엇일지 깊이 생각해보십시오.

4

믿음으로 사는
삶의 원리

생각해볼 질문

믿음을 가지고 산다는 것은 무슨 의미일까요?

믿음이 하나님이 하신 일에 대한 인격적인 반응이라면, 그것은 우리 그리스도인의 삶에서 가장 중요한 원리입니다. 하지만 하나님도 눈에 보이지 않고, 그분이 행하신 일도 눈에 보이지 않습니다. 하나님과 그분이 행하신 일을 믿고, 그런 믿음으로 세상을 산다는 것은 무엇을 의미할까요? 이렇게 믿음으로 세상을 사는 원리를 가장 잘 설명해주는 구절이 고린도후서 5장 7절입니다.

보는 것이 아니라 믿음으로

우리는 믿음으로 살아가지 보는 것으로 살아가지 아니합니다.

삶을 살아가는 원리가 두 가지 있는데, 하나는 잘못된 원리이고 다른 하나는 바른 원리입니다. 잘못된 원리는 보는 것으로by sight 살아가는 것이고, 바른 원리는 믿음으로by faith 살아가는 것입니다. 믿음으로 사는 것은, 하나님이 우리를 위해서 행하신 일들, 행하고 계신 일들, 행하실 일들을 믿고 그 믿음에 따라 살아가는 것입니다. 다시 말해, 우리 오감으로 느끼는 것은 늘 이차적이기에, 그 느낌에 따라 살지 않는다는 것입니다.

구체적인 예를 들어볼까요. 살다가 이런 생각이 들 때가 있습니다. '오늘은 너무 외롭고 울적하다. 아무리 생각해도 하나님이 나에게 무관심하신 것 같아. 오늘은 하나님이 날 떠나신 것 같아. 오늘은 하나님이 주무시는 것 같아. 오늘은 딴 데 쳐다보고 계신 것 같아.' 이런 마음이 들 때 그 느낌을 따라 울적해져 낙심하는 것이 보는 대로 살아가는 것입니다.

느낌이라는 것이 얼마나 요상한지, 그런 느낌이 들 때 초콜릿이나 아이스크림을 먹어서 혈당량만 조금 올라가도 기분이 좋아집니다. 그런 느낌이 들 때 믿음으로 산다는 것은, '내가 정말 이렇게 느끼는구나. 하나님이 나에게 무관심한 것 같고, 나를 버리신 것 같고, 내게서 떠나신 것 같은 느낌이 들어!' 하면서 그런 느낌을 인정은 하되 그 느낌에 굴복하지는 않는 것입니다. 그리고 하나님은 세상을 지으시고, 우리가 느끼고 보지는 못해도 세상 모든 일에 관여하고 계시고 우리의 인생도 그렇게 바라보고 계시다는, 성경이 가르치는 사실을 받아들이는 것입니다. 또한 값비싼 대가를 지불하고 살리신 우리에게서 눈을 떼지 않으신다는 성경의 약속을 내 자신에게 주장하는 것입니다.

어떤 때는 자신이 지은 과거의 죄와 현재의 여러 가지 부족함 때문에 죄책감에 빠질 수 있습니다. "하나님은 나를 싫어하실 거야. 이런 나를 버리시고 심판하시는 것은 당연해!"라는 생각이 들 때가 있습니다. 사실 죄책감과 수치심이 얼마나 강력한지 모릅니다. 많은 사람들이 하나님의 완전한 용서를 받아들이지 못하고, 끊임없이 죄책감에 매여 있습니다.

그런 생각이 들 때, 우리는 심판을 받아 마땅한 존재이지만, 이런 우리를 위해서 대신 심판을 당하신 그리스도 예수를 기억해야 합니다. 하나님은 우리 인간을 위해, 우리 자신을 위해, 자격 없는 우리를 그리스도 예수 안에서 완전히 받아주셨습니다. 우리는 죄책감에 빠져 있지만, 이 죄책을 예수님이 다 해결하셨으므로, 우리가 그의 은혜 가운데 머물 수 있다는 사실을 받아들이는 것, 완전한 용납을 기뻐하는 것이 바로 믿음으로 사는 것입니다.

또 다른 경우를 들어볼까요? 자신이 무가치하게 느껴질 때가 있습니다. 일도 잘 풀리지 않고, 할 줄 아는 것도 없는 것 같고, 늘 그렇듯이 이번에도 실패한 것 같고, 상황은 점점 나빠지고, 그러면서 자신이 무가치하게 느껴질 때가 있지 않습니까? 일이 잘 안 풀리니까 힘들고 지치고, 그런 느낌을 따라가다가 낙심하기도 합니다.

이럴 때 믿음으로 산다는 것은 무엇입니까? 하나님이 우리를 그리스도 예수 안에서 특별한 존재로 만드셨다는 것, 하나님이 우리를 통해 하시고자 하는 일이 있다는 것, 지금 그 일이 진행 중이지만 아직 완성되지는 않았다는 것, 그러니 우리는 주님이 이루실 그 일을 바라봐야겠다고 받아들이는 것입니다.

또 교회에서 정말로 서로 진실하게 만나고, 사랑하고 함께 살아가기를 원하는데, 우리는 다 부족함이 많은 사람이기에 시간이 지날수록 서로 실망하는 부분이 생겨납니다. 그런 일들이 생길 때 사람들은 이렇게 생각합니다. '결국 사람은 혼자야. 기껏 마음을 털어놨더니 내 진심은 알아주지 않고, 내 얘기는 겉돌기만 하고 이게 무슨 진실한 공동체야? 순 엉터리지. 교회라는 데가 다 그렇고 그렇지. 특별한 게 있겠어?' 이런 마음을 따라가는 것이 보는 대로 움직이는 것입니다.

비록 혼란과 아픔이 있다 할지라도, "우리가 비록 부족하지만 하나님이 우리를 한 가족으로 만드셨습니다. 이 가족을 하나님이 성장시키실 것입니다. 지금 우리는 그 과정 가운데 있습니다. 아직은 미흡하지만 하나님이 이루실 일을 믿겠습니다"라고 고백하는 것, 이것이 믿음입니다.

성경에서 이야기하는 바를 잘 바라보는 것이 중요합니다. **믿음의 시각과 경험의 시각,** 우리에게는 이 두 가지 시각이 있습니다. 우리는 이 중에서 믿음의 시각을 택하기로 결심해야 합니다. 그럴 때 구원이 우리 속에서 열매를 맺습니다. 믿음의 시각으로 하나님이 하신 일을 주장하기 시작할 때 우리 가운데 온 은혜가 삼십 배, 육십 배, 백 배의 열매를 얻습니다.

이런 이유 때문에 우리는 성경을 열심히 읽습니다. 성경을 읽지 않고서는 하나님이 하신 일, 지금 하고 계신 일, 앞으로 하실 일을 알 도리가 없기 때문입니다. 우리는 성경을 보면서 '하나님이 이런 일을 하셨고, 하고 계시고, 하시겠구나' 하고 알 수 있습니다. 우리 멋대로 믿지 않기로, 무조건 믿지 않기로, 사실도 아닌 것을 따라다니면서 믿지 않기로 결심했기 때문에, 곧 하나님의 진리만을 믿기로 결심했기 때문에, 성경을 읽습니다. 믿고 싶은 것을 믿는 것, 되고 싶은 것을 믿는 것이 아니라, 성경을 통해 전하신 진리를 전인격적으로 받아들이는 것입니다.

믿음과 느낌의 문제

그렇다면 신앙생활에서 느낌은 아무 소용이 없는 것인가요? 우리는 이런 질문이 생깁니다. '그리스도인들의 삶과 느낌은 아무 관계가 없는가?, 느낌은 없어지는 것인가?, 우리에게 체험은 의미가 없는가?' 이 질문에 대한 답을 하는 데는 국제대학생선교회CCC 창립자 빌 브라이트가 만든 3F라는 기차 그림이 매우 유용합니다.

이 기차는 증기기관차입니다. 기관차가 앞에 있고 그 뒤에 석탄차가 있고 그 다음에 객차가 있습니다. 그렇다면 기차에서 이 셋 중에 제일 중요한 것은 무엇일까요? 당연히 기관차입니다. 그런데 이 기관차는 석탄차에 연료가 있는 동안만 달리게 됩니다. 기관차가 계속해서 달리려면 석탄차가 있어야 합니다. 석탄을 계속 공급해주어야 계속 달릴 수 있습니다. 그러면 기차는 기본적으로 기관차와 석탄차만 있으면 됩니다. 그런데 기관차와 석탄차만으로 온전한 기차가 될 수 있을까요? 기차는 뭔가를 운반하기 위해 있는 것 아닙니까? 뒤에 뭔가 달려 있어야 기차가 완성됩니다. 우선순위로 말하자면 기관차가 제일 중요하고 두 번째는 석탄차, 세 번째로 기차를 완성시키기 위해서 객차가 필요합니다.

같은 원리로, 3F라는 기차의 맨 앞에 있는 기관차는 사실fact입니다. 가운데 있는 화물 열차는 믿음faith이고, 맨 마지막 객차가 느낌feeling입니다. 그리스도인들에게 제일 중요한 것은 '사실'입니다. 사실이 없으면 기독교는 다 무너집니다. 그리스도인들이 성경을 단순한 기록이 아니라 역사적 사실로 믿는 이유는, 그것이 사실이 아니라면 우리의 모든 믿음은 신화요 상징이요 비유일 따름이기 때문입니다. 신화나 상징이나 비유는 우리에게 좋은 의미를 주지만, 생명을 주지는 못합니다. 신화나 상징을 위해서 생명을 바치는 것은 어리석은 일입니다. 단군 신화를 위해서 생명을 바치겠습니까? 그런데 성경은 "이것이 사실이다. 실제로 하나님이 우리를 위해서 이루신 사건이다"라고 말합니다.

그런데 이것이 사실로 존재하려면 우리의 믿음이 필요합니다. 그 사실을 믿음으로 받아들일 때 실제적인 의미를 가질 수 있습니다. 석탄 자체, 즉 믿음만으로는 기차가 움직이지 못합니다. 그러나 기관차인 사실이 있다면, 석탄차인 믿음은 이 기관차에 연료를 공급하여 계속 달리게 할 수 있습니다. 그러고 난 다음에 따라오는 것이 체험입니다. 체험이 앞서면 안 됩니다. 실제로 체험은 사람에 따라 천차만별입니다. 그 사람의 기질, 성장 배경, 심리 상태, 영적 특성에 따라서 체험은 다양한 모습을 띱니다.

신앙 전기를 읽어보면 사람들이 예수님을 영접할 때, 빛 가운데 있었다고 표현한 내용이 아주 많습니다. 예수님을 영접하는 순간, 빛 가운데로 들어온 느낌이었다는 것입니다. 그 빛이 주황색이었다는 표현도 많이 나옵니다. 그런데 만약 어떤 사람이 흰 빛을 봤다면, 그 사람의 구원은 좀 이상한 것인가요? 어떤 사람은 구원을 받았는데 빛과는 전혀 상관 없이 그냥 따뜻하게 느끼는 경우도 있습니다. 그런가 하면 예수님을 영접할 때 아무 느낌이 없었던 사람도 있습니다. 그냥 "제 주인이 되어 주십시오"라고 고백한 것밖에 없습니다. 펑펑 우는 사람이 있는가 하면, 눈물 한 방울도 흘리지 않는 사람도 있습니다. 체험은 사람마다 다 다르기 때문에 그런 체험을 좇아가면 기독교는 무너지기 시작합니다.

우리가 추구해야 할 것은 사실, 곧 하나님의 진리입니다. 진리를 추구하고 그것을 믿으면 체험은 그냥 따라옵니다. 체험은 하나님의 선물입니다. 여러분은 찬양하다가 가끔 우시나요? 나처럼 형편없는 사람, 나처럼 우여곡절 많은 사람을 살리시고 여기 앉히셔서, 하나님을 예배하고 하나님의 사랑을 받고 아버지라고 부를 수 있게 하신 것, 어떻게 이런 일을 하시는지…. 감사와 감격이 흘러나올 때가 있습니다. 그러면 그냥 눈물이 나옵니다.

이렇듯 모든 영적 체험은 체험 자체를 추구할 때 나오는 것이 아니라 하나님과 진리를 추구할 때 자연스레 따라옵니다. 그러므로 그리스도인들이 보는 대로 살지 않고 믿는 대로 산다고 해서 체험을 무시하는 것은 아닙니다. 체험은 진리를 추구할 때 따라옵니다. 우리는 체험을 좇아다니지 않습니다. 우리는 진리를 좇는 사람들이기 때문입니다.

믿음의 의미

다시 한 번 정리하자면, 믿음은 하나님이 하신 일과 하실 일을 받아들이는 것입니다. 다시 말해, 하나님이 하신 일과 하시겠다고 약속하신 일을 그분 앞에서 **주장하는 것**입니다. 앞에서도 이야기했지만 우리에게 어려움이 있을 때 "하나님이 나를 돌보시기로 약속하셨습니다. 책임지십시오. 하나님이 그렇게 하겠다고 하지 않으셨습니까? 이 어려운 시기는 지나갈 것입니다. 그 과정에서 하나님이 나를 지키실 줄로 믿습니다"라고 고백합니다. 그리스도인들은 시험공부를 하고 나서 떨지 않습니다. 자신이 할 바를 다 했다면, 그 결과는 하나님께 맡깁니다. "당신이 알아서 하십시오. 저는 최선을 다했습니다. 당신이 약속하지 않으셨습니까?" 하고 주장합니다.

하나님께 주장한다는 것은 다시 말하면 **자신에게 주장하는 것**입니다. 낙심하는 마음이 생길 때 스스로에게 이렇게 말합니다. "김형국, 왜 낙심하니? 힘내라. 주님이 너와 함께 계시지 않니? 지금까지 주님께서 일하지 않으셨니?" 시편 기자처럼 말합니다. "나의 영혼아, 어찌하여 낙망하느냐? 너는 여호와만 바랄지어다"(참고. 시 42편). "너 왜 자꾸 그렇게 낙심해? 주님이 너와 함께하시는데 낙심하지 마. 견뎌봐. 하나님이 놀라운 일을 행하실 거야." 이것이 바로 자신에게 주장하는 것입니다.

이것이 진짜 믿음입니다. 이 주장은 하나님이 우리를 위해서 하신 일, 십자가에서 이루신 일에 기초하고 있기 때문입니다.

이것은 **하나님이 주신 축복을 사용하는 것**입니다. 하나님이 여러분에게서 눈을 떼지 않으신다고 합니다. 그것을 사실로 받아들이는 것입니다. 인생이 너무 힘들고 아무도 우리를 돌보지 않는 것 같은 바로 그 순간에 하나님이 우리에게서 눈을 떼지 않으신다고 합니다. 모든 사람이 우리를 버린 듯한 순간에도 하나님이 우리에게서 눈을 떼지 않으십니다. "내게서 눈을 떼지 않으시고 나와 함께하시는 당신을 바라봅니다"라고 고백하는 것, 이것이 바로 축복을 가져다 쓰는 것입니다.

사람들은 혼자라고 느낄 때 '나는 혼자야. 아무도 나를 이해하지 못해'라고 생각하지만, 그리스도인 공동체가 있음을 기억하고 누구에겐가 연락해서 "제가 지금 어려운 일을 겪고 있는데 같이 기도해줄 수 있어요? 만날 수 있어요?"라고 하는 것, 이것이 하나님의 축복을 가져다 쓰는 것입니다.

제가 미국에서 '아, 나의 상황이 심각하구나. 이 문제를 나 혼자 힘으로 절대로 극복할 수 없겠구나'라고 느낄 정도로 최악의 상황에 다다른 적이 있었습니다. 매우 부정적이고 극단적으로 위험한 생각에까지 이르게 된 순간이 있었습니다. 다른 사람의 도움이 필요하다고 느꼈지만, 낯선 미국 땅에서 저를 도와줄 사람은 하나도 없었습니다. 저는 교만했을 뿐 아니라 저의 치부를 나눌 수 있는 사람들이 주변에 없었습니다.

그러다 평소에 존경하던 교수님이 떠올랐습니다. 이 선생님께 요청하면 도움을 얻을 수 있을지도 모르겠다 싶어서 찾아갔습니다.

"제게 좀 심각한 문제가 있어서 선생님을 뵈러 왔습니다."

"15분으로 되겠니?"(미국에서는 보통 15분 단위로 약속을 합니다)

"안 될 것 같습니다."

"그럼 수업 끝나고 와라." 그래서 수업이 끝난 후 다시 찾아갔습니다.

선생님은 무슨 사연인지를 물으셨고, 저는 제 이야기를 길게 털어놓았습니다. 이야기를 들으시던 중에 선생님은 눈물을 주르륵 흘리셨습니다. 그 순간 '이 사람이 나를 도와줄 수 있겠구나' 하는 희망이 생겼습니다. 만약에 제가 혼자서 버텼다면 어떻게 되었을지 모르겠습니다.

믿음은 하나님이 주신 놀라운 축복을 꺼내 쓰는 것입니다. 그것을 우리 것으로 만드는 것입니다. 다시 정리하겠습니다. **믿음은 하나님이 하신 일과 하겠다고 약속하신 일을 전인격적으로 받아들이는 것**입니다. 그 내용을 하나님 앞에서 주장하고, 자신에게 주장하고, 더 나아가서 하나님이 주신 놀라운 축복을 꺼내 쓰는 것입니다.

왜 수많은 그리스도인들이 그렇게 신앙생활을 오래 하고 훈련을 수없이 받았음에도 열매를 얻지 못하고 생명력 없이 꾀죄죄하게 살아갑니까? 무엇을 꺼내 써야 할지 잘 모르고, 알면서도 꺼내 쓰지 않기 때문입니다. 무엇을 믿어야 할지 모르거나 믿음을 사용하지 않기 때문입니다. 엄청난 돈을 침대 밑에 깔고 자면서도 빈한하게 살았던 노파가 다시 떠오릅니다. 이런 축복을 가지고 있으나 쓰지 않는 그리스도인은 너무도 불행합니다.

하나님은 우리가 그리스도 안에 있는 새로운 피조물로서 누릴 수 있는 축복들을 풍성하게 누리기를 원하십니다. 예수님은 자신이 이 땅에 온 것은 우리로 하여금 생명을 얻고 더 풍성히 얻게 하기 위해서라고 말씀하셨습니다(요 10:10). 이 풍성한 삶을 누리기 시작하고 지속적으로 누리게 하는 것이 바로 하나님이 하신 일에 대한 전인격적인 반응, 곧 민음입니다.

묵상 질문

1. 하나님이 당신을 위하여 하신 일 중 믿음으로 받아들이고 자신에게 주장해야 할 것은 무엇입니까?

2. 고린도후서 5:7을 묵상하십시오. 두 가지 삶의 원리 중에 믿음으로 사는 원리를 당신의 삶에 늘 적용할 수 있도록 기도하십시오.

| II부 |
그리스도를 통한
하나님과의 인격적인 관계
Personal Relationship with God through Christ

하나님에 대해 알면 알수록 그분에 대한 감탄과 감사와 감격이 점점 더 깊어집니다. 어떤 사람들은 하나님을 느끼게 되면 그때 가서 믿겠다고 하는데, 그것은 순서가 잘못되었습니다. 하나님을 모르는데 어떻게 하나님을 느낄 수 있겠습니까? 그분을 인격적으로 알아갈 때 그분을 경험하고 느끼고, 그분께 몰입하게 됩니다.

하나님 알아가기

1

그리스도 안에
속하기 전의 우리

생각해볼 질문

 예수 그리스도를 알기 전을 생각할 때 당신에게 가장 먼저 떠오르는 것은 무엇입니까?

좋은 부모 밑에서 성장하면 누릴 수 있는 특권이 정말 많습니다. 잘 먹고, 잘 입고, 교육도 잘 받을 수 있습니다. 또 건강한 자아상과 안정감도 가질 수 있습니다. 부모가 건강한 역할모델이 될 수 있다면 그보다 좋은 것은 없습니다.

하지만 이런 여러 특권 가운데 가장 큰 특권은, 이 세상 그 누구보다 부모와 인격적이고 친밀한 관계를 누릴 수 있는 것이라고 생각합니다. 요즘은 돈 많이 버는 부모가 최고라고 생각하는 경향이 있지만, 돈이 많다고 해서 행복하지는 않다는 것을 우리는 압니다. 정말 좋은 부모는 자식과 좋은 관계를 맺고, 마음으로 소통하고 생각과 감정과 꿈을 나누고 슬픔과 아픔까지 나눌 수 있는 부모입니다. 이것이 부모 자식 간의 최고의 관계입니다. 인생을 살면서 큰 울타리처럼 정말 좋은 친구 같은 그런 부모가 있다면, 얼마나 큰 축복일까요?

하나님과 인간의 관계가 원래 이렇게 설계되어 있었습니다. 어떤 관계보다 친밀하고, 안전하고, 우리에게 가치를 부여해주는 그런 관계가 하나님과 우리의 관계입니다. 하지만 앞에서 본 것처럼 우리 인간은 그것을 거부했습니다. 그럼에도 우리를 사랑하시는 하나님이 원래의 관계를 회복하기를 간절히 원하셨기에 모든 것을 희생하면서까지 우리를 되사오셨습니다.

이번 만남에서는 우리가 그 하나님과 어떻게 관계를 맺을 수 있는지, 그리스도를 통한 하나님과의 인격적인 관계에 대해서 이야기하려고 합니다. 첫 번째와 두 번째 만남에서는 우리가 그리스도 안에 있다는 것이 무엇을 의미하는지를 이야기했다면, 여기서는 우리가 그리스도 안에 있음으로 그리스도를 통해서 하나님과 어떤 관계를 누릴 수 있는지를 이야기하려고 합니다.

하나님을 몰랐던 예전의 우리 모습

먼저 우리가 하나님과 누구보다 친밀한 관계를 누리는 존재로 설계되었음에도, 그리스도인과 하나님의 관계가 그렇게 풍성하고, 그렇게 대단하고, 그들의 인생을 뒤집어놓을 만큼 강력하지 못한 이유를 살펴보아야 합니다. 여러 가지 이유가 있겠지만 그중에서 중요한 한 가지는, 그리스도 안에 속하기 전의 우리 상태를 제대로 직시하지 못했거나 잊어버렸기 때문입니다.

우리가 그리스도 안에서 어떻게 새로워졌는지, 얼마나 놀랍게 변했는지를 이야기하기에 앞서서, 그 전의 우리 상태가 어떠했는지를 반드시 알아야 합니다. 먼저 요한복음 3장 36절을 보겠습니다.

> 아들을 믿는 사람에게는 영생이 있다. 아들에게 순종하지 않는 사람은 생명을 얻지 못하고 도리어 하나님의 진노를 산다.

마지막 부분이 개역성경에는 "하나님의 진노가 그 위에 머물러 있다"고 표현되어 있습니다. 또 에베소서 2장 1-3절은 이렇게 말합니다.

> 1여러분도 전에는 허물과 죄로 죽었던 사람들입니다. 2그때에 여러분은 허물과 죄 가운데서 이 세상의 풍조를 따라 살고 공중의 권세를 잡은 통치자 곧 지금 불순종의 자식들 가운데서 작용하는 영을 따라 살았습니다. 3우리도 모두 전에는 그들 가운데에서 육신의 정욕대로 살고 육신과 마음이 원하는 대로 행했으며 나머지 사람들과 마찬가지로 날 때부터 진노의 자식이었습니다.

이 본문은 예수님을 알기 전 우리의 상태를 가장 잘 설명한 성경 구절입니다. 이 구절의 마지막에서는 우리가 "날 때부터 진노의 자식"이었다고 말합니다. 이를 개역성경에서는 "본질상 진노의 자녀"라고 번역했습니다.

앞의 두 본문에 공통으로 등장하는 단어가 바로 '진노'입니다. 사람들은 대개 하나님의 진노에 대해서는 이야기하기를 꺼립니다. 하나님이 어떻게 화를 낼 수 있느냐고 생각하는 사람들도 있습니다. 하지만 성경은, 하나님을 떠나 있을 때 우리는 그분의 진노 아래 있었다고 확실히 말합니다. 이러한 진노는 하나님의 사적인 감정이라기보다는, 우주의 정의가 부인되었을 때 일어나는 의로운 분노입니다.

하나님이 진노하시는 이유 요한복음은 그 이유를 "아들에게 순종하지 않았기" 때문이라고 통찰력 있게 설명합니다. 에베소서에서는 이것을 조금 더 풀어서, 우리가 아들을 따르지 않고 세상 풍조를 따라 살고, 공중의 권세 잡은 통치자 곧 지금 불순종의 자식들 가운데 작용하는 영을 따라 살고, 또 그들 가운데서 우리 육신의 정욕을 따라 우리 육신이 원하는 대로, 마음이 원하는 대로 행했다고 이야기합니다.

이것은 우주의 근간이며 중심이신 하나님을 제거해버리고, 그 자리에 우리가 들어가서 우리 마음대로 사는, 하나님을 향한 반역죄와 마찬가지입니다. 이것은 하나님이 만드신 세상에서 가장 중요한 법도를 깨뜨리고, 우주의 중심을 흔들어놓는 것을 의미합니다. 마치 나라의 기강을 흔드는 것과 같습니다.

한 나라의 기강이나 어떤 공동체의 중심을 흔드는 것도 큰 문제인데, 전 우주의 중심을 흔들어놓는 것은 작은 문제가 아닙니다. 하나님을 무시하고 그분이 만드신 법칙을 무시하는 것입니다. 하나님을 무시하니 모든 생명과 사랑과 지혜의 원천이신 하나님과 단절됩니다. 그래서 하나님의 법도를 어기는 그 고통이 자신과 가까이 있는 사람들에게 고스란히 임합니다. 이렇게 사람들은 진노 밑에 있습니다. 다시 말해 하나님의 심판 아래 있게 되었습니다.

현재적 심판의 성격　많은 사람들이 하나님의 심판은 미래에만 임한다고 생각합니다. 그러나 성경은 하나님의 진노가 그 위에 머물러 있다고 이야기합니다(요 3:36, 개역성경). 요한복음에서는 하나님의 심판을 이미 받았다고도 말합니다(3:18). 현재 심판이 임했다는 것입니다.

하나님의 법도를 무시하는 삶이 어떤지는, 아주 간단한 예만 보아도 알 수 있습니다. 하나님이 만드신 물리 법칙 중에 중력이 있습니다. 그런데 중력을 무시하고 어린아이들처럼 목에 보자기 한 장 두르고 "나는 슈퍼맨이다"라고 소리치면서 높은 곳에서 뛰어내리면 다칠 수밖에 없습니다. 심하면 목숨을 잃기도 합니다.

하나님은 이런 물리 법칙뿐 아니라, 인생을 어떻게 살아야 하는지에 대한 법도도 만들어놓으셨습니다. 동물은 본능에 따라 살지만, 인간은 의식하건 의식하지 않건 하나님이 만들어놓으신 법도를 따라 살게 됩니다. 그런데 사람들은 그 법도를 무시하여 화를 자초합니다.

우리가 누군가에게 마구 화를 낼 때, 그 화가 거꾸로 우리 속에 들어와서 몸과 정신을 상하게 만들지 않습니까? 성경은 화를 낼 수는 있지만 "해지기 전에 풀라"고 가르칩니다(참고. 엡 4:26). 그렇지 않고 화를 품고 살면 그 화가 우리를 망가뜨리고, 그 때문에 병이 생깁니다. 인간관계를 맺을 때 다른 사람을 진실하게 대하는 것이 하나님의 법도입니다. 그런데 거짓을 일삼으면, 다른 사람을 속이는 데서 그치지 않고, 결국은 스스로 신뢰할 수 없는 인격이 됩니다. 이것은 사소한 부분처럼 보이지만 하나님을 무시하고 성경이 가르치는 인생의 법도들을 무시하기 때문에 생겨나는 현상입니다. 더 심각한 예는 얼마든지 있습니다. 인간의 성은 매우 아름다운 것으로, 남녀가 서로 인격적이고 배타적으로 헌신할 때 누리는 하나님의 축복입니다. 그러므로 할리우드식의 낭만적이고 감각적인 사랑은 반드시 사람들에게 깊은 상처를 남깁니다. 성에도 하나님의 법도가 있기 때문입니다. 하나님의 법도를 어길 때, 우리는 현재에 이미 그분의 진노를 경험하게 됩니다.

하나님과의 관계가 깨져 있다

하나님과의 관계가 이렇게 깨져 있을 때 우리가 그분을 어떻게 느끼며, 그 원인이 무엇인지를 생각해봅시다. 이사야 59장 2절입니다.

> 오직 너희 죄악이 너희와 너희의 하나님 사이를 갈라놓았고 너희의 죄 때문에 주님께서 너희에게서 얼굴을 돌리셔서 너희의 말을 듣지 않으실 뿐이다.

이 본문은 죄 때문에 하나님과 우리 관계가 갈라졌다고 말합니다. 앞에서도 이야기했지만, 죄란 우리 자신이 주인이 된 것입니다. 하나님을 모욕하고 배신하고 무시하는 것입니다. 그래서 하나님이 어떻게 하신다고 합니까? 아주 흥미로운 표현이 나옵니다. 하나님이 '얼굴을 돌리셨다'고 합니다. 얼굴을 돌리시고 말을 듣지 않으신다고 합니다.

결혼한 사람들은 얼굴을 돌린다는 말이 뭔지 알 것입니다. 아주 친한 사람들이 얼굴을 돌리고 있을 때 그 관계는 굉장히 고통스러워집니다. 그런데 하나님이 얼굴을 돌리신다고 상상해봅시다. 우리가 기도해도 하나님이 그 기도를 들으실 수 없다고 합니다. 하나님을 주인으로 여기지 않고 드리는 기도는 그분께 올라갈 수 없습니다. 하나님을 주인이 아닌 종으로 여기면서 그분께 무언가를 요청할 때 하나님은 그 기도를 받지 않으십니다.

이렇게 하나님과 우리의 관계가 깨져 있기 때문에 사람들은 고독과 소외와 막막함을 느낍니다. 하나님의 사랑으로만 채울 수 있는 인간의 영혼이 비어 있는 상태입니다. 그러니 얼마나 고독하고 막막하고 허무하겠습니까?

사람들은 그러한 고독과 허무와 막막함을 채우기 위해서 나름대로 방법을 찾습니다. 맛있는 음식으로, 좋은 직업과 성공으로, 이성으로, 돈으로, 취미 생활로 빈 곳을 채우려 합니다. 그런 것들이 우리를 온전히 채우지 못한다는 것을 알면서도 그것밖에 없기 때문에 그렇게 합니다. 어디엔가 미쳐서 살아야만 근본적인 질문들을 하지 않고 살 수 있기 때문입니다.

하지만 이러한 공허함은 하나님과의 관계가 끊어져 있기 때문에 생깁니다. 이것이 우리의 상태였다는 것을 모른다면 하나님과의 관계에서 오는 축복을 누리기 힘들어집니다.

구원의 기쁨을 기억하려면

많은 그리스도인이 구원의 기쁨을 잃어버린 이유는, 과거에 자기가 어떤 존재였는지 잊어버렸기 때문입니다. 보육원에 들어와서 행복하게 살다보니 옛날에 부모 없이 힘들게 지냈던 그 고통스런 현실을 잊어버렸습니다.

저는 돌아가신 아버지가 늘 감사하는 마음으로 사셨던 것을 기억합니다. 위암 판정을 받고 입원한 날 저녁에 가족들과 함께 처음으로 기도할 때, "이만큼 살았으니 감사합니다. 이만큼 살고 누렸으니 너무 감사합니다. 제가 이제 이 땅에서 할 일이 더 없으면 주님이 나를 불러 가셔도 감사할 따름입니다"라고 기도하셨습니다.

아버지는 한국전쟁 때 학도 의용군으로 나가셨다가 1·4후퇴 때 전쟁터에서 온몸에 파편을 맞으셨습니다. 총상 입은 전우를 도와주러 갔다가 심각한 부상을 입으셨습니다. 아버지를 본 한국 군인들은 데려가봤자 못 살릴 것 같으니 미안하다며 그냥 가버렸다고 합니다. 죽은 목숨이나 다름없었죠. 그런데 미군이 마지막으로 퇴각할 때 아버지는 지나가는 미군에게 도와달라고 소리치셨고, 미군은 아버지를 트럭에 태워서 결국 인천을 거쳐 일본으로 보냈습니다. 아버지는 일본에서 수술을 받고 상이용사로 돌아오셨습니다. 그래서 자신은 이미 죽은 인생이었는데 하나님이 기회를 한 번 더 주셨다고 믿으며 사셨습니다. 이미 옛날에 죽은 인생이라는 생각 때문에 늘 마음속에 감사가 있었습니다.

그리스도인이 기억해야 할 것이 이것입니다. 하나님 없이 살면서 얼마나 하나님을 배반하고 반역했는지를 기억해야 합니다. 하나님 없이 살던 우리가 정말 어떤 존재였는지를 기억해야 합니다. 우리가 하나님의 진노 아래에 있다는 것이 얼마나 끔찍한 일인지, 하나님 없이 산다는 것이 얼마나 심각한 소외인지를 직면하고 절감해야 합니다.

하나님과 우리의 관계는 장신구가 아니라 우리의 본질입니다. 이렇게 본질적으로 중요한 하나님과의 관계가 깨져 있음을 알 때, 그리고 우리가 얼마나 심각한 곤경에 빠져 있는지 절감할 때, 우리를 구원하신 하나님의 은혜에 감읍하게 됩니다. 하나님이 죽은 목숨을 살려주셨을 뿐 아니라 풍성하게 삶을 누릴 수 있는 길을 여셨다는 것을 알 때, 우리 마음에는 감사와 감격이 넘칠 수밖에 없습니다.

묵상 질문

1. 에베소서 2:1-3을 깊이 묵상해봅시다.

2. 우리가 하나님의 원수였고, 하나님의 진노가 미칠 대상이었다는 사실을 이해하고 있습니까? 이것은 단 한 번 이해하고 마는 것이 아닙니다. 우리는 그리스도인으로 사는 시점부터 평생, 자신의 죄성과 죄악을 발견하면서 자신이 어떤 존재였는지를 알아갑니다. 다음 문장을 함께 읽고 그 의미를 묵상해봅시다.
자신이 하나님의 원수였다는 사실, 죄인이었다는 사실을 깊이 자각할수록 하나님의 은혜가 깊어집니다.

2

그리스도 안에서 얻은
하나님과의 새로운 관계

생각해볼 질문
하나님이 우리 아버지가 되어주신다는 사실로 인해 당신에게 가장 기쁨이 되는 것은 무엇입니까?

우리가 과거 하나님의 진노 아래 있을 때 얼마나 심각한 곤경에 빠져 있었는지를 직면하고 절감하였다면, 이제 예수 그리스도 안에서 얻게 된, 하나님과의 새로운 관계를 이야기할 수 있습니다.

하나님과의 화해

먼저 로마서 5장 10-11절을 읽어보십시오.

10우리가 하나님의 원수일 때에도 하나님의 아들의 죽으심으로 말미암아 하나님과 화해하게 되었다면 화해한 우리가 하나님의 생명으로 구원을 얻으리라는 것은 더욱더 확실한 일입니다. ¹¹그뿐만 아니라 우리는 또한 우리 주 예수 그리스도로 말미암아 하나님을 자랑합니다. 우리는 지금 그로 말미암아 하나님과 화해를 하게 된 것입니다.

앞의 구절에서는 우리를 '진노의 자식'이라고 말했는데, 여기서는 '하나님의 원수'였다고 표현합니다. 그런데 아들의 죽으심으로 말미암아 하나님과 **화해**하게 되었다고 합니다. 우리 쪽에서 무엇을 해서가 아니라, 하나님이 자신의 독생자를 희생시키셔서 화해할 수 있는 길을 여셨습니다.

원수 관계였다가 화해하는 것이 얼마나 큰 기쁨인지 모릅니다. 더군다나 원래 서로 사랑하던 사람들이 관계가 틀어졌다가 화해하는 경우를 보셨습니까? 부부 관계가 완전히 깨져서 이혼 직전까지 갔다가, 두 사람이 점점 더 자신의 한계를 인정하고 서로 이해하고 화해에 이를 때 그 모습은 너무나 아름답습니다.

제가 아는 한 형제는 아버지에게 분노가 많았습니다. 객관적으로 볼 때도 어떻게 그런 아버지가 있을까 할 정도로 아버지의 잘못이 컸습니다. 그래서 이 친구는 아버지가 나이 드시고 난 다음 한동안 아버지와 의절을 했습니다. 그러다가 아버지가 돌아가셨습니다. 그런데 이 아들은 아버지와 그렇게 의절한 상태에서 아버지가 돌아가셨다는 것이 평생 마음의 짐이었나 봅니다. '용서'에 대한 설교를 듣고 나서 아버지 산소를 찾아갔습니다. 한 번도 가본 적이 없기 때문에 물어 물어서 산소를 찾아가 그 앞에서 무릎을 꿇고 "아버지, 제가 아버지를 용서합니다. 제가 아버지를 미워했는데, 아버지, 용서합니다" 하고 말하며 무덤가에서 한참 울고 왔다고 합니다. 이후로 이 형제가 얼마나 자유로워졌는지 모릅니다.

이렇듯 인간관계에서도 원수가 되면 속이 타 들어가는데, 하물며 하나님과 원수 관계이니 얼마나 고통스럽겠습니까? 하지만 하나님이 값비싼 대가를 지불하시고 그런 우리와 화해하셨습니다. 우리는 예수 그리스도를 통해서 하나님과 화해하게 되었습니다.

그래서 본문은, 이제 우리 주 그리스도로 말미암아 하나님을 자랑한다고 말합니다. 개역개정에서는 이를 "하나님 안에서 또한 즐거워하느니라"라고 표현했습니다. 두 번역 다 가능합니다. 이제 하나님과의 관계가 참 좋고 즐겁습니다. 하나님의 진노 아래 있을 때는 심판을 두려워하고 인생의 공허감에 무릎 꿇을 수밖에 없었는데, 이제는 하나님을 자랑하고 즐거워하게 되었습니다.

담대하게 지성소로

그렇다면 이렇게 예수 그리스도 안에 있게 된 우리는 하나님 앞에서 어떤 마음을 가질 수 있습니까? 히브리서 10장 18-19절에서는 이렇게 말합니다.

18죄와 불법이 용서되었으니 죄를 사하는 제사가 더 이상 필요 없습니다. 19그러므로 형제자매 여러분, 우리는 예수의 피를 힘입어서 담대하게 지성소에 들어가게 되었습니다.

이 구절은 옛 구약 시대를 배경으로 합니다. 구약에서는 사람들의 죄를 사하기 위해서 어린 양을 바쳤습니다. 제사장이 1년에 한 번 신자들을 대신해서 성소 속에 있는 지성소, 즉 하나님이 임재하시는 곳에 들어가서 제사를 드렸습니다. 그곳은 아무나 들어갈 수 없었습니다. 죄인은 하나님 앞에 설 수 없는 존재였으므로, 그 죄를 사하기 위해 대제사장이 백성을 대신해서 지성소에 들어갔습니다. 이 대제사장의 옷에는 방울이 달려 있었다고 합니다. 또 지성소에 들어갔다가 죽을 수도 있었기 때문에, 죽으면 끌어내기 위해 대제사장 다리에 줄을 매달았다고 합니다. 이렇듯 하나님의 거룩함 앞에, 그분의 존귀함 앞에, 그 영광 앞에는 아무도 설 수 없습니다.

우리는 하나님을 감히 아버지라고 부를 수 없는 존재입니다. 교회에서 오래 듣다 보니 그 말을 너무 당연하게 여기지만, 우리가 어떻게 감히 하나님을 아버지라고 부를 수 있습니까? 대통령을 형이나 누나라고 부를 수 있는 사람이 몇이나 되겠습니까? 그런데 이러한 대통령을 목전에서 수없이 지나가게 하신 하나님을 우리가 아버지라고 부르게 되었습니다.

우리는 죽을 수밖에 없는 존재였는데 예수님이 대신 죽으셨기 때문에, 우리가 지성소에 **담대하게** 들어갈 수 있게 되었습니다. 이제는 하나님 앞에 담대하게 나아갈 수 있습니다. 이제 더 이상 하나님을 두려워하지 않습니다. 우리가 받아야 할 심판을 예수님이 다 받으셨기 때문입니다. 이제 우리는 감히 하나님의 영광을 우러러볼 수 있는 자가 되었습니다. 감히 하나님을 아버지라고 부를 수 있게 되었습니다.

두려움 없이

이것을 요한일서에서는 이렇게 이야기합니다.

> 사랑에는 두려움이 없습니다. 완전한 사랑은 두려움을 내쫓습니다. 두려움은 징벌과 관련이 있습니다. 두려워하는 사람은 아직 사랑을 완성하지 못한 사람입니다(4:18).

여기서 사랑은 일반적인 사랑이라고도 할 수 있지만, 더 본질적으로 하나님과의 관계에서의 사랑을 말합니다. 하나님을 두려워하고 있다면, 아직 죄의식 때문에 괴로워하고 있다면, 그 사람은 용서받은 즐거움을 모르는 사람입니다. 예수님이 얼마나 완벽하게 우리를 용서하셨는지 모르는 사람입니다. 늘 자신이 잘못한다고 생각하며 죄의식에 빠져 있는 것은, 하나님이 완전하게 우리를 용납하셨다는 사실을 전인격적으로 수용하지 않는 것, 곧 믿지 않는 것입니다.

우리 속에서는 끊임없이 우리가 형편없다고 하는 소리가 들려옵니다. 참으로 희한하지 않습니까? 일이 잘 안 풀리면 속에서 '괜찮아. 잘할 수 있을 거야. 실수는 누구나 해' 하는 소리가 들리나요? 오히려 '그럴 줄 알았어. 네가 하는 게 뻔하지. 왜 그랬니? 그렇게 될 줄 알았으면서' 하는 소리가 들립니다. 거기다 그리스도인인 우리에게는 '네가 그리스도인이니? 너도 똑같잖아? 성경공부는 왜 하니?' 하는 마음까지 듭니다. 그래서 실제로 성경공부나 예배 참석을 중단하기도 합니다. 하지만 그렇게 하면 공중의 권세 잡은 자의 말을 듣는 것입니다.

하나님은 어떻게 말씀하십니까? "내가 너를 완전히 용납했다. 내가 널 사랑한다. 너는 이제 내 자녀다. 내 품에 있다"고 말씀하십니다. 그런데 우리는 이 소리에 귀 기울이지 않고 믿지 말아야 할 것을 믿습니다. 다시 한 번 말하지만, 믿음은 하나님이 하신 일을 믿는 것이지, 자기가 믿고 싶은 것을 믿는 것이 아닙니다. 속에서 들리는 소리를 믿는 것이 아닙니다. 그 소리에 굴복하지 마십시오. 그 참소에 무릎 꿇지 마십시오.

그렇다면 우리가 죄를 지을 때는 어떻게 해야 합니까? 하나님과의 관계에서 죄를 지을 수도 있습니다. 그럴 때 "하나님, 용서해주세요"라고 기도해야 용서가 됩니까? 아닙니다. 꼭 회개 기도를 해야 용서받는 것은 아닙니다. 우리 죄는 이미 용서받았습니다. 예수님이 이미 우리의 과거와 현재와 미래의 죄를 다 그분의 피로 용서하셨습니다. 따라서 죄를 지을 때 "하나님, 제가 또 죄를 지었어요. 용서해주세요. 용서받은 평화와 기쁨이 임할 때까지 용서를 구하겠습니다"라고 기도하는 것은 하나님의 용서를 제대로 이해하지 못한 것입니다. 오히려 우리는 "하나님, 이 죄도 용서하셨군요. 감사합니다" 하고, 죄를 지을 때마다 하나님께 감사해야 합니다. 예수님을 통해 하나님은 우리의 모든 죄를 이미 용서하셨기 때문입니다.

어떤 사람은 회개해야만 죄가 없어지는 줄 알고, 생각나는 대로 죄의 목록을 쓰고 빠진 것이 없나 재차 확인합니다. 그러고 난 뒤에도 "기억하지 못하는 죄까지도 용서하옵시고"라는 말을 덧붙입니다. 99개를 다 찾았는데 한 가지를 놓쳐서 문제가 생기면 안 되기 때문입니다. 또 어떤 사람은 일주일에 한 번 주일에, 일주일치 빨래를 하듯이 용서를 구하기도 합니다. 하지만 이런 사람들은 성경에서 이야기하는 예수님의 용서에 대해서 잘 모르는 것입니다. 우리가 죄를 지을 때 하나님은 이미 예수 그리스도를 통해서 그 죄를 다 용서하십니다. 용서의 효력은 우리의 회개 기도가 아니라 예수 그리스도의 대속에 달린 것입니다. 그러니 죄책감에 시달리지 마십시오.

그렇다면 '회개'는 쓸모없는 행동입니까? 회개는 무엇입니까? 회개는 하나님 앞에서 우리가 잘못했음을 인정하는 것입니다. 회개는 하나님께로 돌아서는 것입니다. "하나님, 제가 하나님을 향한 방향으로 다시 돌아서겠습니다. 하나님 없이 제 맘대로 했던 것, 잘못했습니다. 다시 돌아서겠습니다" 하고 나아가는 것입니다. 오늘날 많은 사람들이 회개를 후회와 비슷한 것으로 생각하는 것 같습니다. 후회는 '어쩌나? 내가 왜 이렇게 했을까? 한심해' 하며 신세타령을 하는 것입니다. 하지만 회개는 하나님을 향해서 방향을 바꾸는 것입니다. 자기 잘못을 인정하고 하나님께 나아가는 것입니다. 다시는 하나님과 반대 방향으로 나아가지 않기로 결단하는 것입니다. 그러므로 그리스도인의 삶에서 회개는 없어서는 안 될 중요한 요소입니다. 회개는, 하나님 앞에서 늘 방향을 바로잡고 그분의 은혜에 감사하며, 하나님과의 화목한 관계를 유지하기 위해서 꼭 필요합니다.

젖 뗀 아이처럼

저는 시편 131편 2절이 이렇게 하나님과 화해하고, 두려움 없이 사랑 가운데 있는 그리스도인의 영적 상태를 가장 아름답게 묘사하는 구절이라고 생각합니다.

> 오히려 내 마음은 고요하고 평온합니다. 젖 뗀 아이가 어머니 품에 안겨 있듯이 내 영혼도 젖 뗀 아이와 같습니다.

여기서 '젖 뗀 아이'란, 젖을 다 먹고 난 다음 엄마 품에 안겨 있는 갓난아이가 아니라, 젖을 떼고 이유식을 먹는 아이, 이제 더 이상 젖을 먹지 않는 아이를 말합니다. 왜 젖 뗀 아이라고 표현했을까요? 젖을 먹는 아이들은, 엄마 품에 잘 안겨 있다가도 배가 고프면 '앙앙' 하고 웁니다. 배고파서 울 때는 정말 필사적입니다. 아이들은 '이제 나를 굶겨 죽이려는구나' 하는 마음으로 운다고 합니다. 하지만 젖을 떼면 이제 엄마를 의지할 줄 압니다. 이제 엄마와 심리적으로 애착 관계가 형성되었습니다. 그런 아이는 엄마 품에 안겨 있을 때 평안함을 누린다고 합니다.

이렇게 젖 뗀 아이가 엄마 품에 안겨 있는 것이 그리스도인의 영적 상태입니다. 젖을 뗀 아이가 엄마와 애착 관계가 생겨서 엄마 품에 안겨 편안하고 따뜻하게 쉼을 얻는 상태, 이것이 우리 그리스도인의 상태입니다. 죄의식, 자신의 부족함, 약함 때문에 자신을 괴롭히고 자학하고 자신은 쓸모없는 존재라는 소리를 듣는 것이 아니라, 그 품에 안겨서 세상의 어떤 것도 이길 것 같은 안전함을 누리는 것이 바로 그리스도인의 상태입니다.

하나님은 우리를 있는 그대로 받으십니다. 젖 뗀 아이가 할 수 있는 것은 별로 없습니다. 그냥 엄마 품에 안겨 있을 뿐입니다. 셋째 지안이가 우리 집에 처음 왔을 때는 상당히 불안했습니다. 그러나 함께하는 시간이 많아지면서, 지금은 엄마한테 달려가 안겨서 만족스런 미소를 짓는 그 얼굴을 보면, 이것이 바로 그리스도인의 모습을 상징하는 것이 아닐까 하는 생각이 듭니다.

그리스도인들이 가장 먼저 누려야 할 것은 바로 이 어머니의 품과 같은 하나님의 품입니다. 무엇을 해야, 어떤 조건을 만족해야 하나님이 우리를 사랑하시는 것은 아닙니다. 그리스도 예수 안에서 우리를 완전히 용납하신 하나님은 우리를 조건 없이 가슴에 품고 계십니다. 우리는 이제 하나님을 기쁘시게 해드려서 뭔가 더 하나님으로부터 얻어내려는 마음을 버려야 합니다. 하나님은 우리가 어떤 행위를 하거나 조건을 만족시켜드렸기 때문에 우리를 더 사랑하시는 분이 아닙니다. 하나님의 자녀들끼리 충성 경쟁을 시키시는 분도 아닙니다. 어머니가 아이를 무한정 사랑하듯, 우리를 품에 안고 사랑하시는 분입니다.

묵상 질문

1. 이 장에서 읽은 로마서 5:10-11, 히브리서 10:18-19, 요한일서 4:18, 시편 131:2 중에서 당신의 마음에 가장 와 닿았던 성경구절을 마음속 깊이 묵상해봅시다.

2. 예수님이 우리가 지불해야 할 대가를 완전히 지불하셨으므로, 우리

　 는 하나님 때문에 즐거워하고 있습니까? 그렇지 않다면 그 이유는

　 무엇이라고 생각하십니까?

3

자녀의 특권을 누리게 하는 보고: 성경

생각해볼 질문

 성경 읽기의 가장 큰 유익은 무엇입니까?

그리스도인들의 모습은 젖 뗀 아이가 어미 품에 안긴 것과 같습니다. 그렇다면 이렇게 어미 품에 안겨서 무엇을 배울까요? 제일 먼저 어머니를 배워가기 시작합니다. 그리고 아버지를 알아가기 시작합니다. 자녀로서 누리는 가장 큰 특권은 부모를 알아가는 것입니다.

그런데 하나님을 아버지로 부르기 때문에 우리에게 생기는 장애물이 있습니다. 아버지라는 단어에 대한 선입관, 선이해입니다. 저는 제 강의를 듣다가 아버지에 대한 이야기가 나오면 얼굴이 약간 어두워지는 사람들을 봅니다. 아마도 아버지와의 관계가 별로 좋지 않아서일 것입니다. 어머니와의 관계는 대부분 좋은 것 같은데 아버지와의 관계는 그렇지 않은 경우가 많은 것 같습니다. 그래서 저는 아버지 노릇 하기가 정말 어렵다는 생각을 많이 합니다. 특히 한국에서는 유교의 영향으로 아버지들이 자신의 감정을 표현하지 않고 권위적이며, 때론 잘못만 지적하곤 합니다. 아내는 물론 자녀들과 인격적 관계를 맺는 데 매우 서툽니다. 그러다 보니 아이들과 거리감이 생기고, 심한 경우에는 아버지의 부재와 폭력, 무력함 등으로 많은 사람들이 아버지에 대해 심한 거부감을 갖곤 합니다.

그래서 "하나님을 아버지라고 부르는 것만큼 고통스러운 일이 없다"고 이야기하는 사람도 있습니다. 그런가 하면 아예 아버지가 누군지 모르는 사람들도 있습니다. 한 자매는 간증문에 이렇게 썼습니다. "한 번도 아버지 얼굴을 보지 못했는데 내가 하나님을 만나서 하나님 아버지라고 부르게 됩니다. 이제 내가 아버지를 알게 되었습니다."

성경에 나오는 아버지는 우리가 경험하는 불완전한 아버지가 아닙니다. 혹시 아버지에 대한 부정적인 이미지를 가지고 있다면, 이제 진짜 좋은 아버지가 어떤 분인지 성경을 통해 배워봅시다.

성경: 하나님에 대한 최고급 지식

성경은 바로 이 아버지 하나님이 어떤 분인지 설명해주는 책입니다. 성경이 없다면 제가 어떻게 하나님에 대해 이야기할 수 있겠습니까? 하나님이 아버지가 되실 수 있다고, 무슨 근거로 말할 수 있겠습니까? 성경은 하나님에 대한 가장 정확한 정보를 담고 있는 책입니다. 우리는 성경을 통해서만 하나님이 어떤 분인지 알 수 있습니다.

사실 인류 역사에 성경만큼 대단한 책은 없습니다. 성경은 인간 역사의 3,500년 정도를 다루고 있으며, 3개 국어로 기록되었습니다. 1,600여 년에 걸쳐 수십 명의 저자가 동원되었습니다. 그렇게 기록된 성경은, 하나님이 실제 인간 역사 속에 오셔서 인간과 함께 어떻게 움직이셨는지를 담고 있습니다. 우리는 성경을 통하여, 하나님이 어떤 분이고 인간 세상 속에 오셔서 어떻게 일하시는지를 보고 깨달을 수 있습니다.

저는 동양 철학도 아주 심오하고 훌륭하다고 생각합니다. 불가나 도가 사상도 매우 훌륭하지만 기독교와 다른 점이 하나 있습니다. 그들은 진리를 깨닫기 위해서, 도를 깨치기 위해서, 해탈의 경지에 이르기 위해서 자기 스스로 수양해야 합니다. 자기를 비우고, 잠도 자지 않고 좌선하며, 하안거와 동안거에는 세상과 담쌓고 들어가 고립된 채 용맹정진합니다. 그래도 진리를 깨달을까 말까 합니다.

그런데 그리스도인들에게는 우리가 알아야 할 하나님에 대한 최고급 정보를 담아 놓은 성경이 있습니다. 하나님은 이 성경을 통하여 우리와 소통하셨습니다. 이 성경이 얼마나 귀한 책인지요! 히브리서 1장 1-2절에서는 성경을 어떻게 이야기하고 있는지 읽어보십시오.

> 1 하나님께서 옛날에는 예언자들을 통하여 여러 번에 걸쳐 여러 가지 방법으로 우리 조상들에게 말씀하셨으나 2 이 마지막 날에는 아들을 통하여 우리에게 말씀하셨습니다. 하나님께서는 이 아들을 만물의 상속자로 세우셨습니다. 그를 통하여 온 세상을 지으신 것입니다.

히브리서 저자에 따르면, 옛날에는 하나님이 예언자들을 통해 그분에 대하여 여러 모양과 방법으로 말씀하셨다고 합니다. 그러나 마지막 때에는 아들을 통하여 말씀하셨습니다. 예수 그리스도가 우리에게 소중한 이유가 여기 있습니다.

이스라엘 백성은 수천 년 동안, 광야와 가나안 땅에서, 바벨론에 포로로 잡혀갔을 때에도, 여러 가지로 하나님을 경험하였지만 그분에 대해서는 잘 알지 못했습니다. 그들은 계속해서 하나님을 오해했습니다. 하나님은 인간의 지식과 지혜로 이해할 수 있는 분이 아닙니다. 책으로 쓰여 있어도 이해할 수 없고, 계시로 이야기해줘도 알 수가 없습니다.

그래서 하나님이 마지막으로 택하신 방법이 우리와 똑같은 인간이 되시는 것이었습니다. 그분은 예수 그리스도를 통해서 하나님 자신이 어떤 분인지 우리가 이해할 수 있도록 이 땅에 오셨습니다. 우리 눈높이에 맞춰 인간으로 오셔서 우리에게 자신을 소통하신 것입니다. 예수 그리스도가 없었다면 우리는 하나님에 대해서 감도 잡지 못했을 것입니다.

그래서 성경이 다 중요하지만 그중에서도 마태복음, 마가복음, 누가복음, 요한복음이 특히 소중합니다. 이 네 복음서는 예수님을 직접 증언하기 때문입니다. 이 예수 그리스도가 이제 오실 것이고, 왜 그분이 오실 수밖에 없는지를 이야기하는 책이 구약입니다. 즉 구약 성경에는 그리스도를 기대하고 기다리는 내용이 나와 있습니다. 예수님에 대한 직접적인 증언인 복음서 이후의 책들은 예수님을 받아들인 사람들이 어떻게 이 예수를 믿었는지 증언하는 책들입니다. 또 구약의 예언서 일부와 신약의 마지막 책인 계시록은 다시 오실 예수님이 세상을 어떻게 완전히 회복하실지를 다룹니다. 그러므로 성경 전체가 예수 그리스도를 이야기하고 있습니다. **예수 그리스도를 통해서 하나님 아버지를 알 수 있기 때문입니다.**

이렇게 말하면 신약만 중요하고 구약은 있어도 되고 없어도 된다고 생각할지도 모릅니다. 그러나 신약에 나오는 예수님의 가르침과 그분을 따르던 사람들의 이야기를 이해하려면, 그 배경이 되는 구약을 제대로 이해해야 합니다. 뿐만 아니라, 신약은 40-50년 사이에 기록된 반면, 구약은 수천 년이 넘는 역사를 담고 있습니다. 우리는 구약을 통해, 하나님이 이 역사의 흐름 속에서 어떻게 이스라엘 사람들을 만나시고 세상의 문제를 해결하려고 하셨는지를 알 수 있습니다. 그러므로 신약을 통해서 예수 그리스도 안에 자신을 계시하신 하나님을 직접적으로 알 수 있다면, 구약을 통해서는 역사 속에서, 여러 나라들 가운데서 일하신 하나님을 알 수 있습니다. 그래서 구약을 읽으면 역사와 사회를 하나님의 눈으로 읽을 수 있는 시각이 생깁니다.

뿐만 아니라, 우리는 구약을 통해서 온 세상의 왕이신 하나님이 이 세상을 회복하시려는 구원의 계획과 이를 이뤄가시는 구원의 역사를 알게 됩니다. 그리고 이 깨지고 반역한 세상을 회복하시는 데 결정적 역할을 하는 메시아, 곧 그리스도를 하나님이 준비하고 계심을 알게 됩니다. 우리는 이 메시아가 오시면 세상을 어떻게 회복하실지에 대해 기대감을 가지게 됩니다. 구약과 신약을 관통하는 하나님의 다스리심, 또는 하나님나라에 대한 시각이 생깁니다.

따라서 그리스도인들은 신구약 성경을 열심히 읽어서 하나님 아버지를 알아가야 합니다. 성경을 들고 다니면서 책이 닳을 때까지 자주 읽고 묵상해야 합니다. 무거워서 들고 다니기 힘들면 책별로 나눠진 성경책을 이용하십시오. 그것도 귀찮으면 가는 곳마다 성경책을 가져다놓으십시오. 사무실에도, 화장실에도, 차 안에도, 침실에도 성경책을 갖다놓으십시오. 성경을 늘 가까이에서 볼 수 있도록 하십시오. 이 성경이 하나님에 대한 가장 정확한 지식을 주는 보고이기 때문입니다.

성경: 우리 자신에게 주시는 말씀

그런데 이 성경은 하나님이 어떤 분이신지만 알려주는 것이 아니라, 하나님이 그리스도인들에게 하시는 말씀이 무엇인지도 알려줍니다. 다시 말해 이 성경을 통해 우리가 어떻게 살아야 하는지를 알 수 있습니다. 히브리서 4장 12절을 읽어봅시다.

> 하나님의 말씀은 살아 있고 힘이 있어서 어떤 양날 칼보다도 더 날카롭습니다. 그래서 사람 속을 꿰뚫어 혼과 영을 갈라내고 관절과 골수를 갈라놓기까지 하며 마음에 품은 생각과 의도를 밝혀냅니다.

이 본문은 하나님의 말씀은 살아 있고 힘이 있어서("활력이 있어서", 개역성경) 어떤 양날 칼보다도 더 날카롭다고 말합니다. 히브리서가 쓰인 때가 주후 100년쯤인데요. 이때만 하더라도 요즘 흔히 볼 수 있는 날카로운 칼이 없었습니다. 날을 벼릴 수 있는 능력이 없었기 때문에 칼이라고 해도 몽둥이와 거의 비슷했습니다. 좌우에 날이 선 칼은 아무나 가질 수 있는 칼이 아니어서 당시에는 최고의 무기였습니다.

아마 히브리서 저자가 오늘날 이 글을 썼다면 '양날 칼'이 아니라, "하나님의 말씀은 힘이 있어서 레이저 빔과 같다"고 했을지도 모릅니다. 그만큼 아주 예리하다는 뜻입니다. 그런데 이렇게 날카로운 것이, 사람의 속을 꿰뚫어서 혼과 영을 갈라내고 관절과 골수를 갈라놓기까지 한다고 이야기합니다. 우리 속 깊숙한 곳을 쪼갭니다. 성경 말씀은 하나님에 대한 놀라운 지식을 전해줄 뿐 아니라, 우리를 쪼개고 우리 속의 문제를 분석하고 우리 동기를 드러냅니다. 우리를 해부하고 치료합니다. 이것이 말씀의 놀라운 능력입니다. 우리는 이 말씀을 통해서 하나님을 알아가고, 하나님을 알아가면서 우리가 낱낱이 해부되고 치유되기 시작합니다.

성경을 읽을 때는 하나님이 성경을 통해서 우리와 소통하신다는 사실을 기억하는 것이 중요합니다. 그렇지 않으면, 성경이나 다른 종교의 경전이나 별 차이가 없습니다. 다른 경전들도 열심히 연구해서 진리를 깨치려고 읽습니다. 물론 성경도 그렇게 읽지만 성경에는 아주 다른 측면이 있습니다. 그것은, 하나님이 성경을 통하여 오늘 우리와 소통하시는 것을 듣는 것입니다.

따라서 성경은 하나님의 말씀을 듣는 자세로, "하나님, 저에게 말씀하십시오. 제가 듣겠습니다" 하는 자세로 읽어야 합니다. 그럴 때 성경이 살아서 역사하여 우리의 골수와 관절과 혼을 다 쪼개고 들어오는 놀라운 역사가 있습니다.

초기의 우리나라 그리스도인들이 어떤 자세로 성경을 읽었는지 아십니까? 당시에는 성경이 귀해서 성경 한 권 소유하는 것이 대단한 일이었습니다. 그래서 성경을 얻으면 목욕재계하고 무릎 꿇고 읽었습니다. 그분들은 그 이유를 이렇게 고백합니다. "우상을 섬길 때에도 새벽에 일어나 목욕재계하고 정화수 앞에서 정성을 다해서 빌었거늘, 이제 내가 참된 하나님을 만났는데 어찌 그 정성을 드리지 아니하리요?" 오늘날 그리스도인들이 하나님을 친구처럼 너무 가볍고 허물없이 대하는 모습과 비교할 때, 옛날 우리 초기 성도들은 정말 아름다운 모습을 가지고 있었던 것 같습니다.

오늘날 그리스도인들이 성경을 읽어도 깨닫지 못하는 이유는, 하나님의 말씀을 경청하려는 자세가 없기 때문입니다. 말씀을 읽을 때는 경청하는 자세로, 하나님에 대해서, 우리에 대해서 뭐라고 말씀하시는지 귀 기울여 들으려는 자세로 정성껏 읽어야 합니다. 하나님은 오늘도 성경을 통해서 우리에게 소통하십니다. 일반 서적이나 다른 종교의 경전을 읽듯이 성경을 대하지 마십시오. 살아 계신 하나님을 알고자 하는 마음으로, 그 하나님이 오늘 우리 각자에게 가지고 계신 마음과 뜻을 알고자 하는 마음으로 성경을 읽으십시오. 하나님을 경외하여 그분께 경청하려는 자들에게 주님은 성령님을 통해 우리를 진리 가운데로 이끌어가실 것입니다.

묵상 질문

1. 히브리서 4:12을 묵상해봅시다. 최근에 이렇게 예리한 말씀을 경험한 적은 언제였습니까?

2. 성경에 담겨 있는 내용은 무엇입니까? 이 성경을 대할 때 당신의
   마음은 어떠한지 생각해보고, 바른 태도로 성경을 대할 수 있도록
   기도하십시오.

4

말씀으로
자녀의 특권 누리기

생각해볼 질문

성경을 읽고 묵상하기가 어려운 이유는 무엇입니까?

우리는 성경을 통해 하나님을 알아가고, 또 하나님이 우리에게 하시는 말씀을 듣습니다. 그렇다면 하나님은 이 성경을 통해서 구체적으로 우리를 어떻게 다듬어가실까요?

성경의 네 가지 기능

디모데후서 3장 16-17절에 그 내용이 나옵니다.

16모든 성경은 하나님의 영감으로 된 것으로서 교훈과 책망과 바르게 함과 의로 교육하기에 유익합니다. 17성경은 하나님의 사람을 유능하게 하고 그에게 온갖 선한 일을 할 수 있게 하는 것입니다.

네비게이토선교회에서는 유명한 이 말씀으로 다음과 같은 그림표를 만들었는데, 너무 탁월해서 여기에 그대로 옮겨봅니다. 이 말씀은 성경에는 네 가지 기능이 있다고 이야기합니다. 교훈, 책망, 바르게 함, 의로 교육하는 것입니다.

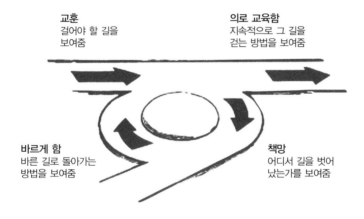

교훈
걸어야 할 길을
보여줌

의로 교육함
지속적으로 그 길을
걷는 방법을 보여줌

바르게 함
바른 길로 돌아가는
방법을 보여줌

책망
어디서 길을 벗어
났는가를 보여줌

그림을 보면 길이 나옵니다. 우리가 성경을 읽으면, 성경은 우리를 하나님의 길, 의의 길로 인도합니다. 우리는 성경을 통해 교훈을 받고 그 길로 걸어갑니다. 성경을 통해 하나님이 어떤 분인지, 그분의 뜻이 무엇인지 알아갑니다. 그래서 우리 삶의 모든 영역과 관련된 교훈을 성경에서 얻습니다.

그런데 안타까운 것은 우리가 이 교훈을 따라 그 길로 꾸준히 행하지 않고, 우리의 특기인 샛길로 빠지곤 한다는 것입니다. 하나님은 그런 우리를 보고 **책망**하십니다. 성경을 읽거나 설교를 듣다 보면, 하나님이 우리를 구체적으로 책망하시는 것을 깨닫습니다. 우리가 샛길로 빠지면 하나님은 반드시 말씀을 통해서 다루십니다.

그리고 이렇게 책망하시고 난 다음에는, 다시 바른 방향으로 갈 수 있도록 **바르게 하십니다**. 원래 우리가 걸어가야 할 길로 돌아올 수 있는 길을 가르쳐주십니다. 성경은 그래서 늘 우리에게 '두 번째 기회'를 줍니다. 이렇게 바르게 하시고 난 이후에는 우리가 지속적으로 생명의 길로 걸어갈 수 있도록 **의로 교육**하십니다. 하나님의 말씀은 우리 속에서 이렇게 일합니다. 말씀은 우리를 교훈하고, 잘못 갈 때는 책망하고, 바르게 교정하고, 다시 의로 갈 수 있도록 합니다.

그리스도인들을 보면 주님을 잘 따라가는 사람도 있지만, 작은 동그라미를 많이 그리는 사람도 있습니다. 샛길로 자주 빠졌다가 곧 바르게 되어서 다시 돌아와 가야 할 길로 걸어갑니다. 그런가 하면 아예 크게 한 바퀴를 도는 사람도 있습니다. 아무리 책망해도 계속 잘못된 방향으로 가다가 결국 크게 한 대 얻어맞고 '이러면 안 되겠구나' 하고 돌아옵니다. 인생을 꼭 그렇게 살 필요는 없습니다. 하나님이 책망하실 때 빨리 듣고 고치는 사람이 지혜로운 사람입니다.

이렇게 우리 속에서 일하시는 말씀 때문에 어떤 결과가 일어납니까? 이 말씀은 하나님의 사람을 유능하게 하고, 그에게 온갖 선한 일을 할 수 있게 한다고 이야기합니다. 새번역에서는 "하나님의 사람을 유능하게 하고"라고 번역했는데, 이것은 좀 과한 번역인 것 같습니다. "하나님의 사람으로 온전하게 하며"라는 개역성경이 좀 더 정확한 번역입니다.

여기에서 우리는 두 가지 결과를 봅니다. 하나님의 말씀은 먼저 우리를 '온전한 사람'으로 바꿔주고, 그 다음에 우리가 선한 일을 할 수 있도록 바꿔줍니다. 성경은 우리가 어떤 일을 할 수 있게 만들어주기에 앞서 먼저 우리 존재를 바꾸어줍니다. 우리의 성품을 바꾸고, 우리 인생을 바꿉니다. 이렇게 먼저 존재being를 바꾸고 그 다음에 행위와 삶doing을 바꾸어줍니다.

하나님은 우리가 무슨 일을 하느냐보다 어떤 사람이 되느냐에 더 관심이 많으십니다. 우리는 얼마나 많은 성취를 하는지에 관심이 많지만, 주님은 우리가 얼마나 그분을 닮았는지에 관심이 많으십니다. 말씀은 우리를 하나님의 사람으로 온전케 하고 하나님의 선한 일을 할 수 있도록 우리를 도와줍니다.

성경을 누릴 수 있는 방법

우리가 이 말씀을 사용하고 누릴 수 있는 방법이 다섯 가지 있습니다. 그 방법을 다음과 같이 다섯 손가락으로 설명할 수 있습니다.

차례대로 엄지는 묵상, 검지는 듣기, 중지는 읽기, 약지는 연구, 소지는 암송입니다. 이제 이 다섯 가지를 하나씩 살펴보겠습니다.

먼저 **듣기**부터 시작합니다. 말씀을 대할 때 제일 먼저 해야 할 중요한 일이 **듣기**입니다. 많은 사람이 듣는 것으로 유익을 얻습니다. 우리는 예배에 참석해서 말씀을 듣습니다. 설교는 설교자가 청중이 성경을 잘 이해할 수 있도록 공동체에 필요한 메시지를 잘 요리해놓은 것입니다. 별로 씹을 필요도 없이 아주 먹기 좋게 말입니다. 그냥 듣기만 하면 이해할 수 있게 준비한 것이 설교입니다.

그러면 어떻게 들어야 할까요? 앞에서 말한 것처럼, 하나님이 어떤 분이신지, 우리 각자에게 뭐라고 말씀하시는지를 염두에 두고 들어야 합니다. 신앙생활을 오래 한 사람일수록, 말씀이 자신을 해부하도록 하는 것이 아니라, 자신이 설교자와 말씀을 해부하는 경우가 많습니다. 말씀의 칼끝이 우리를 향하고 있는데 그것을 돌려서 설교자에게 갖다 댑니다. 이런 자세는 옳지 않습니다. 설교를 통해 하나님이 우리 각자에게 하시는 말씀을 들어야 합니다. 부족한 성경 해석, 부족한 설교를 통해서도 하나님은 말씀하십니다. 말씀을 듣는 데 집중하십시오. 이것이 초보입니다. 초보이면서도 끝까지 해야 할 가장 중요한 기본입니다.

듣기에 이어 두 번째는 **읽기**입니다. 성경 읽기는 성경과 관련된 기본 체력과 같습니다. 성경은 많이 읽을수록 묵상하는 깊이가 달라집니다. 성경을 읽고 전체 그림을 파악한 사람은 성경의 한 부분을 봐도 전체와 연결할 수 있습니다. 비슷한 사건들이 머릿속에 떠오르면서, '아, 하나님이 이렇게 일하시는구나' 하는 것이 보이기 시작합니다. 보통 성경은 자기 나이만큼 읽어야 한다고 말합니다. 1년에 한 번 정도는 읽어야 한다는 것이죠.

성경을 읽을 때 무조건 창세기부터 읽지는 마십시오. 그러면 레위기에서 멈추게 됩니다. 다들 많이 경험해보셨지요? 제가 추천하는 방식은 한 책을 여러 번 읽는 것입니다. 예를 들어, 요한복음을 열 번, 스무 번 이렇게 여러 차례 읽으십시오. 성경의 무슨 책이든 그렇게 읽으십시오. QT(경건의 시간; 참고. '묵상'에 대한 해설 부분)를 하는 분들은 해당 본문의 QT가 끝날 때까지 그 책을 반복해서 읽으십시오. 예를 들어, 누가복음으로 QT하는 동안은 성경 읽기 시간에 누가복음만 계속 읽으십시오. 그러면 성경 말씀이 더 깊어집니다. 성경 읽기를 어렵게 생각하는 분들은 요한삼서나 유다서 같은 짧은 책부터 시작해서도 좋습니다. 성경은 어떤 책이든, 짧건 길건 하나님의 말씀이기 때문에, 처음에는 이렇게 짧은 책을 여러 번 읽는 것도 좋습니다.

요한복음을 읽었다면 그 다음에는 신약의 에베소서나 빌립보서 같은 서신을 여러 번 읽는 것이 좋습니다. 열 번 정도 읽으십시오. 그런 다음 다시 마태복음이나 마가복음이나 누가복음으로 가서, 또 여러 번 읽으십시오. 누가복음을 읽었다면 반드시 사도행전으로 가십시오. 누가복음과 사도행전은 짝이 되는 책입니다. 이 두 책은 같이 읽어야 합니다. 구약도 마찬가지입니다. 모세가 쓴 첫 다섯 권부터 시작해서, 한 권을 여러 차례 읽어나가십시오. 이렇게 성경을 1-2년 읽고 난 이후에 전체 흐름을 파악하기 위해서 창세기부터 계시록까지 성경 일독에 도전하는 것이 좋겠습니다.

성경을 읽을 때 한 가지 주의할 점은 성경을 기계적으로 읽지 않아야 한다는 것입니다. 예를 들어, 성경을 기계적으로 읽는 사람들은 내용을 이해하느냐 마느냐는 상관없이 하루에 다섯 장씩 정해놓고 읽습니다. 이해가 되지 않아도 무조건 평일에는 다섯 장, 주일에는 일곱 장을 채웁니다. 그렇게라도 읽는 것이 아예 안 읽는 것보다는 훨씬 낫지만, 좋은 자세라고 하기는 어렵습니다. 저는 이런 식의 성경 읽기를 "보약 달여 먹기식 성경 읽기"라고 부릅니다. 이해가 되든 말든, 쓰지만 삼키는 것이죠. 성경은 우리가 이해할 수 있도록 쓰인 하나님의 말씀입니다. 기계적으로 읽지 마시고 성경을 이해하려고 애쓰면서 읽으십시오. 이런 면에서 새로 번역된 성경이나, 풀어서 쓴 성경도 참고하면 도움이 됩니다.

다음으로 **암송**은 머리로만 외우는 것이 아니라 그 말씀을 우리 심령과 마음에 새기는 것입니다. 이렇게 암송한 구절은 일상에서도 손쉽게 묵상할 수 있고, 우리 마음을 하나님의 진리에 집중하게 하는 데에 매우 유익합니다. 놀랍게도 하나님은 암송한 성경 구절을 가지고 우리에게 말씀하실 때가 참 많습니다. 하나님이 직접 우리에게 말씀하시기 원할 때 어떤 성경 구절을 마음속에 떠오르게 하십니다. 위기 상황에, 꼭 필요할 때 적절한 말씀을 우리 마음에 주십니다.

이렇게 말씀을 누리기 시작하면 말씀을 연구하고 싶은 마음이 생기기 시작합니다. **연구는 맨 마지막 단계**입니다. 연구는 한 본문에 담긴 진리의 풍성한 보고를 가능한 많이 얻어내는 것입니다. 다르게 말하면, 하나님이 우리에게 하시려는 말씀을 더욱 자세하고 정교하게 듣는 것입니다. 이런 연구는 당연히 듣기, 읽기, 묵상, 암송이 어느 정도 되고 난 이후에 할 때 유익이 있을 것입니다.

묵상은 읽거나 들은 내용을 마음속에 품는 것입니다. 그래서 우리 각자에게 뭐라고 말씀하시는지를 깊이 생각하는 것입니다. 묵상은 성경 본문의 상황으로 들어가서 묻고 질문하고 느끼면서 그 말씀을 우리 영혼과 삶에 어떻게 적용할 수 있을지 생각하는 것입니다. 묵상은 성경 이해에서 피상적 성경 읽기를 넘어설 수 있도록 돕는 매우 중요한 부분입니다. 이렇게 묵상하면서 좋은 성경 구절이 있으면 우리는 그 말씀을 암송하기도 합니다.

이 다섯 손가락 중에서 유일하게 엄지만이 다른 네 손가락과 맞닿을 수 있습니다. 이 엄지가 바로 묵상입니다. 묵상이 엄지인 이유는, 말씀을 읽을 때도, 말씀을 들을 때도, 말씀을 암송할 때도, 말씀을 연구할 때도 묵상은 필요하기 때문입니다. 우리는 매일 묵상하는 연습을 해야 합니다. 그래서 성경을 잘 누리는 한 가지 방법이 성경을 묵상하는 경건의 시간을 갖는 것입니다.

경건의 시간에 대해서는 여러 안내서가 나와 있지만, 아주 단순하게 말하면, 정해진 본문을 여러 번 읽고(읽기), 또 가능하다면 그 본문의 의미를 이해하려 애쓰고(연구), 그 본문이 우리 각자에게 어떤 의미가 있는지, 어떻게 적용해야 할지를 생각하고(묵상), 때때로 본문 중 중요한 부분을 외우기도 해서(암송), 듣기를 제외하고 성경을 누릴 수 있는 모든 방법을 망라하는, 하나님의 말씀을 섭취하는 좋은 방식입니다. 이렇게 경건의 시간을 매일 가지면, 하나님과 자신에 대해서, 더 나아가 세상과 사회와 교회에 대해서 하나님이 하시는 말씀을 깨달을 수 있습니다.

의무가 아닌 특권

마지막으로 기억해야 할 매우 중요한 것이 있습니다. 성경 말씀을 통해 하나님을 알아가는 여러 방법은 그리스도인들에게 부과된 의무가 아니라는 사실입니다. 오히려 이것은 우리가 하나님을 알아가고 그분이 가지고 계신 일반적인 뜻과 개인을 향하신 특별한 뜻을 알아갈 수 있는 영적 특권입니다. 하나님의 말씀 없이는 그분을 알아가는 특권을 누릴 수가 없습니다.

하지만 많은 그리스도인들이 그렇게 배우지 못했습니다. 저만 해도 예수님을 믿고 난 다음 교회 선배들에게서 여러 '의무'를 배웠습니다. "지금부터 성경을 읽어야 한다. 기도를 해야 한다. 예배에 참석해야 한다." 이런 것들이 모두 의무로 다가왔기 때문에 그 다음부터 성경을 읽지 않으면 늘 죄책감이 있었습니다. 기도를 충분히 못하기 때문에 늘 죄책감이 있었습니다. 이런 의무감과 죄책감에서 해방되는 데 10년 넘게 걸렸지만, 아직도 완전히 해방된 것 같지는 같습니다. 첫 출발이 이렇게 중요합니다.

특히 한국 사람들은 공부하는 즐거움을 배운 경우가 드뭅니다. 입시를 위해서 공부하고 성적으로 평가를 받았기 때문에 성경을 대할 때도 마치 입시 공부와 같은 부담을 느끼는 경우가 많습니다. 그러나 원래 공부는 즐거운 것입니다. 새로운 것을 배우기 때문에 그렇습니다. 성경을 통해서 우리는 하나님과 그분의 세계, 인간, 무엇보다도 자신에 대해서 끊임없이 배우게 됩니다. 세상에 어떤 책이 이러한 놀라운 축복을 우리에게 한꺼번에 가져다준단 말입니까? 일반 서적을 읽는 것도 도움이 되지만, "하나님의 영감으로 된 모든 성경"은 우리를 온전하게 만들어 줍니다.

그렇습니다. 말씀 읽기는 의무가 아니라 **특권**입니다. 이 말씀이 없었다면, 여러분이나 저나 이웃 종교에서 하듯이 깨달음을 얻으려고 면벽 구도하고 어두운 방에서 더듬어 알아가듯, 암중모색暗中摸索하며 하나님과 인생에 대해서 궁구해나가야 했을 것입니다. 그러므로 성경을 읽지 않는 그리스도인들은 이 놀라운 축복을 한꺼번에 걸어차는 어리석은 자입니다. 수억의 현금을 바닥에 깔고 자면서도 꺼내 쓰지 못하는 노파처럼, 궁색하고 어리석은 사람입니다.

성경을 꾸준히 읽고 누리는 법을 배워서, 하나님의 자녀가 된 자들의 첫 번째 특권, 곧 하나님을 알아가는 축복을 누리시기를 기도합니다.

묵상 질문

1. 디모데후서 3:16-17을 묵상하십시오

2. 당신은 하나님의 말씀을 누리는 일을 특권으로 대합니까, 의무로 대합니까? 그 이유는 무엇입니까? 어떻게 하면 의무가 아니라 특권으로 삼을 수 있을까요?

Foundation Of Abundant Life

| 네 번 째 만 남 |

하나님 사랑하기

사랑으로 드리는
예배

당신은 '예배'라는 단어를 들으면 무엇이 떠오릅니까?

《나는 파리의 택시 운전사》라는 책을 쓴 홍세화 씨는 "한국 사람들은 파리에 와서 관광을 할 때 뒤통수로 한다"는 재미있는 이야기를 한 적이 있습니다. 한국 사람들은 훌륭한 유적지를 자세히 살펴보고 감상하기보다는, 적당히 구경하고 금세 돌아서서 문화 유적을 배경으로 사진을 찍기 바쁩니다. 박물관의 경우도, 어떤 사람들은 2박 3일 걸려 보고 나올 만한데, 대다수는 세 시간 만에 다 보고 나옵니다.

이유가 뭘까요? 아마도 그 문화 예술품들을 잘 모르기 때문이 아닐까요? 예술 작품을 알면 들여다보고 감상하는 시간이 길어집니다. 박물관을 다녀왔다는 사실이 중요한 것이 아니라, 예술가가 작품으로 표현하려는 내용을 보면서 그것을 즐기고 누리는 것이 소중합니다. 이렇듯 무엇이든지 알면 누릴 수 있는 것이 많아집니다. 문화 예술품만 그렇겠습니까? 야생초나 나무에 관심이 많은 사람들은 그 꽃잎과 새싹, 나무 등걸 등을 유심히 관찰하며, 그 미세한 차이와 변화에 감동받고 즐거워합니다.

하나님도 마찬가지입니다. 하나님에 대해서 알면 알수록 그분에 대한 감탄과 감사와 감격이 점점 더 깊어집니다. 어떤 사람들은 하나님을 느끼게 되면 그때 가서 믿겠다고 하는데 그것은 순서가 잘못되었습니다. 하나님을 모르는데 어떻게 하나님을 느낄 수 있겠습니까? 그림을 모르는데 어떻게 그림을 느끼겠습니까? 그림에 대해 공부하면 그 그림을 느끼고 누릴 수 있는 것처럼, 하나님에 대해서도 마찬가지입니다. 하나님을 알아갈 때 우리는 그분을 경험하고 느끼고 감격하고 감탄합니다. 그리고 몰입하게 됩니다. 이것이 예배입니다.

예배란 무엇인가?

예배란 하나님이 어떤 분인지, 또 그분이 하신 일이 무엇인지 알아가면서 그분에 대해서 감탄하는 것, 그분에게 몰입하는 것입니다. 처음에는 하나님이 어떤 분인지 몰라서 그분을 예배하는 것이 건조하고 재미없을지 몰라도, 시간이 지나면서 하나님을 조금씩 알아가고 그러면서 하나님을 더 알아가고 싶은 마음이 생깁니다. 그분을 알아가면 알아갈

수록 감탄과 감사와 감격이 생기게 됩니다.

　이렇게 살아 계신 하나님께 인격적으로 반응하는 것이 초대교회 교인들의 특징이었습니다. 베드로전서 1장 8-9절을 보면 초대 교인들이 하나님께 보이는 인격적인 반응들이 나오는데, 베드로조차 그런 모습을 참 신기하게 여기고 있습니다.

> 8여러분은 그리스도를 본 일이 없으면서도 사랑하며 지금 그를 보지 못하면서도 믿으며 말로 다 표현할 수 없는 즐거움과 영광을 누리면서 기뻐하고 있습니다. 9여러분은 믿음의 목표 곧 여러분의 영혼의 구원을 받고 있는 것입니다.

　이 구절에는 예배라는 단어가 직접적으로 나오지는 않지만, 예배의 본질, 즉 예배가 무엇인지를 잘 설명해주고 있습니다.

　베드로는 예수님을 만나고 경험했습니다. 예수님과 함께 지냈고, 예수님이 고난받는 현장에도 있었고, 부활하고 승천하신 예수님도 보았습니다. 그는 예수님을 잘 알고 경험한 자였습니다. 하지만 초대교회 교인들은 이 예수님을 직접 보지는 못했습니다. 그런 초대 교인들을 보며 베드로는 놀랍니다. 그들이 그리스도를 본 일이 없는데도 사랑하고 있기 때문입니다. 베드로에 따르면, 그들은 지금 그분을 보지 못하면서도 사랑하고 믿고 말로 다 표현할 수 없는 즐거움과 영광을 누리면서 기뻐하고 있습니다. 이것이 인격적 관계를 맺은 모습입니다.

　하나님과 어떻게 인격적인 관계를 맺을 수 있느냐고 사람들은 묻습니다. 그것은 하나님이 개념이 아니기에 가능합니다. 하나님은 단순히 초월적인 존재, 우리에게서 멀리 계신 분이 아니라, 우리가 사랑할 수 있고, 의지할 수 있고, 그분을 생각하면 너무나 영광스러운 기쁨이 마음속에 가득 차는 그런 인격적인 존재입니다. 그래서 우리가 하나님을 알아가기 시작하면 인격적인 반응이 나오기 시작합니다.

이것이 예배입니다. 교회나 가정에서 함께 모여서 드리는 예배는 그런 반응을 형식을 갖춰 표현하는 것입니다. 예배의 본질은 인격적인 하나님, 그분의 사랑, 그분의 존재, 그분의 성품, 그분이 하신 일, 그분의 능력, 그분의 지혜에 감격하고 놀라고 기뻐하고 사랑하고 믿고 의지하는 것입니다.

살아 있는 예배는 하나님을 사모하는 것입니다. 하나님을 더 알아가고 싶은 것입니다. 그래서 성경에서는 그분의 얼굴을 구한다는 표현(참고. 시 24:6; 호 5:15), 그분의 영광을 구한다는 표현(참고. 요 5:44; 7:18)을 많이 씁니다. 그분의 임재와 영광을 구하는 예배는 한도 끝도 없이 깊습니다. 예술의 세계도 깊이가 있다고 하지만, 하나님을 알고 사랑하고 예배하는 것은 예술과는 비교가 되지 않을 정도로 깊이가 있습니다. 이것은 우리 그리스도인들의 특권이라고 말할 수 있습니다.

미술 작품을 전혀 모르는 사람을 루브르 박물관에 데려다놓으면 그보다 더 큰 고통이 없습니다. 그 사람은 앉아서 쉴 수 있는 의자나 커피숍, 기념품 매장만 찾아 헤맬 것입니다. 그러나 예술을 아는 사람을 루브르 박물관에 보내준다면, 최고의 영광이고 즐거움이며 기쁨이고 특권이 될 것입니다. 하나님에 대해서도 마찬가지입니다. 하나님을 잘 알지 못한다면 예배가 고역일 수 있지만, 하나님을 아는 사람이라면 하나님을 예배하고 그분을 감상하고 즐기는 것은 그의 특권입니다.

예배가 어떻게 가능한가?

그렇다면 도대체 이런 예배가 어떻게 가능할까요? 사실 우리는 하나님을 예배하고 싶은 마음이 별로 없는 사람들 아닌가요? 하나님 편에서 보면 또 어떤가요? 그분 눈에 우리가 하나님을 예배할 만한 자격이 있는 자들로 보이겠습니까? 순수하지도 않고, 여전히 하나님에 대한 열정도 부족한 자들이지 않습니까? 베드로전서가 예배의 본질을 이야기해주었다면, 요한일서는 이 예배가 어떻게 가능한지 설명해줍니다. 요한일서 3장 1절을 보십시오.

보라! 하나님께서 어떠한 사랑을 우리에게 베푸사 하나님의 자녀라 일컬음을 받게 하셨는가, 우리가 그러하도다! 그러므로 세상이 우리를 알지 못함은 그를 알지 못함이라(개역개정).

이 본문에 나오는 '보라!' '그러하도다!'라는 말에는 감탄사가 붙어 있습니다. 감탄하며 읽어야 할 부분이라는 말입니다. 소리 내어 감탄사와 함께 다시 한 번 읽어보십시오.

여기에도 예배라는 말은 나오지 않지만 이 본문은 예배가 어떻게 가능한지를 말해줍니다. 가기 싫은데 억지로 가서 앉아 있는 것이 예배가 아닙니다. 예배란 하나님이 우리를 불러주신 것에 대한 감격의 표현입니다. 요한 사도는 이렇게 이야기합니다. "보라!!! 하나님께서 어떠한 사랑을 우리에게 베푸셔서 우리 같은 자를 하나님의 자녀라 일컬음을 받게 하셨는가. 우리가 과연 그러하도다!!!"

이런 자세가 있어야 예배가 가능합니다. 예배를 싫어하는 사람들이 많습니다. 예배하고 싶은 마음이 별로 안 든다고 합니다. 예배가 지겹고 재미없다고 합니다. 왜 그렇습니까? 우리 각자를 사랑해주신 그분을 생각하지 않기 때문입니다. 우리 같은 자를 부르셔서 그분의 자녀로 일컬어주신 그분을 기억하지 않기 때문입니다.

우리는 어떤 존재입니까? 이 지구에 사는 수억 명 인구 중 한 사람에 불과합니다. 우리는 먼지 같은 존재입니다. 나 하나 죽는다고 해서 세상은 끄덕하지 않습니다. 우리가 죽으면 슬퍼할 사람들이 소수 있긴 하겠지만, 그 사람들도 몇 년이 지나면 이내 우리를 다 잊어버립니다. 우리는 그런 존재입니다. 그런데 하나님이 그런 우리를 부르셔서 "너희가 내 자녀이다. 존귀한 나의 자녀이다"라고 하십니다. 자신의 아들 예수 그리스도를 희생시키면서까지 그렇게 하셨습니다.

우리에게는 예배를 드릴 수 있는 능력이 없습니다. 마치 달이 스스로는 빛을 만들어내지 못하는 것처럼, 우리에게는 "하나님을 사랑합니다"라고 고백할 수 있는 능력조차 없습니다. 그러나 태양이 빛을 비추면 달이 그 빛을 반사하듯이, 우리를 향하신 하나님의 크신 사랑이 우리에게 비치기 때문에 우리가 그 사랑에 반응합니다. 예배는 하나님의 크신 사랑 앞에서 "아, 하나님!" 하면서 그냥 놀라는 행위입니다.

많은 사람들이 예배를 쥐어짜서 만들어내려고 합니다. 예배는 그런 것이 아닙니다. 그냥 하나님께 자연스럽게 반응하는 것입니다. 예배가 싫으십니까? 예배하기 싫을 때가 있습니다. 그러면 그냥 하나님을 생각하십시오. 하나님을 묵상하십시오. 하나님이 어떤 분이었는지, 어떠한 사랑을 보여주셨는지 생각해보십시오. 요한 사도는 이렇게 말합니다.

"보라! 하나님이 우리에게 어떤 사랑을 베푸셔서 우리를 하나님의 자녀로 일컬어주셨는지…과연 그러하도다!" 이렇게 예배가 가능해집니다.

예배의 중요한 두 기둥

예배를 드릴 때 우리로 진정한 예배, 정말 살아 있는 예배를 가능하게 하는 중요한 두 기둥이 있습니다. 요한복음 4장 24절이 그 두 기둥을 소개합니다.

> 하나님은 영이시다. 그러므로 하나님께 예배를 드리는 사람은 영과 진리로 예배를 드려야 한다.

이 본문은 하나님은 영이시라고 말합니다. 영은 우리가 잘 모르는 내용입니다. 우리에게는 영을 규정할 만한 능력이 없습니다. 우리는 육과 영과 혼이 섞여 있어서 영을 정확하게 규정할 수 없습니다. 그렇지만 적어도 우리가 알 수 있는 것은, 하나님은 우리처럼 육체에 속해 있는 한계를 가진 존재가 아니라는 것, 하나님은 특별한 분이시라는 것입니다. 하나님은 인간과는 다른 초월적인 존재이십니다. 하나님은 우리의 지식과 말로 표현할 수 없고, 알 수도 없는 분이십니다.

그런데 이런 영이신 하나님께 예배하는 자는 두 가지로 예배를 드려야 한다고 예수님은 말씀하십니다. 하나님이 영이시기 때문에 영과 진리로 예배드려야worship in spirit and truth 한다고 하십니다. 이 영은 성령을 뜻할 수도 있고, 우리 자신의 영적 기능을 가리킬 수도 있습니다. 영이란, 하나님을 경험하고 누리고 느끼는 주관적인 부분, 하나님과만 관계 맺을 수 있는 어떤 신비한 부분을 가리키는 것 같습니다. 영으로 예배한다는 것은 분명 하나님을 알아가는 주관적인 체험을 말하는 듯합니다. 물론 이런 예배는 성령님의 도우심을 받아야만 가능합니다.

그 다음은 진리입니다. 진리란 말씀, 또는 예수 그리스도를 통해서 나타난 진실들입니다. 예수 그리스도와 관련된 진리는 하나님에 대한 객관적 사실들이며, 또한 성경을 통해서 우리에게 알려주신 하나님에 대한 지식들입니다.

성경은 예배드릴 때 이 두 가지가 필요하다고 말합니다. 예배는 성경에서 가르치는 객관적 진리와 역사적 사실에 기초하지만, 그것만으로는 충분하지 않습니다. 성령으로 말미암아 그 내용을 실제로 체험하고 경험하는 영적인 부분도 있어야 합니다.

그런데 예배를 드릴 때 이 양쪽 극단에 서는 사람들이 있습니다. 한쪽 극단은 '진리파'라고 할 수 있는데, 진리만 이야기하고 영적 체험은 없는 경우입니다. 이들은 하나님이 어떤 분이신지, 예수 그리스도가 어떤 분이신지, 그분이 어떤 일을 하셨는지에 대한 진리를 가지고 하나님께 예배합니다. 내용에 충실합니다. 그러나 마음속에는 아무런 깨달음도, 감격도 없습니다. 이것이 한쪽 극단에 있는 진리파 교조주의자들, 교리주의자들이라고 말할 수 있습니다.

또 다른 극단에는 '영파'가 있습니다. 이들에게는 내용은 확실치 않은데 신비로운 느낌이나 체험이 많습니다. 하지만 내용을 살펴보면 그 내용이 성경적이지도 않고, 수상하고 이상한 것이 많습니다. 감정의 카타

르시스인지 진정한 영적 체험인지 혼란스럽습니다.

이 두 가지는 다 극단에 치우친 것입니다. 하나님을 예배할 때는 두 가지 기둥이 다 있어야 합니다. 두 가지 기둥이 있을 때, 즉 하나님에 대한 객관적 진리와, 성령의 도우심을 받아 그 내용을 체험하고 누리는 영적인 부분이 함께 있을 때 하나님이 받으실 만한 건강한 예배가 됩니다.

예를 들어서, 하나님이 우리와 함께 계신다는 진리가 있습니다. 하나님은 "내가 너희와 땅 끝까지 함께 있겠다. 내 이름은 임마누엘이다"라고 말씀하셨습니다. 하나님이 우리와 함께하시는 것은 사실입니다. 그러나 이것이 사실이라고 해서 우리 것이 되지는 않습니다. 그 내용이 우리 것이 되어서 정말 영이신 하나님이 우리와 함께 계심을 누리는 것이 영적인 부분입니다. 진리와 영, 이 두 가지는 늘 같이 가야 합니다.

예배의 축복

그렇다면 예배가 주는 축복은 무엇입니까? 히브리서 4장 16절에서 그 축복을 이야기하고 있습니다.

> 그러므로 우리는 담대하게 은혜의 보좌로 나아갑시다. 그리하여 우리가 자비를 받고 은혜를 입어서 제때에 주시는 도움을 받도록 합시다.

본문은 예배를 다른 방식으로 표현합니다. **담대하게 은혜의 보좌로 나**

아가는 것이 예배라고 합니다. 앞에서도 이야기했듯이 이는 하나님이 예수 그리스도를 통하여 가능하게 하신 일입니다. 그런데 오늘날 그리스도인들은 하나님을 너무 가볍게 생각하는 경향이 있는 것 같습니다.

직장 생활을 하는 회사원들을 생각해봅시다. 그들은 혹 회사의 사장을 하나님보다 훨씬 더 두려워하는지도 모르겠습니다. 언젠가 큰 회사를 방문하여 승강기를 탄 적이 있습니다. 승강기 안에 있던 직원들이 아주 활발하게 이야기를 하고 있었습니다. 지하에서 올라온 승강기가 1층에서 멈추고 문이 열렸는데, 그때 회장님 같은 분이 비서와 함께 올랐습니다. 순간 승강기 안은 정적이 흘렀습니다. 승강기는 분명 만원이었는데 마치 텅 빈 것만 같았습니다. 앞에는 회장님이, 뒤에는 비서가 서 있고, 나머지는 그 주위로 둘러서 있는데 아무 말도 들리지 않았습니다. 어쩌면 그렇게 순간적으로 분위기가 반전될 수 있을까요. '경외'라는 단어가 떠올랐습니다.

사람들은 인간의 최고 리더에게도 그런 자세를 갖춥니다. 그런데 왜 하나님께는 함부로 나아갈 수 있다고 생각할까요. 구약을 잘 아는 사람들은, 인간은 감히 하나님 앞에 설 수 없는 존재임을 압니다. 그래서 구약의 영성은 "하나님을 경외하는 것이 지식의 근본"(잠 1:7; 9:10)이라는 말씀으로 요약할 수 있습니다. 죄인이 되어 이 땅에 있는 먼지 같은 미물인 인간은 우주의 주인이신 그분 앞에 설 수가 없습니다. 그분을 아버지라고 부르는 것은 턱도 없는 소리입니다.

그런데 앞서 인용한 히브리서 본문은 우리가 그분 앞에 담대하게 나아갈 수 있다고 말합니다. 우리는 감히 그 앞에 나아갈 수 없는 존재인데 예수 그리스도께서 우리를 위해서 죽으셨기 때문에 우리가 이제 감히 그 앞에 담대하게 용기를 가지고 설 수 있게 되었습니다.

그렇게 나아가면 하나님은 우리에게 은혜를 베풀어주십니다. 우리에게 필요한 모든 은혜를 주십니다. 이런 예배를 통해서 얻는 축복이 무엇입니까? "때를 따라 돕는 은혜"입니다. 새번역은 이를 "제때 주시는 도움"이라고 번역했습니다. 우리가 하나님을 예배할 때 그분은 제때, 그때그때마다 우리에게 필요한 은혜를 베풀어주십니다.

예배는 단순히 예술 작품을 감상하는 것과는 다른 차원입니다. 예술 작품은 죽어 있기 때문에 거기서 일어나는 교감은 죽어 있는 것과의 교감이지만, 예배는 살아 계신 하나님과 교감하는 것입니다. 하나님 앞에 나아가 예배하면, 하나님은 지금 상황에 필요한 은혜를 주십니다. 예배드리는 사람들이 받는 축복은, 바로 우리의 아버지 되신 하나님이 그때그때 우리에게 필요한 것을 베풀어주시는 것을 누리는 것입니다.

제 아이들도 저를 예배할 때가 있습니다. 제가 집에 들어가면 아이 셋이 전부 뛰어와서 제 품에 안겼습니다. 아이들이 저를 너무 좋아하는 것이죠. 이것이 예배입니다. 아이들이 커버린 요즘에는 예배하는 태도가 점점 불량해지긴 하지만, 어릴 때는 정말 좋았습니다. 그렇게 아이들이 제게 달려오면, 저는 아이들을 늘 똑같이 대하지는 않습니다. 아이들이 어떤 모습인지를 봅니다. 아이가 시무룩하면 무슨 문제는 없는지 물어보고, 열이 있다고 하면 만져봅니다. 필요한 것은 없는지 살핍니다. 아이들을 기계적으로 대하지 않고 하나하나 인격적으로 대합니다. 하나님도 똑같으십니다. 우리가 하나님께 인격적으로 나아가서 그분에게 안길 때 그분은 우리의 필요를 아시고 그것을 채워주십니다. 이것이 예배의 축복입니다.

지쳐서 진이 빠져 있다가도 하나님을 예배하면서 새 힘을 얻는 그리스도인들이 많습니다. 정말 놀랍지 않습니까? 저도 그런 축복을 자주 누리면서 살고 있습니다. 빽빽하게 잡힌 하루 일정을 소화하다 보면 몸과 마음이 지칠 때가 많습니다. 그런데 어떤 모임을 하기 전에 5-10분 정도 찬양하고 기도하는 시간을 꼭 갖는데, 그 시간에 새로워지는 것을 느낍니다. 짧은 시간이지만 하나님께 집중하고, 그분의 사랑과 은혜를 묵상하면 신기할 정도로 새 힘이 흘러오는 것을 보게 됩니다. 그래서 저는 피곤하고 지쳐서 더 이상 내 힘이 없을 때야말로 하나님이 주시는 놀라운 은혜를 순수하게 맛볼 수 있는 때라고 감히 고백합니다.

건강이 나빠지기 전에는 매일 새벽 예배를 인도했는데, 그때는 새벽마다 그런 것을 느꼈습니다. 예배를 드리기 위해 새벽 4시 30분에 일어나려고 하면 눈이 안 떠집니다. 그러면 눈도 채 뜨지 못한 채 그냥 욕실로 들어갑니다. 샤워기 물을 틀고 서 있으면 정신이 나기 시작합니다. 그러면 속에서 '이건 사는 게 아니야…사는 게 아니야. 왜 이러고 사나?' 하는 생각이 듭니다. 샤워를 하면서 정신을 차린 후 옷을 입고 교회로 옵니다. 와서 성경을 묵상하고 나누고, 같이 기도하고, 충분히 기도를 마치고 일어설 때쯤 되면 이번에는 '이렇게 살아야 돼! 그래, 이렇게 살아야 돼!' 하는 말이 나옵니다. 그때부터 새 힘이 납니다. 하나님이 주시는 새로운 위로와 용기와 지혜와 삶의 지표가 생겨납니다. 하나님이 우리를 이렇게 축복하십니다.

오늘날 우리 한국 교회가 정말로 회복해야 할 것이 있다면, 바로 예배입니다. 우리 그리스도인의 삶에서 회복해야 할 것이 있다면, 예배입니다. 예배가 살아 있지 않은 그리스도인들은 죽어 있다고 해도 과언이 아

닙니다. 그리스도 안에서 살아난 자들에게 주어지는 예배는 가장 중요
한 특권입니다.

묵상 질문

1. 최근에 하나님에 대해 새롭게 알게 되어서 감탄하며 하나님께 사랑
   을 표현해본 적이 있습니까?

2. 베드로전서 1:8-9을 묵상하며 우리 각자는 예수님께 어떤 마음을
   가지고 있는지 생각해봅시다.

2

세 가지 형태의
예배

 당신은 언제, 어디서 예배하고 있습니까?

하나님을 알아가고 경탄하고 그분께 몰입하는 이런 예배에는 어떤 형태가 있을까요? 여기서는 기본적인 형태 세 가지를 이야기하려고 합니다.

개인의 찬미

첫 번째는 개인의 찬미입니다. 히브리서 13장 15절을 보십시오.

> 그러나 우리는 예수로 말미암아 끊임없이 하나님께 찬미의 제사를 드립니다. 이것은 곧 그의 이름을 고백하는 입술의 열매입니다.

여기에도 "예수로 말미암아"라는 표현이 나옵니다. 이는 '예수 그리스도의 죽으심으로 말미암아'라는 뜻입니다. 예수 그리스도가 우리를 위해서 죽으셨기 때문에, 우리는 끊임없이 하나님께 찬미의 제사를 드립니다. 이것은 곧 그의 이름을 고백하는 입술의 열매입니다. 여기서 '그의 이름'이란 그분이 행하신 일과 그분이 어떤 분이신지를 가리킵니다. 그것을 입으로 고백하는 우리 입술의 열매가 찬미의 제사라고 이야기합니다.

우리는 예수님을 기억하고 그분으로 말미암아서 하나님께 예배드릴 수 있습니다. 예배할 기분도 아니고 상황도 아니지만 예수님을 생각하고 개인적으로 주님을 바라봅니다. 그래서 주님께 찬양을 드리는 것입니다.

그리스도인의 삶에는 이렇게 개인 차원의 예배가 풍성해야 합니다. 주일이나 수요일에 교회에 가서 드리는 예배가 그 사람이 드리는 예배의 전부라면, 제대로 풍성함을 누릴 수 없습니다. 사실 예배는 하루 종일 계속 드려야 마땅합니다. 그러나 그렇게까지는 아니라 할지라도 매일매일 순간순간 시간을 내어서 하나님을 예배하는 것이 필요합니다.

그리스도인들 중에도 한 번도 하나님 앞에서 혼자 노래해본 적이 없는 사람이 간혹 있습니다. 예전에 어떤 형제와 이야기를 나누다가, 그 친구는 하나님 앞에서 혼자 노래를 불러본 적이 한 번도 없다고 했습니다. 그래서 그 형제에게, 이번 주에는 골방에 들어가서 혼자 하나님께 노래를 불러보라고, 아주 단순한 노래, 악보 없이도 할 수 있는 노래들을, 아무도 없을 때 혼자 불러보라고 했습니다.

일주일 뒤에 그 형제가 저를 찾아와 이렇게 말했습니다. "목사님, 제 신앙의 다른 차원을 경험했습니다. 처음으로 하나님께 노래를 불러보았습니다. 저는 하나님이 제 노래를 들으신다고 생각하지 않았습니다. 저는 찬양이라고 하면, 분위기 띄우려고, 사람들 기다리는 동안 하는 '준비 찬송'만 생각했습니다. 그런데 골방에 들어가서 하나님께 노래를 하면서 '아, 이건 고백이구나. 하나님을 향한 사랑의 표현이구나' 하고 깨닫게 되었습니다."

자신은 노래를 잘 못한다고 하는 사람들이 있습니다. 노래가 아니어도 좋습니다. 시를 읊을 수도 있습니다. 노래로 예배하는 것은, 그것이 여러 가지 면에서 좋기 때문에 그 방식을 택하는 것일 뿐입니다.

제가 아는 어떤 목사님은 열심히 사역을 하다가 보통 밤 12시나 1시에 집에 들어온다고 합니다. 사모님의 이야기에 따르면, 그렇게 늦게 귀가한 목사님은 옆에서 코를 골며 자다가 새벽 4-5시 정도가 되면 어디론가 사라진답니다. 그러고 나면 옆방에서 웅얼거리면서 기도하는 소리가 들린다고 합니다. 그런데 가만히 들어보면 그게 기도가 아니고 찬양이랍니다. 음도 없고 박자도 없고 가사만 있는 찬양! 그분은 그렇게 하나님께 찬양을 드리는 것입니다. 그러면 하나님이 뭐라고 하실 것 같습니까? 그런 음감을 주신 분이 하나님이시니 그 사람이 그렇게 노래하는 것을 듣기 싫다고 하시겠습니까? 아닐 것 같습니다. 노래를 잘하는 것이 중요한 것이 아니라 우리 마음을 드리는 것이 중요합니다. 이렇게 개인적으로 드리는 예배가 정말 필요합니다.

가끔 사람들을 만나러 회사에 가면, 쉬는 시간에 나와서 담배 한 대 피우거나 자판기에서 커피 한 잔 뽑아서 마시는 분들을 자주 봅니다. 그런데 그리스도인들은 담배 한 대, 커피 한 잔 대신에 '찬양 한 대', '찬양 한 잔'을 해야 한다고 생각합니다. 일하다가 쉬는 시간에 커피를 마시거나 담배를 피우듯이, 옥상에 올라가서 찬양을 한 곡 부르고 내려오면 어떨까요. 하나님께 우리가 좋아하는 찬양, 그때 마음에 떠오르는 노래를 부르는 것, 이것이 예배입니다. 일상에서 이런 예배가 가능할 때 우리 삶이 어떻게 변하겠습니까? 복 받으려고 하는 것은 아니지만, 실제로 엄청난 축복을 누리게 될 것입니다. 하나님은 그때그때 우리에게 필요한 복을 내려주시고, 우리에게 힘을 주십니다.

공동체적인 예배

두 번째로, 골로새서 3장 16절을 보면 공동체적인 예배가 나옵니다.

> 그리스도의 말씀이 여러분 가운데 풍성히 살아 있게 하십시오. 온갖 지혜로 서로 가르치고 권고하십시오. 감사한 마음으로 시와 찬미와 신령한 노래로 여러분의 하나님께 마음을 다하여 찬양하십시오.

이 구절은 공동체적 예배의 세 가지 차원을 이야기합니다. 먼저 위에서부터 아래로 내려오는 하향적인 차원이 있습니다. 이것은 하나님의 말씀이 우리 안에 풍성히 살아 있게 되는 것입니다. 그런가 하면, 온갖 지혜로 서로 가르치고 권고하는 수평적인 차원이 있습니다. 이것은 형제자매들 사이에서 일어나는 일입니다. 그런 다음 위로 올라가는 상향적인 차원이 있는데, 그것은 감사한 마음으로 시와 찬미와 신령한 노래로 하나님을 찬양하는 것입니다.

공동체적 예배에는 참으로 놀랍게도 이러한 세 가지가 같이 있습니다. 위로부터 하나님의 말씀이 내려오고, 우리끼리 서로 권고하고 가르치며, 우리에게서 하나님께로 올라가는 노래와 찬양이 있습니다. 한 개인이 예배를 드리는 것도 중요하고 아름다운 일이지만, 공동체로 예배드리는 것은 더욱 중요합니다. "두세 사람이 내 이름으로 모여 있는 자리, 거기에 내가 그들 가운데 있다"(마 18:20)고 하나님이 말씀하시기 때문입니다. 이 시간은 개인에게 임재하시는 하나님보다 더 강하게, 더 온전하게 하나님이 우리 가운데 계시는 놀라운 시간입니다. 아마 대부분이 느껴 보았을 것입니다. 혼자 찬양하며 예배하는 것도 깊이 있고 좋지만, 비슷한 마음을 가진 사람들이 함께 모여서 찬양할 때 그 찬양이 얼마나 강하고, 그 속에 임하신 하나님의 임재와 영광이 얼마나 아름답게 드러나는지 모릅니다.

이런 공동체적인 예배는 문화에 따라 그 형태가 다양합니다. 보통 중요한 스타일 서너 가지로 나눌 수 있는데, 그중 하나는 제의적인 예배로 장로교에서 많이 볼 수 있습니다. 이는 순서가 엄격하게 정해져 있는 엄숙한 예배입니다. 그런가 하면, 정반대 스타일의 예배가 있습니다. 은사주의적인 예배는 아주 경축적이고, 예배 내내 일어나서 찬양할 정도로 열광적입니다. 또 다른 방식으로는 관상적 예배가 있습니다. 이는 침묵하면서 묵상하는 예배입니다. 보통 공동체적 예배는 이 세 가지 축을 중심으로 약간씩 다른 방식을 취합니다.

그런데 사람들은 어떤 한 형식만 좋아하는 경향이 있는 것 같습니다. 저는 그것이 그렇게 좋은 자세라고 생각하지 않습니다. 예배는 다양한 방식이 있을 수 있습니다. 하지만 목적은 동일한데, 곧 하나님께 인격적으로 반응하는 것입니다. 제의적 예배에서는 우리 마음을 정결하고 조심스럽게 하나님께 드리는 정성이 드러납니다. 위대하신 하나님, 존엄하신 하나님 앞에 서는 겸손한 자세가 보입니다. 그러나 자유는 좀 부족해 보입니다. 그런가 하면, 은사주의적이고 경축적인 예배는 자유는 넘치지만 어떤 때는 심하게 자유롭다는 느낌이 듭니다. 그래서 때때로 감정이 너무 과도하게 분출되는 위험이 있을 수 있습니다. 또 관상적인 예배에는 하나님에 대한 깊은 묵상이 있습니다. 그러나 제대로 훈련이 되지 않은 사람들은 졸기도 하고 다른 생각들에 빠지기도 합니다. 이렇게 예배의 모든 형태에는 장단점이 있습니다.

문제는 형식이 아니라 그 속에서 하나님을 진심으로 만나려고 하는 자세입니다. 예배 형식을 놓고 이러쿵저러쿵 떠드는 것은 예배를 드리는 것이 아니라 예배를 즐기려는 자세입니다. 그러나 예배는 우리가 즐기는 것이 아니라 하나님을 즐겁게 하는 것입니다. 따라서 예배 형식으로 왈가왈부하지 마시고, 그날그날 예배에 따라서 거기에 맞추십시오. 예배를 드리러 온 것이지 받으러 온 것이 아니기 때문입니다.

삶으로 드리는 예배

마지막 세 번째 예배 형태는 로마서 12장 1절에 나옵니다.

> 형제자매 여러분, 그러므로 나는 하나님의 자비하심을 힘입어 여러분에게 권합니다. 여러분의 몸을 하나님께서 기뻐하실 거룩한 산 제물로 드리십시오. 이것이 여러분이 드릴 합당한 예배입니다.

우리가 드릴 정말로 합당한 예배는, 우리 몸을 하나님이 기뻐하시는 산 제물로 드리는 것입니다. 이것은 **삶으로 드리는 예배**입니다. 우리 인생을 통해서 드리는 예배가 이것입니다. 하나님은 이런 예배를 원하십니다. 하나님의 자녀로서 행하는 모든 것이 하나님께 드려지는 예배입니다. 우리가 하나님의 자녀로서 그분의 영광을 위해 어떤 행위를 하고 있다면, 그것은 모두 예배가 될 수 있습니다. 우리가 하나님의 이름으로 하나님의 자녀로서 어떤 일을 행한다면, 하나님을 의식하며 그 일을 하고 있다면, 그 일 자체가 하나님께 드리는 산 제사이며, 예배입니다.

설거지를 하면서 하나님을 예배할 수 있다고 생각하십니까? 옛날 수도원의 수사들은 예배당과 학습실과 골방과 기도실에서 영성이 깊어지는 만큼, 주방과 마당과 작업실과 농토에서도 영성이 깊어졌습니다. 예배를 드리는 순간에도 물론 하나님께 집중했습니다. 그러나 설거지를 하면서도 하나님을 예배했습니다. 작은 섬김으로 공동체를 세우고 세상을 섬기는 것, 밭을 일구어 농사를 짓는 것이 하나님께 드리는 예배가 되었습니다. 작업실에서 의자를 고치고, 옷을 수선하는 것이 하나님께 드리는 예배가 되었습니다. 그들은 자신의 전부를 하나님께 드렸기 때문입니다. 궁극적으로 우리가 추구해야 할 예배는 삶으로 드리는 예배입니다.

하나님나라 백성의 삶에서 가장 중요한 특권은 바로 이 예배입니다. 하나님나라의 주인이시며 중심이신 하나님은 예배를 통해서 우리의 사랑을 받으십니다. 그리고 그렇게 예배하는 우리는 그 하나님으로부터 생명과 사랑과 평화와 지혜를 얻어 누립니다. 그래서 더욱더 우리는 주님을 사모하고 사랑한다고 고백하게 됩니다. 이렇게 예배가 우리 삶 가운데 살아 있을 때, 우리는 '풍성한 삶'을 누리게 됩니다. 풍성한 삶은 바로 하나님과의 살아 있는 인격적 관계, 곧 살아 있는 예배에서 주어지기 때문입니다. 말씀을 통해서 새롭고 깊이 알게 되는 하나님을 찬양하고, 우리 삶을 통해서 경험하고 누리게 되는 하나님을 높이는 일은 풍성한 삶을 사는 그리스도인들에게 가장 소중한 특권입니다.

묵상 질문

1. 당신은 '개인의 찬미'를 어떻게 드리십니까? 자주 그런 시간을 갖지 못했다면, 지금 조용히 악보 없이 외울 수 있는 찬양으로 하나님께 노래해보십시오. 하나님만 들으시라고 노래할 때, 무엇을 느끼고 깨달았습니까?

2. 골로새서 3:16을 묵상하고 공동체 예배의 세 가지 차원 중 특별히 당신에게 더 깊어져야 할 부분이 있다면 무엇이라고 생각하십니까?

사랑으로 드리는 기도

3

생각해볼 질문

당신은 기도를 몇 분 정도 합니까?

기도를 드리는 시간이 금세 지나갑니까? 그렇지 않습니까? 이유가 무엇이라고 생각합니까?

이제 이 예배의 일부분인 기도에 대해 이야기해보려고 합니다. 기도가 무엇인지에 대해서는 여러 사람들이 여러 가지로 표현했습니다. 오래전에 나온 한 책은 "기도, 하나님과의 대화"라는 제목을 붙이기도 했습니다. 그 후에 아주 유명한 캐나다의 한 영성 신학자는 "기도, 하나님과의 우정"이라는 책을 쓰기도 했습니다. 둘 다 아주 좋은 표현이라고 생각합니다.

하나님을 알아가고, 그 지식에 따라 하나님을 사랑하고, 하나님 아버지께 자녀로서 이야기하는 축복을 누리는 것, 이것이 기도입니다. 하나님을 점점 알아가면서 우리가 하나님께 말씀을 드리는 것, 우리 마음속에 있는 것을 토해놓는 것이 기도입니다. 이렇게 깊은 나눔을 가지다보니, 하나님과도 감히 우정 관계를 맺게 된다고 고백하게 되는 것이 바로 기도입니다.

기도의 자세와 축복

이렇게 기도할 때 우리의 마음 자세는 어떠해야 하는지, 또 기도를 통해 얻을 수 있는 축복이 무엇인지 빌립보서 4장 6-7절은 이렇게 이야기합니다.

> 6아무것도 염려하지 말고 모든 일을 오직 기도와 간구로 하고 여러분이 바라는 것을 감사하는 마음으로 하나님께 아뢰십시오. 7그리하면 사람의 헤아림을 뛰어넘는 하나님의 평화가 여러분의 마음과 생각을 그리스도 예수 안에서 지켜줄 것입니다.

6절을 보면 "아무것도 염려하지 말고…감사하는 마음으로" 기도하라고 말합니다. 기도할 때 가져야 할 기본 **자세**가 바로 이것입니다. 아무것도 염려하지 말고 감사하는 마음으로 기도해야 합니다. 기도를 시작할 때 이러한 자세가 되어 있는지 먼저 점검해보아야 합니다. 급해서, 안달이 나서 기도하는 것은 사실 기도의 대상자와 본질을 놓쳐버리는 것입니다.

아주 어려운 상황인데도 그렇게 할 수 있는 이유는 무엇입니까? 우리가 앞에서 배웠던 대로 우리는, 젖 뗀 아기가 그 어미 품에 안겨 있는 것과 같기 때문입니다. 우리는 하나님 품에 그렇게 안전하고 안온하게 안겨 있습니다. 하나님이 우리를 그렇게 보호하시고 사랑하십니다. 그러니 염려하고 안달하고 불평하면서 하나님께 나아가는 것은, 기본적으로 우리가 지금 기도하는 대상인 하나님이 어떤 분이신지, 하나님과 우리가 어떤 관계인지를 망각한 투정과 비슷합니다. 인생이 너무 고통스럽고 혼란스러워서 하나님 앞에 나아가서 막 토해놓듯이 기도해야 할 때에라도 우리의 기도를 들으시는 분이 어떤 분인지 잊으면 안 됩니다. 기도의 대전제는 우리 영혼을 그분에게 의탁하는 것입니다.

7절에는 이런 **기도가 어떤 축복을 가져다주는지**가 나와 있습니다. "사람의 헤아림을 뛰어넘는", 개역성경의 표현을 빌리자면 "모든 지각에 뛰어난" 하나님의 평강이 우리 마음과 생각을 지켜주십니다. 재미있는 사실은, 우리가 염려하지 않고 감사하는 마음으로, 그분을 의지하고 모든 것을 위탁하고 기도하면 "그대로 응답될 것이다"라고 쓰여 있지 않다는 것입니다. 대신에 이렇게 기도하면, 우리의 지각을 뛰어넘는 하나님의 평강이 우리 생각과 마음을 다스릴 것이라고 이야기합니다.

저는 고3 올라가던 겨울 응급실에 입원했을 때, 하나님의 평강을 인상 깊게 경험한 적이 있습니다. 1월 1일 새해를 맞아서 이제 1년 동안 정말 혼신의 힘을 다해 대입을 준비해야겠다고 다짐했는데, 그날 저녁 심하게 각혈을 했습니다. 한두 달 전부터 기침을 하기는 했지만, 그렇게 피를 토하니 아찔했습니다. 움직일 때마다 피가 솟아나오는데, 정말 놀랐습니다. 저는 가까운 대학병원 응급실로 실려 갔습니다. 병원으로 떠나기 직전에 저는 손에 들어오는 작은 신구약전서를 들었습니다.

병원에 도착해서 응급실로 실려 가면서 그 작은 성경책을 붙들고 기도했습니다. "하나님, 이게 무슨 일인지 모르겠지만, 하나님이 저의 생사화복을 주관하시는 분이며, 저의 아버지이신 것을 믿습니다. 제게 가장 좋은 길로 인도하실 줄 믿습니다." 휴일인데도 응급실은 환자들로 만원이었습니다. 제 오른쪽에는 화상을 입고 고통스러워하는 환자, 왼쪽에는 음독자살을 시도해서 위세척을 하는 환자…. 그 틈새에서 저는 여전히 쿨럭거리며 피를 토하고 있었습니다. 그런데 그때 제 마음이 그렇게 평안할 수 없었습니다. 하나님의 평강이 제 마음을 지배해서, 저를 안정시키려고 초긴장해 있던 우리 가족들을 오히려 제가 침착하게 위로할 수 있었습니다. 예수를 믿은 지 3년도 되지 않은 때였지만, 제 마음속에는 하나님 아버지에 대한 신뢰가 있었고 하나님은 어린 제게 놀라운 평강을 허락하셨습니다. 그때는 이 시편 구절을 몰랐지만, 제 마음은 젖 뗀 아이처럼 어머니 품에 안겨 있었습니다.

기도에 대한 오해들

하지만 오늘날 우리는 기도를 적잖게 오해하는 것 같습니다.

먼저, 우리는 보통 **기도를 통해서 하나님의 응답을 끌어낸다**고 생각합니다. 우리가 원하는 것을 하나님에게서 받아내는 것을 기도라고 생각합니다. 하지만 사실 이것은 이방인이 드리는 기도입니다. 어르신들 중에는 새벽이면 깨끗한 물을 떠 놓고 목욕재계하고 지성으로 비는 분들이 있습니다. "지성이면 감천"이라면서 정성을 다합니다. 우리의 정성을 보여줘야, 신이 감동해서 소원을 들어준다고 생각하기 때문입니다.

성경에서도 에베소 사람들은 "크다, 아데미여"를 외치면서 계속 소리를 지르기도 하고, 엘리야와 대적한 바알 선지자들은 자해를 하기도 했습니다. 신들이 자기 사제들이 피 흘리는 모습을 보고 "안 되겠다, 이제 들어줘야겠다"고 생각하게 만들려고 했던 것입니다.

자신이 원하는 것을 얻기 위해서 하는 금식 기도도, 때로는 하나님 앞에서 하는 일종의 단식 농성처럼 보일 때가 있습니다. "며칠씩이나 작정하고, 굶으며 간절히 기도합니다. 그러니 하나님, 이제 제 마음을 아시고 응답해주세요." 하지만 이것은 그리스도인의 기도가 아니라, 이방인의 기도입니다. 주님은 우리가 구하기 전에 이미 하늘 아버지께서 우리에게 필요한 것을 알고 계신다고 말씀하셨습니다. 우리는 하나님을 감동시켜서 그분에게서 응답을 끌어낼 필요가 없습니다. 그분은 이미 우리를 너무나 사랑하시는 분입니다. 이미 우리를 완전히 받아주신 분입니다.

그런가 하면 또 **보험성 기도**가 있습니다. 기도를 미리미리 해놓지 않으면 하나님이 응답하시지 않는다고 생각하는 것입니다. 어렸을 때, 수련회 가는 길에 자동차 바퀴에 구멍이 나는 바람에 고치느라 아주 애를 먹은 적이 있었습니다. 그때 전도사님들이 이렇게 말씀하셨습니다. "우리가 수련회를 기도로 열심히 준비했는데, 사고 없이 안전하게 도착하게 해달라는 기도를 빼먹었습니다. 구체적으로 기도해야 하는데 이 기도를 빠뜨렸기 때문에 펑크가 났습니다." 어린 마음에 참 이상하다고 생각했습니다. "하나님은 정말 이상한 분이구나. 기도 목록을 가만히 보고 계시다가 '어, 차량을 위해 기도 안 했네' 하면서, 펑크가 나게 하는…. 아니 무슨 그런 하나님이 있나?" 기도는 그런 것이 아닙니다. 화를 피하려고 하는 것이 아닙니다. 하나님이 우리 아버지이시면, 아무것도 염려하지 않는 자세를 가지고 있어야 합니다.

또 어떤 사람들은 **하나님을 교육하는 기도**를 하기도 합니다. 기도하면서 상황을 자세히 설명합니다. "하나님이 잘 모르시는 것 같은데 지금 상황이 이렇게 돌아가고 있습니다" 하면서 하나님을 교육합니다. 상황이 이러니까 당신이 지금 이렇게 행동하셔야 하지 않겠느냐고 다그칩니다. 하지만 기도는 하나님을 교육하는 것이 아니라 우리가 교육받는 것입니다. 하나님의 관점으로 우리 생각이 바뀌고, 상황을 보는 눈이 바뀌는 것입니다. 하나님은 이미 상황을 다 알고 계십니다. 우리보다 더 정확히 알고 계십니다. 하나님께 상황 보고를 하기보다는 "하나님, 상황을 다 아시잖아요. 하나님, 이 상황에서 내가 어떻게 살아야 합니까? 어떻게 가야 합니까? 주님의 종에게 가르쳐주십시오. 지도해주십시오" 하고 기도하는 것이 옳습니다.

그런데 기도에 대한 이런 오해 중에서 가장 심각한 경우는 **비인격적 기도**입니다. 이는 하나님과 쌍방향 의사소통이 일어나는 것이 아니라 일방적으로 퍼부어버리는 기도입니다. 대개 교회에서 인도자가 "다같이 기도합시다" 하고 말하면 성도들 사이에 기도가 봇물 터지듯이 확 터져 나오는 경우가 많습니다. 마음속에 정말로 간절함이 있어서 그럴 때도 있지만, 대부분은 이렇게 기도하면 처음에는 자기가 무슨 기도를 하는지 잘 모르고 일단 기도를 합니다. 그리고 잠시 후 기도의 틀이 잡히면, 그때부터 기도를 제대로 하는 경험을 합니다.

기도를 배우는 초기 단계에서는 그렇게 쏟아놓는 기도도 필요할지 모르겠습니다. 하지만 기도에서 더 중요한 것은 인격이신 하나님 앞에 서는 것입니다. 우리가 지금부터 살아 계신 하나님께 말씀드린다는 것, 우리의 기도를 들으실 그분께 말씀드린다는 것을 기억하며 그렇게 서는 것이 중요합니다. 물론 하나님을 향한 열정, 그동안 참았던 말들을 쏟아놓는 것, 또는 위기 상황에 도움을 요청하기 위해 외치는 기도가 필요할 때도 있습니다. 그러나 아무 생각 없이 무조건 큰 소리로 외치며 기도를 시작하는 것이 습관이 되어, 늘 그렇게 기도한다면 그것은 좋지 않습니다.

그뿐 아니라 그렇게 쏟아내고 난 다음, "예수님의 이름으로 기도합니다" 하고 기도를 재빨리 끝내버리기도 합니다. 주님이 기도를 들으시다, '이제 나도 한마디 해줘야지' 하고 있는데, "예수님의 이름으로 기도합니다" 하고 벌떡 일어나서 가버립니다. 이런 행동은 상대방을 전혀 고려하지 않고 자기 할 말만 하고 가버리는 것과 같습니다. 얼마나 비인격적입니까?

이런 비인격적인 기도는 마치 저와 함께 일하는 후배 사역자가 제 방에 노크도 하지 않고 들어와서 저를 살피기는커녕, 자기가 하고 싶은 이야기를 실컷 쏟아붓고서 나가버리는 것과 같습니다. 이제 저도 한마디 하려는데, "제 이야기는 다 끝났습니다" 하고 상대방이 일어나서 문 닫고 나가버린다고 생각해보십시오. 저는 매우 비인격적인 대우를 받았다는 생각에 마음이 상할 것입니다. 우리의 기도가 이렇지 않나요? 누구 앞에서 무슨 말을 하는지 생각도 없이 쏟아붓고 나오는 기도는 인격적이지 못합니다.

기도에는 반드시 듣는 시간이 필요합니다. 말한 만큼 듣는 시간이 필요합니다. 하나님께 말씀드리고 나서 가만히 앉아서 하나님이 우리에게 주실 말씀이 있는지 기다려야 합니다. 그리스도의 영이신 성령께서 우리에게 어떤 마음을 주시는지, 기다리며 들어야 합니다. 자기 할 말만 마구 토해놓는 것, 큰 소리로 기도하고 하나님을 감동시키려 하는 것, 이것은 기도의 본질을 잘 모르는 것입니다.

기도 누리기

하나님은 그분의 사랑에 의지해서, 사랑으로 드리는 기도를 기뻐하십니다. 이런 건강한 기도는 사실 우리의 상황을 바꾸기보다는, 우리의 마음을 바꿉니다. 물론 하나님은 필요할 때에는 상황도 바꿔주십니다. 그러나 본질적으로 더 중요한 것은 하나님이 우리 마음을 지배하시는 것입니다.

이런 인격적인 기도를 드리려면, 자신의 언어로 기도하십시오. 다른 사람들이 하는 기도 말을 흉내 내지 마십시오. 유창하게 기도하는 것은 아무 소용없습니다. 기도는 자신의 진심을 하나님께 표현하는 것입니다. 청산유수 같지 않아도 진실한 기도를 하나님은 기뻐하십니다. 난생 처음 기도하는 사람이 "하나님, 제가 오늘 처음 말씀드리는데요. 뭘 어떻게 얘기해야 하는지 사실 잘 모르겠거든요. 제가 처음 기도하는 거예요"라며 진심을 이야기할 때 하나님은 아주 기뻐하십니다. 그냥 자기 수준에 맞게 하나님 앞에 나아가서 말씀드리면 됩니다. 조심스럽게 정성껏 인격적으로 그렇게 말씀드리면 됩니다.

그렇게 기도하다 보면 시간이 지날수록 기도의 말이 깊어집니다. 1년 전에 하던 기도와 오늘 하는 기도가 똑같다면, 좀 이상하지 않을까요? 하나님도 얼마나 지겨우시겠습니까?

그런 면에서 여기서 좋은 방법을 하나 알려드리고 싶습니다. 앞에서 골방에 들어가서 하나님께 노래하는 것에 대해 이야기했습니다. 기도할 때도 가끔씩 비슷하게 적용할 수 있습니다. 저는 기도할 때 친교 기도와 사역 기도, 이렇게 둘로 나누어서 합니다. 사역 기도는, 하나님의 뜻을 분별하고, 그 뜻이 이루어지기를 위해서 하는 기도입니다. 다른 사람을 위해서 중보 기도할 때, 나라와 교회를 위해서 기도할 때, 또 자신의 가정과 자신을 위해서 기도할 때, 우리는 하나님의 뜻을 분별하고 분별한 그 뜻이 이루어지기를 기도합니다. 이런 기도가 하나님과 함께 사역하는 사역의 기도입니다.

반면, 친교 기도는 말 그대로 하나님과 교제하는 기도입니다. 이 기도는 하나님을 찬양하고 하나님께 감탄하고 감격하는 기도입니다. 무엇을 요구하지 않습니다. 골방에 들어가서 노래하고 난 다음, 하나님께 뭔가를 요구하지 말고 그냥 기도해보십시오. "하나님, 오늘은 하나님께 요구할 '물품명세서'를 두고 왔습니다"라고 말씀드리십시오. 그리고 하나님이 어떤 분인지 고백하고, 하나님이 하신 일과 하고 계신 일에 감사를 표현해보십시오. 우리 삶에서 일하시는 하나님을 생각하고, 그 내용을 표현해보십시오. 아마 하나님께 감탄할 내용도 있을 것입니다. 우리 딸이 어릴 때 저를 보면서 "아빠 왜 그렇게 멋있어?"라고 말하곤 했습니다. 아직 미적 감각도 부족하고 판단력도 미숙하지만, 자기 눈에는 아빠가 멋있어 보였나 봅니다. 이렇게 하나님께 자신이 깨달은 것만큼 감사하고 감탄하는 것이 친교의 기도입니다.

이렇게 친교 기도를 깊이 드리고 나서, "하나님, 제게 필요한 것들이 무엇인지 아시죠, 네?"라고 말씀드리면 됩니다. 자세히 기도해야 하나님이 응답하신다고 이야기하는 사람들도 있는데, 아버지를 신뢰하고 아뢰는 것이 자세히 기도하는 것보다 훨씬 좋습니다. 예를 들어, 배우자의 조건을 놓고 기도하는 사람들이 많이 있는데요. 저는 그렇게까지 해야 하는지 잘 모르겠습니다. 그냥 "아버지, 저에게 가장 적합한 사람을 주세요. 이러저러한 사람이면 좋겠어요"라고 기도해도 될 것 같은데, 수십 가지 조건을 적어놓고 기도하는 것은 그렇게 상세 명세서를 제시해야 하나님이 잊지 않고 들어주시는 분이라고 생각하기 때문인 것 같습니다. 그렇지 않습니다. 하나님은 그 아들과 함께 모든 것을 주기 원하시는 아버지이십니다. 그러니 이제 친교의 기도를 드리며 하나님과 깊은 사랑을 누려보십시오.

한 가지만 더 제안한다면, 하나님과 동행하며 늘 그분께 말씀드리는 것이 기도라면, 기도의 말prayer word을 사용하는 것이 좋은 방법이 될 수 있습니다. 아침에 성경을 읽다가 본문에서 하나님이 어떤 분이신지 발견했다면 그것을 아주 짧은 문구로 요약하십시오. 예를 들어, '인자하신 하나님', '나를 다스리시는 하나님', '용서하기 원하시는 하나님' 등이 있습니다. 우리가 성경을 읽을 때마다 하나님의 모습이 나타나는데, 그렇게 발견한 하나님의 성품을 하루 종일 품고 지내십시오.

사실, 자신이 발견한 하나님을 하루 종일 부르는 이 기도 방법은 역사가 아주 깁니다. 옛날 수사들은 '긍휼을 베푸시는 하나님'이라는 구절을 가지고 몇 달 동안 기도했습니다. '긍휼을 베푸시는 하나님, 긍휼을 베푸시는 하나님.' 이렇게 하나님을 깊이 알아가고 기억하고 그분을 부르는 것입니다. 이것도 아주 좋은 기도 훈련이 될 수 있습니다.

기도는 하나님의 자녀들이 갖는 놀라운 특권입니다. 우리는 기도를 통해서 하나님을 더욱 사랑하게 됩니다. 인생을 살면서 우리 이야기를 들어주시고, 우리를 품어주시고, 우리에게 새 힘을 주시는 이런 영적인 아버지가 계시다는 것이 얼마나 큰 축복입니까? 이런 기도를 지속적으로 드리다 보면, 우리는 점점 더 주님을 신뢰하고, 주님의 아름다움에 더욱 감격하고, 우리 삶에 오셔서 일하시는 하나님을 경험하게 됩니다. 이런 기도 생활은 우리를 하나님과의 깊은 인격적 신뢰 관계로 이끌고, 감히 하나님과 깊은 우정을 누린다고까지 고백할 수 있게 만듭니다.

기도는 하나님께 인격적으로 나아가 우리의 사정을 아뢰고, 하나님의 은혜를 구하는 것입니다. 우리가 어릴수록, 또 세상에 속하였을수록 하나님의 뜻에 맞는 기도보다는 자신의 욕심대로 기도합니다. 그러나 하나님을 알아가면서 하는 기도는 점점 우리를 성숙한 기도로 이끌고, 그리하여 주님께서 말씀하신 '먼저 그의 나라와 의'를 구하는 기도로(요 6:33) 나아가게 될 것입니다.

기도는 이렇게 성장합니다. 매일 하나님께 나아가 그 사랑에 의지해서 말씀 드리는 기도는 우리를 성장시킵니다. 이런 기도를 매일 드리는 것은 우리 그리스도인의 특권이 아닐 수 없습니다. 하루 정도 기도하지 않는다고 해서 당장 우리에게 무슨 문제가 생기지는 않습니다. 그러나 하나님과의 대화인 이 기도가 우리 삶에서 사라지면, 우리는 서서히 영적으로 메말라가고, 곧이어 닥쳐오는 인생의 위기 상황에서 버텨낼 힘이 없다는 것을 발견합니다. 그때는 이미 늦습니다. 매일 하나님과 사랑을 나누는 기도가 깊어져서, 자녀의 특권을 맘껏 사용하는 그리스도인들이 됩시다.

묵상 질문

1. 빌립보서 4:6-7을 묵상하고 우리가 어떤 염려를 내려놓고, 어떤 자세로 기도해야 할지 생각해봅시다.

2. "기도에 대한 오해들"에 나온 기도 중에서 당신의 기도와 닮은 것이 있다면 무엇입니까? 이제 어떻게 기도해야겠습니까?

4

사랑으로 드리는
순종

생각해볼 질문

 당신이 하나님을 순종하며 따르는 데 가장 큰 걸림돌은 무엇입니까?

우리는 예배와 기도로 하나님께 사랑을 표현합니다. 그런데 하나님을 정말 사랑하는 사람들에게 나타나는 또 다른 특징이 있습니다.

하나님을 사랑하는 자의 특징

하나님을 알아가고 사랑하는 특권을 누리는 사람들에게 나타나는, 없어서는 안 될 특징은 순종입니다. 요한복음 14장 21절은 그 특징을 이렇게 말합니다.

> 내 계명을 받아서 지키는 사람은 나를 사랑하는 사람이요.

하나님을 정말 사랑하는 사람, 하나님께 사랑을 표현하고 예배하는 사람은, 그분이 원하시는 계명, 즉 예수님의 계명을 지킵니다. 여기 나오는 계명은 십계명이 아니라 "내가 너희를 사랑한 것같이 너희가 서로 사랑하라"는 예수님의 계명을 가리킵니다. 그리스도인의 삶은 단순합니다. **하나님의 사랑을 받았으니 그것을 누리고 나누는 것입니다.**

예수님은 우리가 하나님과 사랑을 주고받은 후에 그 힘과 에너지와 지혜로 우리 옆에 있는 사람들을 사랑하기 원하십니다. 하나님을 정말 사랑하는 사람은 반드시 그분의 마음속에 있는 가장 큰 계명, 즉 서로 사랑하는 일에 순종하게 됩니다(이것은 제4부에서, 공동체에서 어떻게 사랑할지를 이야기하면서 좀 더 구체적으로 다룰 것입니다). 하나님에 대한 사랑은 예배나 찬양 시간에 입술로 고백하는 것으로 끝나지 않습니다. 정말로 하나님을 사랑해서 그렇게 찬양했다면 그 다음에는 목숨 걸고 우리 원수까지도 사랑해야 합니다. 열광적으로 예배하고 나서 밖에 나가서는 아무것도 희생하지 않고 아무도 사랑하지 않는다면, 그것은 순종이 아닙니다. 하나님의 사랑을 받고 그분을 진정으로 사랑하는 사람은 하나님께 순종하고, 하나님께 순종하는 사람은 자신에게 주어진 사람들을 사랑하기 때문입니다.

신앙생활은 열심히 하지만, 다른 사람을 섬기고 희생하는 일에는 매우 인색한 사람을 자주 만납니다. 또 교회에서는 다양한 활동을 하지만,

가정이나 직장, 학교에서는 매우 이기적인 사람들을 만납니다. 그들은 신앙이 아직 덜 자란 영적 어린아이 같은 사람들입니다. 진정으로 하나님을 사랑하면 그분께 순종하고, 우리를 향하신 하나님의 뜻대로, 이웃을 사랑하게 됩니다. 뿐만 아니라, 신앙이 자라면서 이 세상을 향하신 하나님의 뜻을 깨닫고, 우리 각자가 그 하나님의 놀라운 계획 가운데 감당해야 할 일들도 보이기 시작합니다. 하나님을 사랑하는 사람들은 이러한 하나님의 뜻에 순종합니다. 하나님을 사랑하기 때문입니다. 하나님께 순종하는 것은 그분에 대한 사랑을 드러내는 가장 중요한 표현입니다.

순종의 방해물

그런데 진정으로 하나님의 계명을 순종하며 살아가려고 할 때 우리를 방해하는 것이 있습니다. 예수님은 마태복음 6장 24절에서 그중에서 가장 큰 걸림돌이 무엇인지 아주 분명하게 말씀하십니다.

> 아무도 두 주인을 섬기지 못한다. 한쪽을 미워하고 다른 쪽을 사랑하거나, 한쪽을 중히 여기고 다른 쪽을 업신여길 것이다. 너희는 하나님과 재물을 아울러 섬길 수 없다.

예수님은 가르치는 사역을 하시면서 자신을 무엇과도 비교하지 않으셨는데, 자신과 '라이벌'이 될 수 있는 존재가 딱 하나 있다고 하셨습니다. 그것이 재물입니다. 재물과 하나님은 같이 섬길 수 없다고, 그 둘은 우리 마음속에 함께 있을 수 없는 라이벌이라고 말씀하십니다.

재물의 위력은 정말 대단합니다. 돈은 우리가 누구인지, 우리가 얼마나 가치 있는 존재인지를 보여주는 것 같습니다. 또 우리에게 자신감을 심어줍니다. 특히 자본주의 사회에서는 돈으로 사지 못할 것은 없는 것 같습니다. 돈으로 존경도 사고, 건강도 사고, 교육도 사고, 거의 모든 것을 살 수 있습니다. 돈이 있으면 안전하게 느낍니다. 무슨 일이 있더라도 괜찮을 것 같습니다. 돈은 우리에게 자기 존중감과 정체감, 즐거움과 쾌락, 안전을 가져다주는 것 같습니다.

그런데 우리가 알듯이, 이 세 가지를 주시는 분은 하나님이시지, 돈이 아닙니다. 그런 면에서 돈은 가짜 신입니다. 우리의 진정한 가치를 알려주시는 분은 하나님뿐입니다. 진정으로 우리에게 기쁨을 가져다주시는 분은 하나님뿐입니다. 우리를 정말 안전하게 해주실 분은 하나님뿐입니다. '유사 하나님'인 재물은 이러한 것들을 우리에게 제공하는 것처럼 속임수를 쓸 뿐입니다.

그리스도인들에게 헌금이 중요한 이유가 여기에 있습니다. 헌금은 돈이 우리의 주인이 아니라고 선언하는 것입니다. 하나님이 주인이시고 우리가 가진 돈의 주인도 하나님이심을 선언하는 것이 헌금입니다. 십일조는 구약 시대의 율법으로, 현대 그리스도인들에게는 일종의 원칙역할을 합니다. 그래서 십일조는 의무라기보다는, 하나님이 모든 것의 주인이라는 상징적인 선언입니다. 그러니 십일조를 하면서 벌벌 떨거나 아까워한다면, 돈이 우리의 주인이기 때문입니다. 하나님이 우리를 보호하시고 안전하게 이끄시겠다고, 우리를 젖 뗀 아이를 가슴에 품은 어미처럼 보호하시겠다고 하는데, 돈이 뭐가 그리 중요한 문제입니까?

주님은 "돈이 너희의 주인이 되어서는 안 된다"고 말씀하십니다. 돈은 우리의 가장 큰 적입니다. 하나님께 순종하며 나아갈 때 우리 발목을 잡는, 하나님의 강력한 라이벌입니다. 많은 사람들이 돈 버는 일에 매여 있습니다. 돈을 버는 것은 가족을 부양하고 삶을 유지하기 위한 도구입니다. 그런데 돈을 버는 것이 목적인 사람들이 너무 많습니다. 돈을 버느라 하나님을 사랑하고 사람을 사랑하는 일에 쓸 시간이 없습니다. 돈을 버느라 신앙생활도, 가정생활도 제대로 못하고, 누구를 섬기지도 못합니다. 그럴 시간이 없습니다. 돈을 벌어야 하니까. 그렇다면, 결국 돈 때문에 하나님께 순종하지 못하는 것입니다.

돈을 사용하는 면에서도, 하나님의 뜻을 따라 자신과 가족과 이웃과 교회를 위해서 적절히 나누어서 사용하는 것이 하나님의 뜻입니다. 그러나 많은 사람들이 그 돈을 자기 것으로 생각합니다. 하나님의 사람들을 사랑하고 섬기는 일에 쓰기보다는 자신만을 위해서 쓰려고 합니다. 그래서 모든 재물의 주인이신 하나님은 자신만을 위해서 사는 사람에게는 많은 재물을 맡기지 않으십니다. 청지기답게 순종하며 살지 못하기 때문입니다.

하나님께 순종하는 마음으로 돈을 벌고 쓰는 것이 중요합니다. 마음의 회심은 반드시 지갑의 회심으로 나타납니다. 돈을 벌고 쓰는 것을 보면, 누가 정말 우리 마음의 주인인지가 드러나기 때문입니다. 그러므로 자신이 속한 공동체를 위해 자기 수입의 일정 부분을 하나님 앞에서 약정하고 헌금하는 것은 하나님의 다스림 아래 사는 자라는 고백이며, 또한 자신이 하나님의 공동체에 속해 있다는 선언이기도 합니다. 우리는 헌금을 통해 우리가 돈의 노예가 아니라 하나님의 자녀임을 선포합니다.

'10-10-10'의 습관

　돈이면 뭐든지 되는 것 같은 세상에서 돈이 아니라 하나님을 우리 주인으로 모시고 하나님만 사랑하고 하나님만 의지하겠다고 선언하는 것, 그것이 하나님을 정말 사랑하는 사람의 특징입니다. 하나님이 주신 놀라운 특권을 누리기 위해서 좋은 습관을 기르십시오. 하나님께 꾸준히 순종하면 좋은 습관이 형성되고, 그 좋은 습관을 통해서 우리는 하나님이 주신 특권, 즉 하나님을 알아가고 사랑하는 일에서 성숙해갈 수 있습니다.

　이 좋은 습관에 '10-10-10'이라는 이름을 붙여보았습니다. 하루에 10분씩 세 번 하나님을 만나는 습관입니다. 물론 24시간 내내 하나님과 동행해야 하지만, 아직 그런 훈련이 충분히 되어 있지 않기 때문에 먼저 초보적인 훈련을 하는 것입니다. 아침에 일어나서 10분을 하나님께 드리십시오. 하루 일과 중에 10분을 하나님께 드리십시오. 집에 돌아와서 자기 전에 10분을 하나님께 드리십시오. 그 시간이 하나님이 우리에게 주신 특권을 누릴 수 있는 시간이기 때문입니다.

　아침에 눈 뜰 때 하나님을 찾으십시오. 침대에서 엎드려 기도하다가 회사에 지각하지 말고, 완전히 정신을 차린 상태에서 하나님과 함께 10분을 보내십시오. 그 10분 동안에 성경을 읽으셔도 좋습니다. "하나님, 오늘 하루를 시작합니다. 주님과 동행하고 싶습니다. 제가 당신 품에 안겨 있는 것을 알기 원합니다. 오늘 하루 종일 주님을 따라다니고 싶습니다. 주님, 도와주세요" 하고 기도하고 말씀을 읽으십시오. 말씀을 읽으면서 좋은 '기도 말'을 찾으십시오. "자비로우신 주님, 내 이름을 아시는 주님, 날 사랑하시는 주님, 나에게 여러 번 말씀하시는 주님, 나를 참으시는 주님" 등 기도 말 한 개를 찾아서 하루 종일 생활하면서 그 말을 되뇌십시오. 하나님을 자주 바라보십시오. 하나님과 자주 눈을 맞추십시오.

하루 중 잠깐 시간을 내어 10분 동안 하나님을 생각하십시오. 아침에 읽은 말씀을 생각하고 묵상하고, 이 시간에 요즘 암송하고 있는 성경 구절을 외워봐도 좋겠습니다. 조용히 하나님 앞에서 짧은 노래를 불러도 좋겠습니다. 바쁜 일과 중에 10분 시간을 내어 하나님께 집중하는 것은 쉬워 보이지만, 그렇지 않습니다. 많은 사람들이 하루 종일 일에 쫓기다가 자신이 왜 사는지, 어떻게 사는지 다 놓쳐버리고 하루를 마감하곤 합니다. 그런 면에서 하루 일과 중 적어도 한 번은 10분 정도 시간을 내서 하나님을 바라보는 것은 정말 좋은 훈련입니다.

마지막으로 잠자기 전에 다시 10분간 시간을 내어 하루를 돌아보십시오. 이 10분은 하루 동안 무슨 일이 있었는지 생각해보고, 우리가 하나님을 사랑하면서 하루를 보냈는지, 하나님의 뜻에 순종함으로 그 사랑을 표현하면서 지냈는지 돌아보는 시간입니다. 그러면서 다가오는 내일을 하나님께 의탁하고 하루를 마감합니다. 이것이 '10-10-10'의 생활 방식입니다.

왜 이렇게 하는 걸까요? 우리의 특권이기 때문입니다. **성경과 관련된 다섯 가지 활동과 예배, 기도, 순종은 하나님의 사랑을 얻기 위한 방법이 아니라 하나님의 사랑에 우리가 보이는 반응입니다. 하나님을 알아가고 사**

랑하는 우리의 특권입니다. 많은 그리스도인들이 성경을 읽고 예배하고 기도하고 순종하는 것을, 하나님의 사랑을 얻어내기 위한 방법으로 생각합니다. 그렇지 않습니다. 우리는 하나님의 사랑을 얻어낼 필요가 없습니다. 이미 그분이 우리를 사랑하시기 때문입니다. 우리가 성경을 읽고 예배하고 기도하고 순종하는 이유는 하나님이 우리를 사랑하시기 때문에 그 사랑에 반응하는 것이지 사랑을 얻어내기 위한 것이 아닙니다. 더 얻어낼 사랑이 없습니다. 하나님은 우리를 위해서 아들을 희생하실 정도로 우리를 사랑하셨습니다. 그것으로 충분합니다. 그것을 누리면 됩니다.

하나님은 우리 삶의 가장 기본이 되는 열쇠를 주셨는데, 그것이 하나님과의 인격적인 관계입니다. 말씀을 통해 듣고 배우고 하나님께 사랑을 표현하고 하나님을 알아가고 사랑하는 것, 이것이 그리스도인의 삶의 전부입니다. 사실 하나님과의 관계가 제대로 놓이면, 이제부터 이 책에서 다룰 내용은 시간이 지나면 자연스럽게 우리 가운데 자리 잡을 것입니다. 우리가 하나님을 따르며 사랑하고 순종한다면, 그가 우리를 지도하고 이끄실 것이기 때문입니다. 우리는 앞으로 배워야 할 모든 것의 기초가 되는 가장 중요한 내용을 1부와 2부에서 이미 다 배운 셈입니다.

우리는 예수 그리스도 안에서 새로운 존재가 되었고, 무엇보다도 그분의 자녀가 되는 축복을 누리게 되었습니다. 그분의 자녀가 되면 엄청난 축복이 따릅니다. 일일이 열거하기 힘들 정도로 많은 축복을 누리고 경험하기 시작합니다. 그것은 새로운 세계로 들어가는 것과 같습니다. 그런데 이러한 많은 축복 가운데서 가장 중요한 것이 바로 하나님과 새롭게 맺는 관계입니다. 이 하나님을 알아가고 인격적으로 반응하는 일,

즉 하나님을 알아가고 사랑하는 일은 하나님이 주시는 모든 축복을 누릴 수 있게 해주는 열쇠와 같습니다. 하나님을 알아가고 사랑하는 것, 이것은 그리스도인들만이 누릴 수 있는 진정한 특권입니다.

묵상 질문

1. 하나님을 사랑한다면, 그분의 뜻을 행하는 것보다 더 중요한 일은 없다고 배웠습니다. 이번 만남을 통해 우리가 순종해야 할 부분을 깨달은 것이 있다면 무엇일까요? 더 나아가 당장 행동으로 옮겨야 할 부분은 무엇이 있을까요?

2. 마태복음 6:24을 묵상해봅시다. 주님은 우리 마음뿐 아니라, 우리 지갑의 주인이시라고 말할 수 있을까요?

Foundation Of Abundant Life

그리스도를 의지한
자기 사랑

Self-Love on Christ

성경은 그리스도 밖에 있던 우리가 이미 죽었고, 이제는 그리스도 안에서 새로운 존재가 되었다고, 놀라운 신분이 주어졌다고 말합니다. 그래서 우리는 그리스도 안에 속하기 전의 자기 모습을 부인하고, 그리스도 안에 있는 자기를 긍정해야 합니다. 그리스도 안에서 우리에게 주어진 새로운 것들을 건강하게 품고 사랑해야 합니다.

참된 자기 사랑

1 자기 사랑의 기초:
  그리스도 안에서 이루어진 일

2 믿음: 자신에게 이루어진
  축복 받아들이기

3 변화된 신분에 걸맞은 삶으로
  이끄시는 성령님

4 우리 속에서 경험하는 두 가지 욕망

1

자기 사랑의 기초:
그리스도 안에서 이루어진 일

생각해볼 질문

그리스도인들은 자기를 사랑하는 사람들이라고 생각하십니까?
그렇게 생각하는(또는 생각하지 않는) 이유는 무엇인가요?

그리스도인들은 그리스도 예수 안에서 놀라운 변화를 겪은 사람들입니다. 그렇다면 그리스도 예수 안에서 이루어진 놀라운 일들을 믿고 그것에 기초하여 세워지는 새로운 삶의 방식을 배워야 합니다.

이번 만남의 내용을 이야기하기에 앞서, 예수님을 우리 인생의 주인으로 모시고 난 이후에 우리 각자에게 어떤 변화가 이루어졌는지 다시한 번 확인하는 것이 필요할 것 같습니다. 첫 번째 만남에서 우리는 다음 사실을 날마다 주장해야 한다고 이야기했습니다.

- 하나님이 그리스도 예수 안에서 나를 받아들이셨습니다.
- 나는 그리스도 예수 안에서 특별한 작품입니다.
- 나는 그리스도 예수 안에서 새로운 가족 공동체에 속했습니다.

우리는 예수 그리스도를 받아들이고 난 다음 그 안에 속했기 때문에 이렇듯 완전히 다른 종류의 사람이 되었습니다. 그 때문에 우리가 누리게 된 특권들은 아주 많습니다. 세 번째 만남에서는 말씀을 통해서 '하나님을 알아가는 특권'이 생겼다고 이야기했고, 네 번째 만남에서는 기도와 예배와 순종을 통해서 우리에게 '하나님을 사랑하는 특권'이 있다고 이야기했습니다.

그런데 이런 많은 특권이 주어졌음에도 많은 사람들이 고민하는 주제가 있는데, 바로 '나'라는 주제입니다. 하나님이 우리 각자를 이렇게 변화시켰다고 하는데 우리는 여전히 죄를 짓고 열등감에 빠져 삶이 흔들리고 있습니다. 이러한 자기 자신을 어떻게 다룰지, 우리 내면의 문제를 비롯한 여러 가지 문제를 어떻게 다룰지는 중요한 주제입니다. 특별히 '나' 중심주의가 죄라면 예수님을 주로 모시고 나서 '나'는 어떻게 되는지, 성경에서 자기 부인을 가르치는데 자신을 부인한다는 것은 무엇을 의미하는지, 주님을 잘 따르려면 금욕적으로 살아야 하는지 등 많은 질문이 있습니다.

안타깝게도 많은 그리스도인들이 이러한 중요한 내용의 기본 원리조차 배우지 못하고 살아갑니다. '나'를 어떻게 할 것인가, 나도 어쩔 수 없는 나를 어떻게 할 것인가, 이것이 다섯 번째 만남의 주제입니다.

자신에 대한 오해

　사람들이 성경의 가르침에서 가장 심각하게 오해하는 것 중 하나가 바로 이 자신에 대한 부분입니다. 많은 사람들이 그리스도인들은 스스로를 상당히 부정적으로 보고, 자신을 제대로 돌보지 않고, 조금 더 심하면 자기 혐오나 자기 학대에 빠진 사람들이라고 생각합니다. 그리스도인들조차 스스로를 이렇게 생각하기도 합니다.

　아마도 이것은 마태복음 16장 24절에 나오는 "누구든지 나를 따라오려거든 자기를 부인하고 제 십자가를 지고 나를 따라오너라"라는 예수님의 말씀 때문인 것 같습니다. 여기서 '자기를 부인하고'라는 말을 오해해서 문제가 생긴 것입니다. 자기 부인을, 자신을 형편없는 존재로 여기는 것으로 생각합니다. 주님이 우리를 구원하시고 하나님의 자녀로 삼아주셨지만, 우리는 여전히 죄를 짓고 계속 엉망으로 살고 있기 때문입니다. 그리스도인들이 괴로워하면서 부르는 찬양이 있습니다. "벌레같은 날 위하여…." 죄를 많이 짓고 살다 보니 스스로 벌레 같은 존재라고 느낍니다. 하지만 우리는 하나님의 형상으로 지어졌고 우리를 위해서 예수 그리스도가 십자가에서 죽기까지 하셨는데도, 우리 자신을 벌레같이 여기는 것은 좀 문제가 있지 않을까요?

　많은 그리스도인들이 그런 자기 비하, 자기 멸시, 심하게는 자기 학대에 빠져 있습니다. 자존감이 매우 낮고, 죄의식에 빠져 있으며, 자신은 늘 죄를 짓고 실패할 수밖에 없다는 아주 강한 확신을 가지고 있기도 합니다. 자신은 절대로 경건한 그리스도인이 되지 못하리라는 아주 확고한 믿음을 가진 사람들도 있습니다. 그래서 이런 자기를 돌보는 것이 죄처럼 느껴집니다. 자신이 벌레처럼 무가치한 존재라고 생각하기 때문입니다. 그래서 많은 그리스도인들이 자기 자신을 어떻게 다루어야 할지 몰라 곤혹스러워합니다.

그리스도 예수 안에서 우리에게 일어난 일

그러나 '자기 부인'은 그런 뜻이 아닙니다. '자기 부인'의 제대로 된 의미를 살펴보기 위해서는, 예수님과 관계가 없었던 우리가 그리스도 예수를 믿고 어떤 변화가 일어났는지를 다시 한 번 확인해보아야 합니다. 에베소서 2장 1-10절에 그 내용이 나옵니다.

예수님을 알기 전 우리의 상태　　먼저 1-3절에서 예수님을 만나기 전에 우리가 어떤 상태였는지를 보십시오. 이는 우리가 그리스도 안에서 얼마나 놀랍게 변화되었는지를 이야기하기 전에 반드시 짚고 넘어가야 할 부분입니다.

> 1여러분도 전에는 허물과 죄로 죽었던 사람들입니다. 2그때에 여러분은 허물과 죄 가운데에서 이 세상의 풍조에 따라 살고 공중의 권세를 잡은 통치자 곧 지금 불순종의 자식들 가운데서 작용하는 영을 따라 살았습니다. 3우리도 모두 전에는 그들 가운데에서 육신의 정욕대로 살고 육신과 마음이 원하는 대로 행했으며 나머지 사람들과 마찬가지로 날 때부터 진노의 자식이었습니다.

1절은 우리가 이미 죽었던 사람들이라고 말합니다. 우리가 하나님을 알기 전 그리스도 밖에 있었을 때, 그리스도를 믿지 않았을 때, **우리는 영적으로 죽은 상태**였습니다.

인간은 심장이 멈추면 죽습니다. 뇌가 죽으면 다른 곳이 살아 있어도 뇌사 상태, 즉 죽었다고 말합니다. 뇌와 심장은 우리 몸에 특별히 중요합니다. 다른 장기들은 대체할 수 있지만 뇌와 심장은 멈추면 몇 분 내에 회복 불가능 상태가 됩니다. 그런데 영적인 부분에서 이 뇌와 심장과도 같은 것이 하나님과의 관계입니다. 하나님과의 관계는 너무 본질적이기 때문에 그것이 끊어지면 우리는 죽은 존재입니다. 성경은 하나님이 우주와 우리 인생의 주인이신데 그 자리에 우리가 들어가, 우리 자신이 이 모든 것의 주인이 되었기 때문에 이렇게 죽은 상태가 되었다고 말합니다. 우리는 허물과 죄로 죽었던 존재였습니다.

2-3절에서는 그렇게 죽었던 우리가 어떻게 살았는지를 설명해줍니다. 여기서 우리가 눈여겨봐야 할 반복되는 표현이 있습니다. 그것은 바로 '따라 살다'입니다. 2절에는 "허물과 죄 가운데서 이 세상의 풍조를 **따라 살고**"와 "공중의 권세를 잡은 통치자 곧 지금 불순종의 자식들 가운데 작용하는 영을 **따라 살았다**"라는 표현이 나옵니다. 또 3절은 "전에는 그들 가운데에서 육신의 정욕**대로 살고**⋯육신과 마음이 **원하는 대로 행했으며**"라고 말합니다.

이 구절은 아주 중요한 이야기를 하고 있습니다. 우리가 하나님과 관계없을 때는 마치 우리 자신이 주인이 되어 우리 인생을 마음대로 하는 것같이 보이지만, 실제로는 우리가 삶의 주도권을 쥔 것이 아니라 '세상 풍조, 공중의 권세 잡은 통치자, 그 가운데 작용하는 영, 육신의 정욕,

육신과 마음이 원하는 것'이 그 주도권을 잡고 있다는 것입니다. 자신이 주인인 것 같지만, 실상은 그렇지 못합니다.

그래서 세상 사람들 사는 모습을 그대로 흉내 내고 따라가느라 정신이 없습니다. 우리도 알지 못하는 가운데 세상을 지배하는 영의 영향을 받습니다. 육신과 마음이 원하는 것, 육신의 정욕을 따라 움직입니다. 그래서 본능을 거스르는 행동, 예를 들면, 음식을 조절해서 체중을 관리하는 것, 매일 한 시간씩 영어 공부하는 것, 아침에 일찍 일어나는 것 등도 쉽지 않습니다. 곰곰이 생각해보면 우리가 정말 하고 싶은 것은 못하며 살아가는데도 우리는 자기 마음대로 하고 산다고 생각합니다. 사실은 그렇지 않습니다.

또 다른 예로, 대다수 사람들은 다른 사람들이 어떻게 살아가는지를 중요하게 생각합니다. 그래서 돈을 벌고 쓰는 일, 직장을 찾는 일, 연애하고 결혼하는 일, 아이를 키우는 일에서 다른 사람들이 어떻게 하는지 늘 유심히 살핍니다. 남들에게 뒤떨어지지 않으려 열심히 노력합니다. 정말이지, 삶의 주도권이 우리에게 없습니다. 예수 그리스도가 없을 때 우리는 그런 존재였습니다. 하나님과의 관계가 깨져서 우리 삶에 대한 통제력을 잃어버렸습니다.

왜 그럴까요? 우리의 심장이 90퍼센트 정도 죽었다고 생각해보십시오. 심장의 기능이 10퍼센트밖에 남지 않으면 정상적인 활동은 고사하고 숨 쉬기조차 힘이 듭니다. 하나님과 관계가 깨진 사람들의 모습이 이러합니다. 그래서 본문은 우리의 신분을 '진노의 자식'이라고 말합니다. 하나님의 심판의 대상이라는 것입니다.

이것이 우리가 하나님을 알기 전의 상태였습니다. 우리는 이 상태를 정확하게 기억하고 있어야 합니다. 우리가 그리스도 안에 속하기 전에 얼마나 참담한 상태였는지를 절감하는 것은 아무리 강조해도 부족함이 없습니다. 우리가 믿음으로 반응하지 않으면, 그 상태가 지금 우리 삶에도 영향을 끼칠 수 있다는 사실을 염두에 두고 다음 구절을 살펴봅시다.

예수 그리스도께서 하신 일　　하지만 하나님은 이런 우리를 보시면서 "이 놈들, 너희들 나를 버리고 떠나더니 참 잘됐다. 고생 좀 해봐라. 벌 좀 받아야지"라고 말씀하시지 않습니다. 4절은 "하나님은 자비가 넘치는 분이셔서 우리를 사랑하신 그 큰 사랑으로 말미암아"라고 이야기합니다. 우리가 삶의 의미를 갖게 되는 이유는 단 한 가지입니다. 잃어버린 우리, 깨진 우리, 하나님의 심판 아래 있는 우리를 하나님이 보시고 불쌍히 여기셨기 때문입니다.

아이가 부모 말을 안 듣고 제멋대로 살다가 부모를 배반하고 집을 나갔다고 합시다. 아버지에게 못되게 굴다가 탕자처럼 집을 나갔습니다. 그러면 그 아들이 나가서 고생하고 있을 때 아버지는 "참 잘됐다. 고생 좀 해봐라"라고 생각할까요? 아닙니다. 아버지는 그 아들을 보며 괴로워합니다. 하나님은 더더욱 그러십니다. 그래서 하나님은 무슨 일을 하셨습니까? 그들을 살리려고 예수 그리스도를 보내서 죽게 하시고 부활하게 하셨습니다. 4절에서는 이러한 사랑을 "우리를 사랑하신 그 큰 사랑으로"라고 표현합니다. '그 큰 사랑'은 막연한 하나님의 사랑이 아니라 십자가에 나타난 하나님의 구체적인 사랑이었습니다.

예수님의 죽음과 부활을 통해서 이 사랑이 어떻게 드러났는지를 살펴봅시다.

5허물로 죽은 우리를 그리스도와 함께 살려주셨습니다. 여러분은 은혜로 구원을 얻었습니다. 6하나님께서 그리스도 예수 안에서 우리를 그분과 함께 살리시고 하늘에 함께 앉히셨습니다.

사도 바울은 상당히 논리적이면서 격정적이기도 했습니다. 사실 5절 뒷부분에 나오는 "여러분은 은혜로 구원을 얻었습니다"라는 문장은 괄호를 쳐야 합니다. 이 말은 잠시 후 8절에서 문맥의 흐름에 따라 자연스럽게 나올 말인데, 사도 바울이 감격한 나머지 중간에 미리 내뱉은 것입니다. 말하자면, "허물로 죽은 우리를 그리스도와 함께 살려주셨습니다. 와! 하나님의 은혜로 구원을 얻은 것이 아닌가! 앗! 잠깐 이 이야기는 나중에" 하고 다시 6절에서 원래 문맥으로 돌아갑니다.

그래서 5절 뒷부분에 괄호를 치고 5-6절을 연결해서 보면, 이 본문은 아주 간단하지만, 예수를 믿고 구원받았을 때 그리스도 예수 안에서 우리에게 어떤 일이 일어났는지를 설명해줍니다. 새번역이 두 번째 동사를 앞의 동사와 똑같이 '살리셨고'라고 번역한 것은 좀 아쉽습니다. 개역개정처럼 '살리셨다', '일으키셨다', '앉히셨다'라고 다르게 번역하는 것이 더 좋다고 생각합니다. 저는 이 본문이 성경에서 구원의 내용을 가장 심오하고 정확하게 표현해주는 구절이라고 생각하여, 원어에서 다시 번역을 해보았습니다.

5허물로 죽은 우리를 그리스도 예수 안에서 그리스도와 함께 살리셨고, (여러분은 은혜로 구원을 얻었습니다) 6함께 일으키셨고, 함께 하늘에 앉히셨습니다.

새번역 성경에는 '그리스도 예수 안에서'라는 표현이 6절에 있지만 저는 '그리스도 예수 안에서'를 앞으로 옮겨놓았습니다. 헬라어 원문에서는 이 표현이 6절 맨 뒤에서 전체 문장을 꾸며주고 있기 때문입니다. 하나님이 그리스도 예수 안에서 우리를 살리셨고, 일으키셨고, 하늘에 앉히셨다고 합니다. 누구와 '함께'라고 말합니까? '그리스도와' 함께입니다. 이 표현도 한 번밖에 나오지 않지만 사실상 세 번 다 나오는 것과 다름없는데, 그 이유는 세 번 연이어 나오는 동사에 모두 '~와 함께'라는 접두어가 있기 때문입니다. 그래서 이 본문을 풀어서 표현하면 다음과 같습니다. "그리스도 예수 안에서, 그리스도와 함께 살리셨고 그리스도와 함께 일으키셨고 그리스도와 함께 하늘에 앉히셨습니다."

> 5절: 허물로 죽은 우리를
>
> 그리스도 예수 안에서
>
> 그리스도와 함께 살리셨고 (여러분은 은혜로 구원을 얻었습니다)
>
> 6절: (그리스도와) 함께 일으키셨고
>
> (그리스도와) 하늘에 함께 앉히셨습니다.

제가 이 구절을 이렇게 자세히 살피는 이유는, 우리가 그리스도 안에 있을 때, 즉 예수 그리스도를 믿을 때 우리 가운데 일어난 일을 이 본문이 선명하게 알려주기 때문입니다. 하나님은 우리를 그리스도 예수와 함께 살리셨고, 그리스도 예수와 함께 일으키셨고, 그리스도 예수와 함께 하늘에 앉히셨습니다. 그런데 여기 나오는 동사들의 시제는 모두 과거에 일어나서 지속적인 영향력을 끼친다는 의미가 있습니다. 이 일들이 이미 완전히 이루어졌다는 뜻입니다. 참으로 놀랍지 않습니까?

여러분은 지금 어디에 계십니까? 우리는 각자 다른 곳에 앉아 있지만, 성경은 하나님이 우리를 예수 그리스도와 함께 하늘에 앉히셨다고 말합니다. 어찌 이런 이상한 일이 있을 수 있습니까? 뿐만 아니라 여기 '함께 일으키셨고'라는 말은 부활을 뜻합니다. 알다시피 우리는 부활하지 않았습니다. 그런데 죽었던 우리를 그리스도 예수 안에서 그리스도와 함께 **살리셨고**, (부활시킬 것이 아니라) **부활시키셨고**, (하늘에 앉히실 것이 아니라) 하늘에 **앉히셨다**고 표현합니다. 예수님을 믿고 그분 안에 거함으로 우리에게 이런 놀라운 일들이 이미 성취되었다고 바울은 선언합니다.

이런 놀라운 일(4-5절)을 그리스도 밖에 있던 우리의 모습(1-3절)과 비교해보면 더더욱 놀랍습니다. 우리는 그리스도 예수 안에서 완전히 새로운 존재가 되었습니다. 다시 말해, 우리는 죄와 허물로 죽었던 존재입니다. 그런데 그리스도 예수 안에 있게 되어 그와 함께 살았습니다. 예전에는 하나님에 대해서 죽어 있었는데 이제는 하나님에 대해서 살아 있습니다. 이제 그리스도 예수 안에 있는 우리는 하나님을 아버지라고 부릅니다. 우리는 "왕이신 나의 하나님" "그분이 나를 지명하여 불렀다"는 찬양을 감격하며 부를 수 있습니다.

예전에는 우리 삶의 주도권이 세상 풍조, 공중의 권세 잡은 자에게 있었습니다. 우리 욕심에 따라 살았습니다. 하지만 이제 우리는 예수 그리스도와 함께 부활했습니다. 함께 일으킴을 받았다고 말할 때 중요한 것은 부활의 능력입니다. 예전에는 우리에게 능력이 없었기 때문에 세상에 저항하지 못하고 세상을 따라 살 수밖에 없었습니다. 그런데 이제는 세상을 따라 살지 않을 수 있는 능력이 생겼습니다. 그 능력은 바로 예수님의 부활의 능력에서 나옵니다. 우리가 그와 함께 일으킴을 받았다는 말은 그 부활의 능력이 우리 속에서도 일하실 수 있다는 것입니다. 이제 우리는 세상에 'No'라고 말할 수 있는 능력을 가지게 되었습니다.

또 이전에는 우리가 진노의 자식이었지만, 이제는 하나님의 나라에서 그리스도와 함께 앉혔습니다. 이것은 우리가 그와 함께 하나님의 상속자가 되었다는 말입니다. 앞으로 될 것이 아니라 이미 되었습니다.

	그리스도 밖에 있던 우리 (1-3절)	그리스도 안에 있는 우리 (5-6절)
영적 상태	허물과 죄로 죽었던(1절)	→ 그와 함께 살리셨고(5절)
삶의 주도권	세상 풍파, 공중의 권세 잡은 자 육신과 마음이 원하는 대로 따르는 삶(2-3절)	→ 그와 함께 일으키셨고(6절)
우리의 신분	진노의 자식(3절)	→ 그와 함께 하늘에 앉힘(6절)

하나님에 대해서 살았고, 그리스도와 함께 부활의 능력이 우리 속에서 이미 역사하고, 우리가 그리스도 예수 안에서 그분과 함께 하나님의 우편에 앉았습니다. 이것이 바로 그리스도 안에서 우리에게 일어난 일입니다. 참으로 놀라운 이야기이며, 엄청난 축복이 아닐 수 없습니다. 바로 이 놀라운 영적 축복이 자기 사랑의 기초입니다.

묵상 질문

1. 에베소서 2:1-3을 묵상하면서 우리가 예수 그리스도를 알기 전의 상태가 어떠했는지 생각해봅시다.

2. 구원이라는 선물을 받았을 때, 그 선물의 내용을 제대로 알지 못하고 그저 천당에 가는 것으로만 생각하는 사람들이 있습니다. 오늘 읽은 글, 특별히 에베소서 2:5-6을 통해 우리가 받은 구원이라는 선물이 지닌 의미 중 새롭게 깨달은 내용이 있다면 무엇입니까? 특별히 우리가 그리스도 예수 안에서 얻은 축복과 관련하여 생각해봅시다.

2

민음:
자신에게 이루어진
축복 받아들이기

생각해볼 질문

 그리스도인이 되고 나서 자신에 대한 생각이 어떻게 달라졌습니까?

　어느 가난한 학생이 장학증서를 받았다고 생각해봅시다. 그 학생이 받은 장학증서에는 학교를 졸업할 때까지 장학금과 생활비 일체를 주겠다는 약속이 적혀 있습니다. 그런데 이 학생이 그 증서를 주머니에 넣고 다니면서도 "등록은 어떻게 하나? 용돈 없어서 배고파 죽겠다"고 하며 살고 있다면 어떻겠습니까? 얼마나 어처구니가 없는 일입니까? 그런데 많은 그리스도인들이 바로 이런 모습으로 살아갑니다. 참으로 안타까운 일입니다. 다시 한 번 강조하지만, 그리스도 예수 안에서 일어난 이 놀라운 일들을 기억하는 것은 자신을 어떻게 보느냐 하는 문제에서도 정말 중요합니다.

저는 나들목교회에서 세례를 받는 분들의 간증을 읽으며 도전을 받습니다. 정확한 성경 지식은 없어도 예수를 믿고 나서 경험한 내용들을 글로 쓰는데, 최근에 세례를 받은 한 형제는 이런 이야기를 했습니다. 그 형제는 하나님을 굉장히 싫어했다고 합니다. 하나님을 믿으려고 교회에 다니다가 하나님이 아주 이상한 분이라고 생각되어 거절했습니다.

영적 세계야말로 가혹한 빈익빈 부익부의 세계가 아닌가? 가진 자는 더하시고 깨끗하게 하시지만 없는 자는 조금 있는 것조차도 빼앗으신다고 하시지 않는가? 하시고자 하는 자는 강퍅하게 하셔도 우리는 할 말이 없지 않는가! 그게 내가 아닌가! 가나안 족속은 어린아이까지 죽이도록 명하신 분이 아닌가! 열매를 못 맺으면 잘라서 불에 던져 내치시는 분이 아닌가!

교회에 나가서 하나님에 대해 피상적으로 듣고 오히려 그분께 적대감을 갖게 되었습니다. 그런데 복음의 메시지를 자세히 듣고 나서, 하나님에 대해서 죽어 있던 그가 '하나님이 그런 분이 아니시다'라는 깨달음을 얻었습니다. 그는 처음으로 복음을 받아들인 날 밤에 혼자 이렇게 기도했다고 합니다.

"하나님, 저입니다. 저는 하나님을 아직 잘 모르지만 하나님은 절 아십니다. 저는 제 마음도 잘 모릅니다. 하도 거짓이 많고 복잡하게 얽히고 자주 흔들거려 갈피를 잡을 수 없고, 순간순간 생겼다

사라지는 수많은 갈래들 중 어느 것이 저인지도 모릅니다. 하나님이 계시다면 저를 붙잡아 마음대로 해주시겠습니까? 저를 잡아주지 않으시면 저는 언제까지나 거짓말을 하는 폐수 같은 인간일 것입니다. 하나님이 저를 깨끗하게 해주십시오. 저는 이렇게나 뻔뻔스런 놈이고 자격이 없습니다. 그저 감히 기도드립니다, 예수님."

입이 떨어지지 않아 속으로만 기도하였습니다. 저는 그분이 사랑의 하나님이라는 것을 믿기로 하였습니다. 그 믿는 일에 하나님의 도움을 구하고 있었습니다. 저는 신뢰도 없는 물 같은 인간이지만 하나님께서 도우실 수 있을 것입니다. 예수님께서 저를 위해 살을 찢으셨던 일을 또다시 능멸하지 않기로 했습니다.

그는 나중에 이런 고백을 했습니다. "저는 예수님을 믿어야 합니다. 저 혼자서는 어쩔 수 없는 인간이기 때문입니다." 하나님에 대한 오해가 풀리고 자기를 위해서 돌아가신 예수님을 발견하고 난 다음, "저는 당신이 필요합니다. 당신 없인 살 수 없습니다"라고 고백하게 되었습니다. 이것이 하나님에 대해서 살아나는 것입니다. 지금까지 가지고 있었던 지식과 편견, 느낌에 얽매이지 않고 성경에 나타난 하나님을 마음에 받아들인 것입니다.

한 자매는 이렇게 고백했습니다.

저는 제 자신이 무가치하다고 느끼고 자랐습니다. 집에서 엄마는 끊임없이 나를 언니와 비교했고, 외모나 공부나, 거기에 성격까지 별로였던 나는 정말 나 자신이 별 볼일 없는 존재라고 느꼈습니다.

학교에서는 밝은 척하면서 친구들과 어울리지만, 내 맘속에 있는 가시가 가끔씩 튀어나와 친구들과도 좋은 관계를 유지하지 못했습니다. 이런 나를 하나님께서 사랑하신다는 사실을 처음에는 받아들이지 않았습니다. 언니나 다른 사람들을 사랑하신다면 이해가 되지만, 나를 사랑하신다는 말씀은 내게 어색했습니다. 그러나 설교와 성경을 통해 반복적으로 하나님께서 나를 특별히 사랑하신다는 말씀을 듣고, 어느 날 그 말을 더 이상 거절할 수 없어 믿기로 했습니다. 그런데 그렇게 믿기로 하나님 앞에 기도할 때, 내 마음속 깊숙한 곳을 누군가 만져주시는 것 같았고, 눈물이 터져 나왔습니다. 누구도 내가 소중하다 하지 않았는데, 나를 위해서 돌아가시기까지 하신 주님의 사랑이 내게 다가왔습니다. 그날 이후, 저는 제 속에서 끊임없이 들려오는 부정적인 소리 대신에 하나님께서 나를 위해서 하신 일을 주장하기로 했습니다.

이 자매는 자신이 그리스도 예수 안에서 특별한 존재가 되었다는 사실을 받아들였을 때, 그녀를 지배하고 있었던 부정적인 생각에서 벗어나기 시작했습니다. 세상 사람들이 떠들어대는 자신의 가치 그대로 따랐던 그녀가 이제 하나님의 사랑으로 다시 일으키심을 받기 시작했습니다. 아직도 더 많이 성장해야 하겠지만, 신앙 초기부터 사람들은 하나님이 자신을 위해서 행하신 일을 기억하고 주장함으로써 변화합니다.

또 다른 한 자매는 이렇게 고백했습니다.

저는 제 아버지를 한 번도 본 적이 없습니다. 태어나기 전에 아버지가 돌아가셨기 때문입니다. 저를 키우시기 위해 어머니는 저를 할머니에게 맡기고 일을 나가서서, 저는 어릴 적부터 제대로 된 가정을 경험해보지 못했습니다. 그런데 하나님께서 저를 하나님의 딸로 받아주셨다는 것을 알게 되었을 때, 하나님께서 아버지가 되신다는 사실은 놀라운 소식이었습니다. 뿐만 아니라, 영적 아버지가 생기자, 제게 영적 형제자매, 즉 영적 가족들이 생겼다는 사실을 알게 되었습니다. 나이 들어 교회를 다니기 시작했지만, 이제야 교회를 왜 다니는지, 왜 성도의 교제가 중요한지 깨닫게 되는 것 같습니다. 우리 모두의 아버지가 한 하나님이시니까요.

이런 고백은 너무 귀합니다. 하나님이 아버지가 되시고 교회라는 새로운 가족, 새로운 공동체를 얻었다는 고백은 참 아름답습니다. 공동체 가족으로 살아가는 삶이나 하나님나라를 공동으로 상속하는 비전에 대해서 아직도 더 배우고 알아가야 할 게 많지만, 이미 혼자가 아니라 그리스도 안에 있음으로 하나님의 공동체에 속해 그 공동체를 누리기 시작했습니다.

은혜로 구원을 얻음

초신자들의 고백에서 나타나듯이, 우리가 그리스도 예수 안에서 이루어진 영적인 사실들을 믿을 때 우리 속에는 놀라운 변화가 일어납니다. 그렇다면 우리는 그리스도 예수 안에서 우리에게 일어난 일을 경험적으로 아는 것입니까? 그렇지 않다면 어떻게 이러한 사실을 믿음으로 받아들일 수 있을까요? 에베소서 2장 8절을 보십시오.

> 여러분은 믿음을 통하여 은혜로 구원을 얻었습니다. 이것은 여러분에게서 난 것이 아니요, 하나님의 선물입니다.

잘 살펴보십시오. 앞에서 이야기했던 형제자매들이 어떤 일을 경험하고 난 다음 예수님을 믿었나요? 아닙니다. 예수님이 자신을 위해서 돌아가셨다는 사실을 받아들이고 하나님과의 관계가 회복되자, 하나님의 사랑이 다가오고, 하나님의 관점에서 자신의 가치를 보기 시작하고, 하나님의 공동체에 눈이 뜨였습니다. 출발만 그런 것이 아니라 우리의 신앙 여정이 늘 이런 식입니다.

중요한 것은, 이런 놀라운 일들을 눈에 보이는 대로가 아니라 믿음으로, 경험이 아니라 믿음으로 받아들이는 것입니다. 앞의 구절은 우리가 믿음을 통해서 은혜로 구원을 얻는다고 이야기합니다. 우리는 하나님이 주신 놀라운 은혜, 즉 예수님이 우리를 위해서 행하신 이 놀라운 일을 경험이 아니라 믿음으로 받아들입니다.

그래서 아침마다 일어나서 "나는 그리스도 예수 안에서 받아들여졌습니다. 나는 그리스도 예수 안에서 특별한 존재입니다. 나는 그리스도 예수 안에서 하나님의 새로운 공동체에 속했습니다"라고 주장합니다. 이것이 믿음입니다. 하나님이 이미 그 일을 다 하셨기 때문에, 은혜이기 때문에 우리는 믿음으로 그 내용을 주장하기만 하면 됩니다. 그리고 "나는 이제 더 이상 허물과 죄로 죽었던 내가 아닙니다. 세상 풍조를 좇던 내가 아닙니다. 이젠 진노의 자식에 속해 있던 내가 아닙니다"라고 고백합니다.

기독교의 가장 중요한 메시지는 우리가 예수님을 믿을 때 그리스도 안에 속하고, 그 속에서 완전한 피조물이 되었다는 것입니다. 우리는 그리스도와 함께 이미 새 생명을 얻었고 그리스도와 함께 하늘에 앉게 되었습니다. 이것을 믿음으로 받아들여서 우리는 구원을 얻습니다.

부인해야 할 것과 사랑해야 할 것

그러므로 우리가 부인해야 할 것은, 그리스도 안에 있기 전에 그리스도와 관계없을 때의 우리 모습입니다. 자신을 전부 부인하는 것이 아니라, 그리스도 안에 있기 전의 모습을 부인해야 합니다. 반대로 우리가 사랑해야 하는 모습이 있는데, 그것은 그리스도 예수 안에서 새롭게 만들어진 나, 하나님이 특별한 존재로 만드신 나, 그리스도를 통해서 완전히 받아들여진 나입니다.

뿐만 아니라 하나님은 우리에게 처음부터 건강한 욕망과 욕구들을 주셨습니다. 건강한 욕망과 욕구들은 우리가 사랑해야 할 부분입니다. 음식을 맛있게 먹는 것은 속된 것이 아니라 거룩한 것이며, 하나님이 기뻐하시는 것입니다. 하나님이 우리에게 그 음식물을 주셨기 때문입니다. 그러나 다른 사람이 먹어야 할 것까지 뺏어 먹고, 먹지 말아야 할 것도 먹고, 적정한 한도를 넘어서서 과도하게 먹는 것은 부인해야 합니다.

그리스도인은 이렇게 부인해야 할 것과 사랑해야 할 것을 구분해서 알기 시작한 사람입니다. 그리스도와 관계없이 그리스도 밖에 있었던 우리와 관련된 것들은 부인하고, 그리스도 예수 안에서 우리에게 주어진 새로운 것들은 건강하게 품고 사랑해야 합니다. 자기 부인이란 그리스도와 관계없었던 때 우리를 지배하던 것을 부인한다는 뜻이지, 하나님이 우리를 만드실 때 주신 건강한 욕구와 그리스도 예수 안에서 주어진 특별한 가치를 부인하는 것이 아닙니다.

변화된 자신에게 적응하는 일은 중요합니다. 예수 그리스도를 통해서 하나님이 주신 은혜 속에서 살아가는 법을 배우는 것은 중요합니다. 구원이라는 선물을 그저 천당 가는 티켓 정도로 여기며 사는 것은 참으로 불행한 일이 아닐 수 없습니다. 구원의 실제는 그리스도 예수 안에서 그리스도와 함께 우리에게 일어난 일들에서 발견할 수 있습니다. 그리스도 안에 있는 우리를 사랑하는 일은 하나님이 값비싼 대가를 지불하고 이루신 일을 기뻐하는 일입니다. 그리스도 안에 있기 전의 우리 모습을 더 이상 용인하지 않는 것은 하나님이 이루신 일을 믿음으로 받아들이는 것입니다.

그리스도인이란, 이렇게 하나님이 새롭게 부여하신 놀라운 신분에 걸맞게 살아가면서, 예수를 알기 전에 물들어 있었던 오래된 잘못된 습관들을 벗어버리는 사람들입니다. 그런데 하나님은 이렇게 변화된 신분에 만족하셔서 우리를 그냥 내버려두시고 알아서 하라고 하시지 않습니다. 다음 만남에서는 이를 위해 하나님이 우리에게 주신 놀라운 선물을 살펴볼 것입니다.

묵상 질문

1. 에베소서 2:8을 읽고 묵상해보십시오. 무엇이 은혜이고, 무엇이 믿음입니까?

2. 그리스도 안에 있게 된 사람으로서, 부인해야 할 것과 사랑해야 할 것들을 가능한 한 구체적으로 생각해보십시오.

3

변화된 신분에 걸맞은
삶으로 이끄시는 성령님

생각해볼 질문

 우리는 "아직도 제가 덜 죽어서요"라는 말을 자주 하고 듣습니다. 이런 말이 어떤 면에서 잘못인지 생각해보십시오.

그리스도인들 사이에서 "아직도 제가 덜 죽어서요"라는 말을 자주 듣습니다. 이 말은 일부 맞는 면도 있지만, 틀린 면이 더 많습니다. 이 말은 이런 뜻입니다. "아직도 제가 덜 죽어서 자꾸 죄를 짓네요. 제가 더 죽어야 하는데 아직도 이렇게 펄펄 살아 있으니, 어쩌겠어요"라는 뜻입니다. 자신을 좀 더 죽이면 더 성숙한 사람이 되리라고 믿는 것입니다.

그렇지 않습니다. 예를 들면, 이런 생각은 영어를 열심히 하면 미국 사람이 된다고 생각하는 것과 비슷합니다. 밥을 먹을 때도 젓가락을 사용하지 않고, 라면도 나이프와 포크로 먹으면 미국 사람이 될 것이라고 생각한다면 어떨까요. 하지만 그런다고 해서 미국 사람이 되지는 않습니다.

반면, 일단 시민권을 얻으면 그 다음에는 영어가 좀 서툴러도 미국 사람이라는 사실에는 변함이 없습니다. 이미 미국 사람이기 때문에 한국어와 영어를 섞어 써도 문제가 되지 않습니다. 이처럼 그리스도인들도 이미 신분이 변화되었는데 그 사실을 인식하지 못하고 "내가 덜 죽어서 더 죽어야 돼"라고 말합니다.

이 면에서 기독교의 가르침은 일반 종교와 다릅니다. 일반 종교는 수양을 통해서, 착한 마음으로 선행을 많이 하여서 결국 구원 또는 깨달음에 이른다고 이야기합니다. 그러나 기독교는 자격 없는 우리가 하나님의 은혜로 구원에 이르러서, 구원받은 자답게 살아가다 보니, 변화된 신분에 걸맞은 모습으로 점점 변해간다고 말합니다.

그리스도 안에서 새로운 존재가 된 나

성경은 예수 그리스도 밖에 있었던 우리는 이미 죽었고, 이제 우리가 그리스도 안에서 새로운 존재가 되었다고 말합니다. 자격 없는 우리를 부르셔서 이렇게 놀라운 신분을 허락하셨습니다. 사도 바울은 갈라디아서 2장 20절에서 그 사실을 아주 놀랍게 표현하고 있습니다. 그는 여기서 진정한 자기 사랑을 이야기하는데, 그것은 그리스도 안에 속하기 전의 자기 모습을 부인하고, 그리스도 안에 있는 자기를 긍정하는 것입니다.

나는 그리스도와 함께 십자가에 못 박혔습니다. 이제 살고 있는 것은 내가 아닙니다. 그리스도께서 내 안에서 살고 계십니다. 내가 지금 육신 안에서 살고 있는 삶은 나를 사랑하셔서 나를 위하여 자기 몸을 내어주신 하나님의 아들을 믿는 믿음 안에서 사는 것입니다.

이 구절에는 '나'라는 말이 여러 번 나옵니다. 맨 처음 "나는 그리스도와 함께 십자가에 못 박혔습니다"에서의 '나'는 그리스도 예수 안에 있기 전의 '나'를 말합니다. 이 '나'가 십자가에 못 박혔으므로 바울은 이제 살고 있는 것은 자신이 아니라 자기 속에 계신 그리스도라고 말합니다. 바울을 위해서 자기 아들을 보내시고, 바울을 위해서 모든 것을 주신 그분을 믿는 믿음 안에서 산다는 말입니다. 그리스도인의 삶은 그분이 이루신 일을 정말 믿고 그것을 따라 사는 것이라고 이야기합니다.

이 말은 '자신은 이미 죽었다'는 뜻입니다. 십자가에 못 박혔다는 것이지요. 이 표현은 수동태입니다. 자기가 십자가에 자기를 못 박은 것이 아니라 못 박혔습니다. 자신이 자신을 죽이는 것이 아니라 죽었다는 것입니다. 우리는 그리스도 안에서 새로운 존재가 되었습니다. 우리가 예수 그리스도를 믿을 때 그리스도 예수 안에서 그런 일들이 일어납니다. 이것이 기독교의 진리입니다.

바울은 별로 한 것이 없는데 이미 그의 신분을 바꿔버리셨습니다. 따라서 바울은 갈라디아서 2장 20절에서 지금 자신이 살고 있는 것은 단지 자신을 위해서 놀라운 일을 행하신 분을 위해 사는 것뿐이라고, 그분을 믿고 따르는 것뿐이라고 고백합니다. 다시 말해서 우리가 우리 자신을 죽이는 것이 아니라, 이미 죽었기 때문에 그 새로운 신분에 걸맞게 살아가려고 하는 것입니다.

제가 미국에 처음 가서 이민국을 통과할 때 얼마나 걱정을 많이 했는지 모릅니다. 이민국은 아주 불친절합니다. 불법 입국자들을 걸러내기 위해 세심하게 살펴보기 때문에 그곳에 가면 얼마나 조심스러운지 모릅니다. 처음 유학 갔을 때 잔뜩 긴장한 채 서류를 꺼내 내밀었던 기억이 납니다. 그렇게 잠시 서서 기다리다가 도장 몇 번 받고 나면 안도의 숨을 내쉬면서 입국 심사대를 통과합니다. 물론 조금 익숙해지면 거기 있는 사람들과 인사를 나누기도 하지만, 속으로는 불안합니다. 무슨 꼬투리라도 잡혀서 이민국에서 부르면 곤란해지거든요. 아무리 익숙한 척해도 저는 미국 시민이 아니라서 들어갈 때마다 늘 조심해야 합니다. 실제로 서류가 미비하다고 몇 번 끌려간 일도 있었습니다. 잘못하면 그 자리에서 바로 추방되기도 합니다.

그런데 미국 시민들은 우리와는 다른 쪽에서 기다립니다. 내국인들은 외국인과 구별되어 있어서 줄도 오래 서지 않고 편안하게 들어갑니다. 여권 색깔도 다릅니다. 이미 미국 신분을 가지고 있기 때문에 아주 자유롭고 자신이 있습니다.

그리스도인이 그런 존재입니다. 우리는 이미 새로운 신분을 가지고 있습니다. 영어도 잘하고 아주 세련된 척한다고 미국인이 되는 것이 아닌 것처럼, 자신을 많이 죽여서 좀 괜찮아 보여야 그리스도인이 되는 것이 아닙니다. 이미 우리는 그리스도 안에서 완전히 바뀐 존재입니다. 그리스도인들은 이것을 주장하고 이 사실에 근거해서 살아야 합니다. 갈라디아서 2장 20절로 만든 찬양이 있습니다. 그 가사를 묵상하면서 한 번 찬양해보십시오.

내가 그리스도와 함께 십자가에 못 박혔나니
그런즉 이제 내가 산 것 아니요
오직 내 안에 예수께서 사신 것이라.
이제 내가 육체 가운데 사는 것은
나를 사랑하사 자기 몸 버리신 예수 위해 산 것이라.

십자가에서 일어난 일이 얼마나 놀라운지 아십니까? 우리가 십자가에서 죽었습니다. 우리는 그리스도와 함께 십자가에 못 박혀서 새로운 존재가 되었습니다. 주님이 우리를 새롭게 하셔서 우리는 새로운 신분을 획득했습니다. 아직 온전히 그리스도인답지 않아도, 하나님이 우리를 그리스도인으로 여겨주십니다.

그분은 십자가에서 내 이름을 바꾸셨습니다. 고아에서 아들로, 거절에서 용납으로, 죄인에서 의인으로, 저주받던 자에서 축복으로, 원수에서 연인으로, 창기에서 신부로, 주님이 바꾸셨습니다. 내가 바꾸는 것이 아니라 주님이 바꾸어주셨습니다. 이것이 하나님의 은혜입니다. "십자가에서"라는 찬양이 우리의 고백이 되었으면 좋겠습니다.

십자가에서 그는 내 이름 바꾸셨네.
십자가에서 그는 내 이름 바꾸셨네.
고아에서 아들로, 거절에서 용납으로,
죄인에서 의인으로 바꾸어주셨네.
십자가에서 그는 내 이름 바꾸셨네.
십자가에서 그는 내 이름 바꾸셨네.

저주에서 축복으로, 원수에서 연인으로,

창기에서 신부로 바꾸어주셨네.

십자가에서 그는 내 이름 바꾸셨네.

십자가에서 그는 내 이름 바꾸셨네.

그리스도인에게 주어진 축복: 보혜사 성령

그런데 사도 바울은 이렇게 그리스도 안에서 이루어진 놀라운 일을 이야기하는 데서 그치지 않습니다. 그는 고린도전서 3장 16절에서 십자가에서 이루어진 일을 진심으로 받아들인 사람들에게는 놀라운 축복이 임했다고 말합니다. 그 내용은 사실 예수님이 요한복음 14장 16절에서 이미 말씀하셨던 것입니다.

여러분은 하나님의 성전이며 하나님의 성령이 여러분 안에 거하신다는 것을 알지 못합니까?

이 구절을 보면, 우리가 새로운 존재가 되고 새로운 신분을 갖는 것으로 끝나는 것이 아님을 알 수 있습니다. 이렇게 신분이 바뀐 것과 동시에 하나님은 우리에게 또 다른 놀라운 축복을 주시는데, 이제 우리 속에 성령께서 오십니다. 우리는 이제 하나님의 성전이 되었는데, 하나님의 성전의 가장 큰 특징은 성령께서 그 가운데 계시는 것입니다. 이제는 성령께서 우리 가운데 오셔서 우리를 인도하고 위로하고 가르치고 우리에게 힘주시고 우리를 놀랍게 변화시키는 주체적인 역할을 행하기 시작하십니다.

십자가에서 일어난 일이 객관적 사실이고 진리라면, 성령이 우리에게 주어진 것은 주관적 체험입니다. 성령님은 이론이 아닙니다. 그분은 우리 속에 오셔서 우리를 이끄시고 우리 속에서 새롭게 일하십니다. 그래서 예수님은 다른 보혜사가 오시기 때문에 자신이 떠나는 것이 더 좋다고 제자들에게 말씀하셨습니다. 요한복음 14장 16절을 보십시오.

> 내가 아버지께 구하겠다. 그리하면 아버지께서 다른 보혜사를 너희에게 보내셔서 영원히 너희와 함께 계시게 하실 것이다.

성령님이 오시면 우리와 영원히 함께 계십니다. 새번역 성경의 하단 주를 보면 보혜사의 뜻을 '변호해주시는 분 또는 도와주시는 분'으로 설명합니다. 예수님이 제자들과 함께하시며 변호하시고 도와주셨던 것처럼, 또 다른 보혜사이신 성령께서 우리에게 오셔서 우리와 함께하시며 우리를 변호하고 도와주십니다.

예수님은 아버지께 구하여 성령님을 우리에게 보내시겠다고 말씀하십니다. 그리스도께서 십자가에 못 박히셔서 우리가 죽었다는 사실, 그리스도 안에서 새로운 존재가 되었다는 사실을 믿는 그리스도인들에게 주어지는 놀라운 축복이 바로 이 성령님이십니다.

자기 부인

이제 이 성령님이 우리 속에 와서 사시기 때문에 우리에게는 예전에 없었던 새로운 모습이 나타납니다. 그 내용이 갈라디아서 5장 16-26절에 나오는데 여기서는 24절을 살펴보겠습니다. 이 말씀은 우리의 변화된 신분과 그 때문에 우리 삶이 어떻게 달라지는지를 갈라디아서 2장 20절에서보다 조금 발전시켜 표현하고 있습니다.

> 그리스도 예수께 속한 사람은 정욕과 욕망과 함께 자기의 육체를 십자가에 못 박았습니다.

이 구절은 우리의 변화된 신분을 확실하게 이야기해줍니다. 우리는 '그리스도 예수께 속한 사람'(개역개정에는 '그리스도 예수의 사람들')입니다. 안디옥 교회에서 처음으로 얻은 '그리스도인'이라는 단어는 헬라어로 '크리스티아노스'인데, '그리스도에게 속한 자' 또는 '그리스도의 것'이라는 뜻입니다. 그리스도 예수께 속한 사람을 다른 말로 하면 그리스도인입니다. 이제 예수를 따라가는, 그분께 속한, 그분의 소유된, 그분의 사랑하는 자가 되었습니다.

그런데 '그리스도 예수께 속한 사람'은 '정욕과 욕망과 함께 자기의 육체를 십자가에 못 박았습니다'라고 말합니다. 앞의 갈라디아서에서 우리가 그리스도와 함께 십자가에 못 박혔다고 할 때는 우리의 신분이 바뀌었다는 뜻이었습니다. 그런데 이 본문은 이제 우리가 신분이 바뀌었기 때문에, 우리 속에서 우리를 지배했던 정욕과 욕망과 자기 육체를

십자가에 못 박는다고 말합니다. 이것이 자기 부인입니다.

많은 사람들이 정욕과 욕심 다음에 나오는 '자기의 육체'라는 표현을 오해하는 경우가 많습니다. 이 단어는 영어로는, '몸'을 뜻하는 'body'가 아니라 'flesh'나 'self'로 번역됩니다. NIV나 NLT 성경에서는 'sinful nature'라고 번역했습니다. 여기서 '육체'는 '죄된 성품', 즉 하나님 없이 자신이 주인이 되어서 자기 맘대로 하고 있는 그 성품을 말합니다. 그런데 우리는 '육체'를 십자가에 못 박아야 한다는 표현 때문에 건강한 식욕, 수면욕, 성욕과 같은 육체적인 욕구를 모두 나쁘다고 생각하는 경우가 있습니다. 이는 '육체'를 일반적인 몸으로 잘못 해석한 탓입니다.

왜 죄된 성품을 못 박습니까? 우리의 죄된 성품이 그리스도 안에서 그리스도와 함께 이미 십자가에 못 박혀 죽었기 때문입니다. 정욕과 욕심과 죄된 성품은 이미 죽은 것이기 때문입니다. 따라서 우리 속에서 그런 것들이 스멀스멀 기어 올라오면 십자가에 못 박아야 합니다. 우리는 이제 새로운 존재가 되었기 때문입니다. 그런데 사람들은 이런 내적 욕망을 환영하는 경우가 많습니다. 속에서 분노가 올라올 때 '나한테는 이 분노가 너무 자연스러워' 하면서 환영하고, 속에서 시기와 질투와 음란한 생각이 들 때도 환영합니다. 죽은 것인데, 그리스도 예수 안에서 버린 것인데, 하나님이 거절하시고 끝내신 것인데, 사도 바울처럼 못 박지 않고 환영합니다.

그러면 과거에 지은 죄를 또 짓고, 반복해서 짓게 됩니다. 우리가 그리스도와 함께 십자가에 못 박혀 죽은 것을 믿지 않고, 여전히 꿈틀거리는 그것이 나의 본질이고 나라고 믿기 때문입니다. 그러니 "내가 덜 죽어서요"라는 말은 굉장히 위험합니다. 그런 것이 살아 있다는 뜻이니까요. 하지만 그렇지 않습니다. 그것은 예수 그리스도 안에서 죽었습니다. 그리스도와 함께 십자가에 못 박혔습니다. 그러니 우리도 이제 그런 것들이 우리에게 나타나면, 십자가에 못 박겠다고 결단해야 합니다. 이것이 자기 부인입니다.

묵상 질문

1. 갈라디아서 2:20과 5:24을 비교해보십시오. 이 두 구절은 어떤 관계가 있는지 묵상해보십시오.

2. 진정한 자기 부인이 무엇인지 자신의 말로 다시 정의해보십시오.

우리 속에서 경험하는
두 가지 욕망

생각해볼 질문

육체의 욕망을 따르지 않고 성령을 따라 살 때 가장 큰 방해물은 무엇입니까?

성경은 우리가 그리스도 안에서 십자가에 못 박히고 다시 살리심을 입었다고 선언합니다. 하나님의 자녀이며, 하나님나라 백성이며, 새로운 피조물이 되었습니다. 이렇게 우리의 신분이 완전히 바뀌었지만, 우리는 여전히 '죄된 성품'을 가지고 있습니다. 우리 속에는 여전히 두 가지 욕망이 존재한다고 이야기합니다. 변화된 신분은 영적인 사실이지만 우리가 실존적으로 경험하는 삶의 현장에는 두 가지 욕망이 공존합니다. 우리 속에 성령님이 계신데도, 우리는 아직 육신을 입고 있어서 우리 몸속에 죄된 성품이 남아 있습니다.

두 가지 욕망

갈라디아서 5장 16-17절은 이 두 가지 욕망이 공존하는 모습을 다음과 같이 이야기합니다.

> 16내가 또 말합니다. 여러분은 성령께서 인도하여 주시는 대로 살아가십시오. 그러면 육체의 욕망을 채우려 하지 않을 것입니다. 17육체의 욕망은 성령을 거스르고, 성령이 바라시는 것은 육체를 거스릅니다. 이 둘이 서로 적대 관계에 있으므로, 여러분은 자기가 원하는 일을 할 수 없게 됩니다.

우리 속에는 두 가지 욕망이 있습니다. '욕망'이라는 단어는 보통 나쁜 뜻을 함축한다고 여겨집니다. 그래서 새번역에서도 '육체의 욕망'과 '성령이 바라시는 것'이라고 대조적으로 번역했습니다. 하지만 영어로는 'desire'라고 하는 이 단어의 의미는 사실 중립적입니다. 그냥 '육체가 바라는 것과 성령이 바라는 것' 또는 '육체의 원함과 성령의 원함'이라고 표현할 수도 있습니다. 그 두 가지가 우리 속에 공존하고 있습니다.

그런데 우리는 육체의 욕망에 익숙해 있기 때문에 어려움이 있습니다. 우리는 하나님을 알기 전 수십 년 동안 육체의 욕망을 따라 살아왔습니다. 육체의 욕망과 함께 살았고, 그것이 하자는 대로 하고 살았습니다. 성령께서 우리 가운데 오셨지만 그분과 함께 사는 것이 익숙하지 않고, 그러니 삶에서 성령의 열매가 그렇게 많이 나타나지도 않습니다.

그리스도인이 되면 옛날에는 내 속에 계시지 않던 성령께서 우리 속에 들어오셔서 일하시기 때문에 지금까지의 평안이 깨집니다. 육체의 소욕이 완전히 주저앉고 성령이 우리를 지배하시는 상태가 되기 전까지는 우리 속에서 계속 갈등이 생깁니다. 예전에는 거짓말을 하면 쾌감을 느끼고, 다른 사람을 속이고도 별거 아니라고 생각했습니다. 그런데 예수님을 믿은 후에는 예수님이 마음속에서 그러한 것들이 잘못되었다고 말씀하십니다. 그래서 그리스도인들 가운데는 간혹 성령을 잠재우는 이들이 있습니다. 아예 성령을 잠재우고 육체의 소욕을 따라 행합니다. 나중에 이야기하겠지만 이것은 심각한 문제입니다.

이제 이 두 가지 욕망에 대해 좀 더 자세히 알아보도록 하겠습니다.

육체의 욕망

예수님을 알기 전에는 육체의 욕망이 늘 우리를 움직였습니다. 이 육체의 욕망은 성령이 바라시는 것을 거스르고 성령과 서로 대적하고 있습니다. 그렇다면 이런 육체의 욕망은 어떤 것입니까? 앞에서 이야기했듯이 우리 육체가 가진 아주 건전한 욕구들이 있습니다. 이 건강한 욕구가 다 육체의 욕망은 아닙니다. 육체의 욕망이 무엇인지는 갈라디아서 5장 19-21절에서 이야기해주고 있습니다.

> 19육체의 행실은 환히 드러난 것들입니다. 곧 음행과 더러움과 방탕과 20우상숭배와 마술과 원수 맺음과 다툼과 시기와 분냄과 분쟁과 분열과 파당과 21질투와 술 취함과 흥청망청함과 먹고 마시는

놀음과 그와 같은 것들입니다. 내가 전에도 여러분에게 경고하였지만 이제 또다시 경고합니다. 이런 짓을 하는 사람들은 하나님의 나라를 상속받지 못할 것입니다.

이 욕망들은 크게 세 부류로 나눌 수 있습니다. 첫 번째는 음행, 더러움, 방탕, 우상숭배, 마술입니다. 그 다음은 원수 맺음, 다툼, 시기, 분냄, 분쟁, 분열, 파당, 질투입니다. 마지막으로 술 취함, 흥청망청함, 먹고 마시는 놀음입니다. 첫 번째, 육체의 욕망은 도덕적인 해이, 도덕적인 죄를 가져옵니다. '음행'은 성과 관련된 것입니다. 건강한 성의 테두리를 넘어선 것들을 음행이라고 합니다. '더러움', '방탕', '우상숭배', '마술' 같은 것들은 다 도덕적인 죄와 관련이 있습니다. 두 번째로, '원수 맺음'부터 '질투'까지의 긴 목록은 관계와 관련이 있는데, 모두 관계를 깨뜨리는 것들입니다. 마지막으로 '술 취함', '흥청망청함', '먹고 마시는 놀음' 등은 생활 방식과 관련이 있습니다.

오늘날은 이런 육체의 욕망을 가볍게 여기는 풍조가 있습니다. 음행, 방탕, 우상숭배, 서로 분내고 분쟁하고 분열하고 파당 짓고 질투하는 것을 너무 당연하게 생각합니다. 특별히 이 본문이 관계와 관련된 것들을 많이 이야기하고 있다는 점에 주의를 기울이면 좋겠습니다. 이는 하나같이 다른 사람의 권위와 존엄성을 인정하지 않는 교만에서 나오는 것들입니다. 또한 술 취함, 흥청망청, 먹고 마시는 놀음도 있습니다. 이런 생활 방식은 성령으로부터 오지 않습니다. 따라서 아무렇지도 않은 척 이런 행동을 하는 그리스도인이 있다면, 그들은 자기 안에 계신 성령님을 잠재우는 것입니다.

본문을 보면 바울은 전에도 경고했지만 또다시 경고한다고 말합니다. 그러면서 "이런 짓을 하는 사람들"이라는 표현을 사용합니다. 개역개정의 번역은 "이런 일을 하는 사람들"이었는데 새번역에서는 그 표현이 훨씬 강해진 것 같습니다. 바울은 이런 짓을 하는 사람은 하나님나라를 상속받지 못할 것이라고 경고합니다.

오늘날 그리스도인들이 육체적 욕망에서 비롯되는 수많은 행위들을 가볍게 여기는 이유는, '나는 구원의 확신이 있으니까 좀 놀아도 되겠다'고 생각하기 때문입니다. 하지만 사도 바울은 "재차 경고하는데, 너희들 그러다가는 하나님나라를 상속받지 못할 수 있다"고 말합니다.

참으로 엄중한 경고입니다. 성령님이 우리 가운데 오신 것은, 그리스도께서 십자가에서 죽으심으로 우리의 신분을 바꾸셨으므로 우리를 이제 새로운 삶으로 이끌어가시기 위해서입니다. 그러니 성령을 무시하고, 십자가에서 죽으신 그 고난 끝에 우리를 살리신 그 예수님을 무시하고, 육체의 욕망을 따라 살면 위험합니다. 사도 바울은 아주 심각하게 경고하고 있습니다.

성령의 욕망

그렇다면 이와 반대로 성령의 욕망을 따르는 삶은 어떤 모습일까요? 22절부터는 성령의 열매가 나옵니다.

22그러나 성령의 열매는 사랑과 기쁨과 화평과 인내와 친절과 선함과 신실과 온유와 절제입니다. 23이런 것들을 막을 법이 없습니다.

성령이 가져오는 열매는 사랑, 기쁨, 화평, 인내, 친절, 선함, 신실, 온유, 절제입니다. 우리가 하는 행동이 성령에게서 왔는지 육체적인 욕망에서 왔는지를 확인하려면 이런 열매를 내는지를 보면 됩니다. 예를 들어서, 어떤 사람과 갈등이 생겼다고 합시다. 그리스도인이라고 해서 무조건 갈등을 피하고 무조건 용서하고 무조건 자신이 잘못했다고 말해야 하는 것은 아닙니다. 잘못된 것은 바로잡아야 합니다. 그런데 잘못을 바로잡을 때 자신이 분을 내고 상대방을 무시하면서 그렇게 하고 있는지, 아니면 절제하고 온유하고 친절한 가운데 갈등을 해결하려고 하는지를 보아야 합니다. 하나는 성령의 소욕을 좇아서 갈등을 해결하는 것이고, 다른 하나는 육체의 욕망을 따라서 갈등을 해결하는 것입니다.

성령께서는 우리 속에서 사랑, 기쁨, 인내, 친절, 절제와 같은 열매를 거두기 원하십니다. 성경은 우리가 성령을 좇아 행하면 이런 일들이 벌어진다고 이야기합니다. 23절은 "이런 것들을 막을 법이 없습니다"라고 말합니다. 앞에서 "이런 짓을 하는 사람들은 하나님의 나라를 상속받지 못할 것입니다"라고 말한 것과 대조되도록, 이 성령께서 하시는 일은 절대로 막을 수 없다고, 성령께서 이런 열매를 맺고야 마신다고 말합니다. 우리가 그분을 따라간다면, 그분이 그렇게 하실 것입니다.

신앙생활은 기간이 중요하지 않습니다. 교회에 오래 다녔어도 성령을 좇아 행하는 법을 배우지 못한 사람들이 많습니다. 교회에 오래 다녔어도 여전히 인간적인 모습이 마구 튀어나옵니다. 하지만 우리가 성령을 따라 행하면서 그러한 것들을 십자가에 못 박으면 우리 속에 거룩한 모습과 변화된 모습이 나타납니다. 하지만 그것을 배우지 않고 연습하지 않으면, 성령을 좇아 행하지 않으면, 옛날 것들이 나와서 돌아다닙니다.

예수를 오래 믿으면 어떻게 되어야 할까요? 더 성령을 따라 행해야겠죠. 더 온유해지고, 더 절제하고, 더 친절한 모습을 보여야 할 것입니다. 성경은 예수를 제대로 믿은 사람들에게서는 그런 모습이 나타난다고 이야기합니다.

그러므로 일상생활에서 먼저 성령의 소욕과 육체의 욕망이 부딪히는 부분을 관찰해보십시오. 어떤 영역에서, 어떤 순간에, 어떤 주제와 관련하여 우리 속에서 육체적 욕망이 꿈틀댑니까? 그럴 때 '아 그게 나지' 하면서 그 욕망을 좇아가는지, 아니면 우리 속에서 성령께서 하시는 말씀에 귀 기울이는지를 살펴보십시오. 분노, 질투, 사람들 앞에서 허장성세하는 것, 돈 좇아가는 것, 음란한 생각, 열등의식, 불평, 불만 등 굉장히 종류가 다양할 것입니다. 그렇게 우리의 마음을 살피면 우리를 파괴하고 있는 육체의 욕망이 무엇인지를 발견하고, 그때마다 성령께서 우리에게 어떤 느낌을 주시는지를 감지하기 시작할 것입니다. 이런 과정을 통해서 성령님의 인도를 따라가는 훈련을 할 수 있습니다.

여러분이 그리스도 안에 있는 새로운 피조물이라면, 여러분 모두 속에 성령께서 계십니다. 만약 우리 안에 계신 성령께 민감하지 못했다면, 이제부터 우리 가운데서 성령께서 일하시는 것을 살펴보십시오. 앞으로 일주일 동안 작은 수첩이나 핸드폰에 자신의 내면에서 일어나는 일 중에서 성령의 소욕과 관련된 것과 육체의 소욕과 관련된 것을 구별하여 적어보십시오. 그동안은 둔감해서 느끼지 못했을 뿐, 성령께서 우리 속에서 말씀하고 계심을 발견할 수 있을 것입니다. 변화된 신분을 가진 우리가 변화된 신분에 걸맞게 살도록 도우시는 분이 바로 성령님이십니다. 성령님에 대해서는 다음 만남에서 더 깊이 다루겠지만, 우선은 우리 각자 속에 계신 성령님에게 민감해지는 훈련을 해봅시다.

다시 한 번 강조하지만, 진정한 자기 사랑이란 그리스도 안에 속하지 않았을 때의 모습을 부인하고, 그리스도 안에 있는 자답게, 그리스도께 속한 자답게, 이제 그리스도 안에서 새로워진 존재를 긍정하는 것입니다. 우리 속에 오셔서 우리와 함께하시는 성령님을 따르는 것입니다. 진정한 자기 사랑이란, 우리 속에 일어나는 두 가지 욕망 중에서 육체의 욕망을 따르지 않고, 성령의 욕망을 따르는 것을 의미합니다(갈 5:16).

묵상 질문

1. 갈라디아서 5:16-17을 묵상하면서 우리 속에서 나타나는 갈등이 어떤 것인지 깊이 묵상해봅시다.

2. 영적으로는 하늘에 있지만 육체를 입고 있는 우리에게 일어나는 두 가지 욕망의 갈등은 어떤 것들입니까? 우리가 고민하고 있는 부분은 어떤 부분인지 생각해보십시오.

부인해야 할 것과
긍정해야 할 것들

생각해볼 질문

건전한 육체적 욕구와 죄된 육체적 욕망은 어떻게 구분할 수 있을까요?

지난 다섯 번째 만남에서는 우리 속에 있는 육체적인 욕망들을 거슬러 성령께서 우리 속에서 어떻게 움직이시는지를 관찰해보았습니다. 진정한 자기 사랑이란, 그리스도 안에 있기 전의 모습들을 부인하고 그리스도 안에서 새로워진 존재를 긍정하는 것입니다. 육체적인 욕망은 우리를 그리스도 안에 있기 전의 상태로 유혹하고, 성령의 욕망은 우리를 그리스도 안에서 새로워진 존재답게 살도록 인도합니다. 이번 만남에서는 성령님의 일하심을 자세히 살펴볼 텐데, 먼저 우리가 부인해야 할 육체의 욕망이 어떤 것인지 좀 더 구체적으로 생각해보도록 하겠습니다.

부인해야 할 것: 육체의 욕망

우리가 부인해야 할 육체의 욕망 중에는 우선 쾌락을 추구하는 마음이 있습니다. 물론 쾌락 자체는 나쁜 것이 아니라 좋은 것이며, 하나님이 주신 것입니다. 그런데 쾌락을 사용해야 할 범위를 넘어갈 때 그것은 육체의 욕심이 되기 시작합니다.

성이 좋은 예입니다. 성은 하나님이 인간에게 주신 최고의 선물 중 하나임에 틀림이 없습니다. 그런데 성이 늘 울타리를 벗어나기 때문에 세상에서 가장 추한 것으로 전락해버립니다. 또 다른 예로, 식욕은 얼마나 소중합니까? 먹고 싶은 욕망이 없다는 것은 죽어가는 것을 의미합니다. 하지만 우리 삶에 중요한 이 식욕도 어느 범위를 넘어가기 시작하면, 그것은 죄에 해당한다고 말할 수 있습니다. 몸이 좀 편하고 싶은 것, 이것은 좋은 욕망입니다. 그런데 그것이 게으름으로 넘어가기 시작할 때, 우리는 그것을 육체의 욕망이라고 말합니다.

이런 육체의 욕망과 관련해서 우리가 기억할 것은, 어떤 것은 나쁘고 어떤 것은 좋은 것이 아니라는 사실입니다. 선을 넘지 않으면 정당한 우리의 욕망이지만, 어느 선을 넘어서면 그것이 육체의 욕심이 될 수 있습니다.

세상의 가치관도 마찬가지입니다. 우리에게는 돈, 명예, 권력 등을 추구하는 마음이 있습니다. 이런 것들을 추구하는 것 역시 나쁘지 않습니다. 돈을 추구하고 명예를 추구하는 것은 우리 본능입니다. 권력과 힘을 갖고 싶어 하는 것은 다 좋은 것입니다. 그런데 이것이 범위를 넘어서서 잘못 사용되기 시작할 때, 또는 목적이 될 때, 돈도 권세도 명예도 육체적 욕망이 됩니다.

예를 들어서, 우리보다 더 능력이 있고 더 좋은 배경에서 출발했기 때문에 우리보다 잘사는 사람들이 있습니다. 그 사람이, 우리는 아마 평생을 벌어도 탈 수 없는 차를 타고 지나간다고 합시다. 그 모습을 보면서 '세상에, 정말…도대체 난 뭔가?'라는 생각이 들고, 자기가 타고 있는 차나 호주머니 속의 교통카드를 생각하면서 자신이 가치 없다고 느낀다면 그것은 육체의 욕망입니다. 그것은 잘못된 비교입니다.

요즘 우리나라에서는 일하지 않고 돈을 버는 것이 미덕처럼 여겨지고 있습니다. 일하지 않고 돈을 많이 벌면 하나님이 축복하신 것이라고 생각하기도 합니다. 부동산 투기로 돈을 버는 것, 못해서 문제지 할 수만 있다면 대부분 하고 싶어 합니다. 이것이 세상의 가치관입니다. 성경의 가치관은, 열심히 일한 대가로 돈을 버는 것입니다. 우리는 우리 속에 스며들어 있는 세상의 가치관과 성경에서 가르치는 가치관을 잘 분별하는 법을 배워야 합니다. 그렇지 않으면 어떤 것이 세상의 가치관이고 어떤 것이 성경의 가치관인지 알 수가 없기 때문입니다.

또 우리가 부인해야 할 육체의 욕망 중에는 나쁜 습관이 있습니다. 우리에게는 반복되는 행동을 통해서 생기는 신체적·정신적 습관이 있습니다. 저는 신체적 습관 중에서 많은 그리스도인이 부인해야 할 것이 '게으름'이라고 생각합니다. '근면'은 그리스도인들에게 아주 중요한 덕목입니다.

또한 대다수 사람이 가지고 있는 정신적 습관 중에 열등의식이 있습니다. 열등의식은 주로 어릴 때부터 부모와의 관계에서 형성되는 경우가 많습니다. 아이를 있는 그대로 받아들이지 않고 다른 아이와 끊임없이 비교하면서 키우면, 열등의식에 빠진 아이가 될 수밖에 없습니다. 자기보다 잘난 사람은 늘 있기 때문입니다. 이것은 우리가 부인해야 할 정신적 습관입니다.

어떤 사람은 무조건 다른 사람들을 탓하는 버릇이 몸에 배어 있고, 또 어떤 사람은 아무 잘못이 없는데도 자기 탓을 하는 습관을 가지고 있습니다. 둘 다 균형을 잃었기에 건강하지 못합니다. 자신의 문제를 보지 못하는 것이나 자신의 문제만 생각하는 것이나 모두 균형을 잃은 정신적 습관이기에 잘못입니다.

제가 가진 정신적 습관 중에는 경쟁적 성향이 있습니다. 예전에 축구를 하는데, 한 형제가 제게 "목사님은 왜 축구할 때 얼굴을 잔뜩 찌푸리고 험상궂은 표정으로 하세요? 목사님 같지 않아요"라고 말해주었습니다. 제 속에 경쟁해서 이겨야 한다는 강한 본능이 있음을 새삼스레 깨닫는 순간이었습니다.

정신적 습관과 연관되는 것으로, 과거의 상처나 기억과 관련해서 부인할 것들이 아주 많습니다. 특별히 어릴 때부터 부모에게 받아온 정죄감으로 시달리는 사람이 한둘이 아닙니다. 이들은 태어나면서부터 지금까지 부모와 형제와 가까이 있는 사람으로부터 자기가 무가치하다는 이야기들을 수없이 들었습니다. 이것은 반드시 부인해야 할 것인데, 사람들은 여기에 매여 있습니다. 늘 마음속에서 "나는 무가치한 사람이다. 나는 잘할 수 없다. 나는 해봤자 안 돼"라는 소리가 들려옵니다. 이성교제를 하다가 잘 안 되면 "나 같은 사람은 깨질 줄 알았어"라는 말이 자연스럽게 나옵니다. 부부관계에는 얼마든지 어려움이 있을 수 있는데, 이런 갈등이 있으면 부정적 사고에 사로잡힙니다. 이것은 굉장히 나쁜 습관이며, 육체적인 욕망 중의 하나입니다. 우리 몸에 배어 있는, 하나님이 원하시지 않는 것입니다.

과거에 실패한 경험을 숨기고 살아가는 사람들이 있습니다. 그 실패를 아직 온전히 소화하지 못했기 때문입니다. 실패는 그저 실패입니다. 인생에 왜 실패가 없겠습니까? 우리는 때로 아주 치명적인 실패도 합니다. 그러나 그 실패들을 통해서 우리는 또 무언가를 배웁니다. 그 실패를 통해서도 하나님은 놀라운 일을 하시며, 우리를 하나님만이 만드실 수 있는 걸작으로 만들어가신다는 이야기를 이미 나누었습니다. 실패에 매여 있는 것, 그것은 우리가 부인해야 할 부분입니다.

이런 것들을 부인하지 않으면 이것들이 평생 우리를 쫓아다니면서 괴롭힙니다. 아주 단순한 육체적인 욕심에서부터 시작해서, 내면의 열등의식이나, 아주 교만하거나 경쟁적인 마음 자세까지, 그대로 내버려두면 평생 우리를 쫓아다니며 옥죄듯이 우리를 붙듭니다. 또 우리 영혼에 퍼지면서 우리가 아름답게 성장하는 것을 가로막습니다. 그래서 많은 그리스도인들이 예수님을 믿었지만 이런 것들에 매여서 성장하지 못합니다.

그런 모습이 우리에게서 나올 때 우리는 그것들이 **그리스도 예수 안에서 죽었다**는 사실을 기억해야 합니다. 우리가 그리스도 예수 안으로 들어왔으므로, 우리를 옥죄고 있던 그 모든 것이 이제는 그리스도 안에서 공존할 수 없게 되었습니다. 그리스도 밖에 있을 때는 그것이 우리 것이었습니다. 그게 우리 자신이었다고 말할 수 있습니다. 그러나 우리가 예수 그리스도와 함께 십자가에 못 박혔을 때 그것은 이미 죽었습니다.

그 사실을 기억하지 못하고 여전히 예전의 나에 붙들려 사는 것은 자신의 역량을 잘 모르는 코끼리의 모습과 비슷합니다. 코끼리는 6.5톤까지도 끌 수 있는 힘이 있다고 합니다. 그런데 이런 코끼리를 밧줄에 묶어놓고 도망가지 못하게 할 수 있는 방법이 있습니다. 6.5톤을 끄는 코끼리라면 잡아당겨서 가볍게 끊을 수 있는 밧줄인데도, 코끼리들이 끊지 못하게 할 수 있답니다. 어린 코끼리의 발목에 밧줄을 묶어서 말뚝에 꽂아놓습니다. 그러면 어릴 때 그 밧줄을 끊지 못했던 코끼리는 커서도 자기는 그 밧줄을 끊지 못하는 줄로 안다고 합니다. 이제 몸집이 커져서 6.5톤을 끄는 코끼리가 되었는데도 어릴 때부터 밧줄에 매여 있었기에 그 줄을 끊지 못한다고 생각한다는 것입니다.

자기를 사랑하기 위해 제일 먼저 해야 하는 것은, 지금까지 자기를 지배하고 있었던 이런 모든 육체적인 욕망들, 우리 속에서 우리를 옥죄고 있어서 우리를 성장하지 못하게 만들고 있던 것들을 부인하는 것입니다. "너는 죽었어. 너는 그림자야. 실체가 아니야" 하고 부인하는 것입니다. 내가 그리스도 안에 거하게 되었을 때, 이 모든 것이 그리스도와 함께 십자가에 못 박혔음을 인정하는 것입니다.

우리는 그리스도 안에서 새로운 피조물이 되었습니다. 하나님이 그렇게 우리를 만드셨습니다. 그리고 이제 우리 속에는 부활의 능력으로 역사하시는 성령님이 계십니다. 우리는 그 힘을 의지해서 우리를 묶고 있던 밧줄을 끊어버려야 합니다. 이렇게 믿고 주장하고 그대로 사는 것이 믿음입니다. 물론 이 일은 한순간에 일어나지 않습니다. 인생을 살아가면서 자신을 부인해야 할 것들을 발견하고 그것들을 하나씩 부인해나가며 우리는 평생 성숙해갑니다.

긍정해야 할 것: 성령님

이제 반대로 적극적으로 긍정해야 할 것이 무엇인지 살펴보도록 하겠습니다. 우리가 적극적으로 긍정해야 할 것은 갈라디아서 5장 16절에 나와 있습니다.

> 내가 또 말합니다. 여러분은 성령께서 인도하여주시는 대로 살아가십시오. 그러면 육체의 욕망을 채우려 하지 않을 것입니다.

개역성경은 이 구절을 "성령을 좇아 행하라"라고 번역했고, NIV는 "live by the spirit"이라고 번역했는데 원어의 뜻은 '성령과 함께 걷는다', '성령으로 산다'는 뜻입니다. 이제 우리가 해야 할 일은 성령을 적극적으로 긍정하고 그분을 따르는 것입니다. 성령께서 인도하여주시는 대로 사는 것, 성령에 의해서 사는 것, 성령을 따라가는 것, 성령을 좇아 행하는 것, 이것이 우리가 긍정해야 할 부분입니다. 갈라디아서 5장 25절은 이것을 조금 다르게 표현합니다.

> 우리가 성령으로 삶을 얻었으니, 우리는 성령이 인도해주심을 따라 살아갑시다.

여기서 "성령이 인도해주심을 따라 살아갑시다"라는 구절은, '성령이 인도하시는 대로', '성령이 지도해주심에 따라'라고도 번역할 수 있습니다. 이 단어는 '따르다', '동의해서 따르다'라는 의미가 있습니다. 그래서 NIV는 이 구절을 "keep in step with the spirit"이라고 표현했습니다. '성령님과 함께 보조를 맞추자', '성령님과 같이 발을 맞추어 걷는 것처럼 걷자'는 뜻입니다.

하나님이 예수님 안에서 행하신 일을 믿음으로 받아들인 우리 안에는 이제 성령님이 계십니다. 앞에서 살펴본 우리의 육체적 욕망들, 우리가 가지고 있던 가치관, 우리의 습관들, 과거의 정신적인 상처 등에 대해서, 옛날에 우리를 지배하던 것들이 아니라 이제 성령께서 우리에게 말씀하시고 우리를 지도하십니다. 우리는 이 지도를 따라 살기 시작해야 합니다.

이 구절의 그림은 마치 성령님과 같이 손을 잡고 한 걸음 한 걸음 걸어가는 모습입니다. 이것은 어떤 면에서 인격적이고 아주 조화로운 관계입니다. 군대에서 쓰는 용어처럼 '나를 좇으라'는 것이 아니라 함께 걸어가는 모습입니다. 연인들이 팔짱을 끼고 같이 걸어가는 모습도 아름답지만, 나이가 예순이 넘어 보이는 할머니 할아버지가 손을 붙잡고 걸어가는 모습을 보면 정말 멋있습니다. 성령님과 함께 가는 모습이 바로 그런 모습이라고 생각합니다. 손깍지를 끼고 같이 걷는 모습, 잠깐 낭만적인 감정이 아니라 평생을 그렇게 살아가는 모습, 그것이 바로 성령을 따라 행하는 모습이라고 할 수 있습니다.

그리스도 안에서 새로운 피조물이 되었다는 것, 그리스도와 함께 하늘에 앉았다는 것은 과거의 자신으로부터 해방된 새로운 존재가 되었음을 의미합니다. 그러나 우리가 육체를 입고 사는 한, 앞에서 언급한 다양한 육체의 욕망은 우리를 끊임없이 따라다니며 우리를 유혹하고 정죄하고 무기력하게 만듭니다. 그럴 때 기억하십시오. 우리는 이미 그리스도 안에서 사라져버린 그림자들과 싸우고 있다는 것을 말입니다. 이제 우리가 해야 할 일은 예수 그리스도 안에서 이루어진 일을 믿음으로 받아들이고 그렇게 성취되었다고 선포하고 그에 따라 살아가는 것입니다.

성령과 동행한다면, 예수 그리스도의 영이신 성령님은 우리에게 하나님이 예수 그리스도를 통해서 우리를 위해서 하신 일을 끊임없이 상기시킬 것입니다. 그리스도 안에서 이루어진 놀라운 일을 부인하면서 성령님과 동행할 도리는 없습니다. 오히려 그 일들을 믿음으로 고백하고 우리 속에 계신 성령님을 의지할 때, 우리는 성령과 동행하게 됩니다.

'나는 무가치한 사람이야. 내 인생은 형편없을 거야. 나는 늘 잘하는 게 없었어'라는 생각이 들 때, '맞아, 난 그래'라고 반응하는 것은 하나님이 하신 일에 대한 불신입니다. 성령을 따라 행하지 않는 것입니다. 그런 생각이 들 때 우리는 믿음으로 자신에게 "나는 그리스도 예수 안에서 완전히 받아들여졌어. 나는 그리스도 예수 안에서 특별한 존재가 되었어"라고 선포해야 합니다. 이렇게 믿음으로 고백하는 것이 성령을 따르는 삶의 기초입니다. 그리스도인이 된 이후에도, 하나님이 주신 놀라운 것들이 있는데도, 옛날 습관을 그대로 갖고 사는 것, 그것은 불행한 일이 아닐 수 없습니다.

영적으로 보아 죽은 존재로, 어떻게 보면 거지 같은 삶을 살던 우리가 영적으로 풍성하기 그지없는 식탁에 초대받았습니다. 급하게 맨손으로 순서도 없이 입에 우겨넣던 버릇을 부인하고, 이제 그 아름답고 풍성한 식탁을 대하는 법을 배우고 누려야 합니다. 과거의 '거지' 같았던 욕망과 습관들을 부인하고, 성령을 따라 그리스도 안에서 이루어진 일을 주장하고 누리며 살아가는 것이 바로 자기 자신을 진정으로 사랑하는 길이며, 이때 이 모든 것을 우리에게 주신 하나님 아버지도 기뻐하십니다.

묵상 질문

1. 갈라디아서 5:25을 묵상하며 성령님과 우리가 어떤 모습을 취할 수 있는지 상상해보십시오.

2. 성경은 우리를 붙잡아 매는 '과거에 나를 지배한' '육체의 욕망'이 이미 십자가에 못 박혔다고 가르칩니다. 지금도 당신에게 영향을 끼치는 이런 '육체의 욕망'들은 무엇입니까? 또 당신은 지금까지 그것들을 어떻게 대해왔습니까? 그런 대처 방법이 옳았습니까?

2

우리 속에 계신
성령님

생각해볼 질문

 성령님과 함께 걷는 것은 구체적으로 당신의 삶에서 어떻게 나타나고 있습니까?

이제 우리가 진정으로 자신을 사랑하기 위해서는 새로운 삶, 즉 성령님을 따라 행하는 법을 배우고 누리기 시작해야 합니다. 이를 위해서 성령께서 어떤 일을 하시는지 조금 더 구체적으로 살펴보도록 하겠습니다.

성령의 내주

먼저 요한복음 14장 16절을 읽어봅시다.

내가 아버지께 구하겠다. 그러면 아버지께서 다른 보혜사를 너희에게 보내셔서 영원히 너희와 함께 계시게 하실 것이다.

첫째로, 성령님은 우리 가운데 내주하십니다. 우리와 영원히 함께 계시고, 우리를 떠나지 않으십니다. 저는 제 속에 성령님이 와 계셨다는 사실을, 예수님을 믿고 나서 5년 정도 지나서야 알기 시작했습니다. 처음에는, 성령께서 제 속에서 일하기 시작하신다는 사실을 배우지 못했습니다. 분명히 뭔가 변화는 있는데, 그 변화가 성령님 때문인지 잘 몰랐습니다. 그래서 사람들이 예수님을 처음 믿을 때 이 사실을 가르쳐주는 것이 얼마나 중요한지를 절감합니다. 예수님을 믿은 사람에게는 "이제 당신 속에 성령님이 계십니다. 이제 그 성령님을 따라서 행하십시오"라고 분명하게 가르쳐주어야 합니다.

이런 면에서, "하나님, 우리와 함께하여주십시오"라는 기도는 정확히 성경적인 기도는 아닙니다. 이 기도가 "하나님의 임재를 경험하게 해주십시오"라는 뜻이라면 받아들일 수 있지만, 마치 하나님이 떠나 계신 것처럼 우리와 함께해달라고 하는 뜻이라면 잘못된 것입니다. 우리가 예수님을 영접한 이후로 하나님은 우리를 떠나지 않으십니다. 마찬가지로 "오소서, 성령님이여"라고 찬양하는 것 역시 우리 가운데 이미 오신 성령님을 의식한다는 뜻이라면 모르겠지만, 성령님이 우리를 떠나 계시다가 우리의 기도로 다시 임하신다고 생각한다면 잘못된 기도입니다. 성령님은 우리 속에 거하시며 우리를 떠나지 않으십니다.

성령의 인도

둘째로, 우리 가운데 계시는 성령님은 우리를 인도하십니다. 요한복음 14장 26절에는 그분이 하시는 가장 중요한 일이 나와 있습니다.

> 그러나 보혜사, 곧 아버지께서 내 이름으로 보내실 성령께서 너희에게 모든 것을 가르쳐주실 것이며 또 내가 너희에게 말한 모든 것을 생각나게 하실 것이다.

성령님이 하시는 가장 중요한 일은, 이 모든 것을 가르치고 예수님이 하신 모든 것을 생각나게 하시는 것입니다. 이것과 관련된 중요한 성경 구절이 요한복음 16장 13절입니다. 거기서는 성령님을 '진리의 영'이라고 표현합니다. 주님은 "그분 곧 진리의 영이 오시면, 그가 너희를 모든 진리 가운데로 인도하실 것이다"라고 말씀하셨습니다.

성령님은 우리 가운데 오셔서 우리를 인도하십니다. '성령님의 인도' 하면, 우리는 결혼, 직업, 돈 버는 것과 관련해서 우리를 인도하셔서 이런저런 축복을 받는 것을 생각하지만, 성령님의 인도는 그런 것이 아닙니다. 성령께서는 우리의 개인사 가운데 오셔서 우리를 인도하시기도 하지만, 성령께서 주로 하시는 일은 요한복음 16장 13절에 나온 대로 우리를 '진리 가운데로' 이끄시는 것입니다. 여기서 진리는 무엇이겠습니까? 예수 그리스도 자신이 진리이십니다. 또 그가 행하시고 가르치신 내용들에 대한 진리입니다. 예수 그리스도가 누구이시고, 그리스도께서 무슨 일을 하셨고, 그리스도께서 하신 일로 말미암아 우리에게 무슨 변화가 있었는가 하는 것들이 그리스도께 속한 진리입니다. 더 나아가 예수 그리스도 자신이 진리이십니다. 성령님이 우리에게 끊임없이 가르치시고 상기시키시는 것이 바로 이것입니다. 성령님은 우리를 예수 그리스도에게로 더욱더 깊이 인도하십니다.

성령의 열매

이렇게 성령님은 진리이신 예수께로 우리를 인도하시는 분이기 때문에 우리가 그 진리를 따라가다 보면 당연히 우리 속에 열매가 맺히기 시작합니다. 세 번째는 성령의 열매입니다. 갈라디아서 5장 22-23절을 읽어보겠습니다.

> 그러나 성령의 열매는 사랑과 기쁨과 화평과 인내와 친절과 선함과 신실과 온유와 절제입니다.

여기 나오는 아홉 가지 성령의 열매는 성령께서 우리의 인격을 통해서 이루시는 아홉 가지 인격의 요소입니다. 어떤 사람들은 이것을 아홉 가지 성령의 열매들이라고 생각하지만, 성경에서는 성령의 열매라고 단수로 표현합니다. 다시 말해서, 성령께서 우리 인격을 성숙시키셨을 때 우리에게는 이런 아홉 가지 요소가 다 나타납니다. 예를 들어서, "난 참 온유한데 기쁨이 없어"라고 말하는 사람이 있는데, 정말 그렇다면 그것은 그냥 인간적으로 온유한 것, 인간적으로 착한 것이지, 성령의 열매라고 하기는 어렵습니다. 성령께서 우리와 함께하시면 우리 인격에는 온유와 기쁨을 비롯한 이 아홉 가지 요소가 함께 자라갑니다.

예수님이 행하신 진리를 자꾸 묵상하고 그것을 따라 살고 그것을 자꾸 주장하면 우리 성품은 변할 수밖에 없습니다. 예를 들어서, 우리가 어떤 회사에서 일을 하는데 우리를 괴롭히는 상사가 있다고 합시다. 밤에 자려고 누웠는데 그 사람 생각이 나고, 그날 당한 일을 생각하니 다시 화가 올라옵니다. '아휴, 그 인간 누가 안 잡아가나?' 하는 생각이 성령께서 주시는 생각일까요? 아닙니다. 성령께서는 그를 긍휼히 여기는 마음을 주십니다. 그런데 성령께서 주시는 말씀을 듣지 않고 우리 속에서 나오는 생각만 계속하고 있다면 자는 동안에도 그 사람과 싸우는 것입니다. 그러고 나서 아침에는 잔뜩 찌푸린 표정으로 '아, 그 인간 오늘 또 만나러 가야 되네' 하고 일어나겠죠.

그런데 그날 밤에 기도하는 가운데 '아, 하나님이 그 사람도 사랑하시는구나. 그도 문제가 있는 사람이지만 그 사람에게도 이유가 있겠다'는 마음을 가지고, 긍휼히 여기시는 하나님의 마음을 품고 그를 용서할 수 있다면 마음이 편안해질 것입니다. 그러고 나서 아침에 평안한 가운데 일어나면, 얼굴 표정이 달라집니다. 예수 믿으면 얼굴 표정이 달라집니다. 얼굴 표정만이 아니라 성품이 달라집니다. 그러니 성령의 열매가 맺힐 수밖에 없습니다. "그 사람, 신앙은 좋은데 성격이 이상해"라는 말은 사실이 아닙니다. 성격이 이상하면 신앙이 좋지 않은 겁니다. 신앙이 좋으면 성격도 당연히 좋아져야 합니다. 성령께서 우리의 인격을 지속적으로 변화시키시기 때문입니다.

성령의 비전

이렇게 성령께서는 열매를 맺게 하시는 분일 뿐 아니라, 네 번째로 우리에게 비전을 보여주시는 분입니다. 요엘서를 인용한 사도행전 2장 17절을 읽어보겠습니다.

> 하나님께서 말씀하신다. 마지막 날에 나는 내 영을 모든 사람에게 부어주겠다. 너희의 아들들과 너희의 딸들은 예언을 하고, 너희의 젊은이들은 환상을 보고, 너희의 늙은이들은 꿈을 꿀 것이다.

여기 나오는 '예언', '환상', '꿈'은 모두 비전과 관련된 단어입니다. 이것은 꿈꾸는 것입니다. 성령님이 우리 가운데 오시면, 우리 인생을 통해서 또는 우리가 속한 공동체를 통해서 하나님이 어떤 일을 하실까 하는 꿈을 꾸기 시작합니다. 비전이 생기기 시작합니다. 성령이 하시는 일 가운데 하나가 바로 사람들의 마음속에 꿈을 심어주기 시작하는 것입니다. 비전이란 '이렇게 살다가 이렇게 추구하다가 죽으면 되겠구나'라고 생각할 만한 그 무엇입니다. 물론 이 비전은 개인적인 성공과 성취보다는 하나님이 지금 행하고 계시는 일들과 관련이 있습니다. 성령께서는 지금 하나님이 행하고 계시는 놀라운 일들과 앞으로 역사를 이끌어나가시면서 하실 일을 보여주시면서, 우리도 그 가운데서 감당할 수 있는 몫이 있다고 알려주십니다.

가끔 나들목교회에서 같이 신앙생활 하는 분들 가운데 40-50대 되는 분들이 찾아와서 "목사님, 제가 잃어버렸던 꿈을 되찾고 있습니다"라고 이야기하는 것을 들을 때가 있습니다. 이것이 성령께서 주시는 꿈입니다. 성령께서는 잃어버렸던 꿈을 다시 살리십니다. '내가 왜 살아야 하는가?'에 대한 꿈을 보여주기 시작하십니다. 하나님이 지금 하나님나라를 드러내는 공동체인 교회를 통해서 무슨 일을 하시는지, 그리고 그 속에서 우리가 무엇을 해야 하는지를 보여주십니다. 자신이 무엇을 하며 살다가 죽고 싶다는 비전이 있는 사람은 행복한 사람입니다. 성령님은 우리에게 우리를 향하신 성령님의 비전을 보여주십니다.

성령의 능력

다섯 번째로, 성령께서는 이런 비전을 주실 뿐만 아니라 그런 꿈을 꾸게 하고 난 다음에는 그것을 행할 수 있는 능력도 주십니다. 빌립보서 2장 13절을 읽어보겠습니다.

> 하나님은 여러분 안에서 활동하셔서 여러분으로 하여금 하나님을 기쁘게 해드릴 것을 염원하게 하시고 실천하게 하시는 분입니다.

성령께서는 우리로 "염원하게 하시고 실천하게 하신다"고 합니다. 성령께서 우리 가운데 오셔서 하시는 일은, 앞에서 말했던 비전, 즉 뜻을 가지고 그것을 행할 수 있도록 하시는 것입니다. 성령께서는 우리에게 능력을 주시고, 그 능력을 가지고 우리 삶을 이끌어가십니다.

성령께서 주시는 비전에 따라 어떤 일을 시작했지만, 일을 하다 보면 자기 힘이 더 이상 남아 있지 않은 때가 옵니다. 우리 힘으로 그 일을 하지 못할 때가 옵니다. 그때 우리가 누리는 축복은 그 일을 하게 하시는 성령님을 경험하는 것입니다. 사도 바울은 골로새서 1장 29절에서 "내 속에서 능력으로 작용하는 그분의 활력을 따라 수고하고 애쓰고 있습니다"라고 고백합니다.

저는 예수님을 따라가는 삶을 시작하고, 청년의 때로부터 지금 쉰이 넘은 나이에 이르기까지 다양한 하나님의 일에 참여하여보았습니다. 그 일이 크든 작든, 사람들이 알아주든 알아주지 않든, 모두 제 자신의 힘으로 해낼 수 있는 것은 없었습니다.

제 기억에, 처음으로 무게 있는 일을 맡았던 때는 청년부에서 찬양을 인도한 때였습니다. 찬양을 인도하는 토요일이 오면, 제 자신이 너무나 부족하고 하나님 앞에 설 수 없다고 느껴서, 도망가고 싶을 때가 자주 있었습니다. 이럴 때 도망가는 대신, 나의 약함과 악함을 고백하고 하나님을 바라보고 찬양 인도의 자리에 섰을 때, 하나님은 늘 저와 우리 청년들에게 복을 주셨습니다. 저의 힘이 바닥난 상황에서도 일하시는 하나님을 그때부터 배우기 시작한 것이지요. 성령님은 우리 속에서 역사하시면서 우리에게 주신 비전을 이루어갈 수 있는 힘을 주십니다.

성령의 은사

여섯 번째로, 성령님은 우리 각 개인에게 다른 은사를 허락해주시는 분입니다. 이것이 성령의 은사입니다. 고린도전서 12장 4절과 7절을 읽어보겠습니다.

4은사는 여러 가지지만 그것을 주시는 분은 같은 성령이십니다.…
7각 사람에게 성령을 나타내주시는 것은 공동 이익을 위한 것입니다.

여기 '공동 이익'이라는 표현은 참 좋은 번역입니다. 성령께서는 우리에게 은사를 주시는데, 그 은사는 초자연적인 것부터 자연적인 것까지 아주 다양합니다. 병 고치고 예언하는 일로부터 사람들을 이끌고 섬기고 긍휼히 여기는 일까지 다양한 은사가 있습니다. 그런데 그런 은사를 주시는 이유는 개인의 유익을 위해서가 아니라, 공동의 이익을 위해서입니다. 개역개정에는 '공동'이라는 말이 빠져 있어서, 이 은사를 마치 개인적으로 사용해도 되는 것처럼 생각하기도 했습니다. 하지만 하나님이 주신 은사는 공동체 내에서 공동의 이익을 위해서 쓰는 것이지 자기 혼자서 사용하는 것이 아닙니다. 그것은 성경적이지 않습니다. 은사는 공동체를 위해서 성령께서 주시는 것입니다. 그런 은사를 주셔서 공동체를 세워나갈 수 있도록 하셨습니다.

또한 우리는 성령의 은사를 생각할 때 초자연적인 은사가 다른 은사들보다 더 우월하다고 생각하여 그런 은사를 가진 사람을 특별한 사역자로 생각하기도 합니다. 그러나 성령의 초자연적인 은사인 예언이나 병 고침의 은사든, 일반적인 은사인 긍휼이나 섬김, 손대접하는 은사든 모두 한 성령께서 주신 동등한 은사입니다. 다시 한 번 말하지만, 이런 은사를 주시는 이유는 자신을 높이기 위해서가 아니라, 하나님의 공동체를 세우기 위해서입니다.

풍성한 삶의 기초   246

성령의 충만

성령께서 우리 가운에 계시면 이 성령님은 우리를 진리 가운데로 인도하십니다. 그러면 우리 속에서 성령의 열매가 제일 먼저 나타납니다. 그리고 우리가 비전을 갖기 시작하고, 비전을 이룰 수 있는 능력을 받고, 또 그런 것을 함께 이룰 수 있는 은사가 주어집니다. 이것이 다 성령님이 하시는 일입니다. 이렇게 성령님은 우리 삶에서 밀접하게 우리와 함께 움직이십니다. 앞에서 본 것처럼 손을 맞잡고 걷는 것과 같은 모습이 나타납니다. 성경에서는 이것을 성령 충만이라고 표현합니다. 에베소서 5장 18절을 읽어봅시다.

> 술 취하지 마십시오. 거기에는 방탕이 따릅니다. 성령의 충만함을 받으십시오.

여기서 '성령의 충만함'이란 성령으로 가득 찬 것을 말합니다. 때때로 사람들은 성령님을 기운이나 능력, 에너지로 오해하곤 합니다. 성령 충만을 어떤 에너지나 힘이 채워지는 것이라고 생각합니다. 성령을 물질로 생각하는 것입니다. 하지만 성령님은 인격이십니다. 성령으로 충만하다는 것은 성령님과 우리의 인격적 관계가 아주 긴밀함을 뜻합니다.

데이트를 막 시작한 사람들을 보면, 남자친구나 여자친구로 충만해 있지 않습니까? 사랑에 빠지면 계속 연인 생각만 하게 됩니다. 잠들 때도 생각하고 일어나서도 생각하고, 평소에 안 쓰던 시도 쓰곤 합니다. 그 사람으로 충만해 있는 상태입니다. 하지만 이것은 진짜 충만한 상태에 이른 것은 아닙니다. 진짜 깊은 사랑으로 성숙하면 두 사람이 늘 같은 마음과 생각을 지니게 됩니다. 이것이 성령 충만한 상태와 비슷합니다. 우리가 인격적으로 하나님과의 관계가 깊어져서 그 관계를 누리는 것이 성령 충만입니다.

성령은 인격적인 분이시기 때문에 우리 가운데서 이렇게 활동적으로 일하실 수도 있지만, 같은 이유로 우리가 성령님의 인도를 따르지 않으면 다음과 같은 결과도 나타날 수 있습니다.

성령의 근심

이렇게 성령을 따를 때 나타나는 아름다운 결과가 있는 반면, 성령님의 인도를 따르지 않을 때 나타나는 좋지 않은 결과가 두 가지 있습니다. 그중 하나가 '성령의 근심'입니다. 에베소서 4장 30절을 읽어보겠습니다.

> 하나님의 성령을 슬프게 하지 마십시오. 여러분은 성령 안에서 구속의 날을 위하여 인치심을 받았습니다.

본문은 하나님의 성령을 슬프게 하지 말라고 이야기합니다. 성령님이 우리 가운데 계시는데 우리가 육체의 소욕을 계속 따르고 성령님을 따라 행하지 않으면, 성령님은 인격적인 존재이시기 때문에 우리 속에서 슬퍼하십니다. 친구 사이에서도 상대방이 자꾸 우리 말을 무시하면 마음이 상합니다. 부부 관계에서도, 부모 자녀 관계에서도 마찬가지입니다. 인격적인 관계에서는 자신이 계속해서 무시되고 자신이 하는 말이 받아들여지지 않으면, 처음에는 슬퍼합니다. 안타까운 마음이 듭니다. 그러다 시간이 흐르면 냉담해집니다. 이것이 슬퍼하는 모습입니다.

성령님도 우리 가운데서 슬퍼하시고 마음이 상할 수 있습니다. 그러면 우리에게는 평안이 사라집니다. 부부나 같은 집에 사는 두 사람이 싸워서 말을 하지 않는다고 생각해보십시오. 얼마나 고통스러운 일입니까? 그리스도인이 되었다고 해서 무조건 마음이 평안해지지는 않습니다. 성령님을 따라 움직일 때는 성령께서 기뻐하십니다. 우리와 같이 계신 성령님이 기뻐하시면 우리도 기쁩니다. 그런데 우리가 성령을 좇아 행하지 않고 육신을 좇아 행하면, 성령께서 슬퍼하실 뿐 아니라 우리 속에 계신 성령께서 슬퍼하시므로 우리 영혼 자체가 가라앉고 슬퍼집니다. 많은 그리스도인들이 왜 자신에게 기쁨이 없냐고 질문하는데 그것은 속에 계신 성령님이 침묵하고 슬퍼하시기 때문입니다.

찬양할 때 마음속에 기쁨이 다시 돌아오는 경험을 해본 적이 있으십니까? 성령께서 하시는 일에 우리가 전적으로 동의하고 그 진리를 묵상하고 그 속에 들어감으로 우리 속에 기쁨이 돌아옵니다. 성령께서 살아계신 인격으로 우리 속에 존재하기 때문에 그렇습니다. 우리가 누구를 미워하고 분노하고 있을 때 성령께서는 그렇게 하지 말라고 하십니다. 하나님이 가장 원하시는 것이 하나님을 사랑하고 이웃을 사랑하는 것인데, 이와 반대되는 마음을 갖고 행동하면 성령께서 우리 속에서 근심하십니다. 그럴 때, 우리 속에는 당연히 성령께서 주시는 평화가 사라집니다. 이럴 때 빨리 회개하고 성령님의 인도를 받아야 합니다.

성령의 소멸

그런데 성령께서 슬퍼하는 일이 계속되는데도 이를 계속 무시하면 그 다음에는 참으로 놀랍고도 심각한 일이 일어납니다. 데살로니가전서 5장 19절을 읽어보겠습니다.

> 성령을 소멸하지 마십시오.

여기 소멸된다는 말은 영어로 'extinguish'입니다. 성령의 불이 꺼진다는 뜻입니다. 이는 성령이 없어진다는 말이 아닙니다. 성령께서 우리에게 하시는 말씀이 점점 줄어들어서, 슬퍼하시다가 침묵하는 상태에 이르게 된다는 뜻입니다. 우리는 이것을 두려워해야 합니다. 그리스도인들에게 가장 큰 비극은 이것입니다.

처음에는 우리 속에 성령이 계시는데도 성령님을 무시하는 것으로 시작됩니다. 성령님이 우리 마음속에 계시다고 믿지 않고, 성령께서 우리에게 주시는 선한 욕망을 계속 무시하고 세상 것을 계속 좇아갑니다. 그러면 성령께서 슬퍼하십니다. 그것이 반복되다가 냉담해지시고 그 다음에 침묵해버리십니다. 마치 불이 꺼진 것처럼 되어버립니다. 이것은 모든 그리스도인에게 자주 일어나는 일은 아니지만, 그리스도인들이 끊임없이 누구를 미워하고 있거나 누구를 용서하지 못하거나, 하나님이 경고하시는데도 계속 어떤 죄에 빠지거나 할 때 성령이 우리 가운데서 소멸될 수 있습니다.

하지만 지나치게 걱정하지는 마십시오. 성령님이 소멸되는 단계는 꽤

장히 오래도록 강퍅한 마음으로 주님은 거역할 때 나타나는 결과입니다. 성령께서 슬퍼하시는 정도를 성령께서 소멸되었다고 말할 수는 없습니다. 그러나 성령께서 슬퍼하고 계시는 것을 가볍게 여겨서 그 상태를 계속 유지하게 된다면, 소멸에 이를 수 있습니다. 그런 위험이 있는 분들이라면, 빨리 회개하고 자신의 영적인 회복을 위해서 특별한 시간을 갖고, 영적 지도자들과 대화를 나누어 어떻게 이것을 회복할 수 있을지 고민해야 할 것입니다.

지금까지 이야기한 내용을 그림으로 정리해보았습니다. 가운데를 보면 '성령의 내주'가 있습니다. 이것이 출발점입니다. 그 다음은 왼쪽으로 나아갑니다. 우리 가운데 와 계신 성령님을 잘 따라서 인도를 받으면, 성령의 열매를 맺고, 삶의 비전이 생기고, 그것을 이룰 수 있는 능력과 은사가 주어지고, 결국은 성령의 충만이 우리 가운데 임합니다. 이것이 우리가 변화되는 놀라운 과정입니다.

하지만 성령님이 우리 속에 계신데도 성령님이 하시는 말씀을 계속 무시하고 그리스도 밖에 있었던 옛 모습을 좇아 행하면, 오른쪽으로 나아갑니다. 성령님이 근심하시고, 근심이 심해지면 소멸되어서 침묵해버리십니다. 이 사람들은 예배를 드려도 기쁨이 없고, 설교를 들어도 아무 변화가 없고, 성경을 읽어도 전혀 깨달음이 없습니다. 기도해도 어떻게 기도하는지 모르는 상태가 됩니다. 성령께서 정말 침묵하시는 상태에 들어가고 있다면 그건 재앙이며, 심각한 상황입니다. 영적으로 죽어가는 상태입니다.

그리스도인들이 그리스도 안에서 신분이 완전히 변했다면 그러한 신분의 변화는 실제적인 삶의 변화로 나타납니다. 이 변화는 우리가 성령의 일하심을 따라 행할 것인가, 아니면 우리가 과거에 살던 방식으로 살 것인가에 따라 결정됩니다.

묵상 질문

1. 성령님에 대한 여러 성경 구절 중에서, 성령께서 당신에게 가장 필요하다고 말씀하시는 구절은 어떤 구절 같습니까? 그 말씀을 가지고 자신의 영적 상태를 생각하며 묵상합시다.

2. 당신은 당신 속에 계신 성령님과 어떠한 관계를 맺고 있습니까? 앞의 도표를 참고할 때, 당신이 성령님에 대해서 새롭게 배운 부분은 무엇이고 요즈음 성령님과 어떤 관계를 맺고 있습니까?

3

성령님과 성경

생각해볼 질문

당신이 예수를 알기 전에 익숙하던 생각과 내면의 소리에 대해서 성령께서 어떤 마음을 가지고 계시다고 생각하십니까?

성령님을 마음에 모셨지만, 성령께서 정말 우리 속사람을 다루고 계신지를 잘 몰라 성령님이 주시는 놀라운 축복을 누리지 못하고 사는 경우가 많습니다. 여러분 속에는 너무도 자연스럽고 익숙한 여러 생각과 내면의 소리가 있습니다. 그것들이 예수 그리스도께서 이루신 놀라운 일과 관련이 없다면, 성령께서는 여러분을 예수 그리스도라는 놀라운 진리로 이끌어가기를 원하십니다.

얼마나 많은 사람들이 끊을 수 있는 '밧줄'을 어쩔 수 없는 자신의 성격이나 한계, 팔자, 운명으로 받아들이고 살아가는지 모릅니다. 여러분은 이 찬양을 아십니까?

> 예수의 이름으로 나는 일어서리라.
> 주가 주신 능력으로 나는 일어서리라.
> 원수가 날 향해 와도 쓰러지지 않으리.
> 주가 주신 능력으로 주가 주신 능력으로 일어서리.

어쩌면 여러분은 책 읽기를 잠시 멈추고, 이 찬양을 하면서, 또는 이 찬양의 가사로 기도하면서 하나님 앞에서 예수 그리스도가 이루신 일을 주장해야 할지 모릅니다. 자신을 붙잡고 있는 부인해야 할 과거의 모습들에 걸려 넘어지지 말고, 예수의 이름으로, 즉 예수께서 이루신 놀라운 구원에 의지해서 일어서야 합니다. 우리의 원수는 끊임없이 우리를 참소하고 우리에게 그러한 삶이 불가능하다고 말합니다. 그러나 우리는 주가 주신 능력으로, 주가 주신 성령으로 일어설 수 있습니다. 성령은 우리 안에 오셔서 우리를 보호하고 인도하고 이끌어가시는 분이기 때문입니다. 조용히 찬양하며, 또는 기도를 드리며 여러분이 누구의 소리에 순종할지 결단하십시오.

20세기에 새롭게 부각된 성령님

성령님은 20세기에 들어서 새롭게 부각되셨습니다. 성령님은 지난 2천 년 동안 역사하셨지만, 사람들은 성령님께 주의를 기울이지 않았습니다. 그런데 20세기가 시작되면서 오순절 운동이 일어나고 성령님에 대한 새로운 인식과 강조가 나타났습니다. 그동안 이론으로 이야기하던 성령님을 구체적으로 또한 실제적으로 경험하고 누리는 일이 많아졌습니다. 성령의 은사가 드러나고 열광적인 예배를 드리기도 했습니다.

이런 오순절 운동은 성령의 존재와 능력을 다시금 깨달을 수 있게 했다는 면에서 20세기 신학과 교회에 큰 영향력을 끼쳤지만, 혼란도 불러왔습니다. 지나치게 은사에 집중하여, 인격이신 성령님을 어떤 에너지나 기氣와 같은 비인격적 실재로 여기기도 했습니다. 또한 성령 하나님은 성자 하나님이 이루신 일들에 중심을 두고 역사하시는데, 성자 하나님과 별 관계가 없이 능력 면에서만 성령님을 강조하기도 했습니다.

그러나 앞에서 보았듯이, 성령님은 인격이시며 우리 속에 오셔서 일하십니다. 초자연적으로도 일하시고, 그렇지 않은 방식으로도 일하십니다. 하나님이신 성령님을 우리가 원하는 것을 위한 도구로 전락시킨다면, 성령님은 매우 슬퍼하실 것입니다. 성령님은 우리 속에서 인격적으로 일하시고, 우리를 예수 그리스도라는 진리로 이끌기 위해서 역사하시기 때문입니다.

혹 어떤 이들은 성령님을 능력과 결부지어서 생각하기 때문에, 근심하시는 성령님, 소멸하시는 성령님이라고 하면, 성령님이 너무 약한 것이 아니냐고 질문하기도 합니다. "자신의 이야기를 조금 안 들었다고 해서 성령님이 슬퍼하시다가 나중에는 침묵하시고 그냥 소멸되시다니, 뭐 그렇게 약한가? 성령님이 들어오셨으면 우리를 좀 세게 끌고 나가지" 하고 생각할지도 모르겠습니다. 그러나 하나님의 가장 중요한 특징은, 인격적 동의 없이 우리를 마구 끌고 다니시는 분이 아니라는 것입니다.

성령님은 우리로 하여금 끝없이 깨닫게 해주시고, 여러 가지 어려움도 겪게 하십니다. 깨닫지 못하고 있으면 어려운 상황을 주셔서 우리로 하여금 무릎 꿇고 하나님께 돌아오게 하십니다. 무엇보다도, 말씀을 통해서 우리를 책망하십니다(딤후 3:16). 그분은 절대로 무기력한 분이 아닙니다. 그런데 문제는, 그럼에도 불구하고 그리스도인들이 마음이 강퍅해져서 성령님을 계속 무시할 경우에 성령께서는 근심하시다 침묵하시고 그 이후에 소멸되실 수 있다는 것입니다. 성령님은 쉽게 삐치거나 무력하신 분이 절대로 아닙니다. 만약 그러셨다면 제 속에 계신 성령님도 이미 소멸되셨을 것입니다. 하나님은 우리를 그렇게 쉽게 포기하지 않으십니다.

우리는 20세기에 들어서서 새롭게 부각된 성령님을 제대로 배워야 합니다. 성령의 역사가 주관적이지만, 이런 주관적 체험도 여전히 성경에 뿌리를 내리고 있기 때문입니다.

그리스도인의 삶의 두 가지 축

이런 면에서 우리는 그리스도인의 삶의 두 가지 축을 다시 한 번 강조할 필요가 있습니다. 진정한 그리스도인은 그리스도 안에 속하기 전의 자신을 부인하고, 성경을 통해서 그리스도 안에서 새로워진 자신을 깨닫고 자신 속에서 새롭게 일하기 시작하신 성령님을 따라 사는 사람들입니다. 그러므로 그리스도인에게는 평생 놓칠 수 없는 두 가지 중요한 요소가 있습니다. 이는 그리스도인의 삶을 받쳐주는 두 축이라고 할 수 있습니다.

첫 번째는 성경을 통해서 하나님과 그분이 하신 일을 깊이 알아가는 것입니다. 성경을 통해서 하나님과 그분의 가치관을 알아가지 못하면, 우리 속에 준동하는 여러 가지 생각과 마음이 그분께로부터 온 것인지 아닌지를 분별할 수가 없습니다. 우리 그리스도인들이 가장 중요하게 해야 하는 일은 성경을 통해서 하나님이 어떤 분이시고 어떤 일을 하고 계신지를 꾸준히 알아가는 것입니다. 성경을 통해서 하나님을 알아가는 것이 우리의 특권이며 얼마나 중요한지는 이미 앞에서 이야기했습니다.

두 번째는, 내주하시는 성령님이 인도하시는 대로 잘 따라가야 합니다. 성경을 통해서 객관적인 진리를 알았다면, 이제 우리를 주관적으로 이끌어가시는 성령님을 따라가는 법을 배워야 합니다.

이것이 그리스도인의 삶의 두 가지 축입니다. 하나는 성경, 또 다른 하나는 성령님입니다. 하나는 객관적 진리이고, 다른 하나는 주관적 체험입니다. 이 두 축 중에 하나만 없어져도 그리스도인의 삶은 균형을 잃고 무너지기 쉽습니다.

그러나 실제로 그리스도인의 삶을 들여다보면, 두 가지 축 중에서 한쪽으로 치우치는 경우가 아주 많습니다. 어떤 집단에서는 성경 공부만 해서 성경에 대해서는 아주 박식하지만, 성령의 능력과 행하시는 일들은 찾아보지 못합니다. 성령은 이론일 뿐입니다. 반면 또 다른 집단에서는 성령께서 일하시는 것이 잘 드러나는 것 같습니다. 은사와 예언과 방언이 나타나는데, 성경에서 이야기하는 그런 아름다운 모습이 아니라 좀 이상한 모습이 나타납니다. 은사를 가진 사람이 높임을 받고 무슨 능력을 갖춘 것처럼 보이고, 그렇지 못한 사람들은 그 사람 앞에서 부들부

들 떠는 이상한 현상이 일어납니다. 이것은 양쪽 다 치우친 모습입니다.

성령과 성경은 우리 신앙생활의 두 축입니다. 어느 한쪽도 약해서는 안 됩니다. 보통 성령님에 대해서 무관심한 경우가 더 많습니다. 성령님에 대해 무관심해도 교회 다니는 데 지장은 없어 보이기 때문입니다. 그러나 생명력 있는 삶은 살지 못합니다. 교회를 오래 다녔고 성경 공부도 많이 했고 훈련도 많이 받았지만, 생명력도 없고, 삶의 기쁨과 희망도 없고, 매일 그럭저럭 살아가고 있다면, 그것은 성령님이 그 속에서 움직이지 않으시기 때문입니다.

이제 이 두 가지를 붙들고, 먼저 성경을 통해서 성령님을 알아가는 새 생활에 대해서 이야기하도록 하겠습니다.

성경을 통해 성령님을 알아가는 새 생활

성경은 우리가 아주 사랑하는 책입니다. 성경에는 하나님에 대한 '고급 정보'가 담겨 있기 때문입니다. 하나님에 대한 온갖 이급, 삼급 정보가 돌아다니지만, 일급 정보는 성경에 있습니다. 그러니 성경을 많이 읽으십시오. 성부 성자 하나님은 물론 성령 하나님에 대해서도 성경을 통해서 배웁니다.

우리는 이 성경과 성령님의 관계를 분명히 깨달아야 합니다. 사도행전에서는 '성령 충만'과 '말씀이 흥왕하다'는 것을 거의 동의어로 사용합니다(행 12:24; 비교 4:31; 10:44). 에베소서와 골로새서를 비교해보아도 그렇습니다.

18술에 취하지 마십시오. 거기에는 방탕이 따릅니다. **성령의 충만함**을 받으십시오. 19시와 찬미와 신령한 노래로 서로 화답하며, 여러분의 가슴으로 주님께 노래하며, 찬송하십시오. 20모든 일에 언제나 우리 주 예수 그리스도의 이름으로 하나님 아버지께 감사를 드리십시오.(엡 5:18-20)

16**그리스도의 말씀**이 여러분 가운데 풍성히 살아 있게 하십시오. 온갖 지혜로 서로 가르치고 권고하십시오. 감사한 마음으로 시와 찬미와 신령한 노래로 여러분의 하나님께 마음을 다하여 찬양하십시오. 17그리고 말이든 행동이든 무엇을 하든지, 모든 것을 주 예수의 이름으로 하고, 그분에게서 힘을 얻어서, 하나님 아버지께 감사를 드리십시오.(골 3:16-17)

이 두 본문은 공동체로 예배하는 일과 하나님께 감사드리는 자세에 대해 매우 유사한 권면을 하는데, 에베소서에서는 성령 충만함을, 골로새서에서는 말씀이 풍성히 살아 있음을 말합니다. 성령의 충만과 말씀의 충만, 이렇게 성령께서 하시는 일은 늘 성경과 연결됩니다. 성령께서는 주관적으로 또 초자연적으로 역사하시는데, 성경에서 이야기하지 않는 현상들은 일단 추천하지 않는 것이 좋습니다. 성령께서 주시는 여러 가지 은사가 있고 성령께서 행하시는 여러 가지 현상이 있지만, 성경에 나오지 않는 현상들은 따라가지 않는 것이 좋습니다. 그렇게 따라가기 시작하면 그 다음에는 기준을 잃어버리기 때문입니다. 성경을 표현할 때 영어로는 'Canon'이라는 말도 쓰는데, '정경'이라는 뜻과 함께 '잣대'라는 뜻도 있습니다. 성경이 진리의 잣대라는 것입니다. 우리의 모든 영적 체험은 성경을 통해서 그것이 옳은지 틀린지를 가늠해봐야 합니다.

성경을 모르는 사람은 초자연적 현상은 다 하나님에게서 나왔다고 생각합니다. 특별히 초자연적 현상에 매우 익숙하고 그것을 좋아하는 한국 사람들의 경우에는, 그것이 성경에서 나왔는지 아닌지를 구분하지도 않고 거기에 경도되어 마구 끌려 다니곤 합니다. 이는 심각한 문제입니다. 우리는 성경을 통해서 이러한 것들을 분별하는 법을 배워야 합니다.

성령께서는 다양한 은사를 주시는데, 이런 은사의 경우도 성경의 기준으로 바라보아야 합니다. 때로는 교회에서 특정한 은사를 받은 사람만 높이는 일들이 있습니다. "와, 예언을 하다니. 대단한 사람인가 봐" 하며 예언하는 사람들을 높이곤 합니다. 그러나 이것은 성령님에 대한 잘못된 이해입니다. 혹은 반대로 누군가를 긍휼히 여기는 사람이 있어도, 그런 것은 별 볼일 없는 은사라고 생각합니다. 주방에서 기쁘게 설거지를 하면서 섬기는 은사는 은사 축에 끼지도 못합니다. 이는 성령을 잘 모르기 때문에 나타나는 현상입니다.

성령께서는 어떤 사람에게는 예언의 은사를 주시고, 어떤 사람에게는 섬김의 은사를, 또 어떤 사람에게는 긍휼의 은사를 주십니다. 초자연적인 현상을 일으키면 대단한 사람인 양 생각하는 것 자체가 성경에서 이야기하는 것과는 거리가 멉니다. 성령님은 성경과 같이 가시는 분이지 성경과 따로 일하시는 분이 아닙니다.

그렇기 때문에 우리가 성령님을 더욱 깊이 알아가고 체험하려면, 성경을 조금 더 깊이 파고드는 습관을 가져야 합니다. 우리는 10-10-10 훈련을 하고 있습니다. 아침에 10분 성경을 묵상하고, 낮에 10분 성경을 읽고, 밤에 자기 전에 10분 기도하는 것, 아주 중요합니다. 하지만 이것은 출발점에 불과합니다. 시간이 지나면 20-10-20, 혹은 30-15-20

등으로 바뀔 것입니다. 아침에 QT 30분, 낮에 묵상 시간 15분, 자기 전에 기도 20분 등 사람마다 그 비율은 다 다를 것입니다. 우선 10-10-10 훈련으로 시작하시고 시간이 지나면서 자신에게 맞추어 더 깊이 있게 훈련해나가십시오. 이 시간에 우리는 성경을 통해 예수 그리스도와 그가 하신 일, 하고 계신 일을 더욱 알아갑니다. 이 일을 온전하게 우리에게 가르쳐주시는 분은 성령님이십니다. 성경을 통해 우리의 실제 삶에 대해서 깨닫게 해주시고 도전하시는 분도 성령님이십니다.

암송도 매우 중요합니다. 암송을 통한 유익을 구하십시오. 앞에서 외운 구절부터 복습해나가십시오. 반드시 종이에 쓰거나 카드로 만들어서 지갑이나 주머니에 넣고 다니십시오. 암송할 때, 성령께서 여러분에게 도전하고 깨닫게 하시는 것이 무엇인지 민감하게 살피십시오. 기계적인 암송이 아니라, 성령님의 인도를 깊이 받으며 영혼 깊숙한 곳에서 울려 오는 묵상으로 들어가보십시오.

설교 파일을 듣는 것도 좋습니다. 좋은 설교를 잘 선택해서 들으십시오. 건전하지 못한 신학을 담고 있는 설교도 적지 않으므로, 주변에 있는 영적 지도자들의 추천을 받아서 들으십시오. 설교를 들을 때 성령께서 자신에게 하시는 말씀이 무엇인지 주의를 기울이십시오.

나이가 들어서 말씀과 같이 사시는 분들을 보면 참 존경스럽습니다. 뉴질랜드에 계시는 저의 멘토 선생님은 헬라어로 성경을 보시는데, 선생님의 집을 방문해보니 원어 성경 카드가 쌓여 있었습니다. 그만큼을 다 암송하신 것입니다. 아침에 한 절을 읽고 나가서 한 시간 동안 호숫가를 산책하십니다. 그러면서 그 한 절을 암송하면서 묵상하십니다. 말씀을 통해서 성령께서 하시는 말씀을 들으십니다. 매일매일을 그렇게 사시니, 그분의 삶에 지혜와 사랑이 가득 차는 것은 너무도 당연한 일입니다.

그리스도인의 삶의 한 축이 바로 이 성경을 알아가는 것입니다. 성경을 사랑하고, 성경과 성령의 관계를 바로 이해하고, 성경을 읽고 묵상하는 좋은 습관을 가져서, 성경을 통해서 우리를 인도하시는 성령님을 지속적으로 체험하고, 성령께서 주시는 놀라운 체험들을 성경에 비추어 분별하는 것이 우리 그리스도인의 축복입니다.

묵상 질문

1. 에베소서 5:18-20과 골로새서 3:16-17을 비교하며 묵상해보십시오.

2. 꾸준히 읽고 묵상하는 것은 성령을 따라 행하는 것과 어떤 관계가 있고, 자기 사랑과는 또 어떤 관계가 있을까요?

4

내주하시는 성령님을
따르는 새 생활

생각해볼 질문

성령을 따르는 삶을 산다고 할 때 당신에게 가장 먼저 떠오르는 것은 무엇입니까?

그리스도인의 삶의 한 가지 축이, 성경을 통하여 하나님을 알아가는 삶이라면, 다른 한 가지 축은 내주하시는 성령님을 따르는 삶입니다. 이것은 우리가 연습하고 배워야 하는 부분입니다.

기도와 묵상 가운데

첫 번째로, 기도 중에 침묵과 묵상이 필요합니다. 앞에서도 이야기했지만, 자기 할 말만 하고 문 꽝 닫고 나가는 그런 무례한 기도는 이제 그만하십시오. 이제는 기도하면서 하나님께 귀를 기울이십시오. 침묵하십시오. 처음에는 침묵하다 보면 딴생각과 잡생각만 잔뜩 날 것입니다. 그래도 조용히 앉아서 하나님께 집중하고 그분을 생각하십시오.

"하나님, 제게 말씀해주십시오"라고 아뢰고, 하나님이 하실 말씀을 기다리고 있으면 잘 안 들리는 경우가 많습니다. 그렇게 하지 말고, 하나님을 바라보고 묵상하고 생각하십시오. 읽고 있는 성경 속에 나타난 하나님을 상상하십시오. 하나님은 인간에게 상상력이라는 굉장한 능력을 주셨습니다. 하나님을 상상하십시오. 그러면 그 상상 가운데 하나님이 우리 마음속에 말씀하시기 시작하시는데, 대부분의 경우 성경의 진리를 통해서 말씀하십니다. 우리는 성경을 통해서 우리에게 말씀하시는 내용을 잘 듣는 연습을 해야 합니다.

직장은 어디로 가야 하는지, 누구와 결혼을 해야 하는지, 우리 인생을 향하신 하나님의 뜻을 분별하려고 하는데 잘 되지 않는다고 이야기하는 사람들이 있습니다. 하나님의 뜻은 평소에 그분과 동행하면서 분별하는 법을 배우는 것입니다. 그런데 이런 일상의 동행은 내팽개치고, 어느 날 갑자기 마치 복채 내고 "올해 결혼할까요, 말까요?"라는 식으로 하나님께 뜻을 물으면 하나님이 가르쳐주시겠습니까? 가르쳐주신들 알아들을 수 있겠습니까?

평상시에 "하나님, 오늘 저는 어떻게 살까요?" 하고 여쭤십시오. 오늘 살 말씀을 달라고 구하고 그렇게 사십시오. 그래야 평생 어떻게 살아야 할지를 보여주실 것입니다. 기도 중에 하나님께 말씀드릴 내용에만 집중하지 말고 하나님이 하시는 말씀을 듣는 시간을 가지십시오. 침묵 가운데서 하나님을 바라보고 묵상하다 보면, 침묵 가운데 말씀하시는 하나님을 만납니다. 성령께서 우리를 하나님께로 이끄시기 때문입니다.

일상에서 성령님의 인도를 받는 연습

두 번째로, 일상에서 성령님의 인도를 받는 연습을 해야 합니다. 일상의 순간순간마다 인도를 받는 훈련을 해야 합니다. 우리는 성령님께 늘 민감하게 깨어 있는 연습을 해야 합니다. 성령께서 우리 속에 계시다고 하면서도 그분에게 신경 쓰지 않고 있으면 그분에 대한 민감성을 키울 수 없습니다.

부부 사이에도 그렇지 않습니까? 서로 별로 주의를 기울이지 않아서 상대방이 정말 무슨 생각을 하는지 잘 모르고 나이만 먹는 부부들이 많습니다. 부부도 대화를 많이 나누는 것이 중요합니다. 그냥 느낌으로 아는 것이 아닙니다. 성령님도 마찬가지입니다. 성령님의 말씀을 평소에 자꾸 들어야 나중에 정말 심각하고 중요한 말씀을 하실 때도 잘 들을 수 있습니다.

그래서 성령님의 인도를 받는 일은 구체적인 **삶의 현장**에서 이루어집니다. 아이를 키울 때, 직장에서 상사에게 혼날 때, 사람들과 갈등이 생겨서 분노를 느낄 때, 이럴 때 성령님의 인도를 받아야 합니다. 그 순간에 '성령님께서 이렇게 날 움직여가시는구나' 하는 것을 배워가기 시작합니다. 다시 말해서, 우리 속에서 옛날 우리의 욕망과 우리 스타일이 확 튀어나올 때가 있습니다. 죽어버린 그림자가 슬며시 고개를 들 때가 있습니다. 그때 성령님께 귀를 기울여야 합니다.

자신은 성령님께 아주 민감하다고, 성령님이 하시는 놀라운 일들을 경험한다고 이야기하면서 밤낮 부부싸움을 하는 사람들이 있습니다. 이것은 아주 이상한, 일어나기 힘든 일입니다. 우리는 일상에서 성령님을 따라야 합니다. 힘겨운 세상살이 가운데서 성령님을 의지하면서 그때그때 이기고 배워나가야 합니다.

성령님을 우리의 내비게이션으로 사용하려고 해서는 안 됩니다. 성령님은, 이쪽으로 가면 함정이 있으니 피하고 저쪽으로 가면 금은보화가 있으니 그리로 가라고 안내하는 길잡이가 아니십니다. 성령님은 우리와 동행하시는 하나님이십니다. 이 성령님의 인도를 받는 생활을 계속 하다 보면 성령께서 우리에게 구체적으로 말씀하실 때도 있습니다. 자꾸 어디로 가라고, 누구에게 전화를 걸라고 말씀하시는 것 같을 때가 있습니다. "○○야, 누구에게 전화를 걸어라"라고 직접 말씀하시는 것이 아니라, 마음속에 누구에게 전화하고 싶은 마음이 생기게 하십니다. 그러면 어느 순간에 전화를 걸고, "너 어떻게 알고 전화했니?"라는 이야기를 들을 때가 있습니다. 정말 저의 전화가 그 사람에게 필요했던 것이죠.

한 가지 더 덧붙이면, 성령님을 경험하는 사람들은 겸손합니다. 자기가 경험한 것을 마구 드러내고 보여주지 않습니다. 성령의 체험은 가능한 한 혼자 간직하는 것입니다. 자신이 무슨 체험을 했다고 자꾸 떠들고 다니는 것은 이상한 행동입니다. 성령님과의 경험은 매우 내밀해서 대놓고 이야기하고 돌아다닐 것이 아니기 때문입니다. 제가 아내와 사랑을 나누며 하는 이야기들이 많이 있는데, 이런 이야기들을 마구 떠들고 다니는 것은 이상하지 않습니까? 성령님과의 관계도 아주 내밀한 것입니다. 마치 그러한 것을 자신의 경건의 표시로, 자기가 좋은 그리스도인임을 드러내는 표지로 사용해서는 안 됩니다.

성령님의 인도를 받는 연습을 하십시오. 이것이 얼마나 중요합니까? 주님이 우리와 함께 계신다는 것은 우리가 성경을 통해 발견한 객관적인 사실입니다. 그런데 그 함께 계시다는 것을 실생활에서 체험하지 못하면 도대체 우리가 믿고 있는 것은 무엇입니까? 성령님이 우리 실생활 속에 계십니다. 순간순간 성령님의 인도를 받는 법을 배워가시길 바랍니다. 이것을 통해 자신을 정말 사랑하는 법을 배우게 될 것입니다.

예수님 닮아가기

세 번째로, 성령께서 하시는 중요한 일은 우리가 예수를 닮아가도록 돕는 것입니다. 성령님이 가장 원하시는 것은 우리가 온전해지는 것입니다. 성령님은 우리가 육체적·정서적·지적·사회적·영적으로 고루고루 성장하여 하나님의 형상이 우리 속에서 회복되기를 원하십니다. 꾸준히 운동해서 건강한 몸을 만드는 것, 하나님이 기뻐하십니다. 정서적으로 건강해지는 것, 하나님이 기뻐하십니다. 사람들과 건강한 관계를 맺고, 세상에서 자신의 역할을 감당하는 것을 하나님은 기뻐하십니다. 우리 자신이 정말 하나님이 원하시는 원래의 모습으로 성장해가는 것, 회복되는 것, 곧 예수님을 닮아가는 것을 하나님은 기뻐하십니다.

성령님의 인도를 받는 사람들을 보면 매력이 있습니다. 뜯어 고치고 화장해서 매력이 있는 것이 아니라, 예수를 닮아갈 때 매력이 있습니다.

성령님이 주시는, 그 사람에게서만 발견할 수 있는 개성이 나타날 때 매력이 있습니다. 하나님이 그 사람에게 원래 계획하셨던 모습이 그 속에서 나타나기 시작합니다. 다른 사람과 비교되지 않는 그 사람만의 고유한 매력이 생깁니다. 이것이 성령님이 원하시는 것입니다.

자기 사랑의 궁극적인 목적은 성령께서 우리에게 원하셨던 원래의 모습이 되어가는 것입니다. 성령님은 그런 분이십니다. 국화빵 찍듯이 우리를 다 똑같이 만들어놓는 분이 아니라, 예수를 닮았으나 각기 다른 모양으로 만들어가시는 놀라운 일을 하십니다.

그 성령님의 인도를 받기 위해서는 이렇게 하십시오.

새로운 습관을 만드십시오.
새로운 습관이 인격을 바꿉니다.
인격이 바뀌면 인생도 바뀝니다.

이제는 새로운 습관을 만드십시오. 먼저 성경 말씀을 통해서 하나님과 그분이 하신 일을 자꾸 알아가는 습관을 키우십시오. 기도할 때도 이제는 옛날처럼 자기 말만 하고 끝내지 말고, 침묵하고 기다리는 기도, 하나님을 생각하고 상상하고 바라보는 시간을 누리셔야 합니다. 일상에서도 끊임없이 "성령님, 어떻게 하면 예수님을 더 닮을 수 있을까요? 이렇게 화가 날 때, 한방 되쏘아붙이고 싶을 때 어떻게 해야 하나요? 하나님, 제 마음을 붙잡아주세요"라고 구하십시오. 성령께서 도와주십니다.

성령께서 우리의 내면에서부터 시작해서, 우리 삶의 곳곳에서 하나님을 믿고 따르는 자녀의 모습이 드러나게 도와주실 것입니다. 우리 속에 하나님의 형상이 회복되도록 우리를 이끌어가시는 분이 성령님입니다. 그러므로 성령님을 따라가는 삶을 살면 우리를 그리스도 안에 있는 새로운 피조물답게 균형 있게 성장시키고 성숙시키는 성령님을 경험합니다. 성령께서는 이렇게 구체적으로 우리 삶에서 일하십니다. 그 성령님을 경험하십시오.

이것은 이론이 아니라 실제입니다. 3-4년 지나보면 압니다. 성령님이 우리 속에 계시다는 것을 무시하고 살면 3년 후에도 그 모양 그대로일 것입니다. 기독교에 대한 교양이 조금 나아졌겠죠. 하지만 예수님을 오래 믿었건 아니건 관계없이 단 1년만이라도 성령님과 동행하는 연습을 하면 1년 후에는 자신이 균형 있게 성장해가는 것을 발견합니다. 교회를 오래 다닌 사람들이 변하지 않는 이유는 성령님을 따라 살지 않기 때문입니다. 반면 예수 믿은 지 얼마 되지 않았는데도 인생이 바뀌는 사람들은 그 속에 계신 성령님을 따라가기 때문입니다. 그러므로 신앙의 연수는 자랑할 것이 못 됩니다. 우리가 얼마나 성령님을 가까이에서 친밀하게 따라가느냐 하는 것이 우리의 영적인 삶을 판가름합니다.

성령의 전이신 교회를 사랑하게 하심

네 번째로, 성령을 따라 살 때 성령은 우리가 성령의 전에 속한 존재임을 보여주십니다. 이 주제는 다음 만남의 주요 주제이니 간단히 언급하고 넘어가지만, 성령님을 언급할 때 빼놓을 수 없는 중요한 주제입니다. 에베소서 2장 22절에는 다음과 같은 구절이 나옵니다.

너희도 성령 안에서 하나님이 거하실 처소가 되기 위하여 그리스
도 예수 안에서 함께 지어져가느니라(개역개정).

우리는 성령 안에서 하나님이 거하실 처소가 되기 위해서 함께 지어
져가는 존재입니다. 첫 번째 만남에서도 다루었지만 우리는 그리스도
안에서 새로운 공동체에 속하게 되었는데, 이 공동체를 하나로 묶으시
는 분이 바로 성령님입니다. 우리로 하여금 하나님의 영이 거하시는 성
령의 전이신 교회를 사랑하게 하십니다. 더 이상 나홀로 신앙생활을 하
지 않고, 그리스도의 몸이며 성령의 전이신 교회 속에서 더불어 살아가
는 법을 가르치시는 분이 성령님입니다. 이런 공동체의 삶을 누리지 않
고 개인주의로 성령을 따라 행하면, 성령께서 늘 생각하시는 공동의 유
익을 누리지 못하고 또 그 유익을 위해 자신을 드리지 못하는 심각한 오
류에 빠지게 됩니다. 성령님을 따라 행하면, 우리는 성령의 전이신 교회
공동체에 눈뜨게 됩니다.

성령의 마음으로 세상을 바라보기

마지막으로, 성령을 따라 살 때 성령님은 특별한 영역에 우리의 눈을
열어주십니다. 하나님의 주권을 무시하여 깨진 세상에 대한 안타까운
마음을 주십니다. 성령을 따라 새 생활을 하다 보면, 깨진 세상에 대한
깨달음이 더욱 선명해집니다. 지금까지는 자신만 생각하고 살았는데,
이제 하나님의 세상이, 하나님이 사랑하시는 이웃이 눈에 들어오기 시

작하기 때문입니다. 예수님도 자신에게 성령이 임하셨을 때 어떤 일이 이루어지는지 누가복음 4장 18-21절에서 이사야 61장 1-2절을 인용하며 말씀하셨습니다.

> 18주님의 영이 내게 내리셨다. 주님께서 내게 기름을 부으셔서, 가난한 사람에게 기쁜 소식을 전하게 하셨다. 주님께서 나를 보내셔서, 포로 된 사람들에게 해방을 선포하고, 눈먼 사람들에게 눈 뜸을 선포하고, 억눌린 사람들을 풀어주고, 19주님의 은혜의 해를 선포하게 하셨다. … 21예수께서 그들에게 말씀하셨다. "이 성경 말씀이 너희가 듣는 가운데서 오늘 이루어졌다."

이사야 선지자는 성령님이 메시아이신 예수에게 임하실 때 어떤 일이 일어나는지를 밝힙니다. 가난한 자들, 포로 된 자들, 눈먼 자들, 억눌린 자들을 향하신 하나님의 뜻이 이루어진다고 말합니다. 이 본문이 이야기하는 깊은 내용을 여기서 다 다룰 수는 없지만, 구약에서 약속한 회복이 그리스도이신 예수에게서 일어난다는 것을 보여줍니다. 예수에게 임하셨던 그 주님의 영은 오늘날 그의 백성들에게도 동일하게 임하십니다. 성령께서 우리 가운데 계실 때, 성령님은 끊임없이 깨진 세상을 바라보게 하십니다. 믿음이 어린 그리스도인이라도 자기중심적인 신앙생활을 넘어서게 하시는 성령님의 깨닫게 하심을 경험할 수 있습니다.

하나님이 우리에게 오신 것은 단순히 우리 한 사람만을 위해서가 아니라, 우리를 통해서 아직도 하나님께 돌아오지 못한, 깨지고 상처받은 이웃이 회복되기를 원하시기 때문입니다. 물론 개인적으로도 기도와 묵상 시간에 성령님께 민감해지고, 일상에서 성령님과 동행하는 삶을 더욱 깊이 배우고 누리며 성장해야겠지만, 성령을 따라 사는 새로운 생활에서 이렇게 우리의 시야가 넓어지고 깊어지는 것은 놀라운 경험이 아닐 수 없습니다. 이렇게 성령님의 마음을 품기 시작하면, 자신이 이 깨진 세상에서 어떤 사명과 역할을 감당해야 할지도 성령님을 통해서 깨닫고 인도하심을 받게 됩니다. 지난 만남에서 다루었듯이 성령으로 말미암는 비전을 갖게 되고, 이를 행할 수 있는 능력과 은사도 성령께서 공급하시는 것을 보게 됩니다.

첫 번째 만남에서 이야기했던 것처럼, 훈련소에 막 들어간 훈련병도 군인이고 특전사도 군인입니다. 특전사가 되고 싶다면, 성령님을 따라 행하십시오. 성령님을 따라 행하지 않으면 만년 일등병입니다. 군대에 대해서는 잘 알지만 전쟁이 터지면 참호 속에 숨어 나오지 못하는 일등병입니다. 그러나 성령을 따라 행하면 영적인 특전사가 될 수 있습니다. 성령님을 따라 성장하여 우리는 모두 그리스도의 장성한 분량, 곧 예수님과 같은 모습에까지 다다를 수 있다고 성경은 말합니다. 이것이 바로 자신을 가장 잘 사랑하는 방법입니다.

묵상 질문

1. 성령을 따라 행하는 새로운 삶에 대한 다섯 가지 내용을 돌아볼 때, 자신에게 지금 가장 필요한 것은 어떤 부분이라고 생각하십니까?

2. 누가복음 4:18-21을 읽고, 예수님께 주님의 영이 임하여 이루어진

일들을 묵상해봅시다. 이러한 놀라운 일이 당신의 삶에도 이루어질 수 있을까요?

Foundation Of Abundant Life

그리스도의 다스림 아래에서 살아가는 공동체

Community Life under Christ

나 자신은 하나님과 관계를 맺고 있는 독특하고 특별한 존재이지만, 그런 존재가 나 혼자만은 아닙니다. 우리는 우리와 비슷한 경험을 하며, 동일한 예수님을 주인으로 섬기는 사람들을 만나게 됩니다. 이것이 그리스도인들의 공동체입니다. 우리는 공동체적으로 하나님의 한 작품이며, 이는 달리 말해 하나님의 가족이라는 뜻입니다.

형제 사랑을
살아내는 공동체

1

그리스도 안에서
이루어진 공동체

생각해볼 질문

"기독교인이 되면 꼭 교회를 다녀야 해?"라거나 "교회를 다니더라도 혼자 좀 조용히 다니면 안 돼?"라는 질문에 대해 어떻게 생각하십니까?

앞에서는 그리스도 안에서 나에게 무슨 일이 일어났는지, 우리 각자가 어떻게 하나님과 관계를 맺는지를 살펴보았습니다. 지금까지는 다소 개인적인 측면을 이야기했다면, 이제부터는 조금 다른 차원을 살펴보겠습니다. 나 자신은 하나님과 관계를 맺고 있는 독특하고 특별한 존재이지만, 그런 존재가 나 혼자만은 아닙니다. 우리는 우리와 비슷한 경험을 하며, 동일한 예수님을 주인으로 섬기는 사람들을 만나게 됩니다. 이것이 그리스도인들의 공동체입니다.

그리스도 안에서 새로운 공동체에 속하게 된 나

성경은 이렇게 변화된 나 자신이 결코 혼자가 아니라고 이야기합니다. 앞에서 공부한 에베소서 2장으로 다시 돌아가, 이번에는 약간 다른 각도에서 살펴봅시다. 에베소서 2장 1-10절 중에서 핵심 부분인 4-6절을 읽어보겠습니다.

> 4그러나 하나님은 자비가 넘치는 분이셔서 우리를 사랑하신 그 크신 사랑으로 말미암아 5범죄로 죽은 우리를 그리스도와 함께 살려주셨습니다. 여러분은 은혜로 구원을 얻었습니다. 6하나님께서 그리스도 예수 안에서 우리를 그분과 함께 살리시고, 하늘에 함께 앉게 하셨습니다.

이 본문에서 '우리를'이라는 단어를 주목해보십시오. 바울은 갈라디아서 2장 20절에서 "나는 그리스도와 함께 십자가에 못 박혔습니다. 이제 살고 있는 것은 내가 아닙니다"라며 '나'를 주어로 썼습니다. 또한 고린도후서 5장 17절에서도 "누구든지 그리스도 안에 있으면 그는 새로운 피조물입니다"라고 단수를 사용합니다. 그리스도 안에서 '나'라는 한 개인에게 어떤 놀라운 일이 일어났는지를 보여주는 구절들입니다.

하지만 여기 에베소서 2장의 주어는 '우리'입니다. 우리가 함께 살리심을 받고, 함께 일으킴을 받아서, 지금 함께 하늘에 앉았다고 말합니다. 구원받은 한 사람 한 사람이 '우리'로서, 함께, 그리스도와 함께 하늘에 앉았다는 것입니다. 주변에서 함께 신앙생활 하는 사람들을 떠올려보십시오. 그들은 잠깐 보고 말 사람들이 아니라 지금부터 영원토록 하나님 옆에 함께 앉아 있는 사람들입니다. 그들이 각자 그리스도 안에서 새로운 피조물이라면, 우리는 그리스도 안에서 함께 이렇게 놀라운 관계로 들어가게 됩니다. 우리는 그런 관계에 있는 사람들입니다. 본문은 하나님이 우리를 그런 존재로 바꾸셨다고 말합니다.

또한 에베소서 2장 10절은 이렇게 표현합니다.

> 우리는 하나님의 작품입니다. 선한 일을 하게 하시려고, 하나님께서 그리스도 예수 안에서 우리를 만드셨습니다. 하나님께서 이렇게 미리 준비하신 것은, 우리가 선한 일을 하며 살아가게 하시려는 것입니다.

이 본문은 "우리는 하나님의 작품"이라고 말합니다. 개역개정에는 이 구절이 "우리는 그가 만드신 바"라고 번역되어 있습니다. 사람들은 보통 이 본문을 볼 때 **내가** 하나님의 작품이라고 생각합니다. 하지만 자세히 보십시오. 여기서도, 주어가 '우리'인 것을 발견할 수 있습니다. 물론 나는 하나님의 작품이고, 그리스도 안에서 새로운 피조물이 되었습니다. 그것은 사실입니다. 그런데 이 본문에서 정말 이야기하고 있는 것은 **우리가** 다 함께 하나님의 작품이라는 것입니다. 그리스도 예수 안에 있는 모든 사람이 하나님의 작품입니다.

신약 성경에 두 번밖에 나오지 않는 이 '작품'이라는 단어(포이에마)는 복수가 아니라 **단수**입니다. 로마서 1장 20절에서는 "그가 만드신 만물"이라고 복수로 나오지만, 여기서는 단수를 사용했습니다. 우리가 공동체적으로 하나님의 한 작품이라는 것입니다. 우리는 대개 자기 자신에게만 성경을 적용하여 읽기 때문에, 이 구절을 '내가' 하나님의 작품이라는 뜻으로 생각하지만 성경은 '우리가' 함께 하나님의 작품이라고 이야기합니다.

'우리가' 하나님의 작품이라는 의미

에베소서 2장 11-22절은 우리가 하나님의 작품이라는 의미를 자세히 이야기해줍니다. 첫 번째 만남에서 간단하게 언급하기는 했지만, 여기서는 이 구절을 통해 하나님의 작품이라는 어구의 의미를 좀 더 자세히 살펴보려고 합니다.

하나님의 가족 하나님의 작품이라는 말의 첫 번째 의미는 우리가 하나님의 가족이라는 뜻입니다. 하나님을 아버지로 만나서, 서로 관계가 없던 우리가 형제자매가 되어 가족이 되었습니다. 에베소서 2장 19절을 보십시오.

> 그러므로 이제부터 여러분은 외국 사람이나 나그네가 아니요, 성도들과 함께 시민이며 하나님의 가족입니다.

첫 번째 만남에서 언급했듯이, 이런 관계를 보여주는 가장 가까운 이미지는 보육원입니다. 우리는 전부 고아였고, 하나님과 관계없는 사람들이었습니다. 그런데 원장 선생님이 우리를 다 입양해서 하나님의 가족이 되었습니다. 로마서에서는 이를 "자녀로 삼으시는 영을 받았다"(8:15)라고 이야기합니다. 우리는 다 입양되어 하나님을 '아빠 아버지'라고 부르게 되었습니다.

하지만 여전히 어려움은 있습니다. 입양되어 하나님의 가족이 된 것은 참 좋지만, 우리에게는 하나님의 가족이 되기 전에 갖고 있던 못된 버릇들이 많습니다. 신분이 바뀌어서 아들딸이 되었지만 못된 버릇은 그대로입니다. 그래서 교회 내에서 사람들이 자꾸 부딪치고 싸우며 문제를 일으키곤 합니다.

그럼에도 우리는 하나님을 아버지로 삼은 가족입니다. 이렇게 가족이 됨으로써 영적 아버지가 생기고 영적 형제자매가 생겼습니다. 우리가 성령을 따르기보다는 과거에 죽은 육체적 욕망을 따라 살면 사랑에 서툴겠지만, 그럼에도 우리는 한 아버지를 섬기는 형제자매입니다. 우리가 사는 세상은 홀로 살면서 자기 가치를 스스로 만들어내고 치장해야 하는 곳이지만, 하나님은 우리로 가족을 이루어 함께 사랑하고 보살피는 안전한 곳을 마련해주셨습니다. 우리는 여기서 살아가는 법을 배우기 시작하고, 여기가 안전한 곳임을 점점 알아가기 시작합니다. 그러므로 하나님의 가족 가운데서 서로 배려하고 우애하고 사랑하는 법을 배워야 합니다.

그런데 중요한 것은, 사랑하고 우애하는 것으로 우리가 하나님의 가족이 되는 것이 아니라는 점입니다. 우리가 서로 사랑하고, 예의 바르게 말하고, 성품이 바뀐다고 하나님의 가족이 되는 것이 아닙니다. 하나님의 가족이 되었기 때문에, 여전히 변화 과정에 있는 사람들이 함께 살며 사랑하고 섬기는 것입니다. 이것은 참으로 중요한 부분입니다. 우리는 이미 하나님의 가족입니다. 사랑해서 하나님의 가족이 되는 것이 아니라, 하나님의 가족이 되었기 때문에 사랑합니다. 오늘날에는 우리 자신을 있는 모습 그대로 드러낼 수 있는 안전한 곳을 찾기가 어렵습니다. 그런데 하나님은 우리를 있는 모습 그대로 받아주셨고, 있는 모습 그대로 공동체에 속해서 성장하라고 말씀해주십니다. 이것이 하나님의 가족이라는 개념입니다.

그리스도의 몸　두 번째로 살펴볼, 작품의 의미는 2장 16절에 나옵니다.

> 원수 된 것을 십자가로 소멸하시고 이 둘을 한 몸으로 만드셔서, 하나님과 화해시키셨습니다.

초대교회에서 유대인과 이방인의 문제는 꽤 심각했습니다. 유대인들은 이방인을 구원받을 수 없는, 하나님이 절대로 용납하시지 않을 사람들이라고 믿었습니다. 이러한 편견과 차별로 유대인과 이방인은 서로 물과 기름처럼 섞이기 어려운 존재였습니다. 그런데 이 본문에 앞서 2장 14절에서 "그리스도는 유대 사람과 이방 사람이 양쪽으로 갈라져 있는 것을 하나로 만드신 분"이라고 말합니다. 그 사이에 '막힌 담'을 허셨다고 선언합니다. 유대인과 이방인 사이의 담이 예수 그리스도 안에서 허물어졌다면, 세상에는 그 어떤 차이도 존재할 수 없다는 선언입니다. 인종 차이, 사회 신분 차이, 남녀 차이, 나이 차이, 성격 차이 등 그 어떤 것도 이 한 몸이 된 것을 막을 수 없습니다. 이렇게 우리는 한 몸이 되었습니다. 그런데 이렇게 한 몸이 된 이유를 에베소서 1장 23절에서 설명하고 있습니다.

> 교회는 그리스도의 몸이요, 만물 안에서 만물을 충만케 하시는 분의 충만입니다.

여기서는 우리를 그리스도의 몸이라고 이야기합니다. 이방인과 유대인 등 다양한 사람들이 모두 한 몸이 되어 교회가 되었는데, 이 교회는 그리스도의 몸이라고 바울은 이야기합니다. 그리스도는 교회의 머리이십니다. 곧 교회는, 머리의 다스림을 받아 움직이는 유기체라는 뜻입니다. 몸의 특징은 무엇입니까? 고깃덩어리와 몸의 차이가 무엇입니까? 둘의 구성 성분은 똑같습니다. 하지만 고깃덩어리는 움직이지 않고, 몸은 움직입니다. 몸은 머리의 지시에 따라서 움직이고, 고깃덩어리는 죽어 있기 때문에 움직이지 않습니다. 몸은 살아 있고 고깃덩어리는 살아 있지 않습니다. 그리스도의 몸의 특징은, 머리이신 그리스도께서 움직이시는 대로 살아 움직이는 것입니다.

그리스도는 특별한 사명을 가지고 움직이고 계십니다. 이 구절은 그 사명을 "만물 안에서 만물을 충만케 하는 것"이라고 말합니다. 하나님은 지금 세상을 충만케 하고 계십니다. 우리가 사는 세상은 허무에 굴복하는 곳입니다. 하나님이 없기 때문에 허무에 굴복하고 있습니다. 그런데 하나님을 알게 되면, 허무에 굴복하던, 구멍이 뻥 뚫려 있던 세상이 충만하게 회복됩니다.

하나님은 지금 세상을 회복하고 계십니다. 그리스도의 몸 역시, 머리이신 그리스도의 지시를 받아서 만물을 회복하는 사명을 수행합니다. 그 속에 있는 개개인을 회복하고, 사람들 사이의 관계를 회복하고, 사회를 회복하고, 문화를 회복하고, 자연 생태계를 회복합니다. 하나님이 이런 일들을 우리에게 맡기셨습니다. 그리스도의 몸은 하나님이 주신 그런 사명을 향해서 **함께** 움직이고 있습니다. 자신의 비전과 자아 성취만 찾으며 살아가는 세상에서, 우리는 그리스도의 몸을 통해 공동체에 주시는 비전을 품고 어떻게 이 하나님의 꿈을 이루어드릴까 고민하며 그 꿈을 이루어나가는 존재가 되었습니다.

우리는 그리스도의 몸입니다. **이미** 그리스도의 몸이 **되었습니다.** 물론 이 그리스도의 몸도 장성한 분량에 이르러야 합니다(엡 4:15). 하지만 아직 몸이 작다 할지라도, 어리다 할지라도, 그리스도의 몸인 것은 확실합니다. 그것은 이미 이루어진 일입니다.

성령의 전　　하나님의 작품의 세 번째 의미는 에베소서 2장 21-22절에 나옵니다.

> [21]그리스도 안에서 건물 전체가 서로 연결되어서 주님 안에서 자라서 성전이 됩니다. [22]그리스도 안에서 여러분도 함께 세워져서 하나님이 성령으로 거하실 처소가 됩니다.

이 구절은 우리가 성령 안에서 하나님의 거하실 처소가 되기 위하여 함께 지어져간다고, 우리가 서로 연결되어 주 안에서 성전이 된다고 말합니다. 다른 말로 표현한다면, 우리는 성령의 전 또는 성령의 성전이라고 할 수 있습니다. 이것이 하나님이 만드신 작품의 또 하나의 모습입니다. 성전은 하나님이 거하시는 곳을 상징합니다. 성전은 하나님을 향한 제사, 곧 예배를 늘 드리는 곳입니다. 따라서 '성령의 전'이라고 했을 때 중요한 것은, 하나님을 예배하기 위해서 함께 모인 공동체라는 것입니다.

세상 사람들은 자기를 예배하고, 자기를 드러내고, 자기가 인정받으려고 합니다. 하지만 하나님은 성령의 전이라는 공동체를 통해서 자기 자신을 기쁘게 하는 것이 아니라, 함께 하나님을 예배하는 것을 배우게 하셨습니다. 요즈음 일부 그리스도인들이 자신의 만족을 위해 교회를 찾고 예배를 드리기도 하지만, 참된 예배는 하나님을 위한 것입니다. 이렇게 성령의 전은 하나님을 예배하는 공동체입니다.

그런데 이 구절은 우리가 이 성령의 성전이 되어가고 있다고 말합니다. 새번역에서 '거하실 처소가 됩니다'라고 한 부분을 개역개정은 '지어져가느니라'라고 번역했습니다. "하나님이 거하실 처소가 되기 위하여 그리스도 예수 안에서 함께 지어져가느니라"(개역개정)라는 표현은, 교회가 지어져서 마지막에 하나님이 영원히 우리와 거하시게 됨을 보여줍니다. 하나님이 지금 성령으로 우리 가운데 계시는데, 마지막 날에는 새 예루살렘 성이 내려오고, 그 가운데서 하나님이 우리와 영원히 함께 거하시리라는 말입니다.

이것이 하나님이 이미 시작하시고 완성해가고 계신 일입니다. 우리는 성령의 성전이 되기 위해서 함께 지어져가고 있습니다. 아직 완성되지는 않았지만 우리는 이미 성령의 전입니다. 완성으로 나아가고 있는 성령의 전입니다.

하나님의 가족, 그리스도의 몸, 성령의 전이 모두 이미 이루어진 사실이라는 점을 기억하십시오. 그렇기에 우리가 하나님의 가족이 되려고 애쓸 필요도 없고, 성령의 전이 되려고 애쓸 필요도 없고, 그리스도의 몸이 되려고 애쓸 필요도 없습니다.

하지만 우리가 이미 하나님의 가족이 되긴 했지만, 여전히 위선덩어리들의 모임이라는 것을 기억해야 합니다. 그래서 이전보다 더 사랑하고 섬기려 노력하는 이유는 더 사랑이 넘치고 더 안전한 하나님의 가족이 되기 위해서입니다. 우리는 이미 그리스도의 몸이지만 아직 어립니다. 만물을 충만케 하는 일은 아직 먼 것 같습니다. 그럼에도 장성한 분량으로 성장할 것을 바라보아야 합니다. 우리는 이미 성령의 전이지만, 하나님의 임재가 온전히 드러나는 예배를 드리기에는 아직 미성숙한 점이 많습니다. 하지만 하나님이 온전히 거하실 날을 기다리며 예배합니다. 잊지 말아야 할 것은, 우리가 **이미** 하나님의 가족이고, **이미** 성령의 전이고, **이미** 그리스도의 몸이라는 사실입니다.

우리 각 개인이 그리스도 안에 있음으로, 그리스도 안에 있는 '우리'는 모두 한 공동체가 되었습니다. 그러므로 이제 우리는 그리스도의 다스림 아래에서 살아가는 법을 배우고 누려야 합니다. 그래서 그리스도의 다스림 아래에서 살아가는 공동체의 아름다움을 세상에 드러내야 합니다.

묵상 질문

1. 우리가 하나님의 작품이라는 말의 의미를 다시 한 번 자신의 말로

정리해보십시오. 세 가지 중에서 당신이 좀 더 깊이 새겨야 할 부분이 있다면 무엇입니까?

2. 에베소서 2:16, 19, 21-22 중에서 한 구절을 택하여 깊이 묵상하십시오.

그리스도의 다스림
아래에서 살아가기

그리스도인 공동체는 하나님의 가족이요 성령의 전이요 그리스도의 몸이라고 하는데, 많은 교회나 공동체의 모습이 그렇지 못한 이유는 무엇입니까?

교회에 문제가 생겨서 서로 싸우고, 그러다가 나뉘는 고통을 보거나 경험하신 적이 있습니까? 신앙생활을 하다 보면 교회 안에서 개인적으로도 이런저런 어려움을 겪지만, 교회 전체가 어떤 사안이나 문제에서 의견을 달리하여 서로 비난하고 문제를 해결하지 못해서 분열하는 경우가 있습니다. 그 때문에 많은 사람들이 상처를 입고, 하나님을 믿지 않는 주변 사람들은 더욱더 하나님을 믿기 어려워집니다.

사람들은 이러한 문제의 원인이 교회에 민주주의가 제대로 이루어지지 않아서라고, 권력이 제대로 분산되지 않아 견제하는 균형을 잃어서라고 생각하고 법을 만듭니다. 어떤 사람들은 아예 문제가 될 만한 일들이나 갈등을 미리 피하거나 무시하며 살려고도 합니다. 또 어떤 이들은 이도 저도 잘 되지 않으니, 교회를 너무 가까이하지도 않고 멀리하지도 않는, 불가원불가근不可遠 不可近의 원칙으로 살아갑니다.

이렇게 교회 내에 분쟁이 있는 이유는 우리가 어떤 존재로 바뀌었는지, 우리가 누구인지를 제대로 알지 못하기 때문이기도 합니다. 하나님의 가족을 파괴하고, 그리스도의 몸을 찢고, 성령의 전을 훼파하는 것은 실로 무서운 죄입니다. 하나님이 이 놀라운 공동체를 세우시기 위해서 어떤 대가를 지불하셨는지, 하나님이 이 공동체를 통해서 깨진 세상을 향해 어떤 계획이 있으신지를 안다면, 감히 자신의 유익을 구하거나 자기 의견만 피력하고 서로 공격하여 '하나님의 작품'인 교회를 깨뜨리는 일을 하지 않을 것입니다. 지금 당장 부족한 모습이 보인다고 적극적으로 참여하지 않고 거리를 두는 어리석음을 범하지도 않을 것입니다. 이런 모습들이 나타나는 진짜 이유는 우리가 이미 하나님의 공동체가 되어서 더욱 사랑하는 하나님의 가족, 더욱 장성하여 세상을 변화시키는 그리스도의 몸, 더욱 깊은 예배를 드리는 성령의 전이 되어가고 있다는 사실을 믿지 않기 때문입니다. 진정한 의미에서 그리스도의 다스림 아래에서 살아가지 않기 때문입니다.

그리스도의 다스림 아래에서 살아가는 실제 공동체

이즈음에서 우리가 지금까지 한 중요한 이야기를 다시 한 번 정리해볼 필요가 있습니다.

첫 번째, 하나님은 그리스도 안에서 나를 받아들이셨습니다. 우리는 하나님과 전혀 다른 관계를 맺고 그분을 알아가고 사랑할 수 있게 되었습니다. 두 번째, 나는 그리스도 안에서 특별한 존재입니다. 우리는 우리 자신을 지금까지와는 다른 방식으로 사랑하게 되었습니다. 마지막으로, 나는 그리스도 안에서 새로운 가족 공동체에 속했습니다. 우리는 그리스도 안에서 다른 가족들을 만났고, 그들과 이미 하나 된 것을 알게 되었습니다.

이 모든 것이 그리스도 안에서 이루어진 일입니다. 이 일을 자신의 것으로 만드는 것이 바로 '믿음'이라고 앞에서 이야기했습니다. 고린도후서 5장 7절은 우리가 믿음으로 살아가지 보는 것으로 살아가지 않는다not by sight, but by faith고 했습니다. 히브리서에서도 "믿음이 없이는 하나님을 기쁘게 해드릴 수 없습니다. 하나님께 나아가는 사람은 하나님이 계시다는 것과 하나님은 자기를 찾는 사람들에게 상을 주시는 분임을 믿어야 합니다"(11:6)라고 말합니다. 하나님은 자기를 찾는 자들에게 그분이 만들어놓으신 놀라운 축복을 주시는 분임을 믿어야 한다는 것입니다.

하나님이 우리가 정말 믿기 원하시는 것은 우리가 정말 하나가 되었다는 사실입니다. 한 가족이 되었다는 사실입니다. 함께 지어져가고 있다는 사실입니다. 한 몸이 되었다는 사실입니다. 우리 모두가 그리스도의 다스림 아래에 함께 있는 존재라는 사실입니다.

하지만 우리는 이런 사실을 잘 느끼지 못합니다. 교회에 와도 옆에 있는 사람들이 가족 같지 않습니다. 그런데 우리는 보이는 대로나 느끼는 대로 살아가지 않고, 믿음으로 살아갑니다. 그러므로 이렇게 기도해야 합니다. "하나님, 하나님이 우리를 가족으로 만드셨는데, 몸으로 만드셨는데, 성전으로 만드셨는데, 제가 그 사실을 진심으로 믿게 해주십시오. 제가 정말로 그렇게 살게 해주십시오. 주님, 도와주십시오." 진짜 믿음을 달라고, "제가 제 마음대로 생각하는 것이 아니라 머리이신 그리스도의 다스림을 받을 수 있게 도와주세요"라고 기도해야 합니다.

이처럼 하나님이 만드신 공동체는 추상적인 개념이 아니라 구체적인 모임입니다. 이 구체적인 모습이 바로 지역 교회입니다. 어떤 사람들은 세상 모든 교회가 하나님의 교회이고 우리는 이 하나님의 교회에 속해 있으므로 어느 한 교회를 정해서 다닐 필요가 없다고 말합니다. 우주적인 교회universal church나 보이지 않는 교회invisible church라는 말을 쓰기도 합니다. 그러나 이러한 개념들은 신학적으로 교회를 이해하기 위해서 신학자들이 만들어냈을 뿐, 실제 신약 성경에 나타난 교회들은 어느 지역에 뿌리를 둔 실제적 공동체인 지역 교회local church였습니다. 어떤 신자가 자신은 이렇게 보이지 않는 교회에 속했다고 믿기에 특정 교회에 참여하지 않는다며 자신의 교회관을 피력하자, 한 목사님이 이렇게 말했다고 합니다. "그러면 형제님이 아파서 병원에 입원하면 보이지 않는 목사가 보이지 않게 심방을 하겠군요."

어떤 사람은 교회는 주일에 예배하러 가는 곳이라고 생각합니다. 그래서 주일 예배에 참석했으니, 자신은 교회에 속했다고 생각하기도 합니다. 그러나 교회는 그저 예배만 드리는 집단이 아니라 서로 사랑하고, 함께 꿈꾸며 자라가고, 함께 사역하고 함께 예배하는, 하나님이 만드신 공동체입니다. 그리스도의 다스림 아래에서 살아가는 공동체입니다. 이렇게 교회는 실제적인 공동체이지, 건물이나 조직이나 단체나 주일 예배 집단에 불과하지 않습니다.

저는 교회가 이 시대를 향한 하나님의 대안이라고 생각합니다. 늘 그랬지만 일반 공동체들은 보통 자기 이익에 따라서 혈연관계나 학연을 토대로 만들어지기 마련입니다. 그런데 하나님은 하나님 한 분만으로 공통분모를 가진 공동체를 만드셨습니다. 인간적인 계산과 개인의 취향과 자신의 방식으로 엮이는 것이 아니라 단 하나의 공통분모, 하나님 아버지, 그분을 중심으로 하는 공동체를 세우셨습니다. 그리고 이것을 우리에게 이미 이루어주셨습니다. 교회는 신앙의 액세서리가 아니라, 그리스도가 이루신 일로 말미암아 이루어진 우리 신앙의 본질입니다.

이런 측면에서 다시 한 번 기독교의 본질적 특성이 드러납니다. 많은 사람들이 기독교를 'do'의 종교로 생각합니다. '이것도 하라, 이것은 하지 말라' 하는 것을 기독교로 착각합니다. 그러나 기독교는 'done'의 종교입니다. 이미 이루어진 것을 바탕으로 하는 종교이기 때문입니다. 우리가 무엇을 해서 하나님이 원하시는 존재가 되는 것이 아니라, 하나님이 이미 그리스도 안에서 이루신 것을 기초로 새로운 삶을 삽니다. 교회가 가능한 이유는 그리스도를 통해서 하나님이 교회를 만드셨기 때문입니다.

힘써 지키라

하나님은 우리를 이미 하나님의 가족, 그리스도의 몸, 성령의 전으로 만드셨습니다. 이미 우리를 하나로, 한 공동체로 만드셨습니다. 그렇기 때문에 에베소서 4장 3절에서는 이렇게 말합니다.

성령이 여러분을 평화의 띠로 묶어서, 하나가 되게 해주신 것을 힘써 지키십시오.

성경은 우리가 이미 하나가 되었다고 이야기합니다. "하나가 되자"가 아니라 이미 "하나가 되었다"고 합니다. 본문은 성령께서 우리를 평화의 띠로 묶었다고 표현합니다. 여기저기 삐죽빼죽한 나뭇가지처럼 각각 다른 우리를 성령께서 띠로 묶으시고 그 띠에 '평화'라고 쓰셨습니다.

띠로 묶은 것, 그리스도가 우리를 하나 되게 하신 것은 객관적 사실입니다. 그리고 성령께서는 우리가 그 사실을 공동체 안에서 '평화'로 체험하게 하십니다. 공동체가 주님을 잘 바라보면, 주님이 이루신 것에 잘 집중하면, 주님의 다스림 아래에서 살아가면, 공동체에 평화가 있습니다. 우리가 그리스도인 공동체 가운데서 해야 할 일은 하나님이 하나 되게 하신 것을 드러내는 것입니다.

그리스도인 공동체 안에서 우리와 비슷하거나 취향이 같아 보이는 사람이 많지 않습니다. 사람들은 다른 사람을 만날 때, 자신과 잘 통하는 인간적인 공통분모를 찾습니다. 그러나 믿음이 있는 사람들은 그리스도인 공동체에 들어오면, 하나님이 만들어주신 가장 큰 공통분모부터 봅니다. "저 사람도 하나님을 아버지라 부르고, 나도 하나님을 아버지라 부르는 것, 우리 모두 다 예수 그리스도 안에 있고, 그의 다스림 아래에서 살아가는 것", 그것이 우리의 가장 큰 공통분모입니다.

그런데 대개는 다른 면부터 봅니다. '왜 저 사람은 저렇게 말을 하나? 왜 저 사람은 저렇게 입고 다니나? 왜 저 사람은 저렇게 걸어 다니나? 왜 저 사람은 저렇게 쳐다보나?' 마음에 들지 않는 것이 참 많습니다. 이렇게 다른 면을 보면 볼수록 공동체는 깨지기 쉽습니다. 오히려 우리는 우리를 하나로 만드신, 그리스도 예수 안에서 이루어진 놀라운 일을 보아야 합니다. 그러고 나면 '쟤는 걸음걸이도 독특하구나. 쟤는 말하는 것도 특별하네'라고 생각하기 시작합니다. 그런 다양성이 축복이 되기 시작합니다. 그 다음에는 '아, 이렇게 다양한 사람들이 있어서 좋다'고 느끼며 그 다양성을 축하하기 시작합니다.

어떤 사람은 예술성이 뛰어나서 무언가를 잘 만들지만 정리정돈은 잘 못합니다. 어떤 사람은 주변을 잘 정리하고 숫자에도 밝습니다. 아주 다릅니다. 그런데 이 사람도 하나님을 아버지라 부르고, 저 사람도 하나님을 아버지라 부릅니다. 공동체에는 아주 예술적인 것도 필요하고, 아주 계획적이고 치밀한 계산이나 통계 같은 것도 필요합니다. 우리가 성령께서 하나 되게 하신 것, 평화의 띠로 묶으신 것을 지킬 때 그 다양성이 한데 어울려 아름다움을 창조합니다.

그러므로 그리스도의 몸에서는 다양성을 격려하고 축하해야 합니다. 우리가 서로 다르기 때문에 서로 보완하고, 하나님이 하시는 놀라운 일을 감당할 수 있기 때문입니다. 피아노를 예로 들어봅시다. 피아노는 건반이 총 88개이고, 이 소리를 내기 위해 220개의 현이 있습니다. 이 줄들이 모두 제 맘대로 소리를 내면 피아노 연주는 엄청난 소음이 될 것입니다. 그런데 각 건반은 중앙의 A음에 모두 맞추어져 있습니다. 이 A음을 중심으로 서로 조율되어 있기 때문에 그 많은 줄이 아름답고 조화로운 소리를 냅니다.

　마찬가지로 우리는 예수 그리스도 안에서 하나가 되고 변화된 존재들입니다. 우리 모두는 그리스도의 다스림에 순종하는 사람들입니다. 피아노의 A음처럼, 예수 그리스도가 우리의 기준이십니다. 그리고 이 A음에 맞춰 우리를 조율하시는 분이 성령님이십니다. 성령님은 평화의 띠로 우리를 묶어주셔서, 이미 우리가 하나 된 것을 온전히 지키게 하십니다. 그러므로 우리는 하나님이 이미 하나로 만드신 것을 힘써 지키는 것입니다.

　다시 한 번 기억하십시오. 이《풍성한 삶의 기초》에서 계속 반복되는 패턴이 있습니다. 그것은 하나님이 이루신 일을 기초로 살자는 것입니다. 내가 그리스도 안에서 완전히 받아들여졌으므로, 이제 하나님 앞에서 그분을 알아가며 사랑하는 특별한 삶을 살자는 것입니다. 또 내가 그리스도 안에서 완전히 새로운 존재가 되었으므로, 이제 나를 부인하고 성령의 충만함을 받으며 살자는 것입니다. 내가 그리스도 안에서 공동체에 완전히 속하게 되었으므로, 이제 공동체적으로 하나 되어 사랑하는 삶을 살아가자는 것입니다. 이것이 풍성한 삶의 중요한 원리입니다. 하나님이 이루신 것을 믿음으로 받아들이고, 그것을 구체적으로 누리는 것입니다.

　그리스도 안에서 이루어진 일을 믿음으로 받아들이고, 그리스도의 권위 아래에서, 그 뜻을 따라 살아갈 때에만, 공동체의 삶은 가능합니다.

묵상 질문

1. 에베소서 4:3을 묵상해봅시다.

2. 하나님이 그리스도 안에서 이루신 일 중에서도 우리를 하나님의 공동체, 곧 교회에 속하게 하셨다는 것을 잊지 말아야 합니다. 성령님이 하나 되게 하신 것을 힘써 지키려 할 때 어떤 점이 어렵습니까?

3

하나님 사랑과
형제 사랑

생각해볼 질문

우리에게는 특별히 사랑하기가 힘든 사람이 있을 수 있습니다. 하나님을 사랑하기 때문에 그 사람도 사랑하는 것이 어떻게 가능할 수 있을까요?

이제 하나님이 이루신 공동체인 교회, 즉 하나님의 가족, 그리스도의 몸, 성령의 전인 우리가 어떻게 정말로 그렇게 살 수 있는지, 그리스도 아래에서, 즉 그의 다스림 아래에서 사는 가장 중요한 원리가 무엇인지를 이야기하겠습니다. 이 중요한 원리를 제대로 배우고 누리고 실천한다면, 교회 공동체 속에 있는 슬픔과 고통이 상당 부분 약화되거나 사라질 것입니다.

그 원리는 다름 아닌 형제 사랑입니다. 형제 사랑이 무엇인지, 왜, 어떻게 형제를 사랑해야 하는지 잘 모른다면, 하나님이 만드신 아름다운 공동체가 깨지고 그 속에 있는 사람들의 영혼과 마음과 관계도 다 깨져 버리는 아주 고통스러운 경험을 하게 됩니다. 이러한 공동체를 보는 주변 사람들은 하나님을 믿기는커녕 더욱 멀리하게 됩니다. 반대로 정말로 형제를 사랑하는 공동체는 하나님을 드러내는 놀라운 존재가 될 것입니다. 그 공동체를 보면 정말 하나님이 살아 계신 것 같아서 많은 사람들이 이 공동체를 통해 하나님을 알아가게 될 것입니다.

사랑은 그리스도인 됨의 증거다

여기서는 특별히 하나님의 사랑과 그 사랑을 입은 사람들과의 관계를 기록한 요한일서를 살펴보려고 합니다. 먼저 요한일서 3장 14-16절에서는 그리스도인인 우리가 어떤 존재인지를 표현하고 있습니다. 14절을 보겠습니다.

> 우리가 이미 죽음에서 생명으로 옮겨갔다는 것을 우리는 압니다. 이것을 아는 것은 우리가 형제자매를 사랑하기 때문입니다. 사랑하지 않는 사람은 죽음에 머물러 있습니다.

본문은 우리가 "이미 죽음에서 생명으로 옮겨갔다"고 이야기합니다. 여기서 시제를 눈여겨보십시오. 옮겨갈 것이 아니라 '옮겨갔다'입니다. 우리가, 우리 모두가, 우리 공동체 모두가, 죽음에서 생명으로 옮겨갔습니다. 사도 바울도 비슷한 표현을 썼습니다. 그는 우리가 새로운 피조물이 되었다고, 하나님의 가족이 되었다고, 그리스도 예수 안에서 하나님과 함께 하늘에 앉았다고 말했습니다(참고. 고후 5:17; 엡 2:6, 19). 그것을 요한 사도는 "죽음에서 생명으로 옮겨갔다"고 표현합니다.

그런데 우리가 죽음에서 생명으로 옮겨갔다는 것을 어떻게 알 수 있습니까? 다시 말해 이는 구원을 받았다는 것인데, 이러한 추상적인 진리가 우리의 것이 되었음을 어떻게 알 수 있습니까? 본문을 보면, 우리가 구원받았다는 사실을 아는 것은 우리가 형제자매를 사랑하기 때문이라고 말합니다. 참으로 놀랍지 않습니까?

"제가 이제 사랑하고 살거든요. 옛날에는 사랑이 뭔지 몰랐어요. 옛날에는 저 혼자서 살았어요. 다른 사람에게 해를 입히면서까지 내가 성공하는 게 맞는 줄 알고 살았어요. 그런데 이제는 손해 봐도 사랑하고 사는 게 맞다는 걸 알게 되었어요." 이렇게 이야기할 수 있다면, 구원받은 것이 확실하다고 말합니다. 죽음에서 생명으로 옮긴 것이 확실하다고 말합니다.

저는 가끔씩 '내가 예수님을 믿지 않았으면 어떻게 살았을까?' 하고 생각해봅니다. 제가 참 이기적입니다. 내가 가진 것, 내 시간, 내 재능은 나를 위해서 써도 모자라지 않습니까? 그런데 예수님을 믿고 난 다음, 제가 가진 재능과 물질과 시간을 자꾸 나누라는 마음을 주십니다. 이상하지 않습니까? 저같이 이기적인 사람에게, 나를 위해서 재능과 물질과 시간을 써도 모자란 사람에게, 형제를 위해서 자꾸만 나누라는 마음을 주십니다. 그러면, '아, 내가 구원받았구나. 나 같은 사람이 사랑하는 걸 보니 내가 구원받은 것이 맞구나. 내가 죽음에서 생명으로 옮겨간 것이 맞구나' 하는 생각이 듭니다.

요한 사도가 이야기하는 것이 바로 그것입니다. 우리가 구원받았다면 형제 사랑과 자매 사랑은 당연하다고 이야기하고 있습니다. 그런 다음 요한은 사랑하지 않는 사람은 죽음에 머물러 있다고 말합니다. 이어지는 15절을 보십시오.

> 자기 형제자매를 미워하는 사람은 누구나 살인하는 사람입니다. 살인하는 사람은 누구나 그 속에 영원한 생명이 머물러 있지 않다는 것을 여러분은 압니다.

이 본문은 형제자매를 미워해서는 안 된다고 말합니다. 하나님을 정말 사랑한다면, 하나님의 사랑을 받아서 구원을 받았다면, 형제 사랑과 이 하나님 사랑이 분리될 수 없습니다. "형제를 미워한다면, 너는 아직도 어둠에 머물러 있구나. 형제를 미워하면서 어떻게 하나님을 사랑하고 그분과의 관계가 회복되었다고 말하니?"라고 이야기하는 셈입니다.

그리스도인들 중에는 하나님과의 관계에만 신경 쓰는 사람들이 있습니다. 주변 사람들과의 관계는 껄끄러워도 괜찮고, 심지어 어떤 사람은 미워하고 싫어하면서 살아도 아무 상관없다고 생각하는 경우가 있습니다. 하지만 요한일서에서 요한 사도는 그것은 살인이라고, 그렇게 살인하는 사람이 어떻게 하나님의 사랑을 안다고 말할 수 있느냐고 이야기합니다. 이는 16절에서 절정에 이릅니다.

> 그리스도께서 우리를 위하여 자기 목숨을 버리셨습니다. 이것으로 우리가 사랑을 알게 되었습니다. 그러므로 우리도 형제자매를 위

하여 목숨을 버리는 것이 마땅합니다.

예수님이 목숨을 버리면서까지 우리를 사랑하셨기 때문에 이를 통해서 우리가 사랑을 알게 되었다고 이 구절은 말합니다. 그래서 우리도 형제자매를 위해서 목숨을 버리는 것이 마땅하다고 합니다. 이 표현은 형제자매를 위해서 목숨을 버리기까지 사랑하는 것이 당연하다는 뜻입니다. 예수님이 우리를 위해서 그렇게까지 목숨을 버리셨기 때문에 그 사실을 받아들인 우리로서는 그 사랑이 자연스럽게 우리 속에서 흘러나와야 한다는 말입니다.

기독교는 "하나님이 너희를 생명 바쳐 사랑했으니 너희도 서로 생명 바쳐 사랑하라"고 말합니다. 아주 단순하지만 참으로 놀라운 진리입니다. 지존하신 하나님이 이 땅에 오셔서 먼지나 물방울 같은, 좁쌀만도 못한 그런 존재인 우리를 위해 돌아가셨습니다. 그렇게 지극하게 우리를 사랑하셨습니다. 그 사랑을 받았다면 좁쌀끼리, 먼지끼리 사랑하는 게 당연하지 않느냐는 것입니다.

나뉠 수 없는 하나님 사랑과 형제 사랑

사도 요한은 요한일서에서 하나님 사랑과 형제 사랑이 불가분의 관계라고 여러 번 설명합니다. 4장 19-21절에서는 어떻게 이야기하고 있는지 한번 읽어보겠습니다.

> 19우리가 사랑하는 것은 하나님이 우리를 먼저 사랑하셨기 때문입니다. 20누가 하나님을 사랑한다고 하면서 자기 형제자매를 미워하면 그는 거짓말쟁이입니다. 보이는 자기 형제자매를 사랑하지 않는 사람은 하나님을 사랑할 수 없습니다. 21하나님을 사랑하는 사람은 자기 형제자매도 사랑해야 합니다. 우리는 이 계명을 주님께 받았습니다.

하나님이 먼저 우리를 사랑하셨기 때문에 우리는 사랑을 알게 되었습니다. 사랑은 우리 속에서 나오지 않습니다. 이것은 우리가 배워야 할 매우 중요한 진리입니다. 형제자매를 사랑하고 싶은데 사랑하기가 힘이 듭니다. 교회에 같이 다니기는 하는데 저 사람만 없으면 천국 일 것 같은 사람, 그 사람 때문에 교회가 지옥 같은 사람, 교회에 와도 만나기 싫어서 피하고 싶은 사람이 있습니다. 우리 속에는 그 사람을 사랑할 수 있는 힘이 없습니다. 그런데 이 본문에서는 우리가 사랑하는 것은 하나님이 먼저 우리를 사랑하셨기 때문이라고 말합니다. 앞에서 살펴본 3장 16절에서도 그리스도께서 우리를 위하여 자기 목숨을 버리셨다고 말합니다. 그래서 우리가 사랑을 알게 되었습니다. 사랑은 우리에게서 나오지 않고, 하나님에게서 나옵니다.

그렇기 때문에 하나님을 사랑한다고 하면서 자기 형제를 미워하는 사람은 거짓말하는 자입니다. 보이는 형제자매를 사랑하지 않으면서 보이지 않는 하나님을 사랑한다는 것은 거짓말이라는 것입니다.

하나님이 우리를 공동체로 만드셨다는 추상적인 개념이 구체적으로는 지역 교회의 모습으로 나타난 것처럼, 우리가 하나님을 사랑한다는 개념도 모호한 것처럼 보이지만 이것이 구체적으로는 형제자매를 사랑하는 것으로 나타납니다. 눈에 보이는 형제자매를 사랑하지 않으면서 눈에 보이지 않는 하나님을 사랑한다고 말하는 것은 거짓말이며, 종교적인 허식입니다.

여기서 형제자매를 사랑한다고 하는 것은 일반적인 사랑과는 조금 다릅니다. 모든 종교가 측은지심惻隱之心과 자비심을 이야기합니다. 맹자 선생님도, 아이가 우물가에서 기어가다 빠지려고 하면 누가 그 아이를 도와주지 않겠느냐고 이야기했습니다. 이것이 측은지심입니다. 하지만 성경이 말하는 사랑은, 인간 세계에 있는 연민이나 측은지심, 아프고 가난하고 없는 사람을 보면 불쌍히 여기는 마음을 넘어섭니다.

자신에게 잘못을 저지르고, 자신과 다르고, 자신에게 거슬리는 미운 사람조차도 하나님이 그 사람을 사랑하시기 때문에, 하나님이 그 사람을 위해서 생명을 바치셨기 때문에 사랑할 수밖에 없는 것이 기독교의 사랑입니다. 기독교의 사랑은 느낌이 아닙니다. 사랑스러워서 사랑하는 것이 아닙니다. 불쌍해서 사랑하는 것이 아닙니다. 하나님이 그를 사랑하셨기 때문에, 하나님이 우리를 먼저 사랑하셨기 때문에 우리도 사랑하는 것입니다.

"난, 사랑 못하겠다. 어떻게 그 사람을 사랑할 수 있어?" 이것이 우리의 상황입니다. 우리는 피하고 싶습니다. 그러나 하나님이 그를 사랑하셨다는 사실 때문에 그를 사랑하게 됩니다. 부부싸움을 할 때면 상대방이 정말 밉지 않으십니까? 그런데 그때 하나님이 우리에게 주시는 마음이 있습니다. 상대방이 너무 미운데 하나님이 마음속에서 "내가 그 사람을 사랑한다"고 말씀하십니다. 부글부글 끓고 화가 나는데 하나님은

"내가 네 아내도, 네 남편도 사랑한단다" 하고 말씀하십니다.

어떤 사람과 갈등이 생겨서 그 사람이 너무 미울 때, 하나님 앞에 앉아 잘 들어보면 하나님이 말씀하십니다. "내가 그 사람을 위해서도 죽었다." 그러면 우리는 할 수 없이 우리의 분노를 내려놓고, 자기 주장을 내려놓고, 그를 사랑하려고 합니다. 그러면 그 사람의 이야기가 들립니다. 그 사람이 이해되기 시작합니다. 이렇게 오해가 풀리고 다시 관계가 회복됩니다. 그런데 "내가 그 사람을 사랑한다"는 하나님의 말씀을 듣지 못하면 우리는 끝까지 그 사람을 사랑할 수 없습니다. 우리가 사랑하는 것은 하나님이 우리를 먼저 사랑하셨기 때문입니다.

하나님을 사랑하는 것은 내면적이고 영적이어서 눈에 보이지 않는데, 이것이 겉으로 열매가 되어 나타난 것이 바로 주변 사람들에 대한 우리의 태도입니다. 우리가 저마다 그리스도께 진정으로 속하였다면, 우리 형제자매도 그리스도께 속했음을 깨닫고 그들을 대하는 새로운 태도가 드러나는 것은 당연합니다. 우리가 다 진정으로 하나님께 속해 있기만 한다면 다른 형제자매들도 나와 함께 속해 있음을 알고, 그렇기 때문에 우리의 태도는 자연스럽게 달라집니다. 하나님의 사랑을 받고 하나님을 사랑하는 사람은 자신에게 주신 형제와 자매를 진정으로 사랑합니다. 다시 말해, 구원받은 증표는 형제 사랑입니다.

묵상 질문
1. 하나님을 사랑한다면, 우리에게 주신 형제자매를 사랑하지 않을 수

없다고 합니다. 당신은 하나님을 알고 나서, 공동체에 있는 사람들을 어떤 자세로 대하게 되었습니까? 만약 특별한 변화가 없다면, 이유는 무엇입니까?

2. 요한일서 4:19-21을 묵상하며 성령께서 우리 각자에게 뭐라고 말씀하시는지 귀 기울여봅시다.

4

형제 사랑의
성경적 원리

생각해볼 질문

당신은 사랑이 무엇이고 어떻게 사랑하는 것이 옳은지에 대해서 어디에서, 누구에게서 배웠습니까?

이제 좀 더 구체적인 이야기를 해보려 합니다. 언젠가 어떤 자매가 저에게 이런 이야기를 한 적이 있습니다. 자기는 인생에서 정말로 중요한 것 한 가지를 배우고 싶었는데 아무 데서도 가르쳐주지 않았다는 것입니다. 사랑이 인생에서 제일 중요한 것 같은데 그 사랑이 무엇인지를 가정에서도, 박사 과정까지 마친 학교에서도 배우지 못했다고 고백했습니다. 교회에서도 사랑을 이야기하고, 사랑하라고는 가르치지만, 어떻게 사랑하는지 구체적으로 가르쳐주지는 않습니다.

사실 교회는 사랑 전문가들이 모인 곳이어야 합니다. 교회는 '사랑클

리닉'이나, '사랑 전문 연구소'라고 불려야 합니다. 하나님이 우리를 먼저 사랑하셔서 서로 사랑하게 된 사람들이 모인 곳이 교회이기 때문입니다. 그런데 우리는 교회에서 사랑하라는 말을 수없이 들었지만, 그저 열심히 사랑하라고만 배웠을 뿐, 구체적으로 어떻게 사랑해야 하는지는 잘 배우지 못했습니다.

불행하게도 사람들은 세상 문화에서 사랑을 배웁니다. 드라마나 영화 속의 일그러진 사랑을 보면서 사랑은 어쩔 수 없는 그렇고 그런 것이라고 생각합니다. 꼭 필요하지만, 어떻게 다루어야 할지 모르는 그 무엇이라고 느낍니다. 그러나 성경은 사랑을 보여주고 가르쳐줍니다. 이제부터는 성경이 가르치는 사랑의 원리를 배워보려 합니다. 요한일서 3장 16-19, 23-24절은 이 형제 사랑의 성경적 원리를 잘 설명해줍니다.

16그리스도께서 우리를 위하여 자기 목숨을 버리셨습니다. 이것으로 우리가 사랑을 알게 되었습니다. 그러므로 우리도 형제자매를 위하여 목숨을 버리는 것이 마땅합니다. 17누구든지 세상 재물을 가지고 있으면서, 자기 형제자매의 궁핍함을 보고도 마음 문을 닫고 도와주지 않으면, 어떻게 하나님의 사랑이 그 사람 속에 머물겠습니까? 18자녀 된 이 여러분, 우리는 말이나 혀로 사랑하지 말고 행동과 진실함으로 사랑합시다. 19이렇게 함으로써 우리는 우리가 진리에서 났음을 알게 될 것입니다. 또 우리는 하나님 앞에서 확신을 가지게 될 것입니다.… 23하나님의 계명은 이것이니, 곧 그 아들 예수 그리스도의 이름을 믿고, 그리스도께서 우리에게 명하신 대로 서로 사랑하라는 것입니다. 24그리스도의 계명을 지키는 사람은 그리스도 안에 있고 그리스도께서도 그 사람 안에 계십니다. 그리스도께서 우리 안에 계시다는 것을, 그가 우리에게 주신 성령으로 우리는 압니다.

이 구절은 사랑하라고 명령한 다음에 어떻게 사랑해야 하는지도 구체적으로 가르칩니다. 성경에서 형제 사랑의 원리를 수십 가지 찾을 수 있겠지만, 이 구절에서 형제 사랑의 가장 근본이 되는 네 가지 원리를 찾아보고자 합니다. 누군가를 사랑할 때 이 원리를 조합해서 사용한다면 지혜롭고 바르게 사랑할 수 있을 것입니다.

희생하는 사랑

첫째로, 3장 16절이 말하는 사랑은 목숨을 버리는 사랑, 즉 희생하는 사랑입니다. 목숨을 버리는 것이 마땅하다는 것은 목숨을 버리는 데까지 나아갈 수 있다는 뜻입니다. 이것은 희생을 말합니다.

사랑은 자기 것을 내어줍니다. 자기 것을 허비합니다. 그러므로 사랑에는 희생이라는 개념이 반드시 들어가기 마련입니다. 희생이 없는 사랑은 사랑이 아닙니다. 사랑의 마지막 단계는 자기 것을 완전히 희생하는 것, 즉 생명을 주는 것입니다. 이것이 사랑의 최고 지순의 단계입니다.

요즘에는 느낌이 오는 상대에게 특별한 감정을 품고 좋은 행동을 하는 것을 사랑이라고 말하지만, 자기희생이 빠져버린 그런 느낌은 단순한 낭만적 연정에 지나지 않습니다. 얼마나 많은 사람들이 이 낭만적 연정을 진정한 사랑으로 착각하는지 모릅니다. 희생이 없으면, 대가를 지불하지 않는다면, 그것은 사랑이 아니라고 성경은 말합니다.

그런데 우리는 희생의 목적을 잘 알아야 합니다. 무엇을 위해서 목숨을 버리는 것이 마땅합니까? 성경은 형제자매를 '위해서'라고 말합니다. 어떤 사람들은 사랑을 희생이라고 배워서, 희생 자체를 사랑이라고 생각하기도 합니다. 하지만 성경에서 이야기하는 사랑은 희생 자체를 목적으로 하지 않고, 상대방의 진정한 유익을 위해서 희생합니다. 상대방이 더 악해지지 않고 성장하며, 자신의 잠재력을 꽃피울 수 있도록 하는 것이 목적이 되어야 합니다. 그렇지 않으면 그것은 값어치 없는 희생입니다. 성경은 값어치 없는 희생을 하라고 이야기하지는 않습니다.

예를 들어서, 가정 폭력을 생각해봅시다. 가정 폭력이 발생했을 때 그리스도인들은 참아야 한다고들 합니다. 그것이 사랑이라고, 희생해야 한다고 합니다. 그러나 폭력 행사의 경우, 맞은 사람이 피해자가 되는 것은 물론이고, 때린 사람도 망가집니다. 어떻게 한 인간이 자기보다 약한 인간을 물리력으로 제압하고 고통을 주는데, 자신의 인격에는 아무런 영향이 없겠습니까? 그런데 이런 사람들은 한번 때리기 시작하면, 화가 나면 또 때립니다. 세 번 네 번 손찌검을 되풀이하면서 그 사람 자신이 점점 망가집니다. 이런 폭력을 참고 견디며 희생하는 것은 사랑이 아닙니다. 그 사람이 계속 더 망가지도록 내버려두는 행동입니다. 그 사람이 우리에게 폭력을 가하면, 폭력을 사용하지 못하도록 막아야 합니다. 폭력을 계속 휘두르도록 내버려두면, 상대방은 더욱더 망가집니다. 참는다는 것은 이렇게 목적 없이 무조건 희생만 하는 것을 뜻하지 않습니다. 그것은 값어치 없는 희생입니다.

또 남편이나 아내가 외도하는 경우, 참고 기다리면 언젠가 돌아온다고 말하곤 합니다. 그러나 그것은 기독교의 사랑이 아닙니다. 원인이 무엇인지 찾아서 더 이상 그렇게 하지 못하도록 지혜롭게 대처하는 것이 희생하는 사랑입니다. 무조건 참는 것이 사랑은 아닙니다. 상대방을 위해서, 상대방이 정말 잘 되도록 하기 위해서, 상대방을 보호하기 위해서 희생할 때 그 희생이 의미가 있습니다.

예수님이 어떻게 사랑하셨는지 보십시오. 예수님은 세리와 창녀들을 사랑하셨습니다. 예수님이 그들과 함께 있는 것은 정치적으로 큰 희생이었습니다. 당시 종교 지도자들은 그런 죄인들과 섞이지 않았습니다. 그런데 예수님은 그들과 어울리셔서 "세리와 죄인들의 친구"로 알려지셨습니다(마 11:19). 예수님은 그분의 선명한 정체성에 영향을 받으면서까지 세리와 창녀들과 함께하셨습니다. 그들을 사랑하셨으므로 희생하셨습니다.

하지만 바리새인들과는 무조건 친구가 되지는 않으셨습니다. 오히려 그들을 혹독하게 대하셨습니다. 그들을 "독사의 자식들"이라 부르며, 그야말로 심한 욕을 하셨습니다(참고. 마 3:7). 왜 예수님은 바리새인들에게 이렇게 하셨을까요? 바리새인들은 자기 의가 너무나 강해서 그들을 가르친다고 해서 깨닫지는 않을 것을 아셨기 때문입니다. 그들이 하나님을 발견하려면 무너지고 깨져야 했습니다. 예수님은 그들을 사랑하셨기 때문에 그들과는 정면으로 충돌하셨습니다. 이것이 예수님의 사랑 방법이었습니다. 그 결과, 예수님은 그들의 미움을 사서 결국 돌아가시게 되었습니다. 이것이 예수님의 희생입니다. 훗날 예수님이 돌아가시고 부활하시고 난 다음, 많은 바리새인들이 주님께로 돌아왔습니다.

희생은 무조건 참는 것이 아닙니다. 상대방을 위해서 대가를 지불하는 것입니다.

진실한 사랑

두 번째는 진실한 사랑입니다. 3장 18절은 "우리는 말이나 혀로 사랑하지 말고 행동과 진실함으로 사랑합시다"라고 말합니다. 사실 '진실'이라고 하는 것은 아주 어려운 말입니다. 사람이 진실한지 아닌지를 어떻게 알 수 있습니까? 이 진실한 사랑이라는 말을, 우리 손에 잡힐 수 있는 좀 더 이해하기 쉬운 표현으로 바꾼다면 '투명한 사랑'이라고 할 수 있을 것 같습니다.

'투명성'이란 겉과 속이 같다는 것입니다. 다른 사람을 사랑할 때, 다른 숨은 목적을 가지고 사랑한다면, 그 사랑은 진실한 사랑, 투명한 사랑이 될 수 없습니다. 다른 사람을 사랑함으로써 자신이 유익을 얻는 경우가 있습니다. 경제적인 이익을 얻기 위해서도 그렇게 하고, 무엇보다도 다른 사람들의 인정을 받기 위해서 그렇게 합니다. 어떤 경우는 자신의 가치를 스스로 확인하고 싶어서 사랑의 행위를 합니다. 진실함은 이런 것들과는 반대입니다. 즉, 자신에 대한 관심과 이익 때문이 아니라, 사랑을 받는 사람의 유익을 위해서 사랑하는 것이 진실한 사랑입니다.

이런 진실함은 어떤 면에서 조작하는 것과 대척점에 놓여 있습니다. 어떤 사람의 말이나 행동이 액면 그대로 와 닿지 않고 '저 말의 진의가 뭘까? 저 사람, 왜 저런 행동을 할까?' 하는 생각이 든다면, 상대방이 투명하지 않다는 증거일 수 있습니다. 서로 대화할 때, '내가 이렇게 말하면 상대방이 저렇게 받아들일 테니 그 다음에 나는 이렇게 되받아치고'라는 식으로 미리 계산한 다음 말을 하는 경우가 있습니다. 이런 것들이 조작의 예라고 할 수 있습니다. 다른 사람에게 무언가를 해주는 경우에도, 다른 사람을 우리 마음대로 움직이고 싶기 때문에 그렇게 하는 경우가 있습니다. 이런 사랑은 투명하지도, 진실하지도 않습니다.

제 경우에는, 투명하지 않은 사람, 속이 들여다보이지 않는 사람, 그 사람의 말을 액면 그대로 받아들이면 안 되는 사람이 가장 대하기가 힘듭니다. 또 이런 경우도 있습니다. 제가 목사이다 보니, 사람들은 제게 좋은 이야기만 하려는 경향이 있습니다. 서로 투명하게 이야기해주어야 합니다. '이 사람 이야기는 내가 좀 감해서 들어야겠구나' 하는 마음이 든다면 그 관계에서 진실한 사랑이 오고갈 수 없습니다.

그런데 무조건 가슴을 열어 보이는 것이 투명성은 아닙니다. 투명성을 발휘할 때는 성숙이 필요합니다. 아마 세상에서 가장 투명한 분이 바로 우리 예수님이셨을 것입니다. 마음이 깨끗하고 겉과 속이 다를 필요가 없는 성숙함이 있을 때 진실해질 수 있습니다. 이런 진실성은 공동체 내에서 더 확산될 필요가 있습니다. 어떤 공동체에 가면, 목사가 하는 이야기를 듣고 교인들이 모두 그 말을 해석하느라 분주합니다. 어떤 교회에서는 하나님의 뜻보다 목사님의 뜻을 분별하기가 더 어렵다고도 합니다. 공동체에 그런 분위기가 있으면 곤란합니다. 그런 환경에서는 진실한 사랑을 찾아보기 힘들고, 사랑이란 단어만 있을 뿐 오히려 사랑이 오용됩니다. 사랑은 진실하고 투명해야 합니다. 이것이 두 번째 원리입니다.

구체적인 사랑

세 번째로 구체적인 사랑이어야 합니다. 17-18절을 보면, "누구든지 세상 재물을 가지고 있으면서 자기 형제자매의 궁핍함을 보고도 마음 문을 닫고 도와주지 않으면 되겠냐?"고 합니다. "말과 혀로만 사랑하지 말고 행동과 진실함으로 사랑하자"고 말합니다. 말과 혀로만 사랑하는 것이 아니라 구체적으로 사랑해야 합니다.

저도 조심하려 하고, 신중하려 하고, 하고 난 다음에는 꼭 지키려고 노력하는 말이 있습니다. 바로 그리스도인이 가장 쉽게 말로 때우는 표현, "기도해줄게"라는 말입니다. 누군가 어려움을 겪을 때 "기도해줄게"라고 진실하게 말하는 것은 좋은 일입니다. 그런데 그러고 나서 얼마나 기도하십니까? "기도해줄게"라고 한 다음 그 사람을 위해서 정말 10분 이상씩 기도하는 사람이라면 그렇게 말해도 괜찮을 것 같습니다. 그러나 그렇지 않다면, 그것은 말과 혀로만 사랑하는 것입니다. 힘들어 하는 사람과 만나서 커피라도 한잔 하면서 같이 시간을 보내주는 것이 오히려 좀 더 구체적인 사랑일 수 있습니다.

사랑은 구체성을 띠어야 합니다. 희생은 구체적으로 나타납니다. 예를 들어, 힘들게 지내시는 분들을 보면서 "식사 잘 하시고, 몸 잘 챙기세요"라고 이야기하는 것, 한 번 정도는 괜찮습니다. 하지만 만날 때마다 그렇게 말만 하는 것은 말과 혀로만 사랑하는 것입니다. 그냥 만나서 밥 한 끼 함께하면 됩니다. 말로 때우지 말고 구체적으로 사랑하십시오.

어떤 분이 몸이 너무 약해져서 고생하고 있을 때 교회 식구 한 사람이 보약을 해주었다고 합니다. 그 형제가 저한테 그러더군요. "내 가족도

나한테 보약 한 번 해준 적이 없는데, 내 몸 약하다고 이렇게 보약을 지어주는 것을 보면서 이게 참 공동체구나, 이게 정말 가족이구나" 하고 느꼈다고 말입니다. 가까이 있는 사람들을 그렇게 돕는 것이 구체적인 사랑입니다.

《그 청년 바보 의사》(아름다운사람들)라는 책을 보면, 안수현이라는 한 젊은 의사는 주변 사람들에게 끊임없이 선물을 합니다. 책이나 음반, 설교 테이프 등을 필요한 사람에게 적절하게 나누어줍니다. 놀랍게도 그 형제는 자신의 재정 중에 때로 삼분의 일에 해당하는 양을 이런 일에 썼다고 합니다. 그렇게 해서, 많은 사람들이 위로를 받고, 새로운 지혜를 얻고, 방향을 찾는 것을 보면서, 자신은 너무 기쁘다고 간증했습니다. 실제로 이 젊은 의사가 요절하고 나서 수많은 사람들이 그를 애도하였던 이유는 그가 이렇게 구체적으로 사랑했기 때문입니다.

나들목교회에서 자랑스럽게 생각하는 '지정헌금'도 그 한 예입니다. 지정헌금은 나들목 교인 가운데 누군가가 힘든 것처럼 보이면, 그 사람 앞으로 헌금을 하는 것입니다. 그러면 교회에서는 그 헌금을 그대로 그 사람에게 전해줍니다. 그러면 어떤 때는 헌금을 받은 사람이 "누구신지 모르지만, 감사합니다" 하는 내용의 카드를 써서 교회에 전해주고, 교회는 그것을 헌금한 사람에게 전달해주는 일도 있습니다. 교회가 그렇게 사랑의 우체국이 됩니다.

액수가 중요하지 않습니다. 중요한 것은 우리가 사랑을 서로 구체적으로 표현하는 것입니다. 말로만 하지 말고 구체적으로, 실제적으로 사랑할 때 그것이 진짜 사랑입니다.

중심이 있는 사랑

마지막으로 23-24절을 보겠습니다.

> 23하나님의 계명은 이것이니, 곧 그 아들 예수 그리스도의 이름을 믿고, 그리스도께서 우리에게 명하신 대로 서로 사랑하라는 것입니다. 24그리스도의 계명을 지키는 사람은 그리스도 안에 있고 그리스도께서도 그 사람 안에 계십니다. 그리스도께서 우리 안에 계시다는 것을, 그가 우리에게 주신 성령으로 우리는 압니다.

네 번째 사랑의 특징은 중심이 있는 사랑이라고 표현할 수 있습니다. 23절에 나와 있는 대로, 하나님의 계명은 "그 아들 예수 그리스도의 이름을 **믿고**, 그리스도께서 명하신 대로 서로 **사랑하라**"는 것입니다. 우리의 사랑은 중심이 먼저 잡혀 있어야 합니다. 그리스도 예수의 이름을 '믿고' 그래서 서로 사랑하는 것입니다.

그러면 24절에 나와 있는 대로, 그 계명을 믿고 사랑했기 때문에 우리가 그리스도 안에 있고 그리스도도 우리 안에 있게 되며 성령으로 그 사실을 확신하게 됩니다. 앞에서도 이야기했지만, 그리스도인의 사랑은 단순히 측은지심에서 나오지 않습니다. 먼저 그리스도 예수의 이름을 믿어야 합니다. 우리를 위해서 돌아가신 하나님을 믿고, 그러고 난 다음에 우리는 그분이 명하신 대로 서로 사랑하는 것입니다.

이것은 마음속에서 사랑이 마구 솟아나서 하는 사랑이 아닙니다. 우리가 누구를 사랑하고 싶어서 사랑하는 것이 아니라, 하나님이 우리를 사랑하셨기 때문에 다른 사람을 사랑하기로 결단하는 것입니다. 그리스도인의 사랑은 느낌이 아니라 결단입니다. 하나님이 명하신 대로 서로 사랑하겠다고 결단하는 것입니다. 이것은 예수님이 중심이 된 형제간의 사랑입니다.

저는 이런 질문을 많이 받습니다. "목사님, 제가 누구누구를 사랑해야 한다는 건 알아요. 그런데 솔직히 그 사람 사랑하지는 않아요. 사랑하라니까 억지로 사랑하는 거, 이건 위선 아닙니까?" "누굴 도와줘야 하는데 사실은 도와주고 싶은 마음이 없어요. 그런데 내가 리더니까 도와줘야 하잖아요. 그래서 억지로 도와주거든요. 이건 위선 아닙니까?" 그러면 저는 이렇게 대답합니다. "그 마음 기다리다 누구를 사랑하겠습니까? 어느 세월에 사랑하겠어요? 마음속에 사랑이 차오를 때까지 얼마나 더 기다려야 하겠습니까?"

사랑하고 싶은 마음이 생길 때까지 기다리다간 아무도 사랑할 수 없습니다. 사랑은 우리 속에서 나오지 않고, 하나님께로부터 오기 때문입니다. 하나님이 우리를 사랑하셨다는 것, 그것이 중심입니다. 그렇기 때문에 우리 각자가 다른 사람을 사랑하기로 결단하는 것입니다. 마음속에 사랑이 차올라서 누구를 사랑하는 것, 누가 못하겠습니까? 사람들이 사랑을 그렇게 착각하고 있습니다. 사랑은 그런 것이 아닙니다. 사랑에는 중심이 있습니다. 우리가 사랑할 마음도, 동기도 없고, 마음이 순수한 것 같지도 않고, 사랑을 통해서 뭔가를 드러내 보이는 것 같을지라도, 이런 것보다 더 중요한 것은 주님이 서로 사랑하라고 말씀하셨기 때문에, 더욱이 주님이 그 사람을 사랑하셨기 때문에 우리가 사랑하기로 결심하는 것입니다. 그러고 나면 나중에야 감정이 따라오기도 합니다.

이렇게 우리처럼 부족한 사람들이 누군가를 사랑하기 시작합니다.

그리스도인으로 살면서 이런 형제 사랑을 연습하기 시작하면 자신이 정말 변한 것을 깨닫습니다. "야, 내가 정말 변했다. 옛날 같으면 거들떠보지도 않을 사람인데, 옛날 같으면 저렇게 말하면 '내가 너 같은 인간 보고 살 것 같으냐? 너 안 보고도 내가 얼마든지 산다'며 고개를 돌리고 살았을 사람인데, 내가 이렇게 말도 안 되는 이야기를 들어도 허허 웃고, 참고, 이해하고 넘어가는구나. 내가 어떻게 이렇게 되었나? 옛날에 있던 그 자존심은 다 어디 가버렸나? 주님이 나를 사랑하시고 그 주님이 그를 사랑하시는 것을 아니까, 옛날과 다르게 살게 되는구나." 요한 사도는 성령님이 당신을 그렇게 바꾸셨다고 말합니다. "그리스도께서 우리 안에 계시다는 것을 그분이 우리에게 주신 성령으로 압니다."

정리해보겠습니다. 네 가지 사랑 중에서 첫 번째는 희생하는 사랑입니다. 이것은 상대방을 위해서, 상대방의 실제적인 복지를 위해서 대가를 지불하는 것입니다. 두 번째는 진실한 사랑입니다. 이는 투명한 사랑입니다. 다른 숨은 동기가 있거나, 꾸미거나 조작하는 것이 아니라, 상대방을 진정으로 염두에 둔 진실한 사랑입니다. 세 번째는 구체적인 사랑입니다. 사랑은 말로 때우는 것이 아니라 실제적이고도 구체적으로 행동하는 것입니다. 네 번째는 중심이 있는 사랑입니다. 사랑은 우리 자신에게서 나오지 않고 하나님께로부터 옵니다. 하나님을 바라보고 그분께 순종하기 때문에 우리가 사랑할 수 있습니다. 이것이 예수님이 가르치신 사랑입니다.

그런데 잘 살펴보면, 이 사랑을 온전히 보여주신 분이 바로 예수님이

심을 알 수 있습니다. 예수님은 우리를 위해서 희생하셨습니다. 예수님은 투명하게 사랑하셨습니다. 그분 말씀의 진의를 고민할 필요가 없습니다. 예수님은 언제나 투명하셨으며 모든 사람을 진정으로 위하셨습니다. 또 예수님은 "내가 너희를 사랑한다"고 말만 하신 것이 아니라 구체적으로 십자가에서 죽으셨습니다. 이 예수님의 사랑은 하나님에게서 온 사랑이었습니다. 중심이 분명한 사랑이었습니다. 그래서 우리에게 서로 사랑하라고 하실 때 바로 이렇게 사랑하라고 말씀하십니다.

사랑을 훈련하고 배우라

사랑은 느낌을 좇아 자연스럽게 일어나는 일이 아닙니다. **결단으로 시작하고, 인내로 유지되며, 지혜로 성숙하는 것이 사랑입니다.** 그리스도인 공동체는 이러한 사랑을 배우고 실천할 수 있는 최고의 환경입니다. 교회는 바로 이렇게 사랑하는 법을 배우는 곳입니다. 교회는 위선적이고 부족하고 남을 조작하는 사람들, 거칠고 자기 멋대로인 사람들이 모인 곳입니다. 그래서 "이게 무슨 공동체야?"라고 이야기하는 사람들이 있습니다. 하지만 그 사람들이 공동체입니다. 부족한 사람들이 모여 있는 공동체입니다. 거기서 부족한 사람들이 함께 사랑을 배워나갑니다.

사랑을 배울 수 있는 곳이 두 군데인데, 바로 가정과 교회입니다. 가정에서 아이들에게 바른 사랑을 가르쳐주어야 합니다. 아이들을 신처럼 떠받드는 잘못된 사랑이 아니라, 앞에서 이야기한 그런 사랑을 가르쳐주어야 합니다. 아이들은 사랑을 배우면서 커야 합니다. 그리고 가정에서 배운 사랑을 교회와 사회에서 실천해야 합니다. 불행히도 많은 가정에서 이런 사랑을 가르쳐주는 것이 아니라 왜곡된 사랑, 때로는 열등감과 분노를 가르칩니다. 가정에서 사랑을 배우는 데 실패해도 하나님의 대안이 있습니다. 가정에서 못 배웠다면, 교회에서 사랑하는 법을 배워야 합니다. 이렇게 배운 사랑으로 가정과 사회에서 서로 사랑해야 합니다. 이렇게 우리는 사랑 전문가가 되어서 삶의 현장에서 사랑해야 합니다.

교회는 사랑을 배울 수 있는 최고의 환경입니다. 우리가 좋아하는 사람, 비슷한 취향의 사람들끼리 모여 있는 곳이 아니라, 각양각색의 사람들, 절대로 예수 아니면 만나지 않았을 사람들이 모여 있기 때문입니다. 사실 예수님만 아니면 만나지 않았을 사람들이 예수님 때문에 묶여 있습니다. 삐죽빼죽한 가지들이 모두 성령의 띠로 묶여서 함께 있습니다. 그러니 사랑하다가 지치거나, 사랑하다가 실망하거나, 사랑하다가 상처받거나, (제가 제일 싫어하는 표현인) 사랑하다가 시험 들었다고 공동체를 떠나는 어리석은 실수를 저지르지 마십시오. 그 과정을 통과해야 진정한 사랑을 배웁니다. 그것은 반드시 겪어야 할 과정입니다.

여기서 우리는 공동체에 있어야 할 가장 중요한 개념을 한 가지 배웠습니다. 그것은 형제 사랑입니다. 형제 사랑이 있을 때 교회는 건강하게 자라날 것입니다.

묵상 질문

1. 앞의 네 가지 원리 중에서, 가장 마음에 와 닿는 부분과 가장 어렵게 느껴지는 부분은 어떤 것입니까? 어떻게 하면, 성경적인 원리에

입각한 사랑을 할 수 있을까요?

2. 자신에게 가장 와 닿는 원리와 관련된 성경 구절을 깊이 묵상해보

   십시오.

Foundation Of Abundant Life

섬김의 도를
실현하는 공동체

공동체적 삶의 원리:
섬김의 도

생각해볼 질문

당신이 속하고 싶은 공동체는 어떤 공동체입니까?
가장 중요한 특징을 들라면 무엇을 들고 싶습니까?

지난 만남에서는 사랑의 네 가지 원리를 이야기했습니다. 이 네 가지 중에서 자신에게 특별히 어렵고 또 더 배워야 할 원리는 어떤 것입니까? 사랑하라는 말은 쉽지만, 그 사랑을 실생활에서 행동에 옮기는 것은 결단과 학습과 훈련이 필요한 일입니다. 이렇게 사랑하는 일에서 성장해 가는 사람들이 모인 곳이 그리스도인 공동체입니다. 그러므로 공동체가 얼마나 성숙했는지는 교인 수가 얼마나 되고, 얼마나 많은 사역을 하고, 얼마나 많은 선교사를 파송했고, 얼마나 많은 가난한 자를 섬기느냐보다, 사랑의 전문가들이 얼마나 많은지에 달려 있습니다. 우리가 배운 사랑이 제2의 천성으로 자리 잡은 리더들이 많을수록 그 교회, 그 공동체는 하나님을 드러내고 그분의 뜻을 이루는 공동체가 될 수 있습니다.

지금까지 일대일 관계에 집중했다면, 이번 만남에서는 조금 더 구체적으로 공동체에서 살아가는 원리와 실제를 이야기하려고 합니다. 지난 만남에서 이미 언급했지만, 이번 만남에서 나눌 내용의 토대가 되는 내용이기에 다시 한 번 하나님 사랑과 형제 사랑의 관계를 짚고 넘어가려고 합니다.

하나님 사랑과 형제 사랑

성경에서 매우 중요한 삶의 원리는 '3장 16절'로 요약되는 것 같습니다. 그중 하나는 요한복음 3장 16절이고 나머지 하나는 요한일서 3장 16절입니다. 먼저 하나님이 우리를 얼마나 사랑하셨는지, 그 사랑을 이야기하는 요한복음 3장 16절을 읽어보겠습니다.

> 하나님께서 세상을 이처럼 사랑하셔서 외아들을 주셨으니 이는 그를 믿는 사람마다 멸망하지 않고 영생을 얻게 하려는 것이다.

요한일서 3장 16절은 그 사랑을 받은 우리가 어떻게 해야 하는지를 이야기해줍니다.

> 그리스도께서 우리를 위하여 자기 목숨을 버리셨습니다. 이것으로

우리가 사랑을 알게 되었습니다. 그러므로 우리도 형제자매를 위하여 목숨을 버리는 것이 마땅합니다.

요한일서 3장 16절도 요한복음 3장 16절만큼 중요합니다. 어쩌면 이 두 말씀은 동전의 양면처럼 보입니다. 요한복음 3장 16절에서 하나님이 우리를 얼마나 사랑하셨는지를 이야기한다면, 요한일서 3장 16절은 우리가 하나님의 사랑을 받았다면, 그 사랑을 통해서 진정한 사랑을 알았으므로 서로 사랑하는 것이 마땅하다고 이야기하고 있습니다.

그런데 대개 요한복음 3장 16절은 많이 암송하지만 요한일서 3장 16절은 잘 외우지 않는 것 같습니다. 요한복음 3장 16절은 하나님이 외아들을 주셔서 우리가 영생으로 옮겼다는 말씀이라 모두가 좋아하지만, 요한일서 3장 16절은 그러므로 우리도 우리 생명을 버리는 것이 마땅하다고 하니 모두가 버겁게 느낍니다.

간혹 요한복음 3장 16절만 있고 요한일서 3장 16절은 없는 공동체, 하나님과의 관계는 있는 듯한데 공동체의 아름다움은 없는 공동체가 있기도 합니다. 어느 누구도 서로를 위해서 희생하지 않고, 누구도 다른 사람을 위해서 자기 것을 주지 않습니다. 하지만 앞의 만남에서 살펴보았듯이 눈에 보이지 않는 하나님을 사랑하는 사람이 눈에 보이는 형제를 사랑하지 않는다는 것은 거짓말일 수 있습니다. 요한복음 3장 16절을 믿고 외우지만 요한일서 3장 16절을 삶에 적용하고 있지 않다면 요한복음 3장 16절을 믿는다는 것도 어쩌면 가짜일지 모릅니다. 하나님 사랑과 형제 사랑을 분리할 수 없기 때문입니다.

섬김의 도

그렇다면 그런 하나님의 사랑을 받은 자들, 그래서 다른 사람을 위해서 자기 생명을 내어주는 것이 마땅하다고 감히 고백하는 자들의 공동체는 어떤 방식으로 움직여야 할까요? 하나님이 우리를 그리스도 안에서 공동체로 만드셨기 때문에 우리는 **하나님의 방법**으로 공동체적인 삶을 살아야 합니다. 이러한 공동체적 삶의 방식은 세상 조직의 운영 방법과는 전적으로 다릅니다. 마태복음 20장 25-28절에서 예수님은 무엇이라고 가르치십니까?

> 25예수께서는 그들을 곁에 불러놓고 말씀하셨다. "너희가 아는 대로, 이방 민족들의 통치자들은 백성을 마구 내리누르고, 고관들은 백성에게 세도를 부린다. 26그러나 너희끼리는 그렇게 해서는 안 된다. 너희 가운데서 위대하게 되고자 하는 사람은 누구든지 너희를 섬기는 사람이 되어야 하고, 27너희 가운데서 으뜸이 되고자 하는 사람은 너희의 종이 되어야 한다. 28인자는 섬김을 받으러 온 것이 아니라 섬기러 왔으며, 많은 사람을 위하여 자기 목숨을 몸값으로 치러주려고 왔다."

이 본문 바로 앞에는, 제자들이 높은 자리를 차지하겠다고 서로 싸우는 장면이 나옵니다. 예수님은 그런 제자들을 곁에 불러놓고 "너희는 참 특별한 공동체"라며 이렇게 말씀하십니다. "너희가 아는 대로 이방 민족들의 통치자들은 백성을 마구 내리누르고 고관들은 백성에게 세도를 부린다." 여기 '마구 내리누르고…세도를 부린다'는 표현을 개역개정에서는 '임의로 주관하고…권세를 부리는 줄'이라고 표현했습니다. 이 단어들은 '주인 노릇을 하다', '권위를 사용하다'라는 단어 앞에 강한 접두사를 붙여서 '마구' 주인 노릇을 하고, '마구' 권위를 사용하는 모습을 표현하고 있습니다.

리더십을 가지고 사람들을 이끌고, 건강한 권위를 사용하는 것은 좋은 일입니다. 하지만 여기서는 자기 유익을 따라, 자기 욕심을 따라, 자기 마음대로, 마구, 임의로 리더십을 사용하고, 자기가 가진 권세를 마구 사용하는 모습을 보여줍니다. 그것이 세상 공동체의 특징이라고 말합니다. 세상 공동체는 피라미드 조직과 같습니다. 맨 밑에는 무조건 순종해야 하는 사람이 있고, 맨 꼭대기에는 권세와 힘을 독점하고 모든 것을 지시하는 사람이 있습니다. 정점에 있는 사람을 중심으로 모든 것이 돌아갑니다. 달리 말하면, 갑과 을로 구성된 연쇄 고리가 이 피라미드를 채우고 있습니다. 그래서 소위 '갑질'을 당한 사람은 자신의 을에게 갑이 되어서 이런 '갑질'을 또다시 반복합니다. 그 때문에 이러한 구조에서는, 공동체의 아래쪽에 위치한 약자들은 을의 을이 되어서 많은 고통을 감내할 수밖에 없습니다.

그런데 26절에서 예수님은 "그러나 너희끼리는 그렇게 해서는 안 된다"고 말씀하십니다. 개역개정은 "너희 중에는 그렇지 않아야 하나니"라고 표현했습니다. 여기서 '너희'는 하나님의 공동체를 말합니다. 하나님의 공동체에서는 그렇게 될 수 없다는 말씀입니다. 그러고 나서 예수님은 오히려 거꾸로 되어야 한다고 말씀하십니다. 맨 꼭대기에 올라가고 싶은 사람은 섬기는 사람이 되어야 하고, 으뜸이 되고자 하는 사람은 낮아져 종이 되어야 한다고 말입니다. 이것은 역피라미드 구조입니다.

　그러면서 마지막으로 28절에서는 "인자는 섬김을 받으러 온 것이 아니라 섬기러 왔으며 많은 사람을 위하여 자기 목숨을 몸값으로 치러주려고 왔다"고 말씀하십니다. 하나님의 공동체에서 제일 많이 섬기는 분은 바로 예수님이십니다. 예수님은 우리를 위해 생명을 주기까지 섬기셨습니다. 그러므로 그 바로 밑에 있는 최고의 리더들은 죽기 직전까지 사람들을 섬겨야 합니다. 리더 그룹에 있는 사람들은 혼신의 힘을 다해 사람들을 섬겨야 합니다. 이런 하나님의 공동체는 세상의 피라미드 구조가 아니라 '거꾸로 된 나라upside down Kingdom'입니다.

　이처럼 성경이 말하는 공동체는 세상에서 이야기하는 공동체와는 전혀 구조가 다릅니다. 다른 사람들에게 권세를 부리고 자기 마음대로 마구 행하는 사람이 아니라 다른 사람을 섬기기 위해서 희생하는 사람들이 리더가 될 수 있습니다. 자신의 힘과 권위, 지식, 능력, 경험과 재물로 얼마나 더 많은 사람들을 섬기느냐에 따라서 그 사람이 리더가 되는 것입니다. 이것이 예수님이 공동체에게 주신 중요한 가르침입니다.

　실제로 오늘날 교회가 깨지는 이유 가운데 하나는, 교회의 리더가 섬기려 하지 않고 섬김을 받으려 하기 때문입니다. 목사, 장로, 안수집사, 서리집사로 나누어진 교회의 직분을 무슨 계층처럼 생각합니다. 서리집사는 평사원, 안수집사는 과장, 장로는 부장이나 임원쯤으로 생각합니다. 이것은 성경에서 가르치는 바와는 정반대입니다. 교회에서 리더들이 자기 권위를 주장하고 자기 힘을 주장하고 자기 뜻대로 하려 하기 시작할 때, 교회에는 추하고 깨진 모습들이 나타나기 시작합니다. 이런 공동체는 하나님의 공동체일 수 없습니다. 예수님이 세운 공동체가 아니라, 사람의 방식으로 움직이는 인간의 조직에 불과합니다.

목사, 장로, 권사, 집사는 섬기는 직분입니다. 우리의 본성을 생각한다면, 교회의 리더가 되는 것을 싫어해야 정상입니다. '그 희생의 길, 그 십자가의 길을 어떻게 갈꼬?' 하는 마음이 드는 것이 자연스럽습니다. 교회와 그리스도인 공동체에서 리더가 되기를 사모하는 일은 아름다운 일이나, 리더가 되기 위해서 세속적으로 경쟁하는 일은 있을 수 없습니다. 많이 희생하고 더 많이 섬기는 일을 누가 좋다 하겠습니까? 하나님의 사랑을 깊이 체험하는 자들만이 이렇게 그리스도인 공동체에서 리더가 되려고 결단합니다.

다시 한 번 상기하지만, 우리 공동체의 최고 리더는 자기 생명을 우리에게 줄 만큼 희생하신 분입니다. 그래서 우리가 늘 그분을 보고 감동을 받는 것 아닙니까? 지난 2천 년 동안 수많은 사람이 예수 그리스도를 위해서 자기 생명을 바쳤습니다. 기독교만큼 순교자를 많이 낸 종교가 없습니다. 역사를 보면 자기 신념과 이데올로기를 위해서 죽는 사람은 늘 있었습니다. 그런데 그렇게 신념이나 의지력이 강하지도 않고, 의식화되지도 않았던 수많은 사람들이 자신이 섬기는 주님을 위해서 죽었습니다. 이유가 무엇일까요? 사랑을 받았기 때문입니다. 하나님으로부터 엄청난 사랑을 받아 누렸기 때문에 그 주님을 부인할 수가 없었습니다.

그런 주님이 우리 공동체의 중심이기 때문에 공동체의 리더들은 늘 그 주님을 따라서 섬기고 희생하는 일에 앞서겠다고 결심한 이들입니다. 그런 리더들이 있는 공동체는 건강한 성경적 공동체가 될 수 있습니다.

예수님이 한국 교회에 오신다면, 성경의 많은 말씀 중에서 우리 한국 교회에 꼭 주고 싶으신 말씀이 무엇일까 생각해본 적이 있습니다. 아마 그 말씀들 중에, 오늘 우리가 읽은 이 본문이 꼭 들어 있을 것 같습니다. 우리는 우리도 모르게 유교적인 정신 유산을 가지고 있어서, 수직적 권위 구조를 마음에 쉽게 받아들입니다. 그래서 교회 안에 온갖 '사'자가 붙은 사역자를 만들어내기도 하고, 교회를 오래 다녔는데 아직도 집사, 장로가 되지 못했다는 부담감을 갖기도 합니다.

우리 공동체에서 리더가 되려면 더욱더 낮아지고, 더 많은 시간과 에너지와 재물을 다른 사람들에게 나누어주는 자가 되어야 한다는 성경적 문화가 생겨난다면, 우리 공동체는 정말 하나님이 기뻐하시고, 세상 사람들에게 박수를 받고, 공동체 안에 있는 우리 자신은 축복을 누리는 공동체가 될 것입니다. 성경적인 공동체가 되기 위해서 가장 중요한 원리는 바로 이 '섬김의 도'입니다.

묵상 질문

1. 우리 교회든 다른 교회든 교회에서 권위만 앞세우는 지도자들을 경험한 적이 있습니까? 그러한 모습이 성경적 가르침과 얼마나 대조되는지 생각해보십시오.

2. 마태복음 20:25-28을 묵상하며 자신은 어떤 종류의 리더가 되기를 원하는지 깊이 묵상해봅시다.

2

서로 복종하는 삶

생각해볼 질문

지도자에게 순종해야 한다는 말을 들을 때 당신은 어떤 마음이 듭니까?

하나님의 공동체에는 하나님이 세우신 리더가 있습니다. 앞에서 그 리더는 예수님이 그러하셨듯이 섬기는 자여야 한다는 이야기를 했습니다. 그러면 우리는 교회 내의 그런 리더들을 어떻게 대해야 할까요? 바로 앞에서 섬김의 도를 배웠으니, 리더들에게 우리를 섬기라고 요구하는 것이 성경의 가르침일까요? 성경에서는 섬김의 도와 함께 순종의 중요성을 가르칩니다.

겸손의 순종

베드로전서 5장 5절은 우리에게 다음과 같은 교훈을 줍니다.

> 젊은이 여러분, 이와 같이 여러분도 나이가 많은 이들에게 복종하
> 십시오. 모두가 서로서로 겸손의 옷을 입으십시오. 하나님께서는
> 교만한 자를 물리치시고, 겸손한 사람에게 은혜를 베푸십니다.

베드로 사도는 젊은이들에게 공동체에서 나이가 많은 이들, 곧 교회의 장로들(벧전 5:1)에게 복종할 것을 권고합니다. 하나님은 공동체에 지도자들을 세우시고, 그 공동체의 구성원들은 그들에게 복종해야 한다고 가르치십니다. 리더들은 자신을 따르는 자들을 위해서 희생하며 그들을 섬겨야 하고, 리더를 따르는 자들은 그 리더에게 복종해야 한다고 성경은 가르칩니다.

공동체의 리더들에게는 하나님이 주신 권위가 있습니다. 그런데 이 권위는 리더들이 그 직위에 이르렀기 때문에 자동으로 갖게 된 것이 아닙니다. 하나님의 뜻을 행하는 한, 그에게 권위가 있습니다. 예를 들어, 목사의 권위가 있습니다. 안수를 받아서 목사가 된다고 해서 모든 영역에서 권위가 있는 것은 아닙니다. 목사는 하나님의 뜻을 가르치고 그 뜻대로 행하기 때문에, 그분의 뜻을 가르치고 행하는 한, 그에게 권위가 있습니다. 다시 말해, 이 권위는 생득적 권위, 즉 목사가 됨으로써 자동으로 얻는 권위가 아니라 상당히 조건인 권위입니다. 만약 목사가 하나님의 말씀을 가르치고 행하는 일을 등한시하면서 자신의 권위만 주장한

다면, 그것은 바르지 못합니다. 그러나 어떤 목사나 리더가 하나님의 뜻을 따라 행하고 순종하며 사역할 때에는 공동체 구성원들은 그에게 하나님의 권위가 있는 것으로 받아들이고 순종해야 할 의무가 있습니다.

오늘날 교회는 양극단의 모습을 보이는 것 같습니다. 한쪽 극단은 여전히 유교주의 전통을 가지고 목사에게 무조건 순종하는 경우입니다. 목사가 하는 말이라면 무슨 이야기를 해도 다 순종하는 것은, 유교 전통에서 나온 잘못된 모습입니다. 목사가 하나님의 뜻에 위배되는 내용을 가르칠 때도 있습니다. 그럴 때는 성도들이 목사님에게 "그것은 성경에서 가르치는 것이 아니지 않습니까?"라고 겸손히 질문해야 합니다. 자신의 지식이 부족하여서 오해할 수 있으니 쉽게 판단하기보다 겸손히 질문하는 것이 먼저입니다. 겸손한 자세를 유지하면서도, 틀린 것은 틀렸다고 말할 수 있는 성도가 하나님 앞에 서 있는 자입니다.

그런가 하면 또 다른 극단에는 어차피 주 안에서 한 형제자매이니 목사와 성도가 아무 차이도 없다고 생각하는, 아주 민주적인 교회가 있습니다. 이런 모습도 건강하지는 않습니다. 하나님은 교회 지도자들에게 권위를 주셨습니다. 목사만이 아니라 팀장이나 소그룹 리더에게도 그에 걸맞은 권위를 주셨습니다. 하나님의 공동체는 모두가 동등한 권위를 가지고 있다고 가르치지 않습니다. 영적 성숙도와 공동체에 대한 헌신에 따라 권위가 다르게 주어집니다. 그렇기 때문에 모두 자신의 의견을 주장하고 다수결을 따라가는 것은 성경이 가르치는 공동체가 아닙니다.

우리는 교회 공동체 리더의 권위를 인정해주고 그가 리더십을 발휘할 수 있도록 순종해야 합니다. 앞에 나온 구절에서 베드로 사도는 "모두가 서로서로 겸손의 옷을 입으십시오. 하나님께서는 교만한 자를 물리치시고, 겸손한 사람에게 은혜를 베푸십니다"라고 말합니다. 우리는 공동체에서 스스로 겸손의 옷을 입고 리더들에게 순종해야 합니다. 물론 이 말씀은, 리더들이 자기를 따르는 자들을 섬기고 그들을 위해 희생하는 것을 전제합니다. 자신의 리더십을 마구 휘두르는 것이 아니라, 그들을 위해서 기도하고 섬길 때, 공동체 구성원들이 리더에게 순종하는 것, 이것이 아름다운 공동체의 모습입니다.

특별히 공동체의 리더들은 영적 성장과 하나님을 따르는 일에서 리더십을 발휘합니다. 또한 공동체를 이끌어가는 일에서 의사결정을 할 때도 리더들의 역할은 중요합니다. 공동체에서 가장 이상적인 의사결정은 다수결의 원칙을 따르는 것이 아니라, 모든 공동체 구성원이 자신의 의견을 내놓고 충분히 소통한 결과 한 방향으로 이야기가 모아질 때, 그것을 선택하는 것입니다. 하지만 모든 사안이 항상 그렇게 이상적으로 마무리되지는 않습니다. 때로는 충분히 논의하고 의견을 수렴한 후 다수의 의견이 아니라 소수의 의견을 리더가 선택할 수도 있습니다. 이렇게 리더가 또는 리더들이 사람들의 이야기를 충분히 듣고 하나님 앞에서 분별하고 결정할 때, 모든 공동체 구성원은 여기에 함께 순종하는 것이 아름답습니다.

또한 그리스도인 공동체의 리더들은 공동체의 형제자매들이 죄에 머물지 않도록 권면합니다. 성숙한 공동체일수록, 죄의 문제를 개인의 문제로 치부하고 무관심한 것이 아니라, 또는 함부로 사람들의 문제에 개입하는 것이 아니라, 사랑으로 자신의 형제자매들을 보호하고 하나님 앞에 설 수 있도록 돕습니다. 이런 이유로 리더가 권면할 때, 공동체 구성원들이 리더의 권면에 순종하는 것이 필요합니다.

공동체에서 "내 취향이 아니야. 난 내 생각이 있어. 그건 내가 좋아하는 방식이 아니야. 나는…나는…"이라고 말하며 '나'에 매여 있는 사람들은 자기의 한계를 넘어서지 못하기 때문에 제대로 성장하기가 어려울 뿐더러, 리더가 되어서는 절대 안 됩니다. 리더들도 불완전하고 부족하지만, 하나님이 그 리더를 우리에게 붙여주셨다면 리더의 지도와 인도대로 따라가는 것이 필요합니다. 이것이 겸손의 옷을 입는 것입니다.

서로 복종하라

그래서 공동체에서는 복종이 중요한 덕목입니다. 리더는 주님이 우리를 위해 생명을 주셨듯이 따르는 자들을 섬기고, 따르는 자는 주님에게 순종하듯이 리더에게 순종하는 것이 하나님의 공동체가 지닌 아름다운 모습입니다. 이를 사도 바울은 어떻게 표현했습니까?

그리스도를 경외함으로 피차 복종하라(엡 5:21, 개역개정).

바울은 에베소서 5장 22절에서 6장 9절에 걸쳐 여러 관계에 대해서 이야기합니다. 먼저 5장 22-33절에서는 남편과 아내의 관계, 6장 1-4절에서는 자녀와 부모의 관계, 5-9절에서는 종과 주인의 관계에 대해서 이야기합니다. 이렇게 여러 사회적 관계를 다룰 때, 서두의 5장 21절에서 대표적인 한 구절을 이야기하고 나서 그 원리를 세 가지 관계에 적용하고 있습니다. 그 원리가 바로 "그리스도를 경외함으로 피차 복종하라"는 것입니다. 피차 복종하는 것, 서로 순종하는 것이 그리스도인 공동체의 특징입니다. 이 가르침은 혁명적인 가르침입니다. 당시는 남편, 부모, 주인이 절대 권위를 가진 사회였습니다. 오늘날도 이런 사회에서 통념적으로 받아들이는 권위가 있습니다. 그런데 바울은 한쪽 방향으로의 순종을 가르치는 것이 아니라 피차 복종하라고 하는데, 이것이 '반문화적인' 그리스도인 공동체의 특징입니다.

그렇다면 우리가 어떻게 서로 순종할 수 있을까요? 그것은 서로가 한 권위에 집중할 때 가능합니다. 예수 그리스도라는 권위에 순종하고 집중할 때, 우리는 서로 복종할 수 있습니다. 남편과 아내도 피차 복종할 수 있습니다. 부모와 자녀도 피차 복종할 수 있습니다. 종과 주인도 피차 복종할 수 있습니다. 각자의 하나님인 예수 그리스도를 경외하기 때문입니다. 이것이 그리스도인 공동체가 가능한 비밀입니다.

이런 공동체에서는 서로 의견이 대립되고 마음이 맞지 않을 때, 각자가 자신의 주장이 혹시 하나님을 우습게 여기고 자기 맘대로 하는 것이 아닌가 생각해봅니다. 하나님을 경외하는 자신이 그렇게 주장하는 것이 옳은가 검토해보는 것입니다. 만약 이렇게 하나님을 두려워하는 마음을 갖는다면, 하나님께 최종 권위가 있음을 인정하는 자세를 갖는다면, 그리스도인 공동체는 많은 차이와 문제에도 불구하고 그것을 극복해나갈 수 있는 가능성이 있습니다.

이 점은 가정에서도 마찬가지입니다. 예수 그리스도가 계시지 않다면, 오늘날처럼 남녀가 평등화된 사회에서 가정이 존재할 수나 있을까 하는 생각이 듭니다. 각자 자신의 취향이 있고 자신이 옳다고 믿는, 남자와 여자가 함께 사는데 도대체 누구의 의견을 따라야 하겠습니까? 그런데 이들이 화목한 가정을 이룰 수 있는 이유는 무엇입니까? 두 사람에게 동일한 주님이신 그리스도를 경외하기 때문입니다. 그분이 최종 권위이시기 때문입니다.

하나님은 아버지가 되셔서 새로운 공동체를 세우셨습니다. 그 새로운 공동체에서 살아가는 방법은 세상에서 통용되는 방법과는 다릅니다. 곧, '섬김의 도'이며 '서로 복종하는 길'입니다. 그리스도인 공동체는 하나님의 대안 공동체입니다. 세상 공동체와는 다른 공동체라는 말입니다.

그런데 오늘날 그리스도인 공동체의 슬픈 자화상은, 교회 공동체에서도 세상 방식을 그대로 적용하는 모습이 나타난다는 것입니다. 교회에서 직분이 높은 사람, 힘 있는 사람, 많이 배운 사람, 많이 가진 사람이 교회를 뒤흔듭니다. 교회 공동체는 그럴 수 없습니다. 섬기는 사람들, 다른 사람을 위해서 더 많이 희생하는 사람들이 교회를 이끌어가야 합니다.

우리가 "너희 중에는 그렇지 아니하니…"라고 하신 예수님의 말씀에 순종한다면, 오늘날 사람들은 교회를 바라보면서 "와, 저긴 정말 다르다"라고 느낄 것입니다. "저 공동체는 이 시대에 대안 공동체가 될 수 있겠다. 공동체가 성립할 수조차 없어 보이는 이 시대에 이런 공동체가 가능하구나. 정말 아름답다! 어떻게 저렇게 서로 복종하는가! 무엇이 저 다양한 사람들을 하나로 엮는가! 아, 저들이 정말 하나님을 경외하는구나! 정말 하나님을 믿는구나!"라며 놀랄 것입니다. 하나님의 공동체는 섬김의 도와 서로 복종하는 길이 드러나는 공동체입니다.

묵상 질문

1. 베드로전서 5:5을 묵상해보십시오. 당신에게 영적 지도자는 누구입
   니까? 영적 지도자에게 순종하는 것을 어렵게 느끼는 이유가 있다
   면 그것은 무엇입니까?

2. 서로 복종하는 것이 가능한 유일한 이유가 무엇인지 묵상해보십시오.

용서와 용납

생각해볼 질문
어떤 사람을 섬기고 사랑했지만 오히려 오해를 받고 거절당한 경험이 있습니
까? 그때 당신은 어떻게 반응했습니까?

앞에서는 원리를 이야기했다면, 이제 조금 더 구체적으로 공동체적
삶의 실제를 이야기해보려고 합니다. 다시 한 번 정리하자면, 그 원리란
하나님이 세우신 공동체에서 리더들은 주님께 더 많이 복종하고, 순종
하고, 공동체원들을 위해 희생하고 섬겨야 하며, 리더를 따르는 자들은
그들의 권위를 인정하고 그들에게 복종해야 한다는 것, 결론적으로는
피차 복종하는 것을 말합니다. 그렇다면 그것이 어떻게 구체적으로 우
리 삶에서 드러날 수 있을까요?

'서로' 사랑하여라

다시 한 번 예수님이 주신 새 계명을 살펴보겠습니다. 요한복음 13장 34-35절을 보십시오.

> 34이제 나는 너희에게 새 계명을 준다. 서로 사랑하여라. 내가 너희를 사랑한 것같이 너희도 서로 사랑하여라. 35너희가 서로 사랑하면 모든 사람이 너희가 내 제자인 줄을 알게 될 것이다.

여기 '서로 사랑하라'는 말씀에는 앞에서 공부한 모든 내용이 다 포함되어 있습니다. 우선 사랑의 네 가지 원리, 즉 희생하는 사랑, 진실한 사랑, 구체적인 사랑, 중심 있는 사랑이 들어 있습니다. 또한 공동체에서는 건강한 권위를 인정하고, 리더는 희생하고 섬기며, 결과적으로는 서로 복종함으로 사랑하라는 뜻입니다. 그렇다면 여기서는 조금 다른 각도에서, 이 서로 사랑하는 사람들이 누구인지를 이야기해보려고 합니다.

서로 사랑하라는 말씀을 읽을 때 사람들은 '서로'라는 말에서 옆집 순이 엄마, 옆 자리 김 과장 등을 생각합니다. 물론 그렇게까지 넓게 적용할 수도 있지만 예수님이 이 말씀을 하시는 상황을 조금 더 자세하게 살펴보면, 예수님이 열두 제자에게 하시는 말씀임을 알 수 있습니다. 예수님은 열두 명에게 "너희가 서로 사랑하라"고 명령하셨습니다. 먼저 제자 공동체에 말씀하셨습니다. 그리고 이 '너희'는 주변에 있는 사람들에게 조금씩 더 확대될 것입니다. 그렇게 확대되어 서로 사랑하면, 세상 사람들이 그들을 예수님의 제자로 알게 되리라고 말씀하십니다.

저는 이것이 굉장히 중요한 부분이라고 생각합니다. 한 사람이 가족 외에 마음에 품을 수 있는 사람이 몇 명이나 되겠습니까? 사실 한 사람이 마음에 품고 사랑할 수 있는 사람은 그렇게 많지 않습니다. 마음속에 늘 품고 생각하고 기도하고, 서로 교감을 주고받으면서 사랑할 수 있는 사람은 그렇게 많지 않습니다. 제 생각에는 열 명 정도가 최대일 것 같습니다.

여기 서로 사랑하라는 말씀은 열 명에서 열두 명 정도의 소단위 공동체를 기초로 합니다. 예수님도 제자 열두 명을 데리고 다니지 않으셨습니까? 하나님이 우리에게 서로 사랑하라고 하실 때, 백 명, 천 명, 만 명을 사랑하라고 말씀하시지 않습니다. 우리에게 주신 아주 소수의 사람을 집중해서 사랑하라고 말씀하십니다. 오늘날 그리스도인들이 가까이 있는 사람은 사랑하지 않고, 두루뭉술하게 모든 그리스도인을 사랑한다고 말하는데, 그것은 사실 아무도 사랑하지 않는 것입니다. 구체적으로 희생할 대상이 없기 때문입니다.

그런데 사람들은 자기에게 주어진 사람들을 사랑하다가 포기해버리는 경우가 많습니다. 힘들기 때문입니다. 사랑은 원래 버거운 것입니다. '이 사람은 내가 사랑할 수 있는 사람이 아닌가 보다' 하고 다른 사람을 찾아가지만 그 사람도 마찬가지입니다. 그러다 이것저것 다 귀찮으니 모호하게 모든 그리스도인을 사랑하기로 합니다. 불특정한 다수를 사랑한다고 하면 편하기 때문입니다. 그래서 실제적으로 사랑하려면, 우리가 하나님 앞에서 영적 책임감을 느끼는 열 명 정도로 그 범위를 제한해 보는 것이 유익합니다.

오늘날 교회 공동체가 목회자에게 너무 심각하게 의존하는 것은 이런 면에서 문제가 많습니다. 사람들은 목회자에게 사랑을 받기 원하지만, 목회자 역시 사람들을 품는 데는 한계가 있습니다. 오히려 성도들이 서로 사랑해야 합니다. 이렇게 서로 사랑하는 공동체는 규모가 크더라도 서로 사랑하는 끈끈함으로 엮여 있습니다. 공동체의 숫자가 적더라도 한 사람만 의지하여 사랑받기를 원한다면, 그 공동체는 결코 건강하다고 할 수 없습니다. 교회의 크기와 관계없이 성도들 각자에게 사랑하고 위하여 희생하여야 할 사람들이 있느냐가 가장 중요합니다.

공동체를 세우는 첫 번째 기둥, 용서

그런데 우리가 서로 사랑하려고 할 때 문제가 있습니다. 사랑하면 서로 가까워지기 마련인데, 멀리서는 다 괜찮아 보이지만 가까워지면 의도하든 하지 않았든 상대방의 부족한 부분과 상대방이 우리에게 잘못하는 일이 눈에 띄기 시작합니다. 그런 일은 우리를 참 고통스럽고 불편하게 합니다. 차라리 인사만 하고 지나치는 관계에서는 별 문제가 없지만, 서로 사랑하려고 가까이 가면 서로 오해하고 잘못하는 일들이 생깁니다. 예수님은 이런 문제를 어떻게 해야 하는지 마태복음 18장 20-35절에서 자세하게 말씀해주셨습니다.

> 20두세 사람이 내 이름으로 모여 있는 자리 거기에 내가 그들 가운데 있다. 21그때에 베드로가 예수께 다가와서 말하였다. "주님, 내 형제가 나에게 자꾸 죄를 지으면, 내가 몇 번이나 용서하여주어야

합니까? 일곱 번까지 하여야 합니까?" 22예수께서 대답하셨다. " 일곱 번만이 아니라 일흔 번을 일곱 번이라도 하여야 한다. 23그러므로 하늘나라는 마치 자기 종들과 셈을 가리려고 하는 어떤 왕과 같다. 24왕이 셈을 가리기 시작하니, 만 달란트 빚진 종 하나가 왕 앞에 끌려왔다. 25그런데 그는 빚을 갚을 돈이 없으므로, 주인은 그 종에게, 자신과 그 아내와 자녀들과 그 밖에 그가 가진 것을 모두 팔아서 갚으라고 명령하였다. 26그랬더니 종이 그 앞에 무릎을 꿇고, '참아주십시오. 다 갚겠습니다' 하고 애원하였다. 27주인은 그 종을 가엾게 여겨서, 그를 놓아주고, 빚을 없애주었다. 28그러나 그 종은 나가서, 자기에게 백 데나리온 빚진 동료 하나를 만나자, 붙들어서 먹살을 잡고 말하기를 '내게 빚진 것을 갚아라' 하였다. 29그 동료는 엎드려 간청하였다. '참아주게. 내가 갚겠네.' 30그러나 그는 들어주려 하지 않고, 가서 그 동료를 감옥에 집어넣고, 빚진 돈을 갚을 때까지 갇혀 있게 하였다. 31다른 종들이 이 광경을 보고, 매우 딱하게 여겨서, 가서 주인에게 그 일을 다 일렀다. 32그러자 주인이 그 종을 불러다놓고 말하였다. '이 악한 종아, 네가 애원하기에, 나는 너에게 그 빚을 다 없애주었다. 33내가 너를 불쌍히 여긴 것처럼, 너도 네 동료를 불쌍히 여겼어야 할 것이 아니냐?' 34주인이 노하여, 그를 형무소 관리에게 넘겨주고, 빚진 것을 다 갚을 때까지 가두어두게 하였다. 35너희가 각각 진심으로 자기 형제자매를 용서해주지 않으면, 나의 하늘 아버지께서도 너희에게 그와 같이 하실 것이다."

그리스도인의 관계　이야기는 21절부터 시작되지만, 예수님은 이보다 앞서 15-20절에서 하나님의 공동체에 대한 중요한 원리를 가르쳐주십니다. 그 원리의 결론이 20절에 나와 있습니다. "두세 사람이 내 이름으로 모여 있는 자리, 거기에 내가 그들 가운데 있다."

두세 사람이 예수님의 이름으로 모인 곳이 곧 그리스도인들의 관계, 그리스도인들의 공동체입니다. 여기서 '예수님의 이름'은 예수님의 인격과 예수님이 하신 사역을 가리킵니다. 예수님의 인격과 사역을 근거로 모였다면 "두세 사람이 모인 그들 중에 나도 있겠다"고 예수님이 말씀하셨습니다. 이는 놀라운 선언이자 약속입니다. 예수님이 우리 가운데 계십니다. 이것이 우리가 누리는 특별한 관계입니다.

이어지는 21-35절은 어떤 면에서 그리스도인들이 평생 기억해야 할 말씀입니다. 두세 사람이 그분의 이름으로 모인 곳, 그들 중에 예수님이 계신데, 그렇다면 그들 가운데서 서로 잘못하는 사람들을 어떻게 다룰지를 정확하게 말씀해주고 계시기 때문입니다.

예수님이 "두세 사람이 내 이름으로 모인 곳에 나도 그들 중에 있겠다"라고 말씀하셨을 때 베드로가 다가와서 질문합니다. 성격 급한 베드로는 자기에게 잘못한 누군가를 떠올리고 있는 것 같습니다. 유다가 마음에 안 들었는지도 모릅니다. 혹은 급한 베드로와는 대조적으로 늘 생각이 많은 도마가 그를 괴롭혔는지도 모릅니다. 어쨌든 누군가가 그를 괴롭혔던 것 같습니다.

베드로는 "내가 도대체 몇 번이나 참아야 합니까? 내가 여섯 번 정도 참았는데, 예수님, 일곱 번 참을까요?" 하고 물어보았습니다. 그랬더니 예수님은 "일흔 번씩 일곱 번이라도 참아라"라고 대답하십니다. 이것은 꼭

70과 7을 곱해서 490번만큼 용서하라는 것이 아니라 무한대로, 무조건 참으라는 말씀입니다. 그러면서 예수님은 이런 이야기를 들려주십니다.

예수님이 들려주신 이야기　이 이야기에는 만 달란트 빚진 자와 백 데나리온 빚진 자가 나옵니다. 만 달란트는 어느 정도의 돈일까요? 1달란트가 15년 품삯이므로, 만 달란트는 15만 년의 품삯입니다. 계산하기도 힘든 엄청난 돈입니다. 주인은 이 정도로 큰돈을 빚진 자를 불쌍히 여겼습니다. 27절에서는 주인이 그 종을 가엾게 여겼다고 하고, 33절에서는 불쌍히 여겼다고 하며, 두 번이나 비슷한 표현이 나옵니다. 만 달란트는 도무지 갚을 수 없는 돈이어서 그를 가엾게 여겨서 탕감해줍니다.

그런데도 이 사람은 나가면서 자신에게 백 데나리온 빚진 사람을 잡아 가지고는 목을 흔들면서 돈을 갚으라고 했고, 조금만 참아달라는 그의 말을 거절하고 그를 옥에 집어넣었습니다. 1데나리온이 하루 품삯이므로 백 데나리온은 100일 품삯, 즉 석 달치 월급보다 조금 더 되는 돈입니다. 결코 적은 돈이라고는 할 수 없지만, 만 달란트와는 비교가 되지 않습니다. 그 사실을 안 주인은 만 달란트 빚진 자를 다시 데려다가 옥에 집어넣었습니다.

예수님은 이 이야기를 통해서 우리가 서로 어떻게 용서해야 하는지를 말씀해주십니다. 우리에게 아무리 잘못한 사람이 있다 할지라도 그것은 백 데나리온 정도에 불과합니다. 적은 돈은 아니지만, 우리는 만 달란트를 탕감받았습니다. 15만 년어치 월급, 절대로 갚지 못할 빚을 탕감받은 것입니다.

오늘날 그리스도인들이 용서하지 못하는 이유는, 자신이 얼마나 심각한 죄를 용서받았는지를 잊어버렸기 때문입니다. 15만 년치 월급입니다. 이 불가능한 금액을 하나님이 탕감해주셨습니다. 이것은 하나님께도 큰 금액입니다. 하나님이 우리를 용서하시기 위해서 무엇을 손해 보셨습니까? 그분의 아들 예수 그리스도를 희생하셨습니다. 하나님은 우리를 용서하시기 위해서 엄청난 대가를 지불하셨습니다. 그런데 우리가 하나님을 거절하고 배반한 것이 얼마나 심각한 죄인지 의식하지 못하고 너무 가볍게 여깁니다. 하나님의 진노가 사람들 위에 있다는 표현을 가볍게 여깁니다. 우리가 얼마나 어려운 상황에서 용서받았는지를 잊어버렸습니다. 그러니 우리에게 조금 잘못한 사람도 용서하지 못하는 것입니다.

어려운 용서　　하지만 사실 용서는 상당히 어려운 일입니다. 저도 제 인격이 심하게 무시당한 적이 있습니다. 20대 후반, 제 나름대로는 청년 사역자로 모범적인 삶을 살면서 영적 리더 역할을 하고 있다고 생각했을 때인데요. 저는 그 나이 되도록 그렇게 인격이 무시당한 적이 별로 없었습니다. 며칠 밤잠을 자기 어려울 정도로 제 인격이 침해되었다고 느꼈습니다. 누워 있는데도 그 말이 생각나고, 너무 분하고 모욕적이어서 견딜 수가 없었습니다. 그런 내면의 고통을 겪고 있을 때 음악을 듣다가 제 마음을 울리는, 평생 잊지 못할 노래를 들었습니다.

> 얼마나 아프실까 하나님의 마음은
> 인간들을 위하여 아들을 제물로 삼으실 때
> 얼마나 아프실까 주님의 몸과 마음

사람들을 위하여 십자가에 달려 제물 되실 때
얼마나 아프실까 하나님 가슴은
독생자 주셨건만 인간들 부족하다 원망할 때
얼마나 아프실까 주님의 심령은
자신을 주셨건만 사람들 부인하며 욕할 때

ⓒ 1988, 김영석

"얼마나 아프실까…독생자 주셨건만, 자신을 주셨건만, 부족하다 원망할 때, 부인하며 욕할 때…." 아! '부인하며 욕할 때'라는 가사가 제 귀에 들렸습니다. 아니, 제 마음에 들렸습니다. 저도 원망과 욕과 저를 모욕하는 이야기를 들었거든요. 저는 그를 용서할 수 없었습니다. '어떻게 같은 인격으로서 나에게 그렇게 말할 수 있나?' 생각했습니다. 그러나 그 가사를 들으며 '나도 무시당하고 욕을 들을 때 이렇게 마음이 상한데 하나님은 어떠셨을까, 지금은 어떠실까?' 하는 생각이 들었습니다. 제가 하나님을 무시하고 욕했던 것이 기억났습니다. 음악을 듣는 동안 눈물이 흘러내렸습니다. 그러면서 그를 용서하기로 결단했습니다. 그때 저는 용서가 결단이라는 것을 배웠습니다. 용서란 마음을 먹는 것, 제 마음에서 그를 떠나보내는 것임을 배웠습니다.

우리한테 잘못한 사람을 어떻게 용서할 수 있습니까? 아주 사소한 일인데 우리의 감정이나 자존심을 계속 건드리는 사람, 우리한테 해서는 안 될 말과 행동을 하는 사람들이 있습니다. 마음이 너무 상합니다. 그러나 사실, 우리도 그와 비슷한 태도로 주님을 대하지 않습니까? 우리도 주님께 함부로 말하고 행동하면서 그분을 무시합니다. 그런데도 주님은 우리를 용서하고 기다려주십니다.

 백 데나리온만큼 우리를 괴롭히는 사람이 있을 때 우리는 늘 만 달란트를 용서해주신 주님을 바라보아야 합니다. 그래서 이론적으로 그리스도인들은 용서하지 못할 사람이 없습니다. 그리스도인의 용서는 자신을 용서하신 하나님의 용서를 기억하고 묵상함으로써 이루어집니다. 실제로 많은 사람들이 만 달란트 탕감받은 것을 기억하고 주님을 바라보며 묵상할 때, 자기에게 백 데나리온 잘못한 사람을 용서하는 놀라운 경험을 하기 시작합니다.

서로 불쌍히 여기며　바울은 에베소서 4장 32절에서 이렇게 말합니다.

> 서로 친절히 대하며, 불쌍히 여기며, 하나님께서 그리스도 안에서 여러분을 용서하신 것과 같이, 서로 용서하십시오.

 누군가를 용서하지 못하고 살아가는 것은, 그들을 마음에 품고 그 사람과 동거하는 것과 마찬가지입니다. 생각날 때마다 화가 불끈불끈 솟아나는 사람이 있다면, 그 사람과 같이 살고 있는 것입니다. 늘 그 사람을 생각하고 묵상하며 살아갑니다. 간혹 굉장히 힘들게 인생을 사는 사람들을 만나곤 합니다. 사는 데 에너지를 많이 빼앗기는 사람들이 있습니다. 그런 사람들을 잘 들여다보면, 그 사람 속에 용서하지 못한 사람들이 있습니다. 생각만 해도 화가 머리끝까지 나는 사람이 마음속에 있으면, 그 사람의 인생은 무겁고 힘이 듭니다. 자신이 미워하는 사람들에게 늘 에너지를 빼앗기기 때문에, 좋은 일에 써야 할 에너지를 분노를 터뜨리는 데 소진합니다.

바울은 서로 불쌍히 여기라고 말합니다. 상대방이 우리에게 그렇게 행동했을 때는 그 사람에게도 이유가 있을 것입니다. 대부분의 경우에 그 사람도 또 다른 누군가의 피해자입니다. 그러니 그 사람을 불쌍히 여기라고 말합니다. 그리스도께서 우리를 용서하신 것처럼, 만 달란트나 되는 빚을 탕감해주신 것처럼 우리도 그를 용서해주라는 말씀입니다.

저는 이것이 쉬운 일이라고 말하고 싶지 않습니다. 사소한 잘못을 용서하는 것은 상대적으로 쉽습니다. 진짜로 어려운 것은, 우리한테 치명적인 상처를 입힌 사람들을 용서하는 일입니다. 잘못하고 우리에게 용서를 구하는 사람이라면 힘들더라도 용서할 수 있지만, 큰 잘못을 저지르고도 용서를 구하지 않습니다. 때로 잘못한 당사자가 오히려 용서를 요구하는 경우도 있습니다. 이런 경우, 우리가 어떻게 용서해야 할지 쉽지 않은 고민거리들이 있습니다. 그런 사람들도 무조건 용서하라고 쉽게 이야기하고 싶지는 않습니다. 그래서 우리는 용서를 좀 더 깊이 연구해야 합니다. 책도 읽고, 설교도 들으면서 공부해야 합니다.

그리스도인 공동체는 용서에 대해서 배워야 할 것이 많습니다. 놀라운 사실은, 용서에 대한 책들을 보면, 용서하는 것에 대해서만 이야기하지, 용서를 받는 것에 대해 언급한 부분은 거의 없다시피 합니다. 용서할 사람만 있고, 용서받아야 할 사람은 없는 것 같습니다. 피해자만 있지 가해자는 없는 것 같습니다. 그리스도인들은 용서하는 것뿐 아니라 용서를 받는 것도 배워야 합니다. 자신의 잘못과 그로 인해서 상대방에게 끼친 고통과 손해에 대해서 정직하게 사과하고, 그 대가를 자신이 지는 것이 용서받는 일의 핵심입니다. 그리스도인이라고 해서 상대방에게 용서를 요구하는 일은 참으로 어처구니없는 일인데, 사실 가끔씩 그런 일이 생깁니다.

하나님께 용서를 받았으니 사람에게는 용서를 구할 필요가 없다는, 또는 상대방에게 미친 손해에 대해서 배상을 하지 않아도 된다는 기가 막힌 억지 논리를 들이대는 사람들도 있습니다. 성경은 하나님과의 관계는 반드시 눈에 보이는 사람들과의 관계로 드러나야 한다고 가르칩니다. 그러므로 용서를 받는 자들은 하나님께도 용서를 받아야 하지만, 자신이 손해를 끼친 사람들에 대해서도 책임을 져야 합니다. 그것이 진정으로 용서를 구하는 것입니다. 때로 원상복구할 수 없는 손해와 상처에 대해서는 피해를 받은 사람이 탕감하여주는 것을 기대할 수는 있지만, 그것을 권리인 양 요구할 수는 없습니다.

용서를 구하지 않는 사람을 용서할 수 있느냐 하는 것은 현실에서뿐 아니라 신학적으로도 어려운 주제입니다. 엄격히 말하자면, 잘못한 이가 용서를 구하지 않는다면, 용서는 이루어질 수 없습니다. 하나님도 우리의 죄를 탕감하여주실 때, 우리가 우리 죄를 인정하고 하나님의 용서를 구할 때 용서하여주십니다. 하나님의 넓은 마음이라면, 사람들이 용서를 구하지 않더라도 인류 모두를 용서하실 수 있을 것입니다. 그러나 하나님도 우리가 용서를 구하기를 기다리시고, 우리가 용서를 구할 때 용서하여주십니다. 그러므로 우리에게 용서를 구하지 않는 자는 엄밀한 의미에서 우리가 용서하기 힘듭니다. 하지만 그렇다고 해서 우리에게 용서를 구하지 않으니 그들을 용서할 수 없다며 계속 원한을 품고 사는 것은 옳지 않습니다. 이는 아래 '용납'이라는 주제에서 다룰 것입니다.

용서는 결코 쉽지 않습니다. 우리에게는 잘못을 탕감해주고 싶은 마음보다는 원수를 갚고 싶은 마음이 더 강하기 때문입니다. 그래서 어떤 사람은 20-30년, 또는 평생 누군가를 마음속에 품고 삽니다. 그리스도인이 되고 나서, 그들을 용서하고 마음속에서 떠나보내면서 많은 사람들이 참된 자유를 맛보는 모습을 봅니다. 참으로 하나님이 아니면 하실 수 없는 놀라운 일입니다.

예수 그리스도께서 명령하셨기 때문에 우리는 서로 용서해야 합니다. 이렇게 서로 용서하는 일이 자연스럽게 일어나지 않으면 공동체는 와해될 수밖에 없습니다.

공동체를 세우는 두 번째 기둥, 용납

공동체에서 함께 살아가려면 용서와 함께 용납이 필요한데, 골로새서 3장 13절에서 용납에 대해 이야기하고 있습니다.

> 누가 누구에게 불평할 일이 있더라도 서로 용납하여주고 서로 용서하여주십시오.

이 구절에는 용서라는 말 이전에 또 다른 한 단어가 나옵니다. 바로 '용납'입니다. 용납과 용서는 어떻게 다릅니까? 용서란, 우리에게 잘못한 것을 탕감해주는 것, 우리에게 저지른 죄를 없애주고 잊어버리는 것입니다. 용납은 우리와 다른 면, 상대방이 가진 부족한 것들을 받아들이는 것입니다.

주변에 있는 사람들을 잠시 생각해보십시오. 자신과 비슷한 사람들이 많습니까? 아마 거의 없을 것입니다. 사람들은 서로 많이 다른데, 서로 가까워질수록 상대방과 다른 점 때문에 불편해집니다. 말하는 방식, 생각하는 방식이 다르고, 느끼는 것도, 행동하는 것도 다릅니다. 그런데 우리에게 같은 것이 하나 있습니다. 바로 예수 그리스도, 우리의 주님이십니다.

다른 것은 틀린 것이 아니라, 그저 다를 뿐입니다. 우리는 이 다름을 받아들여야 합니다. 다름과 함께 살아야 합니다. 마음의 그릇이 좁은 사람일수록 용납을 잘 하지 못합니다. 자기 스타일만 고집하며 유유상종하지만, 예수님을 알아가면서 그릇이 점점 커지기 시작하면 자기와 다른 사람들을 품기 시작합니다. 공동체가 원활하게 움직이기 위해서는 용서와 함께 용납이 필요합니다.

부부 사이에도 용납이 없으면 살 수 없습니다. 대개 남녀는 서로 다른 점에 매력을 느껴서 결혼을 합니다. 그런데 결혼하고 나면 상대방과 너무 달라서 고통스럽습니다. 매력을 느낀 부분이 우리를 괴롭히기 시작합니다. 그 다름을 어떻게 해야 합니까? 그것을 받아들일 뿐 아니라 오히려 축하하고, 이렇게 다른 사람과 함께 사는 것을 놀라워하며 오히려 시너지를 내야 합니다. 용납하지 않으면 끊임없이 싸웁니다. 60대가 되어도, 70대가 되어도 계속 싸웁니다. 아이를 키울 때도 마찬가지입니다. 내 아이이지만, 아이도 나와는 너무나 다를 때가 있습니다. 그 아이의 다른 면을 용납해야 하는데 내 방식대로 하려 하면 아이가 망가집니다. 아이를 용납해주고 그 독특성을 살려주어야 합니다.

용납은 공동체의 삶에서 특히 중요합니다. 공동체에는 다를 뿐 아니라 부족해 보이는 사람들, 우리의 능력에 미치지 못하는 사람들이 있습니다. 그런 면을 무시하지 말고 용납해야 합니다. 그렇지 못하면 공동체가 어떻게 되겠습니까? 힘 있고 잘난 사람들끼리만 앞서 나가고, 뒤로 처지는 사람들은 밀려나는 것이 어떻게 공동체라고 할 수 있습니까? 우리와 다른 사람들, 부족한 사람들을 참아주고 인내하고 받아들이는 것이 용납입니다.

우리에게 죄를 짓고도 잘 모르는 사람이나 용서를 구하지 않는 사람들도 우리가 용납할 수 있습니다. 전자는 무지해서이고, 후자는 완악해서입니다. 모두 그들의 약함과 악함과 관련이 있습니다. 이럴 때, 우리는 그들을 일방적으로 용서할 수는 없지만, 마음속으로 그들을 용납하고 기다릴 수는 있습니다. 많은 사람들이 이러한 상태를 용서라고도 생각하지만 엄밀한 의미에서 이런 용서는 성립되지 않습니다. 우리는 그들이 용서를 구하지 않아 용서할 수는 없지만, 용납할 수 있습니다. 이러한 용납 역시, 하나님이 우리를 용납하여주신 사실에 기초하여 가능합니다. 우리도 하나님께 잘못한 일에 대해서 무지하거나 완악하여 그것을 인정하지 않을 때가 많습니다. 그러나 하나님은 우리를 용납하고 기다려주십니다.

무엇보다 중요한 것은, 용서와 용납이 그리스도에게서 온다는 사실입니다. 그리스도는 우리를 용서하셨을 뿐 아니라 용납해주십니다. 우리의 부족함을 참아주시고 받아주십니다. 용서와 용납의 근원은 하나님이십니다. 우리 속에 용서하고 용납할 수 있는 힘이 없을 때 용서와 용납의 근원이신 그분을 바라보아야 합니다.

그리스도의 사랑을 입은 사람들이 살아가면서 꼭 기억해야 할 두 가지 F가 있습니다. 그분이 우리 죄를 용서하셨듯이 다른 이의 잘못을 용서forgive하고, 그분이 우리를 용납하셨듯이 상대방과 다른 부분을 용납forbear하는 것입니다.

묵상 질문

1. 마태복음 18:20-35을 다시 한 번 읽어보십시오. 당신은 정말 당신이 만 달란트 빚진 자라고 생각하십니까?

2. 당신이 용서하고 용납하기가 힘든 사람은 누구입니까? 특별히 교회 공동체에 그런 사람이 있습니까? 아니면, 교회가 아닌 주변에 그런 사람이 있습니까? 그 사람을 어떻게 용서하고 용납할 수 있을까요?

4

은사로
공동체 세우기

 정말 좋은 공동체를 경험해본 적이 있습니까? 그 공동체에는 어떤 특성이 있었습니까?

   마지막으로, 우리가 그리스도의 몸에 속해서 공동체가 세워지면, 서로 사랑하고 섬기고 용서하고 용납할 뿐 아니라, 중요한 것이 한 가지 더 있습니다. 그것은 자신의 은사를 통해서 공동체를 세우는 것입니다. 그리스도의 다스림 아래에서 살아가는 사람들이라면, 그분이 주신 은사로 공동체를 세우는 삶을 살게 됩니다.

공동체의 은사

여기서는 공동체의 은사를 잘 설명해주는 고린도전서 12장 3-13절을 살펴보겠습니다.

3그러므로 나는 여러분에게 알려드립니다. 하나님의 영으로 말하는 사람은 아무도 "예수는 저주를 받아라" 하고 말할 수 없고, 또 성령을 힘입지 않고서는 아무도 "예수는 주님이시다" 하고 말할 수 없습니다. 4은사는 여러 가지지만, 그것을 주시는 분은 같은 성령이십니다. 5섬기는 일은 여러 가지지만, 섬김을 받으시는 분은 같은 주님이십니다. 6일의 성과는 여러 가지지만, 모든 사람에게서 모든 일을 하시는 분은 같은 하나님이십니다. 7각 사람에게 성령을 나타내주시는 것은 공동 이익을 위한 것입니다. 8어떤 사람에게는 성령을 통하여 지혜의 말씀을 주시고, 어떤 사람에게는 같은 성령을 따라 지식의 말씀을 주십니다. 9어떤 사람에게는 같은 성령으로 믿음을 주시고, 어떤 사람에게는 같은 성령으로 병 고치는 은사를 주십니다. 10어떤 사람에게는 기적을 행하는 능력을 주시고, 어떤 사람에게는 예언하는 은사를 주시고, 어떤 사람에게는 영을 분별하는 은사를 주십니다. 어떤 사람에게는 여러 가지 방언을 말하는 은사를 주시고, 어떤 사람에게는 그 방언을 통역하는 은사를 주십니다. 11이 모든 일은 한 분이신 같은 성령이 하시며, 그는 원하시는 대로 각 사람에게 은사를 나누어주십니다. 12몸은 하나이지만 많은 지체가 있고, 몸의 지체는 많지만 그들이 모두 한 몸이듯이, 그리스도도 그러하십니다. ¹³우리는 유대 사람이든지 그리스 사람이든지, 종이든지 자유인이든지, 모두 한 성령으로 세례를 받아서 한 몸이 되었고, 또 모두 한 성령을 마시게 되었습니다.

여기 3절에 **공동체의 대전제**가 나옵니다. 예수를 주로 고백하는 사람들이 공동체에 속합니다. 그리고 예수님을 주님이라고 말하게 하는 분은 성령님이십니다.

한번 생각해보십시오. 예수님은 2천 년 전에 사셨던 분입니다. 부활하셨다고는 하지만 그 예수님을 우리가 우리의 주인이라고 고백하는 것은 기적 같은 일입니다. 세상 사람들은 우리를 좀 이상하다고 생각할 것입니다. 보이지도 않고 만난 적도 없는 예수님을 사랑한다니요. 예수님을 생각하면 눈물이 나기도 합니다. 참으로 희한한 일입니다. 이 모든 일은 성령께서 하신 일입니다. 성령님으로 말미암아 우리가 예수님을 믿고 사랑하게 된 것, 그래서 그분이 우리의 주인이 되신 것이 공동체의 대전제입니다.

그런데 이 공동체에는 **다양성과 하나됨**이 있습니다. 그리스도의 몸 안에 있는 사람들은 다양성을 지니면서도 서로 일치합니다. 4-6절에 '같은 성령', '같은 주님', '같은 하나님'이라는 표현이 나오는데, 이는 삼위일체 하나님을 가리킵니다. 이처럼 다양하면서도 동일한 하나님이 우리에게 다양한 일을 주신다고 표현합니다. 은사도 여러 가지이고, 섬기는 일도 여러 가지이고, 사역도 다양하다고 합니다. 그런데 이것을 주시는 분이 같은 성삼위 하나님이십니다. 우리가 다 다른 일을 하지만 하나인 이유는 이것을 주신 분이 삼위일체 하나님이시기 때문입니다. 8-10절에서도 계속해서 다양한 은사에 대해 이야기합니다. 이런저런 은사가 있는데 그 은사를 나누어주시는 분은 한 분이십니다.

여기서 중요한 것은, 우리에게는 각각 다른 은사가 있지만 그렇게 다양한 우리가 하나 될 수 있는 비결이 있다는 것입니다. 그 은사를 주신 분을 기억하고 바라볼 때 우리는 하나가 될 수 있습니다. 만약 자기 은사만 생각해서 움직이기 시작한다면 그 공동체는 잘난 척하는 수많은 사람들이 튀는 공동체가 될 수밖에 없습니다.

성령께서 이렇게 다양하게 **우리에게 나타나신 목적**은 7절에 나와 있습니다. 개인의 유익을 위해서가 아니라 공동의 유익을 위해서입니다. 공동체의 유익을 위해서 은사를 주셨습니다. "각 사람에게 성령을 나타내심은 유익하게 하려 하심이라"는 개역개정의 번역은 한국 그리스도인들에게 오해를 불러왔습니다. 은사는 단순한 유익이 아니라 '공동의' 유익을 위한 것입니다.

성령께서 우리 각 개인에게 주신 다양한 은사들은 하나님의 공동체를 세우기 위해서이지 각 개인이 자기 사역을 하기 위해서가 아닙니다. 예를 들어서, 예언 기도를 하는 그리스도인이 있습니다. 그런데 예언 기도를 하는 사람이 기도원을 따로 마련해서 사람들을 그리로 불러 모아 예언 기도를 해주는 것은 건강하지 않습니다. 또 예언 기도를 하는 사람이 있으면 예언 기도를 분별하는 사람이 반드시 같이 있어야 합니다. 그렇지 않은 경우는 잘못된 것입니다. 공동체가 성숙하면 공동체가 함께 기도하는 가운데 예언이나 방언, 방언 통역, 병을 고치는 경우도 있을 수 있습니다. 하나님은 공동의 유익을 위해서 우리에게 은사를 주십니다. 우리의 은사들은 공동체 안에서 표현되어야 합니다. 가르치는 은사, 섬기는 은사, 긍휼히 여기는 은사 등 모든 은사가 그렇습니다.

마지막으로 12-13절을 보면, **다양한 사람들이 모여 하나의 공동체를 이루었음**을 강조합니다. 그래서 '한 몸', '한 성령'이라는 표현이 반복해서 등장합니다. 우리는 우리 각자에게 나누어주신 **성령의 은사를 통해서 이 하나된 공동체를 섬겨야** 합니다. 그리스도의 몸에 속한 우리 모두는 성령께서 주신 은사를 가지고 있습니다. 이 은사란 대개의 경우, 자기가 잘하는 무엇일 때가 많습니다. 어떤 사람은 궂은일을 도맡아 하면서 다른 사람들에게 부담을 주지도 않고 자신도 기쁘게 다른 사람들을 잘 섬깁니다. 훈련을 받고 성숙해서 잘 섬기는 것이 아니라 본래 이렇게 잘 섬긴다면, 그것은 섬김의 은사입니다. 이런 은사로 공동체를 섬깁니다.

우리 각 개인에게는 저마다 성령께서 주신 은사가 있습니다. 우리는 그 은사를 찾아내야 합니다. 그 은사로 섬기기 시작하면 우리에게 기쁨이 있습니다. '하나님이 나를 쓰셔서 하나님의 영광을 드러내시는구나. 하나님이 나를 통해 그분의 일을 하시는구나' 생각하며 기뻐합니다. 이것이 은사를 사용하는 자들의 특징입니다. 여러분의 은사를 발견하고 싶으시면 공동체 안에서 섬기는 일들을 여러 가지 해보십시오. 그러다 보면 재미있고 잘하여서 공동체를 세우는 일에 기여하는 일이 있습니다. 그러면 그쪽에 은사가 있을 가능성이 많습니다. 은사를 점검하는 표를 사용할 수도 있지만, 자꾸 섬기다 보면 자기 은사가 드러나게 마련입니다.

또 은사는 개발되기도 합니다. 다른 사람들과 이야기를 하다가 사람들이 계속해서 도움을 받는 것을 보고 자신에게 상담의 은사가 있다는 사실을 깨닫습니다. 어떤 자매가 이런 이야기를 한 적이 있습니다. "목사님, 좀 이상해요. 누가 저랑 얘기를 하면 제 앞에서 자꾸 울어요." 이 것은 그 자매에게 공감해주는 능력이 있기 때문입니다. 어떤 사람은 다른 사람의 이야기를 들을 때 그의 문제를 분석하지만, 이 자매에게는 긍휼히 여기는 은사가 있었습니다. 긍휼히 여기는 은사를 가진 사람은 다른 사람들을 만져줄 수 있습니다.

공동체 가운데 살면서 서로 사랑하려고 애쓰다 보면 은사가 드러납니다. 세상에서 가장 행복한 사람은 자신이 하고 싶은 일과 자기가 제일 잘하는 일이 같은 사람입니다. 자기 은사를 알아서 그 은사에 따라 인생을 사는 사람들이 이런 사람들입니다.

은사를 잘 발견하면 우리가 하고 싶은 일과 우리가 잘하는 일이 연결됩니다. 그러면 인생이 재미있고 좋은 열매가 맺힙니다. 하나님은 공동체에서 우리가 그렇게 되도록 만드셨습니다. 자기 은사를 찾아서 자기가 잘할 수 있고 자기가 하고 싶은 일을 할 수 있도록 하나님이 우리를 인도하십니다. 이렇게 자신의 은사를 사용하여 공동체를 섬길 때, 우리 공동체는 더욱더 한 몸인 것이 드러납니다.

꿈을 이루어가는 공동체

이런 공동체를 함께 이루어가면, 하나님이 이 공동체에 대한 비전을 보여주십니다. 꿈을 함께 이루어가는 것보다 더 귀한 일은 없습니다. 이 땅에 있는 어떤 공동체든지, 모든 공동체를 향하여 하나님이 품으신 뜻이 있습니다. 베드로전서 2장 9절에서 그 뜻을 찾아보겠습니다.

그러나 여러분은 택하심을 받은 족속이요, 왕과 같은 제사장들이요, 거룩한 민족이요, 하나님의 소유가 된 백성입니다. 그래서 여러분을 어둠에서 불러내어 자기의 놀라운 빛 가운데로 인도하신 분의 업적을 여러분이 선포하는 것입니다.

공동체의 가장 큰 기쁨은, 우리가 변화된 자들, 곧 택함을 받은 족속, 왕 같은 제사장, 거룩한 민족, 하나님의 소유 된 백성이라는 새로운 정체감을 가지고 서로 사랑하는 것입니다. 서로 사랑하고, 자기 은사로 섬기고, 그래서 세상에서 볼 수 없는 공동체를 만들어서 누리는 것, 그것이 우리에게 큰 기쁨입니다. 그런데 그런 기쁨을 누리다 보면 우리 속에 자연스레 다음과 같은 생각이 이어집니다.

'하나님은 우리를 왜 이렇게 세상과는 다른 사람들로 만드셨을까? 이렇게 다양한 은사를 가진 사람들이 성장하면 앞으로 어떻게 될까?' '이 공동체를 통해서 하나님은 무엇을 하기 원하실까? 우리끼리 이렇게 재밌게 살라고 부르신 것만은 아닌 것 같은데….' 그러면서 교회, 우리 공동체에 대해 꿈을 꾸기 시작합니다.

모든 그리스도인 공동체가 갖는 일반적인 꿈은, 이 구절에 나와 있는 대로 "어둠에서 빛 가운데로 인도하신 분의 업적을 선포하는 것"입니다. 하나님이 살아 계시고, 이 시대에도 일하고 계시며, 그분만이 이 시대의 소망이심을 세상 사람들에게 선포하는 것, 이것이 교회 공동체의 가장 큰 부르심입니다. 어느 교회 공동체가 살아 있는 성숙한 공동체인지를 보려면, 그 공동체를 통해서 하나님의 아름다운 덕이 선포되고 있는가, 아니면 자기네들끼리 모여서 그들만의 천국을 만들고 있는가를 보면 됩니다.

진정한 의미의 '부흥'은 믿지 않는 세상 사람들이 믿는 사람들의 삶을 보고 칭찬하게 만드는 것입니다. 하나님의 살아 계심을 보여주는 것이 부흥입니다. 우리가 전도도 하고, 지역 사회를 위해서 봉사를 하는 이유도 이를 통해서 세상 사람들이 하나님의 아름다운 덕을 맛보게 하려는 것입니다. 이것은 모든 그리스도인 공동체의 일반적인 부르심입니다.

그렇다면 이러한 고귀한 사명을 우리 교회는 구체적으로 어떻게 감당해야 합니까? 어느 공동체든지 저마다 특별한 부르심이 있습니다. 각 공동체마다 자신의 특별한 부르심이 무엇인지를 분별하는 것이 중요합니다. 공동체가 위치한 자리와 그 구성원에 따라서 하나님이 다른 부르심을 주십니다. 일반적이고 동일한 부르심인, 어두움 가운데서 빛 가운데로 우리를 불러내신 하나님의 아름다운 덕을 선전하는 것은 모든 공동체의 공통된 목적입니다. 각 공동체는 이 공통 목적을 위해서 다양한 방식으로 하나님을 따라갑니다.

저는 우리 그리스도인들이 각자가 속한 교회 공동체에서 꿈꾸기를 바랍니다. 자신의 인생을 바라보면서, 자신이 속한 공동체에서 이 공동체와 관련하여 자신이 앞으로 어떤 삶을 살겠다고, 어떤 꿈을 꾸겠다고 다짐하기를 바랍니다. 서로 사랑하며 각각의 은사로 세워지고 있는 교회라면 이런 꿈을 꾸는 사람들이 있는 것이 당연합니다. 사람들이 공동체 가운데서 꿈꾸지 않는다면, 그 개인에게도 문제가 있고 공동체에도 문제가 있습니다.

많은 젊은이들이 꿈을 이야기하지만 자신의 교회 공동체에서 꿈을 꾸는 사람들은 거의 만나지 못합니다. 안타까운 일입니다. 하나님이 교회를 통해서 세상을 치유하고 회복하고 계시는데, 우리 젊은이들이 교회와 연관하여 꿈을 꾸지 못하고 있습니다. 그리스도인 공동체가 건강하게 세워져서, 그 교회의 젊은이들을 꿈꾸게 만드는 그런 교회가 많아졌으면 좋겠습니다. 많은 젊은이들이 자신의 교회를 바라보면서 "하나님이 하시는 크신 일에 내가 인생을 걸고 나에게 맞는 모습으로 참여하겠습니다" 하고 나아가는 일이 일상적으로 일어났으면 좋겠습니다. 이것이 공동체의 놀라운 특권이고 또 우리가 기대하고 바라는 그런 공동체의 모습일 것입니다. 하나님은 그저 예배하러 모이는 집단이 아니라, 이렇게 서로 사랑하고 섬기고 자신의 은사로 교회 공동체를 세우며, 그 공동체 속에서 꿈을 꾸며 함께 그 꿈을 이루어가는 공동체를 세우기 원하십니다.

묵상 질문

1. 당신에게는 어떤 은사가 있는 것 같습니까? 그것이 공동체에 어떤 유익이 있을까요? 그 은사를 나누기 위해, 또는 은사를 알기 위해 어떤 사역에 참여하고 있습니까?

2. 베드로전서 2:9을 묵상하고, 자신의 공동체가 어떻게 "놀라운 빛 가운데로 인도하신 분의 업적을 선포"하고 있는지, 또는 그렇게 할 수 있을지 묵상해보십시오.

그리스도와 함께하는 세상살이

Living in the World with Christ

그리스도인의 궁극적인 목적은 세상에서 하나님의 영광을 드러내는 것입니다. 좀 과장해서 이야기하자면, 신앙생활은 교회 밖에서 하는 것입니다. 교회 안에서 제대로 배우고 익힌 다음, 실제로 그 내용을 실천으로 옮기는 곳은 우리 삶의 현장입니다. 거기서 우리의 일을 통해 세상에서 하나님의 영광을 드러냅니다.

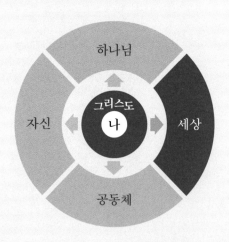

| 아 홉 번 째 만 남 |

하나님의 다스림을
드러내는 복음 전도

1

하나님나라의
시민

생각해볼 질문

"신앙생활은 교회에서 하는 것이 아니라 세상에서 하는 것이다"라는 말을 어떻게 생각하십니까?

하루 24시간 중에서 잠자는 시간을 제외하고 우리가 활동하는 시간은 약 16-18시간입니다. 우리는 이 시간을 대부분 세상에서 보냅니다. 우리가 교회에 와서 보내는 시간은 주일 예배와 소그룹, 기타 훈련을 포함한다 해도 일주일 168시간 중에서 10시간 남짓입니다. 물론 교회 지도자나 리더가 되면 더 많은 시간을 사용할 수도 있지만, 교회에 와서 활동하는 시간은 이 정도를 크게 벗어나지 않습니다.

반면, 나머지 시간은 세상에서 보냅니다. 40-50시간이 아니라, 때로는 80-90시간 가까이 세상에서 시간을 보내는 사람들도 있습니다. 이렇게 직장, 학교, 가정에서 대부분의 시간을 보내기 때문에 그 가운데서 어떻게 살 것인가 하는 문제는 그리스도인에게 매우 중요합니다. 앞에서 이야기한 세 가지 관계는 세상에서 살아가는 삶에 기반이 되고 힘이 되어줄 것입니다.

우리의 신분: 하나님나라의 시민

세상에서 어떻게 살아갈지를 이야기하려면, 먼저 우리 자신의 신분을 분명히 인식하는 것이 무엇보다도 중요합니다. '세상 속에 살고 있지만, 그리스도 안에 있는 나'는 어떤 존재일까요? 바울은 에베소서 2장 19절에서 우리가 하나님의 가족이 된 동시에 또한 어떠한 존재가 되었는지를 말해줍니다.

> 그러므로 이제부터 여러분은 외국 사람이나 나그네가 아니요, 성도들과 함께 시민이요, 하나님의 가족입니다.

지금까지는 하나님의 가족에 초점을 맞추었지만, 이번에는 하나님의 가족 앞에 나오는 표현에 집중해봅시다. 바울은 그리스도인들을 '시민'이라고 말하는데, 이 본문이 이야기하는 시민은 당연히 하나님나라 시민입니다. 우리는 원래 세상에 속하여 살고 있었는데, 하나님의 은혜로 예수 그리스도를 알고 그분을 우리의 주인으로 받아들이고 그리스도 안에 속하게 됨으로써 하나님나라의 시민이 됩니다. 하나님의 다스림 아래서 살아가는 하나님나라의 백성이 되었습니다.

시민이란 어떤 도시나 나라에 속하여 그곳에서 살아갈 수 있는 권리와 책임을 가진 사람을 가리킵니다. 시민이 되면 그 나라의 규율·가치관·생활 방식을 따라야 하고, 법적인 의무를 이행해야 합니다. 그리고 시나 국가는 그 시민을 보호합니다. 이는 시민이 가지고 있는 책임이기도 하고 권리이기도 합니다. 하나님나라의 시민이 되었다는 것도, 하나님나라의 가치관과 삶의 방식을 따르겠다는 것을 의미하는 동시에, 그 하나님나라의 주권자이신 하나님이 우리를 보호하시고 책임져주신다는 것을 뜻합니다.

예수님의 가르침 중에서 가장 핵심이 이 하나님나라입니다. 그리고 하나님나라에서 가장 중요한 개념은 하나님의 통치, 하나님의 다스리심입니다. 이는 방금 이야기한 두 측면을 다 담고 있는 개념입니다. 하나는 우리가 하나님나라의 가치관과 삶의 방식을 따라 사는 것을 뜻하고, 또 하나는 하나님이 다스리시므로 우리를 책임지시고 이끌어주신다는 것입니다.

'이 땅에 사는' 하나님나라 시민

우리가 그리스도 안에 있게 됨으로 우리에게는 새로운 시민권이 생겼습니다. 바로 하나님나라의 시민권입니다. 이 세상에 살지만 진정한 소속은 하나님나라이기에, 우리는 이 세상에서 일종의 체류자처럼 살아갑니다. 한국 국적을 가진 사람들이 외국 비자를 가지고 외국에 가서 잠깐 지내거나 사는 경우가 있는데, 이렇게 세상에 잠시 체류하는 것이 하나님나라 시민이라고 성경은 가르칩니다.

이미 그러나 아직   그런데 빌립보서 3장 20-21절은, 하나님나라는 우리 주님이 다시 오실 때 완전하게 드러날 것이라고 말합니다.

> 20그러나 우리의 시민권은 하늘에 있습니다. 그곳으로부터 우리는 구주로 오실 주 예수 그리스도를 기다리고 있습니다. 21그분은 만물을 복종시킬 수 있는 권능으로, 우리의 비천한 몸을 변화시키셔서, 자기의 영광스러운 몸과 같은 모습이 되게 하실 것입니다.

하나님나라의 시민권을 가진 우리에게는 어려운 부분이 하나 있습니다. 그것은 우리가 하나님나라에 속했지만 그 나라가 지금 완전하게 임하지는 않았다는 사실입니다. 하나님나라는 예수님이 다시 오실 때 완전하게 드러납니다. 지금 하나님나라가 우리에게 임한 것은 사실이지만, 완전하게 드러나는 일은 예수님이 오실 때 가능해집니다.

한 유명한 신학자는 이것을 '이미 그러나 아직already not yet'으로 표현했습니다. 이것이 하나님나라의 특성입니다. 우리가 예수님을 받아들이고 그분의 통치를 받아들였을 때 우리는 '이미' 임한 하나님나라에 속하게 되었습니다. 그러나 '아직은' 그 나라가 온전히 임하지 않았습니다. 예수님이 오셔서 망가지고 부조리한 이 세상을 완전히 평정하시고 회복하실 때까지 우리는 '중간기'에 있습니다. 하나님나라가 임했지만 완전하게 임할 그때를 기다리고 있는 그 사이에 있다는 것입니다.

그 마지막 때에는 하나님이 만물을 그분에게 다 복종시키시고, 또 우리의 비천한 몸을 변화시키신다고 합니다. 이는 참 특별한 표현입니다. 우리 몸이 얼마나 비천합니까? 몸은 우리 마음대로 잘 따라오지 않습니다. 힘들고 잘 지칩니다. 나이가 들수록 몸의 한계를 더욱 느낍니다. 또한 우리 몸은 약하고 병이 들 뿐만 아니라, 우리가 하고 싶은 대로 선한 것을 따라 행하지 못하도록 끊임없이 우리를 넘어뜨립니다. 어떤 것이 선한지 알지만 그것을 따라가지 못하도록 몸이 계속해서 저항합니다.

그런데 놀랍게도 예수님이 오실 때 이 몸이 변합니다. 이 비천한 몸이 예수님이 부활하셔서 가지게 되셨던 그 '영광스러운 몸'과 같은 모습으로 바뀐다는 말입니다. 그때가 되면 하나님의 통치가 우리 몸에서조차 온전히 드러날 것입니다.

참고 견디는 것　　하지만 지금 우리는 이미 임한 하나님나라와 앞으로 임할 하나님나라 사이에 있습니다. 그 사이에서 좀 편하게 소풍 온 것처럼 지내면 좋겠는데 그렇지 않습니다. 한국의 시민권을 가지고 외국에 잠깐 가서 쉬었다 온다면 얼마나 좋겠습니까? 그러나 디모데후서 2장 12절은 이렇게 말합니다.

> 우리가 참고 견디면 또한 그와 함께 다스릴 것이요, 우리가 그를 부인하면 그도 또한 우리를 부인하실 것입니다.

이 구절은 분명히 말합니다. 이 기간에 우리는 참고 견뎌야 한다고 말입니다. 왜 그럴까요? 우리가 영적으로는 하나님나라의 시민권을 가지고 있지만 지금 이 땅에서 살고 있고, 이 땅은 우리에게 이 땅의 세계관과 가치관과 삶의 방식을 요구하기 때문입니다. 이 땅의 세계관은 하나님나라의 가치관, 하나님나라에서 세상을 보는 시각, 삶의 방식과는 판이합니다. 이 둘 사이에는 타협하기 어려울 정도로 다른 부분이 있습니다. 이 사이에 사는 우리는 어떤 면에서 이중국적자로 살아갑니다. 영원히 거할 하나님나라의 시민권을 가진 우리가 이 땅에서 잠깐 체류하는 삶을 특징지을 수 있는 단어가 바로 '참고 견디는 것'입니다.

그런데 오늘날 그리스도인과 교회에는 이 세상에서 참고 견디며 살아야 한다는 개념이 없는 경우가 많습니다. 세상 사람들과 사는 방식이 비슷하니 참고 견딜 것이 없습니다. 참고 견딘다는 말은 세상살이 때문에 힘들다는 뜻이 아닙니다. 그런 어려움은 대부분 세상 사람들과 똑같은 방식으로 경쟁하며 살기 때문에 생겨납니다. 이 구절에서 말하는 바는 전혀 다른 내용입니다. 다른 세계에 속한 우리는 다른 가치관, 다른 삶의 방식, 다른 목적을 가지고 있기 때문에 계속 이 땅의 가치관과 부딪힐 수밖에 없으므로 이 땅에 사는 동안 우리는 참고 견뎌야 한다는 것입니다.

이런 참고 견디는 일이 없기를 바라지만, 적지 않은 회사에 거짓말과 속임수, 이중장부와 눈먼 돈이 넘쳐납니다. 그럴 때 우리가 적당히 세상 방식과 타협하여 따라간다면 충돌도 없고 견딜 것도 없을 것입니다. 그런데 만약 "어, 이건 아닌 것 같습니다"라고 말하기 시작한다면 그때부터는 계속 부대낌이 있을 것입니다. 왕따를 당할 수도 있고 조직에서 완전히 제거될 수도 있습니다.

이것이 세상에서 살아가는 우리의 운명입니다. 예수님이 우리를 택하셨으므로 우리는 세상에 속하지 않은 자들이기 때문입니다. 우리에게는 이에 대한 분명한 자의식이 있어야 합니다. 그리스도인들이 "세상 사는 게 너무 힘들어. 그리스도인으로 사는 게, 직장에서 그리스도인으로 사는 게 너무너무 힘들어. 왜 이렇게 힘든지 모르겠어"라고 푸념하는 말을 많이 듣습니다. 성경은 힘든 것이 당연하다고 말합니다. 이 땅에 사는 동안에는 참고 견디는 것이 우리 삶의 특징이라고 가르칩니다.

이렇게 참고 견디면 마지막 날에 그와 함께 영원히 다스리게 된다고 본문은 말합니다. 하지만 이 땅에서 참고 견디지 못하고 삶의 현장에서 그분을 부인한다면, 그분도 우리를 부인하실 것이라고 이야기합니다. 다시 말해, 주님은 우리의 신앙 고백이 교회라는 환경에서 이루어지는 것이 충분치 않다고 말씀하십니다. 우리가 예수님을 우리 주님이시요 세상을 온전히 회복하실 메시아로 믿는다면, 세상 속에서 그 신앙을 고백하기 원하십니다.

세상이 너희를 미워한다 따라서 우리는 다시 한 번 우리가 사는 세상의 실체가 무엇인지, 우리가 살고 있는 세상이 얼마나 깨져 있고, 얼마나 하나님이 원하시지 않는 방식대로 움직여가고 있는지를 직시해야 합니다. 예수님이 하신 말씀을 다시 한 번 상기해보면 우리가 사는 세상의 성격을 더 분명히 알 수 있습니다. 요한복음 15장 19절을 보십시오.

> 너희가 세상에 속하였더라면 세상이 너희를 자기 사람이라고 하여 사랑했을 것이다. 그러나 너희는 세상에 속하지 않고 도리어 내가 너희를 세상에서 가려 뽑았으므로 세상이 너희를 미워한다.

예수님은 여기서 세상과 자신을 상반되는 존재로 말씀하십니다. 우리는 세상에 속하지 않았기 때문에, 즉 세상에서 예수님이 가려서 뽑아 자신의 소유로 만드셨기 때문에 세상이 미워한다는 것입니다. 세상 사람들과 다른 방식으로 살기 때문만이 아니라, 우리가 선행을 해도 세상에서 오해와 무시를 받는 경우도 있습니다.

얼마 전에 어떤 형제에게서 이런 이야기를 들었습니다. 그 형제는 아침에 30분 일찍 출근해서 동료들의 책상을 정리하고 청소를 해주었다고 합니다. 그런데 동료들이 하루 이틀은 고마워하다가 얼마 지나니 그 형제의 선행을 당연하게 받아들였다는 것입니다. 자신은 그리스도인으로서 사람들을 섬기는 것이 옳다고 생각해서 30분 먼저 출근해서 청소를 해주었는데, 이제는 오히려 청소를 하지 않으면 "오늘은 왜 안 치웠니?" 하는 소리를 듣는다고 했습니다. 도대체 그리스도인은 어떻게 살아야 하는지 모르겠다며 그 형제가 고민을 나누었습니다. 이것은 아주 사소한 예이지만, 그리스도인들이 선을 베풀어도 선이 되돌아오지 않는 경우가 허다합니다.

세상에서는 자기가 해야 할 일만 하고 그에 대한 대가를 받고 나면 그것으로 끝입니다. 하지만 그리스도인들은 좀 더 선한 이웃으로 살아야 한다는 가치관을 가지고 있습니다. 그런데 그렇게 나가다가는 세상에 들어가서 계속 깨지고 이용당하기도 합니다. 그리스도인들은 도대체 어떻게 살아야 합니까?

예수님이 다시 오실 때까지, 세상에서 사는 우리는 하나님나라에 속하였다고 해서 세상을 떠나서 살 수는 없습니다. 세상을 벗어나 그리스도인들끼리만 살 수는 없습니다. 따라서 세상에서 어떻게 지혜롭게 살아남으면서 선한 영향력을 끼칠지를 치열하게 고민하며 참고 견디고 애써야 합니다. 이 일에 손쉬운 답변이 있다고 생각하지 마십시오. 악한 세상과 더불어 살면서 그 악에 무릎 꿇지 않고 선을 행하는 것은 결코 쉬운 일이 아닙니다. 그러나 우리가 이런 대가를 지불하고 살았을 때 나중에 주님과 함께 영원히 다스리게 될 것입니다.

고난이 있을 때 영광이 옵니다. 견디고 이겨낼 때 훗날 주님과 함께 다스릴 것입니다. 세상에서 우리 삶을 생각할 때 이것을 잊지 마십시오. 어떻게 하면 그리스도인의 원리를 지키면서도 아주 멋있고 고상하게 살면서 성공도 하고 돈도 많이 벌까를 생각하는 그리스도인들이 있습니다. 하지만 이것은 절대로 잡을 수 없는 두 마리 토끼를 잡으려고 하는 것과 같습니다. 하나님의 뜻을 따라가다 보면 복을 받아서 돈을 많이 벌고 성공할 수도 있지만, 처음부터 세상과 하나님을 함께 좇아가려고 하면 절대로 둘 다 얻을 수 없습니다. 이것이 바로 우리가 살고 있는 세상에 대한 예수님의 가르침입니다.

세상은 우리를 미워하기 때문에 그 속에서 우리는 부대낄 수밖에 없습니다. 거기서 참고 견디는 것이 우리의 트레이드마크입니다. 우리가 하나님나라 시민의 정체감을 분명히 한다면, 그 나라의 시민답게 살아가려고 애쓸 것이고, 그러다 보면 참고 견디는 것을 당연하게 여기는 삶을 살게 될 것입니다. 참고 견디는 가운데 주님이 다시 오실 때 그와 함께 세상을 다스리게 될 우리의 소망은 더욱 깊어질 것입니다.

묵상 질문

1. 당신은 스스로 세상에 살지만 그리스도 안에 있기 때문에 세상 사람들과 다른 소속감을 가지고 있다는 생각을 얼마나 깊이 하고 살아갑니까?

2. 디모데후서 2:12을 묵상하며 우리가 참고 견뎌야 할 부분이 무엇인지 생각해봅시다. 하나님나라 시민으로 살아갈 때 당신이 세상에서 겪는 부대낌, 어려움, 불편, 불이익 등은 무엇입니까?

새로운 시민권과
그 사명

'하나님나라의 시민'에게는 놀라운 특권과 함께 사명도 있을 텐데, 그중에서
도 가장 중요한 사명은 무엇일까요?

하나님의 다스림 안에 들어갔다는 것은 대단한 변화입니다. 베드로전
서 2장 9-10절에서는 하나님을 알지 못했던 우리의 상태와 그 이후 하
나님의 다스림 아래에 들어감으로써 우리에게 주어진 특권이자 의무를
어떻게 표현하고 있는지 한번 살펴봅시다.

9그러나 여러분은 택하심을 받은 족속이요, 왕과 같은 제사장들이
요, 거룩한 민족이요, 하나님의 소유가 된 백성입니다. 그래서 여
러분을 어둠에서 불러내어, 자기의 놀라운 빛 가운데로 인도하신

분의 업적을, 여러분이 선포하는 것입니다. 10여러분이 전에는 하나님의 백성이 아니었으나, 지금은 하나님의 백성이요, 전에는 자비를 입지 못한 사람이었으나, 지금은 자비를 입은 사람입니다.

하나님을 알지 못하던 때의 상태

이 구절은 먼저 우리가 하나님을 알지 못하던 때의 상태를 설명해줍니다. 베드로전서 2장 9절은 하나님을 알기 전 우리의 상태를 '어둠'이라고 표현합니다. 이렇게 어둠이었는데 '빛 가운데로 인도하셨다'고 합니다. 이를 하나님나라의 관점으로 표현한다면, 우리가 하나님의 다스림 밑으로 들어왔다는 말입니다.

많은 사람들이 나이가 들어서야 세상의 성공·부귀·영화·쾌락 같은 것들이 참 덧없음을 알게 됩니다. 그러나 젊을 때는 그렇게 보이지 않습니다. 돈 많이 버는 것, 쾌락을 추구하는 것, 유명해지는 것, 멋진 휴가를 보내는 것이 대단해 보이고 반짝반짝 빛나는 것같이 여겨집니다. 하지만 성경은 그런 것들을 반짝반짝 빛난다고 하지 않고 '어둠'이라고 표현합니다. 하나님과 관계없는 모든 것을 어둠이라고 말합니다. 화려하게 보이지만 사실은 그렇지 않습니다. 하나님이 없기 때문에, 그분의 통치로부터 떠난 상태이기에 어둡습니다.

10절에서는 그 상태를 '하나님의 백성이 아니었다'고, '자비를 입지 못한 사람이었다'고 표현합니다. 이 '자비를 입지 못했다'는 표현이 개역개정에서는 '긍휼을 얻지 못했다'고 되어 있습니다. '긍휼'이란 불쌍히 여기는 것을 말합니다. 긍휼을 얻지 못한 자였지만 이제 천지를 지으신 하나님이 우리를 긍휼히 여기십니다. 비슷비슷한 우리끼리 서로 불쌍히 여기는 것이 아니라, 천지의 주재이신 하나님이 우리를 긍휼히 여기십니다. 하나님 없는 어두움 속에서 참된 기쁨과 자유 없이 살아가는 우리를 하나님이 긍휼히 여기십니다.

그리스도인들이 기쁨을 잃어버릴 때가 많습니다. 그럴 때는 우리가 예전에 어떤 존재였는지를 기억해야 합니다. 옛날에는 우리가 하나님의 백성이 아니었고, 긍휼히 여기심을 받지 못한 상태였습니다. 하지만 하나님은 그런 우리를 긍휼히 여기셔서 불러주셨습니다.

변화된 지위

하나님은 이런 우리를 잠깐 어둠에서 꺼낸 정도가 아니라, 그분의 다스림 가운데서 새로운 지위를 주셨습니다. 그 지위가 9절에 나옵니다. 하나님의 다스림을 받는 자들에게 신분의 변화가 일어났습니다.

우리는 하나님의 택하심을 받은 족속a chosen people이 되었고,
왕과 같은 제사장a royal priesthood이 되었고,
거룩한 민족a holy nation이 되었으며,
하나님의 소유 된 백성a people belong to God, 하나님이 특별히 아끼시는 보물과 같은 존재로 바뀌었습니다.

이 단어 하나하나에는 우리가 눈여겨봐야 할 풍성한 의미가 담겨 있지만, 전체적으로는 우리의 지위가 바뀌었음을 뜻합니다. 그러므로 우리는 비록 세상에서 살지만 이런 지위를 가지고 살아가는 존재라는 사실을 잊어버려서는 안 됩니다. 우리가 어둠 속에 있었지만 하나님은 우리를 빛 가운데로 불러내셔서 이런 놀라운 지위를 주셨습니다. 참으로 놀라운 일이 아닐 수 없습니다. 하지만 이것은 느껴지는 것이 아니라 믿음으로 받아들여야 하는 것입니다. 간혹 느낌이 올 때도 있지만 그렇지 않은 때가 더 많습니다. 그런 느낌이 들지 않을 때에라도 우리는 우리의 바뀐 신분을 믿고 주장해야 합니다.

한 선교사가 우연히 루즈벨트 대통령과 같은 배를 타고 로스앤젤레스 항구로 들어오게 되었습니다. 루즈벨트 대통령은 외교와 관련된 일을 마치고 이 배를 타고 들어오는 길이었고, 이 선교사는 오랫동안 오지에서 선교 활동을 하고 이제 배를 타고 귀국하는 길이었습니다. 그런데 항구에 도착해보니 대통령을 반기는 수많은 인파가 박수를 치고 환호를 하는데, 자기를 환호하는 사람은 아무도 없었다고 합니다.

그 순간 이 선교사는 약간의 좌절감과 슬픔을 느꼈습니다. '내가 주님의 나라를 위해서 평생을 바쳐 수고하고 이제 내 나라로 돌아왔는데 나를 반기는 사람은 하나도 없구나. 대통령은 세속 권력을 가지고 영광도 다 누리고, 또 수많은 인파가 나와서 환영하는데…' 그때 그 선교사의 마음에 하나님이 이렇게 말씀하셨다고 합니다. '얘야! 저 사람은 저 사람의 나라에 돌아왔지만, 너는 아직 네 나라에 돌아오지 않았단다.'

우리는 지금 살고 있는 이 험하고 거친 세상에서 우리가 어떠한 존재인지를 자주 잊어버립니다. 우리는 우리에게 주어진 이 놀라운 소속감을 끊임없이 주장하고, 이런 성경 구절을 암송하면서 스스로를 계속 새롭게 해야 합니다. 그것이 바로 믿음입니다.

변화의 목적

그러면 이런 놀라운 변화의 목적은 무엇일까요? 9절에서는 그 목적을 "어둠에서 불러내어 자기의 놀라운 빛 가운데로 인도하신 분의 업적을 선포하는 것"이라고 말합니다. 개역개정은 이를 "어두운 데서 불러내어 그의 기이한 빛에 들어가게 하신 이의 아름다운 덕을 선포하게 하려 하심이니라"라고 표현했습니다.

그분의 통치 가운데 들어가 신분이 바뀐 우리는 우리가 누리게 된 아름다운 덕을 세상 사람들에게 알려야 합니다. 우리가 비록 세상에서 살지만 하나님의 통치 아래 살면서 변화된 것을 선포하는 것, 그것이 우리가 사는 목적입니다. 신분이 바뀌면 우리 삶도 변화되고 우리 인생의 맛도 바뀌어갑니다. 우리가 그것을 선포할 때 사람들이 보고 '오! 맞다. 너 정말 많이 변했어'라고 반응하게 됩니다.

예를 들어, 음식점에서 광고를 아무리 많이 해도 음식 맛이 없으면 잘될 수가 없습니다. 먹어본 사람들이 입소문을 내야 손님이 몰립니다. 맛있게 먹은 사람들이 주위 사람들에게 이야기합니다. "그 집 순두부 죽인다!" "그 집 쌈밥 끝내준다." "그 집 굴국밥 정말 맛있어." 그러면 사람들이 "어, 그래?" 하면서 그 식당을 찾아갑니다.

하나님의 아름다운 덕을 선포할 때도 마찬가지입니다. 그리스도인들

스스로가 그 아름다운 덕을 누리지 못하고 있다면 선포해봤자 큰 반응을 기대하기 힘듭니다. "그게 뭔데? 네가 변한 게 뭐가 있는데? 너랑 나랑 뭐가 다른데?" 하나님의 다스림 아래에 거하는 축복을 누리며 우리 인생의 맛이 바뀌어서 그것을 선포할 때 사람들이 그것을 알게 되는 것, 이것이 우리를 이렇게 변화시킨 궁극적인 목적입니다. 에베소서 2장 6-7절에도 이와 비슷한 말씀이 있습니다.

> 6하나님께서 그리스도 예수 안에서 우리를 그분과 함께 살리시고, 하늘에 함께 앉게 하셨습니다. 7그것은, 하나님께서 그리스도 예수 안에서 우리에게 자비로 베풀어주신 그 은혜가 얼마나 풍성한지를 장차 올 모든 세대에게 드러내 보이시기 위함입니다.

표현은 다르지만 사상은 동일합니다. 6절을 보면 하나님이 우리를 그분과 함께 살리셔서 그분과 함께 하늘에 앉히셨다고 말합니다. 신분의 변화를 이야기하는 것입니다. 이것이 베드로전서에서 "왕 같은 제사장, 택하신 족속"이라고 표현한 내용과 같습니다.

그리고 나서 7절은 "하나님께서 그리스도 안에서 우리에게 자비로 베풀어주신 그 은혜가 얼마나 풍성한지를"이라고 표현합니다. 이것이 바로 베드로전서에서 말한, "우리를 어두운 데서 불러내어 그의 기이한 빛에 들어가게 하신 이의 아름다운 덕"입니다. 이것을 선포하게 하는 것, 이것을 장차 올 모든 세대에 드러내 보이는 것이 바로 하나님이 우리를 불러주신 가장 큰 목적입니다.

하나님의 통치를 받아 변화된 삶, 그 놀라운 삶, 자비와 은혜를 입은 삶, 긍휼히 여김을 받은 삶, 하나님의 인도하심을 받는 삶, 이런 멋진 삶을 사람들에게 보여주어 오는 세대 사람들이 그것을 보고 '하나님이 정말 계신지도 모르겠다. 하나님 믿으면 저렇게 좋겠구나'라고 생각하도록 만드는 것이 우리를 불러주신 목적입니다.

저는 이런 면에서 우리 그리스도인들이 최고로 멋진 삶을 살아야 한다고 생각합니다. 하나님이 우리에게 주신 많은 것을 누리고 즐겨야 합니다. 이는 하나님의 다스리심, 하나님의 가치관, 하나님이 보여주시는 삶의 방식에서 오는 것들입니다. 우리가 그런 것들을 누리고 살 때 세상 사람들에게 이러한 삶을 가능하게 하신 주님을 선포할 수 있습니다.

하나님의 다스림을 받으면서 우리에게 일어나는 다양한 변화를 세상 사람들도 감지할 수 있습니다. 자신에 대해서 균형 잡힌 생각을 가지고 건강한 자존감으로 살아가는 것, 사람들을 용서하고 용납하는 것이 점점 더 깊어지고 넓어지는 것, 이런 본질적인 변화를 사람들은 알아챕니다. 하나님의 다스림 아래에서 살아가기 때문에 나타날 수밖에 없는 가정생활과 사회생활의 변화는 숨길 수가 없습니다. 개인적으로 받은 축복을 누리고 감사하며 평안 가운데 사는 모습은 모두 하나님의 다스림 아래에서 자신의 변화된 신분을 만끽하며, 그에 걸맞은 삶을 살아갈 때 우리에게 주어지는 모습입니다.

세상에서 살아가는 '그리스도 안에 있는 나'의 가장 중요한 존재 의의는 하나님의 다스림을 우리의 삶을 통해 사람들에게 알려주는 것입니다. 하나님이 지금도 여전히 세상을 다스리고 계시고, 그 다스림 아래 들어가게 될 때 인생이 바뀌고 최선의 인생을 살 수 있음을 보여주어야 합니다. 하나님의 다스림은 인간이 누릴 수 있는 최선이요 가장 귀한 것임을 알려주는 것이 우리가 이 땅에 사는 목적입니다. 우리가 그리스도 안에서 온전한 구원을 누린다는 것은, 다시 말해 세상에서 살되 세상에 속하지 않고 하나님의 다스림을 받기 시작했다는 것을 의미합니다. 이 것은 우리 인간에게 대단한 변화이며 축복입니다. 이러한 축복을 받은 사람은 당연히 이러한 축복을 나눌 수밖에 없습니다.

묵상 질문

1. 베드로전서 2:9을 묵상하면서 특히 "놀라운 빛 가운데로 인도하신 분의 업적"이 무엇인지 생각해봅시다.

2. 하나님의 다스림을 받고 난 이후 당신에게 일어난 변화를 다른 사람에게 이야기한다면, 무엇을 이야기할 수 있겠습니까?

3

하나님의 다스림을
누리며 알리기

생각해볼 질문

이 세상에서 하나님의 다스림을 받는 자로 살 때 경험한 어려움에는 어떤 것들이 있습니까?

우리가 하나님의 다스림을 받으며 살아가려고 할 때 세상과 반드시 갈등이 일어난다는 점을 다시 한 번 강조하고 싶습니다. 이성교제를 예로 들어봅시다. 저는 하나님이 주신 선물 가운데서 가장 좋은 선물 중 하나가 이성교제라고 생각합니다. 하지만 이런 이성교제도 할 수 있을 때가 있고, 하면 안 되는 때가 있습니다. 아무리 좋은 이성교제라 해도 결혼한 저는 해서는 안 됩니다. 이성교제는 결혼하기 전의 남녀들에게 주신 하나님의 참 좋은 선물입니다. 이성교제를 하는 방식 역시 세상에서 이야기하는 방식과 성경에서 이야기하는 방식이 판이합니다.

예를 들어, 그리스도인이 비그리스도인과 이성교제를 하기도 하는데, 물론 그럴 수도 있습니다. 자신의 신앙을 굳게 유지할 수 있으면 좋은데, 그렇지 못하고 오히려 비그리스도인에게서 세상의 영향을 심각하게 받는 경우가 있습니다. 특히 상대방이 비그리스도인이라면, 사랑이 깊어질 경우 육체관계를 갖기 원할 수도 있습니다. 영화와 드라마에서 숱하게 보는 이야기입니다. 성관계는 인격적이고 전적인 헌신을 전제할 때 가능하다고 믿는 그리스도인들은 이를 거부합니다. 그러면 상대방은 자신을 사랑하지 않는다고 생각하고, 관계가 힘들어질 수 있습니다. 이런 세상 문화에서 살아가다 보면 그리스도인 형제자매들도 결혼 이후로 성관계를 미루기가 쉽지는 않습니다. 세상은 성경적 가치관을 편협하고 융통성 없고 부자연스럽다고 말하고, 그리스도인들도 그런 말에 넘어가기도 합니다. 이는 세상의 가치관을 따라가는 것이요, 적어도 이 영역에서는 하나님의 다스림을 받지 않는 것입니다.

하나님의 다스림보다 세상을 따라 살면, 대부분의 경우 심각한 상처만 남습니다. 하나님을 믿지 않는 것만 빼면 참 매력 있는 그 사람, 사랑하는 사람을 잃어버리고 싶지 않습니다. 그래서 하나님의 다스림보다는 세상 사람들이 살아가는 방식을 따라가고, 많은 경우 마음속 깊이 상처를 받거나, 이런 일이 반복되면 성에 대한 생각 자체가 바뀌기까지 합니다. 시간이 갈수록 성관계를 가볍게 여기는 세상 풍조에서 하나님의 다스림을 받아, 하나님이 가르치시는 가치관으로 사는 것은 세상과 적잖은 마찰을 예고합니다.

또 다른 예로, 여러분이 돈을 번다고 생각해보십시오. 돈을 어떻게 사용하느냐 하는 것은 큰 문제입니다. 돈은 써도 써도 모자랍니다. 돈이 남아서, 정말 돈 쓸 때가 없어서 헌금을 하겠다거나 다른 사람을 돕겠다는 사람은 거의 없습니다. 그렇다면, 어떻게 돈을 써야 할까요? 하나님의 다스림을 알게 되면, 이런 마음이 생깁니다. '이 돈을 나 혼자만 쓸 수는 없다. 나보다 더 힘들게 살아가는 사람들도 있다. 내가 좀 더 절약하고 검소하게 살아서 다른 사람들과 나눠야지.' 그러면 자신을 위해서 더 쓰고 싶은 마음과 갈등이 생깁니다. 자신보다 훨씬 많은 것을 누리고 사는 사람들이 빤히 눈에 보이니, 당연히 부대낌이 생깁니다. 조금 더 과격하게 나가서, 자발적으로 가난한 삶 또는 검소한 삶을 살겠다고 결심하면 때때로 회의가 들 수 있습니다. 친구들은 돈을 열심히 모으고 있는데, 자신은 검소하게 살기 위해 노력할 때 미묘한 부대낌이 있습니다.

제 지인 중에 의료 선교사가 있습니다. 좋은 대학 나온 의사가 선교지로 떠난다고 했을 때 많은 사람들이 박수를 쳐주었습니다. 그런데 20년이 지나서 잠깐 한국에 들어오니 친구들은 다 병원에서 원장급이 되어 있었습니다. 한국에 집 한 칸이 없어서 고국에 돌아와 머물 임시 처소도 없었던 그 친구는 순간적으로 회의가 들었다고 합니다. 세상의 길과 다른 삶을 살 때 부대낌과 유혹은 있기 마련입니다.

회사에서 승진하려고 물불을 안 가리고 싸우는 경우가 있지 않습니까? 정당하고 떳떳하게 경쟁하는 것은 좋지만, 대부분 공정한 경쟁을 하지 않습니다. 편법을 쓰고 부정의하게 싸울 때 우리도 거기 들어가서 싸워야 하느냐, 아니면 정도를 지키며 가다가 승진 누락이나 탈락을 감수할 것이냐 하는 것은 쉬운 문제가 아닙니다. 그럴 때 하나님의 다스림을 따를 것이냐, 세상의 다스림을 따를 것이냐 하는 것이 문제가 됩니다. 몇 가지 예를 들었지만, 이런 일은 우리 일상에 널려 있습니다. 우리가 세상 속에서 살고 있기 때문입니다.

하나님의 다스림을 받는 사람들의 축복

그러면 이렇게 하나님의 다스림을 받는 사람들은 부대끼면서 늘 참고 견디기만 해야 할까요? 아닙니다. 하나님의 다스림을 받는 사람들에게는 축복이 있습니다. 부대낌이 분명히 있지만, 그 가운데 세상의 길을 따르지 않고 주님의 길을 따를 때 놀라운 축복을 받습니다. 그 축복이 뭘까요? 그것이 결국에는 그 사람이 성공한다는 복이라면 얼마나 좋을까요? 그러나 신약 성경에 나오는 인물들을 보십시오. 이 세상에서 성공한 사람들보다는 그렇지 않은 사람들이 더 많습니다. 주님의 길을 따르느라 세상적인 성공은 얻지 못할 수도 있습니다. 그렇지만 그리스도인에게 주어지는 것이 있는데, 하나님이 주시는 평안입니다. 이 평안은 우리가 바른 길을 가고 있다는 증거입니다. 이것을 맛보지 못한다면 참 불행한 그리스도인일 것입니다. 그리스도인인 척하지만 계속 세상에 욕심이 나서 유혹을 받고 있기 때문입니다.

하지만 하나님께 우리 인생을 진정으로 위탁할 때 그분이 주시는 평안이 있습니다. 내려놓는 것과 내팽개치는 것은 다릅니다. 내팽개치는 것은 하나님께 맡긴다는 명분하에 자신의 책임을 등한시하는 것이지만, 내려놓는 것은 최선을 다하고 결과를 하나님께 맡기는 것입니다. 내팽개치면 자기가 책임을 져야 하지만, 내려놓으면 하나님이 책임져주십니다. 자기 인생을 하나님께 맡길 때 오는 평안이 있습니다. 그것은 우리가 원하는 종류의 삶은 아닐 수도 있습니다. 그렇지만 하나님이 우리를 붙들고 계셔서 하나님이 평안을 주신다는 것은 놀라운 일입니다. 그것이 하나님이 주시는 축복입니다.

스데반은 돌에 맞아 죽으면서 그런 평안을 누렸습니다. 돌에 맞아 죽는 것이 얼마나 큰 고통일지 상상조차 힘듭니다. 그런데 돌에 맞아 죽어가면서 그는 하늘의 하나님 보좌에 서신 예수 그리스도를 봅니다. 예수님은 대부분 보좌에 앉으셨다고 표현되지만, 스데반은 예수님이 보좌에서 계신 것을 봅니다. 그 순간 하나님이 주시는 놀라운 평안이 그에게 임했습니다. 그는 돌에 맞으며 천사처럼 죽어갔습니다. 이런 일은 교회 역사에 계속 반복되어 나타났습니다. 순교는 자기가 원해서가 아니라 하나님이 할 수 있게 해주시기 때문에 가능합니다. 그러니 걱정하지 않으셔도 됩니다. 혹시 그런 때가 오면 하나님이 믿음을 지키는 자들을 도우실 것입니다.

우리 인생의 어떤 부분(돈·결혼·자녀 문제·장래에 대한 문제)이든 평안이 없다면, 하나님의 다스림 밑에 온전히 내려놓으십시오. 그때 하나님이 우리에게 평안을 주실 것입니다. 이렇게 자신이 그리스도 안에서 변화된 존재임을 진정으로 믿고, 자신이 속한 나라가 이 세상이 아니라 하나님나라라는 사실을 받아들이고, 세상에 속한 것들을 하나씩 하나씩 그분의 다스림 아래 내려놓고 자유와 평안을 누리는 것이 예수를 따라가는 사람들의 삶의 여정입니다.

축복을 알리는 일: 먼저 거룩해지기

이런 평안함을 누리게 되었다면, 이제 이런 놀라운 축복, 하나님의 다스림 밑에 있는 축복을 알리는 것이 우리의 첫 번째 의무입니다. 베드로전서 3장 15-16절에서 그 의무를 좀 더 구체적으로 알아보도록 하겠습니다.

> 15다만 여러분의 마음속에 그리스도를 주님으로 모시고 거룩하게 대하십시오. 여러분이 가진 희망을 설명하여주기를 바라는 사람에게는 언제나 답변할 수 있게 준비를 해두십시오. 16그러나 온유함과 두려운 마음으로 답변하십시오. 선한 양심을 가지십시오.

우리가 가장 먼저 해야 할 일은, 우리 마음에 그리스도를 주로 삼아 거룩해지는 것입니다. 다시 말해, 그리스도가 우리 마음의 주가 되셔서 우리가 거룩해집니다. 이것은 예수님을 거룩하게 대하는 것이라고 표현할 수도 있고, 우리가 거룩해진다고 표현할 수도 있습니다.

이것은 우리가 지금까지 이야기해온 하나님과의 관계, 자신과의 관계, 공동체와의 관계에서 진보가 이루어지는 것입니다. 이런 기본이 되어 있지 않으면, 하나님 믿으면 좋다고 아무리 떠들어대도 "너나 잘하세요"라는 소리밖에 듣지 못할 것입니다.

하나님과의 관계와 관련한 예를 생각해봅시다. 다음날 시험을 앞두고 있어도 주일이기 때문에 하나님을 예배하고 공동체의 교제를 위해 교회에 갈 때, 시험 당일 아침에도 말씀을 읽고 기도하는 '경건의 시간'에

변함없이 충실할 때, 사람들은 우리에게 어떻게 그럴 수 있는지 물어옵니다. 이렇게 그리스도가 우리의 주가 된다면 "어떻게 너는 그렇게 사니?"라는 질문을 듣습니다. 일요일에는 하나님을 예배해야 하기 때문에 주말여행을 자제하거나, 아이들이 태권도 승급 심사에 가지 않는다고 말하는 것은 사소한 일 같지만, 우리는 이런 행동으로 하나님과의 관계가 그만큼 소중함을 드러냅니다.

자신과의 관계에서도 마찬가지입니다. 우리가 하나님을 믿고 거룩해지면 자신을 대하는 태도가 달라집니다. 약점을 부끄러워하지 않고, 과거에 있었던 불행한 일들도 억지로 숨기려 하지 않습니다. 자신의 부족한 부분도 기꺼이 받아들입니다. 부인할 부분은 부인하고 약점은 있는 그대로 받아들이면서 여유가 생깁니다. 자신을 있는 그대로 받아들인 사람들에게 나타나는 중요한 특징이 여유입니다. 전전긍긍하지 않습니다. 감정의 기복이 줄어듭니다. 타인의 평가에 따라 자신의 기분이 좌지우지되지 않습니다.

자신은 있는 그대로 하나님 앞에서 존귀한 자인 것을 알아가기 시작했기 때문입니다. 사람들은 자신의 잘못을 스스럼없이 인정하는 우리를 보고 좀 이상해졌다고 합니다. 세상 사람들은 자기 잘못을 잘 인정하지 못합니다. 자기 잘못을 인정하는 순간, 무시당한다고 생각하기 때문입니다. 그런데 그리스도인들은 정직하고 진지하게, "그때 제가 그렇게 이야기한 것은 잘못했습니다. 제가 아직 성숙하지 못해서 부족했습니다. 용서해주십시오"라고 말합니다. 분명 다른 종류의 사람입니다.

공동체에서도 우리는 사랑하는 법을 배웁니다. 앞에서 이야기한 네 가지 사랑을 기억하십니까? 희생하는 사랑, 진실한 사랑, 구체적인 사랑, 중심 있는 사랑을 연습하며 배워가기 시작합니다. 그러면 공동체 가운데서 우리가 변할 뿐만 아니라 세상에서도 그런 사랑으로 다른 사람을 사랑하기 시작합니다.

그리스도를 주로 삼아서 거룩해진다는 것은 이런 변화를 뜻합니다. 그러면 우리의 삶이 어떻게 되겠습니까? 하루아침에 확 변하지는 않겠지만 조금씩 달라질 것입니다. 이렇게 1년만 살아보십시오. 매일 밤늦게까지 텔레비전만 보고 아침에는 늦잠 자고 헐레벌떡 회사에 뛰어가 시키는 대로 일만 하면서 1년을 보낸 사람과, 저녁에 하루를 정리하며 하나님 앞에서 자신을 살피고 아침마다 하나님의 얼굴을 구하면서 그리스도인다운 삶을 배우는 사람이 어떻게 똑같을 수가 있겠습니까?

희망을 흘리는 삶

세상에서 하나님의 다스림을 나타내려 할 때 가장 먼저 감당해야 할 것은 예수 그리스도를 주로 삼아 거룩해지는 것입니다. 이런 다스림이 나타나면 다음으로는 어떤 일이 일어날까요? 베드로전서 3장 15절은 이렇게 말합니다.

여러분이 가진 희망을 설명하여주기를 바라는 사람들에게.

그렇게 삶이 변화되면, 사람들이 우리를 찾아와서 그렇게 사는 이유를 물을 것입니다.

전도가 잘 안 되는 이유가 무엇입니까? 바로 우리 때문입니다. 우리 삶과 인격이 세상 사람들과 별 다를 바 없고, 신비로운 하나님을 믿는다면서 우리 인생과 인격에 신비한 요소가 하나도 없는데, 멋있지도 않고 매력적이지도 않는데, 누가 우리의 증거를 믿겠습니까?

여러분이 어떤 취미 생활을 한다고 생각해보십시오. 그 취미 생활이 멋있어 보여야 다른 사람들이 그것을 따라 하고 싶지 않겠습니까? 남들 보기에 '그런 걸 왜 할까' 싶은데 그것을 취미 생활로 하겠습니까? 취미 생활이 그럴진대, 하물며 하나님을 믿는 것은 인생을 투자하는 문제인데 그만큼 색다르고 신비로운 뭔가가 보여야 사람들이 하나님을 믿게 되지 않겠습니까?

우리가 변하면 반드시 사람들이 찾아와서 그 소망에 대해서 물을 것입니다. 그런데 여기서 묻는다는 것은 우리를 찾아와서 "나도 기독교 진리를 깨닫고 구원받고 싶어"라고 이야기한다는 뜻이 아닙니다. 오히려 툭툭 건드리거나 쿡 찌릅니다. "야, 기독교인들이라고 해봤자 위선자들 아니야?", "야, 너 교회 또 가냐? 교회가 밥 먹여주냐?", "어느 어느 교회에는 무슨 문제가 있더라" 하는 식입니다. 이런 이야기를 들을 때가 기회입니다. 그럴 때 화를 내거나 즉각적으로 반응하지 말고, 좋은 대화를 나눌 수 있는 기회로 삼아야 합니다. "뭐, 기독교만 그러냐? 불교도 문제가 얼마나 많은데? 너는 뭐가 더 나아서 그러냐?" 하고 반응한다면, 좋은 기회를 날려버리는 셈입니다. 친구들이 찾아와서 우리를 찌르고 건드릴 때 그리스도인들은 '아, 이 사람이 우리의 소망을 묻고 있구나. 우리에게 정말 관심이 있어서 물어보는구나' 하고 그것을 알아 채야 합니다.

그러므로 우리가 가장 먼저 해야 할 것은, 우리 삶이 달라지고 변한 것, 우리가 누리고 있는 것을 먼저 보여주는 것입니다. 전 그것을 '흘리는 것'이라고 표현합니다. 조금씩 흘려야 합니다. 자신에게 일어난 놀라운 변화를 노골적으로가 아니라, 자연스럽게 드러내야 합니다.

그런데 요즘 같은 세상에서는 이것이 쉽지 않습니다. 저는 이것이 사탄이 현대 문화와 사회에서 일하는 한 가지 방식이라고 생각합니다. 옛날에는 마을을 이루어 같이 살았기 때문에 사람의 인격 전체를 볼 수 있었습니다. 직업·교육·종교·놀이 공동체가 다 한 공동체였기 때문에 사람들의 인격이 거기에 다 드러났습니다.

그런데 지금은 교회에서는 교회 얼굴, 회사에서는 회사 얼굴, 노래방에서는 노래방 얼굴이 다 따로 있습니다. 그 사람의 모습이 정확하게 나타나지 않고 파편화되어 있습니다. 그러니 그리스도인들조차 통합된 모습으로 살아가지 않아도 된다고 생각합니다. 심지어 로마에서는 로마법을 따라야 한다며 상황에 따라 자기 색깔을 바꾸면서 카멜레온처럼 살기도 합니다.

그리스도인들은 어디서든 그리스도인의 모습을 그대로 유지하면서 그 모습을 자꾸 흘려야 합니다. 통합된 모습을 일관되게 보여줘야 합니다. 이것이 예전과 다른 모습입니다. 물론 흘린다고 해서 너무 노골적으로 표현하라는 뜻은 아닙니다. 성경을 들고 다니는 모습을 일부러 남들에게 노출하라는 말이 아닙니다. 오히려 좋은 책이나 영상을 소개하는 것이 한 가지 방법이 될 것입니다. 그 사람에게 가장 필요한 것이 무엇인지 생각하고 가끔씩 선물하십시오. 여러분은 자신이 어떻게 예수님을 믿고 축복을 누리며 사는지 사람들에게 보여주십니까? 주변 사람들에게 하나님의 선하심과 그분의 다스림 아래에서 살아갈 때 우리가 누리게 되는 축복을 어떻게 나누십니까?

자연스럽고 창의적인 방법도 중요하지만, 여러분이 하나님나라 시민으로 세상 사람들 가운데 있다는 자의식, 자기 정체감과 이에 따른 사명감이 무엇보다도 중요합니다. 하나님나라를 드러내 보여주는 시민으로 어떻게 살아갈지 고민하며 삶의 현장에서 살아가는 자들은 그들의 삶 자체가 하나님나라의 비밀을 세상 사람들에게 흘리는 것입니다. 이렇게 살 때, 우리는 세상 사람들을 위하여 선한 일을 도모하고, 또한 우리의 친구와 동료들을 위해서 마음을 담은 선물을 하게 될 것입니다. 이렇게 우리는 하나님나라의 소식을 사람들에게 적극적으로 흘리며 살아갈 수 있습니다.

묵상 질문

1. 당신은 전도나 간증이 즐겁고 자연스럽습니까? 그렇다면 무엇 때문이고, 그렇지 않다면 또 무엇 때문입니까?

2. 베드로전서 3:15을 묵상하고 특별히, 우리 마음속에 그리스도를 주로 삼아 거룩하게 한다("마음속에 그리스도를 주님으로 모시고 거룩하게 대하십시오")는 말이 무슨 뜻인지, 우리 삶에서 어떻게 이런 모습이 드러나는지 묵상해봅시다.

4

대답을
준비하는 삶

생각해볼 질문

전도를 하려 할 때 가장 마음에 걸리고 힘든 부분은 무엇입니까?

우리가 예수 그리스도 안에서 변화되어가고, 이렇게 하나님의 다스림 아래에서 살아가는 모습이 자연스럽게 사람들에게 흘러갈 때, 사람들은 우리 삶에 호기심을 갖게 됩니다. 이때 우리는 대답할 것을 준비해야 합니다. 베드로전서 3장 15-16절을 읽어보겠습니다.

언제나 답변할 수 있게 준비를 해두십시오. 그러나 온유함과 두려운 마음으로 답변하십시오. 선한 양심을 가지십시오.

이 구절은 설명해주기를 바라는 사람들에게 대답을 준비하라고 말합니다. 대개 그리스도인들의 대답은 아주 간단합니다. "한번 믿어봐." "교회 다녀봐." 하지만 이런 간단한 답이 아니라 우리 삶이 어떻게 달라졌는지를 보여줄 수 있어야 합니다.

우리가 준비할 것들

베드로전서 3장 16절은 "온유함과 두려운 마음과 선한 양심"으로 대답하라고 권합니다. 온유함은 사람을 향한 것입니다. 상대방의 관점으로 상대방의 처지가 되어주는 마음 자세입니다. 두려운 마음은 하나님을 향한 것입니다. 하나님 앞에서 준비해야 한다는 뜻합니다. 선한 양심은 자신을 향한 자세입니다. 자신도 잘 모르는 진리를 다 아는 것처럼 이야기하지 말고 솔직하게 대화하라는 뜻입니다. 이 세 가지 자세를 한마디로 표현한다면 '진실하라'는 것입니다. 이 진실성이야말로 우리 그리스도인들에게 가장 큰 강점이 될 수 있습니다.

특별히 고통 가운데 있는 사람과 대화할 때, **온유한 마음**을 유지하십시오. 자신이 하나님을 설명하고 있다는 놀라운 사실을 기억하고 하나님을 **두려워하는 마음**으로 사람들을 만나십시오. 사람들의 질문에 대답할 때 마치 모든 해답을 다 가진 듯한 자세를 취하지 마십시오. 때로는 "나도 잘 모르겠어"라는 말이 우리가 줄 수 있는 가장 중요한 대답이 되기도 합니다. 이것이 **선한 양심**입니다. 우리가 다 아는 척할 필요가 없습니다. 사실 인생에는 우리가 대답할 수 없는 질문이 너무 많습니다.

이렇게 진실함을 유지하십시오.

이런 태도로 우리가 준비해야 할 실제적인 내용은, 간증과 전도라고 말할 수 있습니다. 간증testimony, witness이란 예수님을 만나서 어떻게 변했는지를 이야기하는 것으로, 그리스도인이라면 누구든 할 수 있습니다. 예수님을 만난 자신의 주관적인 이야기를 하는 것입니다.

간증은 특별한 훈련이 필요하지는 않지만, 자신의 간증 내용을 간단하게 준비해놓는 것이 좋습니다. '예수님을 믿기 전', '예수님과의 만남', '예수님을 믿은 다음', 이렇게 세 부분으로 나누어 정리하면 됩니다. 자신의 삶을 전체적으로 이야기할 수도 있고, 어떤 결정적인 부분을 구체적으로 이야기할 수도 있습니다.

예를 들면, 이렇습니다. "예수님을 만나기 전에는 너무너무 외로웠어. 난 절망감에 빠져 있었고 술이 내 유일한 친구였지. 그런데 예수님 만나고 그분이 나를 사랑하시는 것을 알게 되니 그런 절망감이 사라지더라. 이제는 그렇게 절망스럽지도, 외롭지도 않아. 가끔 외로울 때도 있지만 옛날과는 정말 달라졌어. 거기다가 이제 나와 같은 길을 가는 사람들까지 있어서 내가 힘들 때 그 사람들과 같이 갈 수 있어."

여러 형태와 주제로 간증을 할 수 있습니다. 사람들에게 이야기할 수 있도록 미리 준비를 해놓으십시오. 가만히 자신의 삶을 들여다보십시오. 어떤 영역, 어떤 주제에서 그리스도로 말미암아 변화가 일어났는지를 정리해보십시오. 간증 준비 자체가 많은 사람들에게 축복이 됩니다. 왜냐하면 하나님이 자신에게 행하신 일들을 스스로 돌아보고 정리하는 과정이기 때문입니다. 간증은 초보 단계입니다. "예수 믿으면 좋아", "예수 믿으면 평안해"라는 식의 모호하고 추상적인 표현이 아니라 구체적으로 준비된 간증을 통해서 사람들은 하나님의 다스림과 사랑과 능력을 알아가게 됩니다.

간증과 달리 전도evangelism는 도를 전하는 것입니다. 우리가 믿는 도를 풀어서 설명하는 것이 전도입니다. 전도에는 준비가 필요합니다. 5분 내에 전도할 수 있는 내용을 전달하는 연습을 해보십시오. A4 용지 반 페이지 정도에 복음을 기록하는 훈련을 해보십시오.

복음에는 중요한 내용이 네 가지 들어 있습니다. 이 네 가지를 중심으로 여러분의 생각과 믿는 바를 살을 붙여서 정리하면 좋을 것 같습니다.

첫 번째, 하나님이 세상과 당신을 만드셨고, **하나님이 주인**이십니다. 하나님은 우주와 인간 역사의 주인이시며 또한 우리 자신의 주인이십니다. 두 번째로, **인간은 자기가 주인이 되어서 살아가는데 이것을 죄라고** 합니다. 하나님이 모든 것의 중심이신데, 사람들은 모두 자신이 주인이 되어서 살아가고 있기 때문에, 세상은 깨지고 망가지고 끊임없이 고통이 있을 수밖에 없습니다.

세 번째는, 우리 죄로 말미암아 인간은 죽음을 경험할 수밖에 없고 사실 죽어가는 것이나 다름없는데, 하나님이 이런 우리를 불쌍히 여기셔서 그 죄의 대가를 예수 그리스도가 대신 지게 하셨습니다. 죄의 대가로 죽어가는 인간을 위해서 **예수님이 대신 돌아가셔서, 우리가 하나님 앞에 설 수 있는 길**을 여셨습니다.

마지막으로 네 번째는, 이 예수 그리스도를 진심으로 받아들이면, 즉 그분이 우리를 위해서 대신 돌아가신 것을 믿고 그분을 마음속에 받아들여서 이제는 자신이 주인이 아니라 **예수님이 우리 인생의 주인이심을 받아들이면, 구원을 선물로** 받을 수 있습니다. 그때 그리스도의 영이신 성령님이 우리 마음속에 오셔서 우리를 인도하기 시작하십니다.

이처럼 간단하게 복음을 정리할 수 있습니다. 그렇지만 이 내용 하나 하나에 살을 붙여서 조금 더 설명을 해줘야 합니다. 사람들의 마음에 와 닿을 수 있도록 설득해야 합니다. 그러나 무엇보다 중요한 것은, 이 네 가지가 우리 마음속에 잘 정리되어 있어야 한다는 것입니다.

우리는 진실하게 대답을 예비해야 합니다. 이 일은 매우 중요한 일이 어서 때때로 긴급성을 띨 수도 있습니다. 임종을 앞둔 사람이 하나님을 믿고 싶어 한다면, 여러분은 어떻게 하시겠습니까? 그냥 "하나님 믿으 세요"라고 이야기하시겠습니까? 5분 내에 하나님을 소개할 수 있어야 합니다. 이것은 마치 심폐소생술과 같습니다. 갑자기 심장이 멈춘 사람 들을 위한 이 간단한 응급조치를 알고 있으면 많은 사람을 죽음에서 구 할 수 있습니다. 전도는 이와 같은 영혼의 심폐소생술입니다. 짧은 시간 에 복음을 설명할 수 있다면, 점점 긴 시간을 할애하여 많은 토론을 하 면서도 복음을 설명할 수 있을 것입니다. 먼저 짧게라도 복음을 설명할 수 있도록 준비하고 연습해놓으십시오.•

개인의 증거를 더 강력하게 만드는 교회

이런 개인의 증거를 더욱 강력하게 만들어주는 요소가 있습니다. 요

•《풍성한 삶으로의 초대》(포이에마)를 참고하십시오. 그리고 복음전도를 위해서 www. iamseeker.org에서는 "풍성한 삶으로의 초대: 인도자반" 강의를 비롯하여 전도와 관련된 여 러 질문들(FAQ)에 대한 답변을 보실 수 있습니다.

한복음 17장 21절에서 예수님은 그에 대해 말씀하십니다.

> 아버지, 아버지께서 내 안에 계시고, 내가 아버지 안에 있는 것과
> 같이, 그들도 하나가 되어서 우리 안에 있게 하여주십시오. 그래서
> 아버지께서 나를 보내셨다는 것을, 세상이 믿게 하여주십시오.

우리가 공동체 가운데서 서로 사랑하면, 세상 사람들은 그 모습을 보고 하나님이 아들을 우리에게 보내신 것을 믿게 됩니다. 가장 좋은 복음 전도는, 예수님을 정말 믿고 있는 공동체를 사람들에게 보여주는 것입니다. 우리 개개인은 다 약하고 부족하여 진리를 총체적으로 나타낼 수 없습니다. 그런데 하나님을 모르는 사람이, 이렇게 다양한 사람들이 함께 믿고 함께 살아가는 모습을 보는 것은 충격입니다.

제게는 잊지 못할 친구가 있습니다. 대학교 4학년 때, 교정에서 격렬한 시위가 있었습니다. 그런데 제가 엘리베이터를 타고 강의실로 올라가면서 약간 미소를 짓고 있었나 봅니다. 저와 같이 사회학과에 다니는 여학생이었는데, 이 친구가 제게 시비를 거는 것 같았습니다. "넌 뭐가 좋아서 그렇게 웃니, 지금? 뭐가 그렇게 행복하니?" 굉장히 도발적이고 기분 나쁘게 이야기했습니다.

순간 약간 당황했지만, 침착하게 흘리기 전법을 썼습니다. "요즘 너무 세상이 복잡하고, 그래서 사실 캠퍼스에서 벌어지는 일들로 마음이 불편하긴 한데, 그래도 내 마음속에는 다른 기쁨도 있어"라고 진실하게 이야기했습니다. 그 친구는 "홍" 하고 가버렸습니다. 그런데 얼마 후에 그 친구가 제게 "애, 너 하나님 믿지? 그런데 하나님을 정말 믿을 수 있

니?"라고 물어왔습니다. 그때 이 친구에게, 제가 기억하기로는 서너 시간 정도씩 이틀에 걸쳐 복음을 길게 설명해주었습니다.

그러자 이 친구는 "기독교가 이렇게 체계적인 종교인 줄 몰랐어. 이렇게 답변을 줄 수 있는 종교인 줄 몰랐어"라고 하더군요. 저는 '와, 내가 복음을 잘 전했구나'라고 생각했습니다. "그래? 그럼 이제 네가 예수님을 주인으로 받아들이고 예수님이 네 죄를 위해서 돌아가셨다는 것을 인정하고 그분 앞에 네 인생을 드리기로 결정하면 너도 그리스도인이 될 수 있어"라고 마지막에 결정타를 날렸습니다. 그러자 친구는 머뭇거리다가 단호하게 대답했습니다. "그런데 나는 네가 얘기하는 그 하나님을 믿고 싶지는 않아. 왜냐하면 내가 내 인생의 주인이니까. 네가 말하는 게 다 맞는다고 해도, 나는 신이라는 존재 앞에 무릎 꿇고 싶지 않아. 내가 내 인생의 주인인 것을 포기할 수 없어."

순간 얼마나 좌절감이 들었는지 모릅니다. 이틀 내내 붙잡고 이야기해서 다 이해를 시켰는데, 마지막에 가서 자신이 자기 인생의 주인이라는 것을 포기하지 못하겠다는 것이었습니다. 참 절망스러웠죠. 그래서 저는 그 친구에게 상심한 마음으로, 목요일마다 사회학과 크리스천들이 모여서 찬양하고 예배하는 시간이 있으니 시간 있으면 그 모임에나 나오라고 했습니다. 별 기대 없이 한 말인데, 이 친구가 그 모임에 꾸준히 나왔습니다.

그 후 한두 달 정도가 지났을 즈음, 어느 날 모임이 끝나고 의자를 정리하고 있었습니다. 그런데 그 친구가 갑자기 사람들을 보면서 "저, 잠깐 할 말이 있어요"라고 말했습니다. "내가 더 이상 거부할 수가 없어요. 더 이상 하나님을 거부하지 못하겠어요. 오늘 하나님을 받아들이고 싶은데 도와주겠어요?" 그래서 우리는 정리를 하다 말고 함께 기도했고, 친구는 예수님을 받아들였습니다. 그 친구는 지난 한두 달 동안 모임에 나오면서, 거기서 하나님을 예배하고 그분을 찾는 모습, 그들이 하나님의 사랑으로 서로 사랑하며 살아가는 모습을 관찰하면서 하나님이 정말 계시다는 사실을 알게 되었습니다.

오늘날 복음 전도가 잘 되지 않는 것은, 우리 개개인이 부족하여 하나님의 다스림을 나타내지 못하기 때문이기도 하지만, 더 중요한 것은 그리스도인 공동체가 세상 사람들에게 하나님을 보여주는 '창문' 역할을 잘 감당하지 못하기 때문입니다. 교회가 서로 사랑하며 살아가지 않으니, 교회 내에서도 세상 가치관을 따라 살아가니, 창문이 더러워져 벽처럼 되어버렸습니다.

예수님은 "너희가 서로 사랑해라. 그렇게 정말 사랑하면 아버지께서 아들을 보내신 것을 세상 사람들이 믿게 된단다"라고 말씀하셨습니다. 그래서 이 공동체가 중요합니다. 우리가 믿은 대로 같이 살아가는 것이 굉장히 중요합니다. 그 공동체에 사람들을 초대하십시오. 와서 보라고, 그들도 들어올 수 있다는 것을 보여주십시오. 그때 사람들이 그 공동체 속으로 들어오게 될 것입니다.

복음을 전하는 삶

우리가 하나님나라 백성이 되면, 다시 말해 우리 마음에 그리스도를 주로 삼으면, 삶에 변화가 생깁니다. 거룩해집니다. 예수님을 닮아갑니다. 이것은 숨길 수가 없습니다. 그럴 때 사람들이 우리에게 던지는 질문에 우리는 대답을 줄 수 있어야 합니다.

제가 여기서 전도의 방법론을 자세히 이야기하지 않는 이유는, 전도는 방법이나 기술이 아니기 때문입니다. 앞에서 이야기한 네 가지 진리를 나름대로 잘 소화해서 여러분 것으로 만든 다음, 그 내용을 다른 사람들에게도 설명해주십시오. 이것을 전하지 않는 것은 혼자만 좋은 것을 누리고 다른 사람에게 나누지 않겠다는 것이나 마찬가지입니다. 이는 주님이 기뻐하시는 일이 아닙니다.

어떻게 해서든지 우리에게 주어진 복음을 전달하는 것, 이것은 가장 고귀한 일입니다. 하나님이 이 땅을 다스리고 계심을 선포하는 가장 존귀한 방법입니다. 하나님나라를 믿는 사람이라면 이 하나님나라를 전하지 않을 수 없습니다. 이 일에 힘쓰십시오. 좌충우돌하며 시행착오와 실패도 많이 경험하십시오. 그러면서 사람들과 대화하는 법도 배우고, 진실하게 복음을 전하는 법도 배우십시오. 그러다가 어느 날, 처음으로 내 앞에서 예수님을 믿겠다고 영접하는 사람을 만나면, 그것이 얼마나 기쁜 일인지 알게 될 것입니다. 나 같은 사람을 통해서도 복음이 전달되어 사람들이 예수님을 믿는 것을 경험하게 될 것입니다. 이것은 하나님나라 백성이요 시민으로서 누릴 수 있는 최고의 특권이며 사명입니다. 내 주변에 가까이 있는 사람이 하나님의 다스림 아래로 들어오게 되는 것입니다.

마지막으로 하나님과 그분의 다스림을 잘 알지 못하는 사람들을 위해서 우리가 꼭 해야 할 일이 무엇인지, 에베소서 6장 19절을 읽어보겠습니다.

또 나를 위하여 기도하기를, 내가 입을 열 때에 하나님께서 말씀을 주셔서 담대하게 복음의 비밀을 알릴 수 있게 해달라고 하십시오.

바울은 기도 부탁을 그렇게 많이 하지는 않았지만, 이 구절에서는 자신의 전도를 위해 기도해달라고 부탁합니다. 개역개정에서는 같은 구절을 "내게 말씀을 주사 나로 입을 열어 복음의 비밀을 담대히 알리게 하옵소서"라고 번역했습니다.

우리는 복음의 비밀이 알려질 수 있도록 기도해야 합니다. 우리를 통하여 복음이 전해질 수 있도록 기도해야 합니다. 여러분은 여러분이 복음을 전해야 할 이들의 목록을 가지고 계십니까? 그 목록을 성경책 맨앞 장에 써놓고, 사람들이 복음을 받아들일 때마다 하나씩 날짜를 기록하며 이름을 지워가십시오. 그들을 위해서 기도하십시오.

주일 예배에 참석할 때마다 기도하십시오. 우리는 모르지만 예배 시간에 복음을 받아들이는 사람들이 있습니다. 우리가 예배를 드리고 있는 그때에도, 하나님은 놀라운 역사를 이루고 계십니다. 주일에 예배에 오시면 자리에 앉으셔서 "하나님, 오늘 이 자리에서 예수님을 받아들이는 사람들이 있을지 모르겠습니다. 그들의 마음을 붙잡아주십시오"라고 복음의 문이 열릴 수 있도록 기도하십시오.

꼭 우리가 열매를 따지 않아도 우리 기도를 통해서 하나님이 일하십니다. 우리의 한마디, 우리가 건네는 책 한 권, 설교 동영상 하나를 통해서 하나님이 일하십니다. 그러므로 우리가 이 일에 열심을 품어야 하겠습니다. 이보다 중요한 일은 없습니다.

저는 제가 복음을 전해서 수백 명이 넘는 사람들이 예수님을 영접하는 것을 보았습니다. 그러나 제가 복음을 전해서 열매를 거두었다고 생각지 않습니다. 어떤 사람이 복음을 받아들이는 것은, 그 사람을 위해서 수많은 사람이 소망을 품고, 이런저런 사랑을 보여주고, 무엇보다도 그들을 위해서 기도하였기 때문입니다. 제가 복음을 전할 때는 툭 건드리면 떨어질 낱알에 낫을 대었을 뿐이기 때문입니다. 전도는 이렇게 사람들의 기도를 통해서 신비하게 준비되고, 그렇게 열매를 맺습니다.

훗날 하나님 앞에 갔을 때 하나님이 "너 때문에 복음이 더 놀랍게 퍼져나갔다. 너로부터 많은 사람들에게 이렇게 퍼져나갔다. 고맙다. 너의 기도가 많은 이들에게 복음의 문을 열어주었단다. 내 아들을 희생시켜서 그토록 사람들을 사랑하고자 했던 나의 마음을 네가 사람들에게 전달해주었구나. 고맙다"라고 하시는 말씀을 여러분 모두 다 들을 수 있기를 간절히 바랍니다. 세상에서 하나님의 다스림을 받으며 살아가는 하나님나라 백성이 누릴 수 있는 가장 위대한 특권은 하나님나라의 좋은 소식, 예수 그리스도를 세상 사람들에게 알리는 것입니다. 복음 전도는 하나님나라 시민의 특권이며 표지입니다.

묵상 질문

1. 당신에게 '하나님이 다스리신다'는 소식, 곧 복음을 전해야 할 사람들은 누가 있습니까? 각각 세 사람의 이름을 써보십시오.

   - 가족 중에서:

   - 친구, 친지 중에서:

   - 직장 동료 중에서:

- 이웃들 중에서 :

위에 적은 사람들을 위해서 당신이 할 수 있는 일은 무엇입니까?

2. 에베소서 6:19을 묵상하고, 위의 사람들을 위해서 매일 기도하기로
   결단하십시오.

하나님의 다스림을
드러내는 세상 경영

1

세상 경영의 원리:
정의와 사랑

생각해볼 질문

하나님이 인간에게 세상을 다스리게 하셨다는 말을 들을 때 당신에게 떠오르는 이미지는 어떤 것입니까?

우리는 하나님과 그분의 다스림을 믿지만, 여전히 하나님의 원리와 방식이 통하지 않는 세상에서 살아갑니다. 우리는 예수님이 이 땅에 오셔서 죽으시고 부활하심으로 하나님나라가 임한 것을 믿습니다. 그러나 예수님이 다시 오셔서 하나님나라가 완성될 때까지 우리는 세상에서 살아갑니다. 그렇다면 우리는 이 세상에서 어떤 방식으로 살아야 할까요? 이것은 매우 어렵고도 복잡한 주제입니다. 이번 만남에서는 다소 원론적인 내용만을 다루게 될 텐데, 이를 토대로 여러 분야에 적용하면서 평생 연습하고 살아내는 것이 앞으로 우리의 과제일 것입니다.

하나님의 원래 계획

하나님의 다스림 아래로 들어가 산다는 것은 그분의 원래 계획을 다시 회복해간다는 뜻입니다. 죄 때문에 파괴된 하나님의 계획이 세상을 회복하시는 메시아, 곧 그리스도 안에서 다시 온전해집니다. 하나님과의 관계가 깨졌던 우리가 그분과의 관계를 회복하고, 하나님의 다스림 아래에서 그분의 원래 계획대로 살아갑니다. 창세기 1장 27-28절에서, 세상을 창조하신 하나님의 원래 계획은 무엇이었는지 먼저 살펴봅시다.

> 27하나님이 당신의 형상대로 사람을 창조하셨으니, 곧 하나님의 형상대로 사람을 창조하셨다. 하나님이 그들을 남자와 여자로 창조하셨다. 28하나님이 그들에게 복을 베푸셨다. 하나님이 그들에게 말씀하시기를 "생육하고 번성하여 땅에 충만하여라. 땅을 정복하여라. 바다의 고기와 공중의 새와 땅 위에서 살아 움직이는 모든 생물을 다스려라" 하셨다.

이 구절에서 특별히 주의를 기울이려고 하는 내용은, 하나님이 세상에 사람을 만들어놓으신 이유가 있다는 것입니다.

하나님은 인간을 지으신 다음 그들에게 "생육하고 번성하여 땅에 충만하여라. 땅을 정복하여라. 땅에 있는 모든 것을 다스려라"라고 말씀하셨습니다. 이것이 하나님의 원래 계획이었습니다. 하나님은 세상을 만드신 다음 그 세상을 직접 다스리고 통치하시지 않고, 그분과 인격적인 관계를 맺을 수 있는 사람을 만드시고 그에게 권한과 능력을 주셔서 세상을 다스릴 수 있게 하셨습니다.

그러므로 인간은 이 세상에 있는 다른 어떤 피조물과도 다른 존재입니다. 우리는 하나님과 인격적인 관계를 맺습니다. 사랑을 받고 사랑을 합니다. 마음과 뜻을 소통할 수 있습니다. 이것이 하나님의 형상으로 만들어졌다는 의미입니다. 또 하나님은 우리에게 특별한 능력과 권한을 주셨는데 인간은 그 능력과 권한으로 이 땅에 있는 모든 피조물을 다스립니다.

실제로 하나님이 아담에게 주신 능력은 대단한 것 같습니다. 창세기 2장을 보면, 아담 앞으로 동물들이 지나가고 그가 동물들의 이름을 지어줍니다. 많은 분들이 경험해보셨겠지만 이름을 짓는 것은 대단한 일입니다. 아이 이름 하나 짓기도 쉽지 않습니다. 그런데 아담은 수많은 동물들의 이름을 지어주었습니다. 놀라운 창의력이 없이는 할 수 없는 일입니다. 우리는 아담을 벌거벗고 다니며 과일이나 따먹는 원시인 정도로 생각하지만, 그는 하나님을 닮아서 놀라운 창의력과 능력을 가지고 있는 존재였습니다.

이런 창의력을 비롯하여 우리가 상상할 수 없는 온갖 능력은 한 가지 조건을 충족시킬 때 누릴 수 있습니다. 그 조건이란 바로 '하나님께 순종하고 그분을 인격적으로 만나고 있을 때'입니다. 다시 말해 하나님이 만드신 이 우주의 기본 원리는, 사람은 하나님과 인격적인 관계를 맺고 있을 때 하나님의 다스림을 위임받아서 세상을 다스릴 수 있는 존재가 된다는 것입니다.

그런데 이 다스림이 훼손되어버렸습니다. 아담은 하나님처럼 되고 싶었습니다. 하나님처럼 지혜롭고, 하나님처럼 선악을 분별하고 싶었습니다. 인간의 자리가 아니라 하나님의 자리에 올라가고 싶었습니다. 그래서 가지 말아야 할 길을 갑니다. 하나님이 금하신 선악과를 따먹고 말았습니다.

선악과는 따먹으라고 주신 것이 아니라 일종의 상징이었습니다. 선악과는 단 한 그루뿐인 데다 동산 한가운데 있어서, 실수로 그 열매를 따먹을 수 있는 상황은 절대 아니었습니다. 즉, 하나님은 선악과를 동산 한가운데 세워놓으시고, "이 동산에서 모든 것을 다 네 맘대로 할 수 있지만, 이것만은 하지 마라. 그래서 네가 이 동산의 주인이 아니라 내가 너의 주인인 것을 상징적으로 드러내라"는 하나님의 뜻을 나타내셨습니다. 선악과는 그 동산이 아담의 것이 아니라 하나님이 아담에게 맡기신 것임을 상징적으로 보여줍니다. 또한 우리의 인격적 선택과 결정으로 하나님을 사랑하기 원하신다는 것을 보여줍니다. 그러므로 선악과는 인간이 하나님을 거절할 수도 있음을 보여줌으로써 인간의 인격적인 특질을 드러냅니다. 물론 선악과는 인간이 하나님을 거절하라고 주신 것은 아니었습니다. 오히려 하나님을 인정하라고 주신 것이었습니다.

그런데 아담은 선악과를 따먹었고, 그때부터 하나님을 우주의 중심에서 몰아내고 자기가 중심이 되었습니다. 그러고 나서 인간은 하나님이 주시는 능력과 권한을 잃어버리기 시작했습니다. 인간이 자기 지혜에 옳은 대로, 자기 소견에 옳은 대로, 자기 능력으로 세상을 다스리기 시작하자, 세상이 훼손되기 시작했습니다.

이렇게 하나님을 거스르고, 그래서 훼손된 세상에서 하나님나라 백성이 되었다는 것은 그 이전의 상태로 다시 회복된다는 뜻입니다. 아니, 그보다 더 좋은 상태로 회복된다는 뜻입니다. 이제 다시 하나님과 인격적인 관계를 맺고 그분의 다스림을 직접 받고, 그 다스림을 통해서 우리에게 맡겨주신 세상을 다스려나간다는 뜻입니다. 그래서 이 악하고 잘못된 세상에서 하나님의 다스림을 드러내며 깨진 세상을 회복해나가게 됩니다.

이 세상에서 하나님의 백성 된 우리 그리스도인이 할 일은, 하나님의 다스림을 받는 삶을 통해서 하나님이 살아 계셔서 지금도 일하고 계심을 드러내 보여주는 것입니다. 예수님이 다시 오셔서 세상을 완전히 회복하실 때까지 우리는 세상에서 아무 일도 도모하지 않고 수동적이고 도피적으로 살아가지 않습니다. 하나님의 다스림을 믿고 선포하고 보여줌으로써 그날이 가까이 다가옴을 세상 사람들에게 보여주어야 합니다. 그리하여 세상 사람들이 더 많이 하나님의 다스림 아래로 돌아올 수 있게 해야 합니다.

하나님의 다스림의 원리: 정의와 사랑

이제는 다스림의 의미를 좀 더 생각해봅시다. 다스림이란 단어는 대개 부정적인 인상을 줍니다. 일제통치와 군부독재를 경험한 사람들은 다스림이라는 말에 인권 탄압과 인권 유린을 떠올립니다. 그 당시 우리 민족이 당한 고초는 말로 다할 수 없는 수난이었기에, 이러한 세상의 통치와 다스림에 대한 이미지는 부정적일 수밖에 없습니다. 그뿐 아니라 가정에서도 아버지들이 다스리는 방식이 인격적이지 않을 때가 많습니다. 대부분의 조직을 다스리는 사람들이 좋은 리더십을 보여주지 못할 때가 많습니다. 그러니 다스린다는 단어를 들으면 대개 기분이 나빠집니다.

그러나 성경이 이야기하는 '다스림'은 그런 부정적인 의미와는 거리가 멉니다. 하나님이 다스리신다고 할 때, 그 다스림의 의미를 시편 89편 14절이 잘 설명하고 있습니다.

> 정의와 공정이 주의 보좌를 받들고, 사랑과 신실이 주님을 시중들며 앞장서 갑니다(새번역).

> 의와 공의가 주의 보좌의 기초라. 인자함과 진실함이 주 앞에 있나이다(개역개정).

시편 89편 14절을 비롯하여 몇몇 구절이 하나님의 다스림을 묘사하는데, 이 구절들은 하나님의 왕좌와 그분이 앉아 계신 보좌 주변의 모습을 그리고 있습니다. '의와 공의'(또는 '정의와 공정')는 하나님의 보좌 아래 있는 기둥처럼 보입니다. 그리고 그 보좌 옆에서 시중을 드는 것이 '사랑과 신실함', '인자함과 진실함' 등으로 표현되어 있습니다. 하나님의 보좌는 정의로 세워져 있고, 그 앞에서 사랑이 시중을 들고 있습니다.

'사랑'과 '정의', 이 두 가지가 하나님의 다스림의 기본 개념입니다. 이 두 가지가 하나님에게서는 완벽하게 조화를 이루고 있습니다. 조화를 이루려고 굳이 애쓰시는 것이 아니라, 하나님은 이 두 가지를 겸비하고 계신 분입니다.

인간에게서 이 두 가지를 함께 보기는 쉽지 않습니다. 정의로운 사람들은 대개 차갑고, 주변 사람들을 조금 불편하게 합니다. 그로부터 무슨 지적이라도 받을 것 같습니다. 물론 세상에는 이런 사람이 필요합니다. 그런가 하면, 사랑에 좀 더 가까운 사람이 있습니다. 이런 사람들은 주변 사람들을 넉넉하게 품어주지만, 조금은 흐물흐물한 것 같습니다. 그래서 중심이 없고 늘 왔다 갔다 하는 것처럼 보이기도 합니다.

정의와 사랑이 조화된 사람을 찾기가 쉽지 않습니다. 그런데 하나님은 이 사랑과 정의를 조화롭게 가지고 계십니다. 성경에 나타난 하나님의 여러 행위를 보면, 어떤 때에는 사랑이 강조되고 어떤 때에는 정의가 강조되지만, 이 두 가지는 늘 같이 나타납니다. 하나님은 심판하실 때에도 사랑으로 하십니다. 왜냐하면 하나님 자신이 사랑과 정의 그 자체이시기 때문입니다.

이런 조화로움이 가장 완벽하게 나타난 곳이 바로 '십자가'입니다. 죄가 얼마나 끔찍한 결과를 가져올 수 있는지, 죄의 대가가 얼마나 무서운지, 정의의 날이 얼마나 날카롭게 서 있는지를 십자가에서 보여주셨습니다. 하나님을 무시하고 거절하여 자신이 세상과 인생의 주인 노릇을 하는 죄의 대가는 죽음밖에 없습니다. 이런 정의의 심판이 십자가에 잘 나타나 있습니다. 그런데 이 심각한 죄에 대한 대가를 우리가 받아야 하는데, 하나님이 대신 받으십니다. 이로써 하나님은 우리를 향하신 극진한 사랑을 보여주셨습니다. 최고의 정의와 최고의 사랑이 만난 곳, 그곳이 바로 십자가입니다.

이렇듯, 정의와 사랑이 늘 같이 움직이는 것이 하나님의 다스림의 특징입니다. 그러므로 성경에서 "세상을 다스리라"고 할 때는 인간이 자신의 유익을 위해서 세상을 착취하고 마음대로 훼손해도 된다는 뜻이 아닙니다. 오히려 **세상의 모든 잠재력이 최선의 모습으로 나타날 수 있도록 사랑과 정의로 세상을 경영하는 것**을 뜻합니다. 좁은 의미의 경영은 경제적인 이윤을 내기 위한 일련의 행위를 뜻하지만, 넓은 의미의 경영은 그 대상의 가치가 최고로 드러날 수 있게 하는 행위라고 할 수 있습니다. 즉 세상을 다스린다는 말은 하나님이 세상을 만드실 때 품으셨던 놀라운 뜻이 온전히 이루어질 수 있도록, 그분의 정의에 기초하여 그분의 사랑을 닮은 사랑으로 세상을 섬기고 이끄는 것을 뜻합니다.

이런 성경적 의미의 다스림을 가정에 적용해봅시다. 그리스도인의 가정에서 남편이 아내를 다스린다는 말을 사용하면 많은 여성 인권주의자들과 남녀 평등주의자들은 불편하게 생각합니다. 과거의 가부장 문화에 살던 사람들은 남자가 여자의 머리이니, 남자가 여자를 마음대로 다스려야 한다고 생각하여 무소불위의 권력을 가정에서 휘두르기도 하였습니다. 그래서 똑똑해진 현대 기독 여성들은 남편에게 "당신이 머리 하세요. 난 그럼 목을 하지요. 목은 몸이지만 머리를 마음대로 움직이고 흔들어댈 수 있으니까"라고 말합니다. 이런 웃지 못할 이야기는 성경이 말하는 다스림을 세속 관점에서 이해한 결과입니다.

성경에서는 다스릴 때, 예수님이 교회의 머리가 되셔서 다스리시는 것과 같이, 그 대상을 위해서 생명까지 내어주는 사랑으로 다스리라고 말합니다. 교회가 하나님의 정의와 진리에 기초하여야 하는 것같이, 다스린다는 것은 그분의 진리와 정의로 이끌어간다는 것을 의미합니다. 그러므로 세상을 다스린다는 것, 즉 세상을 경영하는 것은 하나님의 사랑과 정의에 기초하여 그 대상이 최선의 가치를 발현해낼 수 있도록 섬기고 이끄는 것을 뜻합니다.

다시 한 번 강조하지만, 하나님의 다스림은 사랑과 공의에 기초하고, 우리 하나님나라 백성은 그의 다스림 아래서 그와 함께 세상을 다스릴 자입니다. 우리는 그 나라의 백성으로서, 앞으로 함께 영원히 세상을 다스릴 자답게 사랑과 공의에 기초하여 세상을 경영하며 살아갑니다.

묵상 질문

1. 시편 89:14을 묵상하며, 하나님의 보좌를 마음속에 그려보십시오. 그분이 어떻게 세상을 통치하고 계신지 묵상해봅시다.

2. 십자가를 묵상하면서 사랑과 정의가 조화를 이룬 모습을 생각해보십시오.

정의와 사랑으로
살아가기

 우리가 사는 세상에서 사랑과 정의의 원리로 살아가기 힘든 영역은 어떤 영역입니까?

하나님이 다스리시는 원리는 분명하지만, 문제는 우리가 사는 세상살이가 그렇게 단순하지 않다는 것입니다. 세상은 어떤 의미에서 매우 복잡한 제도와 구조, 문화로 구성되어 있습니다. 우리가 사는 세상에서는 선과 악이 늘 확실하게 구분되지는 않습니다.

직장에서 어떤 일이 벌어지고 있는데, 어디까지가 정의의 개념에서 참아줄 만하고, 어디서부터 참을 수 없는지, 이런 회사를 계속 다녀야 하는지 말아야 하는지, 어디까지 타협할 수 있는지를 결정하기가 쉽지 않습니다.

우리 삶에는 이런 부분이 수없이 많습니다. 예를 들어, 영화를 생각해 봅시다. 요즘에는 성과 폭력이 등장하지 않는 영화가 별로 없습니다. 영화를 비롯한 문화 전반이 그렇습니다. 아마 30-40년 전의 경건한 그리스도인들이 요즘 영화를 본다면, 눈을 가리거나 고개를 돌리는 경우가 빈번했을 것입니다. 도발적이고 폭력적인 장면이 예사로 등장합니다. 이런 상황에서 우리는 영화라면 무조건 보지 말아야 할까요? 어디까지가 악이고 어디까지가 선인지 구별하고, 그 속에서 하나님의 다스림을 받으면서 살아가기가 매우 혼란스러워졌습니다.

개인 차원을 벗어나서 정치나 사회 차원으로 넘어가면 문제는 더 복잡해집니다. 선거가 있을 때 그리스도인들은 어느 정도로 어떻게 관여해야 할까요? 통일이 될 때까지 남북의 갈등과 위기는 지속적으로 반복될 터인데 이런 남북관계 문제는 어떻게 보아야 합니까? 이런 문제가 국제 관계와 얽히면 더욱 복잡해지는데, 우리 그리스도인은 미국이라는 나라에 어떤 자세를 취해야 하는 것일까요? 때때로 같은 그리스도인들이 시청 앞에서 따로따로 모이는데, 모임 내용은 정반대입니다. 참으로 혼란스럽습니다.

왜 이렇게 되었습니까? 우리가 사는 세상이 복잡할뿐더러, 사람들이 이 세상을 정확하게 이해하지 못하기 때문입니다. 다 제각기 자기 눈에 그럴 듯한 것만 바라보며 자기만 옳다고 생각합니다. 책을 조금 읽은 사람은 자신의 지식으로 세상을 이해하고 그것이 전부라고 이야기하고, 어떤 특별한 역사적 경험을 한 사람들은 자신의 경험에 기초하여 세상 만사를 이해하려고 합니다. 세상사를 다 균형 있게 제대로 이해하는 것이 실제로는 너무 어렵습니다. 그러면 어렵다고 해서 모른 척하고 그냥 살아야 하나요? 그럴 수 없습니다. 그러면 그리스도인들은 어떻게 해야 하나요?

이 모든 것을 온전하고 균형 있게 이해하기는 힘들겠지만, 이러한 세상에서 하나님나라 백성으로서, 또 앞으로 세상을 다스릴 자로서 살아가는 우리는 이 세상을 다스리시는 분의 원리를 따라 살아야 합니다. 그 원리가 앞서 이야기한 사랑과 정의입니다. 여기서는 그 원리를 배우기 위해 성경에서 하나님의 다스리심, 특별히 하나님의 정의를 좀 더 구체적으로 살펴보겠습니다.

억울한 자들의 피할 요새

시편 9편 8, 9, 12절 역시 하나님이 어떻게 세상을 다스리고 계신지를 보여줍니다.

> 8그는 정의로 세계를 다스리시며, 공정하게 만백성을 판결하신다.
> 9주님은 억울한 자들이 피할 요새이시며, 고난을 받을 때에 피신할 수 있는 견고한 성이십니다.····12살인자에게 보복하시는 분께서는 억울하게 죽어간 사람들을 기억하시며, 고난받는 사람의 부르짖음을 모르는 체하지 않으신다.

주님은 정의로 세상을 다스리고 심판하십니다. 우리 개인을 심판하실 뿐만 아니라 나라도 심판하십니다. 저는 대학생 시절, 하나님이 단지 나

개인만 다스리시지 않고 세상 모든 나라를 그분의 정의로 심판하시리라는 구약의 말씀을 만나면서 얼마나 큰 위로를 받았는지 모릅니다. 하나님은 자국의 유익을 위해서 약한 나라들을 괴롭히는 모든 나라의 불의를 아시고, 그분의 공의로 그 나라들을 심판하실 것이라고 성경은 말합니다. 이렇게 나라들을 심판하신다는 것은, 오늘날 다국적 기업 등 국가에 준하는 여러 기관과 조직들도 하나님의 심판 대상이라는 뜻입니다. 아무것도 그분의 정의로운 심판을 피해 갈 수 없습니다. 개인으로부터 시작해서, 기업·다양한 사회 집단·교회·종교 권력·국가·다국적 기업·국제기구 등은 모두 하나님의 정의로운 심판 아래에 있습니다.

그렇다면 하나님의 정의란 무엇입니까? 정의는 사실 쉽지 않은 개념입니다. 법학에서도 '도대체 정의가 무엇인가?'를 놓고 학자들이 계속해서 공부하고 논문도 쓰곤 합니다. 최근 하버드 대학교에서 정치철학을 가르치고 있는 마이클 샌델 교수의 《정의란 무엇인가》(김영사)라는 책이 우리나라에서 베스트셀러가 되었습니다. 그만큼 정의가 우리나라 사람들에게 목마른 주제임을 간접적으로 보여준 현상이라고 생각합니다. 여기서 정의에 대한 이야기를 자세히 나눌 수는 없습니다. 그러나 성경은 정의가 무엇인지를 간략하고도 의미 있게 이야기하기 때문에, 성경이 말하는 정의의 개념을 살펴보려 합니다.

9절은 하나님이 "억울한 자들이 피할 요새"이시라고 합니다. 억울한 자들이란, 힘에 의해서 자기가 마땅히 누려야 할 정의와 권리를 빼앗긴 사람들입니다. 하나님은 이런 자들이 피할 요새가 되십니다. 또한 "고난을 받을 때에 피신할 수 있는 견고한 성"이시라고 합니다. 정의가 살아 있었다면 받지 않았을 어려움을 당하는 사람들이 피할 견고한 성이

시라고 합니다. 또 12절에서는 "살인자에게 보복하시는 분"이라고 말합니다. "억울하게 죽어간 사람들을 기억"하신다고 합니다. "고난받는 사람의 부르짖음을 모르는 체하지 않으신다"고 합니다.

하나님은 이 땅에서 억울해하는 사람들을 보고 계십니다. 고난받는 사람들에게 도움을 주길 원하십니다. 한 사람의 정의를 완전히 부인하는 행위가 바로 '살인'입니다. 칼 같은 무기로 실제로 목숨을 끊어놓거나 말로 상대방을 죽일 수도 있고, 법적·경제적 살인도 가능합니다. 이 본문은 하나님이 그런 행위들에 보복하시고 고난받는 사람들의 부르짖음을 들으신다고 말합니다.

그래서 어떤 종류든 힘을 가진 사람들은 늘 조심해야 합니다. 왜냐하면 그 힘이 무엇이든, 주로 힘없는 사람들이 억울해지기 때문입니다. 어느 상황에서든 힘이 있는 사람들은 덜 억울합니다. 어떻게든 자기 힘을 사용할 수 있기 때문입니다. 힘으로 정의를 부인할 때 피해자는 억울함을 느끼고, 그들이 울부짖을 때 하나님이 그들의 억울함을 들으십니다. 하나님은 세상에서 들려오는 온갖 부르짖음이 억울한 것인지, 정당한 것인지 아십니다. 이런 본문에 나타난 하나님을 정말로 믿는다면, 자기보다 힘이 없는 사람들을 함부로 대할 수 없습니다. 하나님은 보복하고 기억하시고, 모른 체하지 않으십니다. 하나님은 정의의 하나님이십니다.

제게는 이 말씀이 얼마나 큰 위로가 되는지 모릅니다. 하나님은 단지 우리 한 사람에게 복을 주시고 우리를 위로하고 평안하게 하시는 차원을 넘어서서, 온 세상을 정의로 다스리십니다. 약한 자들의 편이 되셔서 그들의 신음소리를 들으시고, 그들을 절대 모른 체하지 않으십니다. 정의를 인간의 관점으로 보면, 문제는 해결되지 않습니다. 법학에서는 이런 절대자의 시각을 갖기 힘들기 때문에 정의와 관련하여 많은 논쟁과 논의가 있을 수밖에 없습니다. 우리는 인간의 관점이 아니라 절대자이신 하나님의 관점에서 정의를 볼 수 있어야 합니다.

정의가 마르지 않는 강처럼

아모스 5장 24절은 이 내용을 조금 더 발전시켜서 이렇게 말합니다.

> 너희는, 다만 공의가 물처럼 흐르게 하고, 정의가 마르지 않는 강처럼 흐르게 하여라.

하나님의 다스림이 이 세상에 온전히 나타나기를 원하시는 하나님은 세상에서 공의가 물처럼 흐르고, 정의가 마르지 않는 강처럼 흐르기를 원하십니다. 즉 정의의 문제는 단지 마음의 문제가 아니라 우리가 세상을 살면서 경험하는 문제입니다. 우리가 세상에서 불이익을 당하더라도 정의가 흐르도록 해야 합니다. 예를 들어, 회사에서 누가 봐도 분명히 옳지 않고 양심에 거슬리는 일을 하는데, 세상 사람들이 다 묵인한다면 어떻게 하겠습니까? 우리는 질문해봐야 합니다. '나는 정말 하나님의 다스림을 받는가? 공의와 사랑의 다스림을 받는가? 아니면 세상의 다스림을 받는가?' 만약 다른 사람은 아무 문제를 제기하지 않고 불의에 동참하는데, 그리스도인이 문제를 제기한다면 어떤 일이 일어나겠습니까? 따돌림과 피해를 당할지도 모릅니다.

물론 이런 문제 제기를 어떤 방식으로 하느냐, 어떻게 지혜롭게 표현하느냐 하는 것은 좀 다른 차원입니다. 그냥 순진하게 "전 그렇게 못합니다" 하고 말하는 대신, 문제를 풀 수 있는 지혜로운 방법들이 있을 수 있습니다. 그 방법을 찾지 못하고 융통성 없게 표현하는 것은 어리석은 행동이지만, 기준선이 흔들릴 수는 없습니다. 문제 제기를 해야 할 상황이고, 아무리 지혜롭게 표현한다 해도 불이익을 피할 수 없는 경우가 세상살이에는 더 많을 것입니다. 세상에서 하나님의 다스림을 받으며 살려는 우리에게는 좋지 않은 소식입니다.

카센터를 운영하는 한 형제가 있었습니다. 이 형제는 예수님을 믿고 난 다음, 이전처럼 고객을 속이는 일을 그만두기로 결심했습니다. 자동차를 수리할 때 고장 나지 않은 부품도 고장 났다고 속이고 교체하기도 한다고 합니다. 다 그렇지는 않겠지만 많이들 그렇게 한다고 합니다. 이 형제도 별 생각 없이 그렇게 해왔는데, 예수님을 믿고 그것이 옳지 않다는 것을 알고, 정품을 제대로 된 가격으로 공급하기 시작했습니다.

힘들어졌습니다. 서너 달이 지나자 적자가 나기 시작했습니다. 그 형제는 저에게 그만두고 싶다고, 예수 안 믿고 싶다고 말했습니다. 그런데 몇 달만 더 버텨보자며 마음을 다잡고 꾸준히 정직하게 일하다 보니 놀랍게도, 매출이 다시 오르기 시작했습니다. 지금은 예전에 속이면서 영업할 때보다 조금 더 많이 번다고 합니다. 이전보다 더 많은 사람들이 찾아줘서 매출이 올라간 것입니다.

그렇지만 예수님을 막 믿기 시작한 사람이 처음 몇 달 동안 고생하면서 얼마나 힘들었겠습니까? 믿는 거 그냥 포기하고 싶다는 생각이 들지 않았겠습니까? 손님들이 와서는 "여기, 물건 속이는 거 아닙니까? 다른 데는 비싼데 여기는 왜 이렇게 싸요?"라고 묻기도 했답니다. 손님들이 다른 카센터와 견적을 비교해보고는, 속이지 않고 정품을 제대로 된 값으로 제공하는 이 사람이 정직하다고 생각하는 것이 아니라, 오히려 '이 사람이 혹시 속이는 거 아냐? 정품 안 쓰고 다른 것을 쓰는구나'라고 생각했다고 합니다. 그때 이 형제는 너무 슬펐다고 합니다. 정직하게 살려고 애쓰는 것도 힘든데, 사람들한테 오해까지 받으니 다 그만두고 싶다는 생각이 들 법도 합니다.

이런 결심과 행동은 결코 사소한 일이 아닙니다. 당사자에게는 살고 죽는 문제입니다. 그렇게 하다가는 사업장 문을 닫아야 할 수도 있습니다. 이 형제의 경우는 결과가 좋았지만, 모두가 이렇게 몇 달 견디면 매상이 올라간다는 보장이 있나요? 그렇지 않을 수도 있습니다. 그럼에도 그것이 옳기 때문에, 하나님의 정의이기 때문에 우리는 정의를 선택해야 합니다.

실제로 이런 사람들이 세상을 바꿨습니다. 그들은 손해 보더라도, 실패하더라도 하나님의 뜻을 따랐습니다. 《땅콩 박사》(대한기독교서회)라는 아주 재미있는 책은 조지 워싱턴 카버라는 흑인 과학자의 이야기를 다룹니다. 카버는 아직 흑인의 인권이 확립되지 않았던 미국에서 흑인 과학자로서 땅콩 하나로 미국에 엄청난 영향을 끼친 사람입니다. 그는 하나님을 알았기 때문에 억눌리고 착취당하고 가난하게 살아갈 수밖에 없는 흑인들에게 하나님의 정의가 나타날 수 있도록, 온갖 차별과 어려움에 굴하지 않고 과학이라는 자신의 은사를 사용했습니다.

영국에서 노예 해방을 주도한 윌리엄 윌버포스, 나치에 항거한 본회퍼 같은 이들은 손해를 보고 피해를 당하더라도, 하나님의 다스림을 믿었기 때문에 그분의 정의를 따라갈 수밖에 없었습니다. 그리고 그렇게 했을 때 그 사람이 있는 곳에서부터 세상이 조금씩 변하기 시작했습니다. 카센터 하나 바뀌는 것이 세상을 바꾸는 시작입니다. 교사들이 촌지를 받는 세상에서 촌지를 거부하는 것도 마찬가지입니다. 정의롭지 못한 거래가 주도하는 세상에서 정의로운 거래를 성사시키려고 두 배로 일하는 것이 바로 하나님의 다스림을 받으며 살아가는 사람들의 모습입니다.

이 세상에서 우리가 어떻게 살 것인가, 우리가 정말 하나님의 다스림을 믿는가 하는 것이 중요합니다. 무엇보다도 우리가 먼저 정의를 하수처럼 흘러내리게 하는 사람이 될 것인가, 아니면 정의를 가로막는 거침돌이 될 것인가를 깊이 생각해보아야 합니다.

일꾼들의 아우성 소리

야고보서 4장 17절과 5장 1, 4절을 읽고 이 부분을 조금 더 정리해봅시다.

4:17그러므로 사람이 선한 일을 할 줄 알면서도 하지 않으면, 그것이 그에게 죄가 됩니다. 5:1부자들은 들으십시오. 여러분에게 닥쳐올 비참한 일들을 생각하고, 울며 부르짖으십시오. …4보십시오, 여러분이 여러분의 밭에서 곡식을 벤 일꾼들에게 주지 않고 가로챈 품삯이 소리를 지르고 있습니다. 그래서 일꾼들의 아우성 소리

가 전능하신 주님의 귀에 들어갔습니다.

　정의를 설명하기가 정말 어렵지만, 구약에 이어 신약에서도 하나님의 정의를 이렇게 표현하고 있습니다. 누군가가 억울하다고 하나님께 소리칠 때, 하나님이 그 소리에 '그래, 네가 억울한 것이 맞다'고 하시면 그것이 하나님의 정의라는 것입니다. 그러므로 우리는 늘 조심해야 합니다. 우리와 관계된 사람이 억울하다고 이야기할 때, 하나님 보시기에 그 억울함이 정당하다면 우리는 하나님의 정의를 무시한 셈이 되니 조심해야 합니다. 이 야고보서 본문은 사람이 선한 일이 무엇인지 알면서도 하지 않으면 그것이 죄라고 말합니다. 정의가 무엇인지 알면서도 그대로 행하지 않는 것이 바로 죄입니다.

　그러면서 특별히 부자들에게 이야기합니다. 모든 부자가 그렇지는 않겠지만, 여기 야고보서에 나온 부자들은 문제가 있었습니다. "여러분이 여러분의 밭에서 곡식을 벤 일꾼들에게 주지 않고 가로챈 품삯이 소리를 지르고 있습니다."

　직원들에게 임금을 주지 않는 사업가가 가장 악덕 사업가입니다. 사업하는 사람이 회사 직원들에게 매달 임금을 지불하는 것은 무엇보다도 중요한 의무입니다. 노동에 대한 대가를 지불하지 않는 것은, 무슨 이유에서든 옳지 않습니다. 품삯을 받고 사는 사람들은 그것으로 하루하루를 살기 때문입니다. 그리스도인들이나 그리스도인 조직에서 품삯을 제대로 주지 않으면서 하나님의 일이니까 참으라고 강요하는 경우도 있습니다. 그럴 때 어떻게 됩니까? 일꾼들의 아우성 소리가 전능하신 하나님의 귀에 들어간다고 본문은 이야기합니다.

아주 중요한 표현입니다. 그들의 억울함이 하나님의 귀에 들어갔습니다. 그러므로 본문은 부자들에게 "여러분에게 닥쳐올 비참한 일들을 생각하고, 울며 부르짖으십시오"라고 말합니다. 권력이든 재력이든 힘을 가진 사람들은 조심해야 합니다. 누군가를 억울하게 만들어 아우성치게 하였다면, 그들도 머지않아 울며 부르짖게 될 것입니다. 그러나 그때는 아무도 그 울부짖음을 들어주지 않을 것입니다. 그러므로 무엇이든 우리가 받은 힘을 정의롭게 사용해야 합니다.

하나님을 왕으로 섬기는 백성인 우리가, 그리스도와 함께 세상살이를 해나갈 때, 잊지 말아야 할 두 가지 세상 경영 원리가 있습니다. 그것은 **공의**와 **사랑**입니다. 세상살이가 하도 복잡해서, 무엇이 옳고 무엇이 그른지에 대해 쉬운 답변을 찾기는 어렵습니다. 그러나 공의와 사랑의 원리를 자신의 삶에 어떻게 적용할지 꾸준히 고민하고 실천하는 것이야말로 그리스도와 함께 세상살이를 하는 하나님나라의 백성다운 모습입니다.

구체적인 삶의 영역에서

이제 구체적으로 특별히 다음 영역에서 하나님의 '공의와 사랑' 원리를 생각해보고, 어떤 점을 적용해야 할지 생각해봅시다.

먼저, **일이나 직업**과 관련된 부분입니다. 하나님은 보통 사람들에게 이런 일이나 저런 일을 하라고 구체적으로 명령하시지는 않는 것 같습니다. 하나님은 우리 스스로 우리가 할 수 있는 일들을 선택할 수 있게 해주십니다. 그러므로 무슨 일을 하든지 그 일이 하나님의 공의와 사랑을 진전시키는 일인지, 아니면 그것을 퇴보시키거나 하나님의 다스림을 거스르는 일인지를 잘 살펴야 합니다.

때때로 직업 자체가 문제일 수 있습니다. 그리스도인이라면 선택하지 말아야 할 직업이 있다는 뜻입니다. 극단적인 예를 들어, 포주 같은 직업은 하나님나라를 진전시킬 수 없습니다. 어느 누구도 이 일이 소외된 여성을 위한 일자리 창출이라고 생각하지 않을 것입니다. 이렇게 일 자체가 문제일 수도 있지만, 많은 경우 그 일을 어떻게 하느냐가 문제입니다. 예를 들어, 변호사에도 여러 종류의 변호사가 있을 수 있습니다. 힘없는 이들의 억울함을 풀어주는 변호사가 있는가 하면, 재력과 힘이 있는 사람들 편에 서서 약자들의 억울함을 오히려 가중하는 이들도 있습니다. 법조인은 정의를 다루는 사람들인데, 놀랍게도 이들이 정의의 실천을 가로막는 일에 자신이 받은 교육과 재능을 허비하기도 합니다.

직업 자체가 문제이든, 어떻게 일을 하느냐가 문제이든, 만약 그 문제를 극복할 수 없다면, 그리스도인은 직업을 바꾸어야 합니다. 우리 삶의 대부분을 보내는 일터에서 하나님의 뜻을 거스른다면 당연히 다른 대안을 찾아보아야 합니다.

두 번째로, **우리가 속한 직장이나 지역 공동체에서 사람들을 어떻게 대하는가** 하는 문제가 있습니다. 우리는 힘이 없는 아랫사람을 어떻게 대우하고 있습니까?

예를 들어, 회사에서 청소나 관리를 맡은 사람들을 함부로 대하는 이들이 있습니다. 하나님의 공의를 아는 사람이 어떻게 그럴 수 있습니까? 그들은 무시를 당하면서 속으로 이렇게 생각할 것입니다. '괘씸한 놈들, 내가 돈도 없고 나이 들었다고 이렇게 괄시를 하나? 아, 억울하다.' 그러면 하나님이 그 소리를 들으실 것입니다.

세상에서는 직장에서 부하 직원의 인격을 모욕하는 일이 있기도 하지만, 그리스도인이라면 그럴 수 없습니다. 상대에게 모욕을 주지 않고도 얼마든지 다른 방법으로 바로잡고 발전시킬 수 있습니다. 사사로운 목적을 위해 자신의 권력을 휘둘러 부하 직원들을 이용하거나, 공은 가로채고 책임만 지게 하는 일은 주님을 따르는 자들이 할 수 없는 일입니다. 직장에서 어떤 사람이 하나님께 억울하다고 하면, 그 상사는 심판을 받을 것이기 때문입니다.

세 번째는 사회에서 특별히 **소외된 사람들**과 관련된 부분입니다. 우리는 사회적인 약자에게 무관심해서는 안 됩니다. 예를 들어, 동성애자들을 무시하고 괴롭히는 것은 잘못입니다. 동성애의 원인에 대해서는 논의가 계속되고 있지만, 성경에서는 동성애가 개인적 취향과 자유의 문제가 아니라 하나님의 창조질서를 무너뜨리는 행위라고 가르치고 있습니다. 그렇기 때문에 가능하다면 동성애 성향을 치유하고 회복해야 할 것입니다. 그러나 그렇다고 해서 그들을 죄인으로 정죄하고 차별해서는 안 됩니다. "저는 동성애에는 동의하지 않습니다. 동성애는 잘못된 것이지만, 당신의 기본적인 인권은 보호받아야 합니다"라고 하는 것이 정의로운 태도입니다. 더 나아가 그리스도인들은 이런 성적 소수자들이 그러한 성향을 극복할 수 있도록 지지해주어야 합니다.

동네에 장애인 학교가 들어온다는 소식을 듣고 반대 시위를 하는 것은 하나님의 사랑과 정의의 입장에서 볼 때 상상할 수도 없는 끔찍한 일입니다. 물론 우리 사회에는 옳고 그름이 분명하지 않고 복잡한 문제들도 많습니다. 그러므로 그런 것들에 대해서 늘 사랑과 정의로 생각하고 행동하는 법을 배워야 합니다. 특별히 우리 사회의 소외된 사람들과 관련해서 그렇게 해야 할 것입니다.

네 번째로, 우리가 살고 있는 **사회의 불의한 구조와 시스템**과 관련된 것입니다. 으슥하고 후미진 지역에서 끊임없이 강간과 강도 사건이 일어난다면, 그리스도인들은 그 피해자들을 돌보는 일만 해서는 안 됩니다. 치안을 강화하고 지역 주민들과 함께 적극적인 대처 방법을 찾아야 합니다. 나아가서 지역 의회나 관련 지자체를 통해서 이러한 범죄의 근본 원인을 제거하도록 해야 합니다. 이렇듯, 하나님나라 백성들은 사회 곳곳에 존재하는 부조리하고 불의한 구조와 시스템을 보완하고 개혁하는 일에 적극적으로 참여해야 합니다. 먼저, 자신과 관계된 부분부터 시작해서, 자신이 속한 사회의 구성원들, 특히 사회적 약자들을 배려하는 구체적인 방법들을 찾아야 합니다.

사회의 불의한 구조와 시스템에 접근할 때, 정치적 성향에 따르기보다 하나님의 정의와 사랑의 관점에서 생각하고 행동하는 것이 하나님나라 백성의 특징입니다. 많은 그리스도인들이 개인 신앙생활에서는 성경적인 방법에 쉽게 동의하지만, 여러 사회·정치적 이슈들에 대해서는 첨예하게 대립하곤 합니다. 이는 그리스도인들이 하나님의 사랑과 정의의 관점에서 사회의 불의한 구조와 시스템을 보는 훈련을 받지 않았고, 또 그렇게 축적된 경험과 능력이 없기 때문입니다. 하나님나라 백성은 비록 이 세상이 자신이 영원히 거할 곳이라 믿지 않지만, 여기서 살아가는 동안 하나님의 사랑과 정의를 드러내기 위해서 노력합니다.

다섯 번째는 우리가 사는 세상의 **자연, 생태계**와 관련된 부분입니다. 여름에 에어컨을 사용하더라도 적정 온도를 유지하는 것이 필요합니다.

단순히 전기요금을 절약하기 위해서가 아니라, 하나님이 만드신 지구가 손쓰기 힘들 정도로 망가지고 있기 때문입니다. 자꾸 더워지는 지구의 온도를 낮추기 위해서 노력하는 것은 아주 중요하며, 하나님이 기뻐하시는 일입니다. 쓰레기 분리 배출이나 물을 아껴 쓰는 일도 마찬가지입니다. 다가오는 미래는 환경 재앙으로 몸살을 앓는 정도가 아니라 인류의 생존 자체가 위협을 받을 텐데, 이것이 우리의 이기적인 탐욕 때문이라면, 정의의 하나님은 이를 심판하실 것입니다. 그리스도인들이 하나님의 창조세계를 아끼고 돌보는 삶의 방식을 실천하는 것은 그분의 사랑과 정의를 실천하는 구체적인 길입니다.

여섯 번째는 우리나라의 **통일 문제**와 관련된 부분입니다. 통일은 우리 민족의 과제입니다. 가족이 남과 북에 헤어져 살고 있는데 이것을 어떻게 정상이라고 할 수 있겠습니까? 교회가 이 문제를 어떻게 다룰 것인가 하는 것은 정말 중요한 문제입니다. 방법론에는 차이가 있겠지만, 하나님의 정의와 공의를 생각하는 사람들이라면 이 문제를 어떻게 하나님의 관점에서 볼지 고민할 것입니다. 관심을 가지고 기도하고 우리가 할 수 있는 일들을 찾을 것입니다. 그런데 한국 교회가 통일 이후에 북쪽에 교회를 세울 생각만 하면서, 남쪽에 있는 새터민들을 제대로 섬기지 못하는 것은 참으로 안타까운 일입니다. 먼저 다가온 이웃인 새터민들, 중국 등지를 떠돌고 있는 탈북자들을 섬기는 일은 하나님의 정의와 사랑을 믿는 한국 성도들에게 매우 중요한 일입니다.

일곱 번째는 **세계적인 불의와 잔인함**과 관련된 부분입니다. 예를 들어, 아프리카 시에라리온에서는 다이아몬드 이권을 둘러싼 내전으로 수많은 사람들이 희생되어서 '블러드 다이아몬드'라는 말이 나올 정도입니다. 결혼 예물로 주고받는 다이아몬드 반지는 몇 사람의 죽음으로 만들어진 다이아몬드일 가능성이 많습니다. 시에라리온은 세계에서 장애인이 가장 많은 나라라고 합니다. 죽이지 않고 손발을 잘라서 더 이상 노동을 하지 못하게 한다고 합니다. 우리가 할 수 있는 일은 뭘까요? 가서 도와주지는 못하더라도 적어도 다이아몬드 소비는 줄일 수 있지 않을까요?

우리가 사는 세상이 아니라고 지구 반대편에서 일어나는 일들에 무관심한 것이 아니라, 그들이 겪고 있는 학대와 착취에 대해서 기도하고 우리가 도울 수 있는 방법을 찾아 섬기는 것이 하나님나라를 살아내는 그리스도인들의 모습입니다.

그리스도인들이 이런 관점으로 세상을 살아가기 시작할 때 어떤 일이 벌어지겠습니까? 사람들이 그리스도인들을 보고, '이 사람들이 하나님의 다스림을 정말 믿는구나. 교회에서 자기들끼리 모여서 복 받는 것이 아니라 세상을 지으신 하나님과 그분의 정의와 사랑에 정말 관심이 있구나' 하는 생각들을 하지 않겠습니까?

지금까지 여러 주제를 개론적으로 소개하였습니다. 이상의 내용은 한두 쪽으로 정리할 수 있는 주제가 아니라, 인생을 살면서 우리 눈과 마음을 열어 계속 배우고 익혀야 할 부분들입니다. 성경에서 가르치는 하나님의 정의와 사랑으로 이 세상을 살아가려는 사람들이라면, 하나님의 다스림을 우리 삶에서 실제적으로 드러내기 위해서 공부하고 토론해야 합니다. 그러려면 많은 연습과 고민이 필요할 것입니다. 하나님의 다스림을 받고 있는 우리는 우리의 한계에도 불구하고 하나님의 정의와 사랑으로 세상을 살아냅니다.

묵상 질문

1. 시편 9:8, 9, 12과 야고보서 4:17, 5:1, 4을 읽고 비교하여 묵상하여봅시다. 하나님은 어떤 하나님이시며, 우리에게 무엇을 요구하십니까?

2. 하나님의 원리인 공의와 사랑을 우리 삶과 세상에 적용하려 할 때, 그 원리가 제대로 적용되지 않는 부분이나 주제(직장 윤리, 인권 등)가 특별히 떠오른다면 어떤 것입니까? 그러한 부분에 품으신 하나님의 뜻은 무엇일까요?

3

세상 경영의 방법:
노동

생각해볼 질문
당신은 어떤 목표와 마음가짐으로 당신에게 주어진 일—공부든, 직장 일이든, 집안일이든—을 하고 있습니까?

하나님의 세상 경영 원리를 이야기했으니, 이제 하나님의 세상 경영에 참여하는 방법을 이야기하려고 합니다. 그것은 노동이라고 말할 수 있습니다.

일하는 인간을 만드신 일하시는 하나님

우리가 일하는 것은 단순히 먹고살기 위해서만이 아닙니다. 일을 통해 하나님의 세상 경영에 참여합니다. 시편 기자는 우리가 일하는 것이 하나님이 세상을 창조한 섭리에 속한다고 설명합니다. 시편 104편 19-23절을 보십시오.

> 19때를 가늠하도록 달을 지으시고, 해에게는 그 지는 때를 알려주셨습니다. 20주님께서 어둠을 드리우시니, 밤이 됩니다. 숲 속의 모든 짐승은 이때부터 움직입니다. 21젊은 사자들은 먹이를 찾으려고 으르렁거리며, 하나님께 먹이를 달라고 울부짖다가, 22해가 뜨면 물러가서 굴에 눕고, 23사람들은 일을 하러 나와서, 해가 저물도록 일합니다.

이 본문은 창조의 섭리를 이야기합니다. 하나님이 해와 달을 통해서 낮과 밤을 만드셨는데, 밤에는 동물들이 나와서 일을 하고, 낮이 되어 그 동물들이 들어가고 나면 사람들이 나와서 해가 질 때까지 일을 한다고 합니다. 해와 달을 만드셔서 낮과 밤을 만드신 하나님, 밤에 동물들이 움직이면서 일하도록 만드신 하나님, 그 하나님이 낮 동안에는 인간으로 하여금 일하도록 만드셨습니다.

그뿐 아니라 기독교의 중심 사상은 하나님이 일하고 계신다고 말합니다. 세상을 만드실 때도 일하셨고, 세상을 회복하기 위해서도 일하고 계시는 하나님, 성경은 하나님을 그렇게 노동하는 하나님, 일하시는 하나님으로 그립니다. 예수님도 안식일에 왜 사람들을 고치냐는 질문을 받으셨을 때, "내 아버지께서 일하시니 나도 일한다"(요 5:17)는 놀라운 말씀을 하십니다. 하나님은 지금도 일하고 계십니다.

이런 하나님은 우리 인간이 노동하기를 원하십니다. 일은 신성한 것입니다. 기독교만큼 노동에 의미를 부여하는 종교와 사상이 없습니다. 대부분의 고대 사상에서 노동은 천민들에게나 해당할 뿐, 지식인이나 귀족들은 노동을 하지 않습니다. 그러나 기독교는 노동이 신성하다고 이야기합니다. 성경의 하나님은 우리의 노동에 의미를 부여하십니다.

예를 들어, 가사 노동도 그렇습니다. 오늘날에도 가사 노동은 여전히 여자의 몫인 경우가 많습니다. 물론 남성이 가사에 상당 부분 참여하는 구조로 사회가 바뀌어가는 것은 상당히 바람직합니다. 하지만 여전히 가사 노동은 선택이 아닌, 어쩔 수 없이 해야만 하는 일로 여겨지곤 합니다. 그러나 남자가 하든, 여자가 하든, 아니면 함께 분담하든 가사 노동은 정말 가치 있는 일입니다. 누군가 가정의 공동체적 삶을 위하여 설거지와 청소를 감당하고, 가정을 지키며 이끌어가는 사람이 있다는 것은 너무 귀한 일입니다.

농사 역시 신성하고 귀중합니다. 사람들의 먹거리를 제공하는 일은 세상이 잘 돌아가도록 하는 일입니다. 경찰이 하는 일 또한 그렇지 않습니까? 경찰이 없으면 시내가 엉망이 되어버립니다. 의사, 교사, 청소부, 모든 일이 다 중요하며 의미가 있습니다.

그런데 많은 사람들이 자기가 하는 일이 별로 가치 있다고 생각하지 않습니다. 성경 말씀을 가르치는 목사의 일은 가치가 있고, 집에서 아이들을 돌보고 청소하거나 직장에서 일하는 것은 의미가 없다고 생각합니다. 혹은 의미가 있더라도, 목사가 하는 일이 제일 중요하고, 나머지는 그 다음이라고 생각합니다.

정말 그런가요? 그렇지 않습니다. 하나님은 사람마다 다르게 부르셔서 다른 일을 주셨습니다. 하나님에게는 목사의 일도 100퍼센트 중요하고 농부의 일도 100퍼센트 중요합니다. 사람마다 부르심이 다를 뿐입니다. 그러므로 자기가 하는 일에서 하나님의 뜻과 가치를 발견하는 것이 중요합니다. 하나님이 자신에게 맡기신 일이 무엇인지 찾고 그 일을 통해서 하나님의 영광을 드러내는 일이 정말 중요합니다.

　교사라고 해서 다 똑같은 교사가 아닙니다. 예를 들어서, 어떤 피아노 교사가 있다고 합시다. 단순히 돈을 벌기 위해서 피아노를 가르치는 사람이라면, 일이 별로 재미도 없고 늘 피곤할 것입니다. 밤낮 고만고만한 수준의 아이들을 가르치는 일이 뭐가 그렇게 재미있겠습니까? 입에 풀칠만 하려고 한다면 그 일에서 의미를 찾을 수 없습니다. 그런데 하나님이 맡기신 이 일을 통해 아이들에게 어릴 때부터 음악을 사랑하는 마음을 심어주고 아이들의 정서를 풍성하게 할 수 있다는 사실을 안다면, 피아노를 가르치는 자세가 어찌 같을 수 있겠습니까? 어떻게 하면 아이가 음악을 사랑할 수 있을지, 아이가 피아노를 즐길 수 있을지에 관심을 갖지 않을까요? 그렇다면 똑같은 피아노 교사이지만 자세가 달라지고, 그의 삶이 달라집니다.

　하나님이 우리에게 맡겨주신 일이 있습니다. 그 일은 신성합니다. 그 일로 어떻게 하나님의 영광을 드러낼지 고민해보십시오. 하나님은 우리가 하는 일에 의미를 부여하고 계시기 때문에 우리는 각자의 부르심을 찾아서 살아가야 합니다. 하루 중 대부분의 시간을 보내는 이 일의 의미를 하나님 앞에서 제대로 찾는 것, 그래서 자신의 부르심을 선명하게 알아가는 것은 매우 중요합니다. 그러면 우리 일의 의미 자체가 바뀌기 시작합니다.

이렇게 하나님의 부르심을 찾아가기 위해서는 무엇보다도 지금 우리가 하고 있는 '풍성한 삶의 기초' 훈련을 충실히 하시기를 바랍니다. 하나님과의 관계가 깊어지고, 하나님의 관점으로 자신을 보기 시작하고, 공동체적 삶의 원리들을 알아가고, 세상에서 하나님의 다스림을 드러내며 살려고 애쓰다 보면, 하나님의 부르심을 점점 선명하게 알아갈 것입니다. 하나님은 영적으로 성장하여서 그분의 부르심을 깨달아, 그런 멋진 삶을 살아갈 수 있는 사람들을 찾고 계시기 때문입니다.

타락한 세상에서의 노동

우리가 부르심을 찾고, 또 자신의 노동의 의미를 발견하였다고 하여도, 우리 자신이 완전히 이 세상을 벗어난 것이 아니기 때문에, 우리는 노동이 가져오는 부정적인 측면에서 벗어날 수 없습니다. 창세기 3장 17-19절에서는 그런 부정적인 측면을 어떻게 설명하고 있습니까?

> 17 남자에게는 이렇게 말씀하셨다. "네가 아내의 말을 듣고서 내가 너에게 먹지 말라고 한 그 나무의 열매를 먹었으니, 이제 땅이 너 때문에 저주를 받을 것이다. 너는 죽는 날까지 수고를 하여야만, 땅에서 나는 것을 먹을 수 있을 것이다. 18 땅은 너에게 가시덤불과 엉겅퀴를 낼 것이다. 너는 들에서 자라는 푸성귀를 먹을 것이다. 19 너는 흙에서 나왔으니, 흙으로 돌아갈 것이다. 그때까지 너는 얼굴에 땀을 흘려야 낟알을 먹을 수 있을 것이다. 너는 흙이니 흙으로 돌

아갈 것이다."

인간이 타락한 다음 하나님은 인간에게, 이마에 땀이 날 정도로 일을 해야 소산을 얻을 수 있다고 하셨습니다. "너는 죽는 날까지 수고해야 할 것이다. 땀을 흘려야 먹을 것을 얻을 것이다. 그렇게 수고하여도 땅은 너에게 가시덤불과 엉겅퀴를 낼 것이다."

하나님의 원래 의도는, 노동을 통해 인간이 그분의 세계를 다스리게 하시려는 것이었습니다. 하나님과 함께 세상을 경영하는 것이었습니다. 그런데 타락 이후에는 상황이 달라졌습니다.

첫째, 우리는 노동을 해야만 먹고살 수 있습니다. 노동은 피할 수 없는 일이 되어버렸습니다. 둘째, 노동에는 고통과 수고가 따릅니다. 이제는 노동이 힘들어졌습니다. 셋째, 수고가 있지만 늘 좋은 결과가 따르지는 않습니다. 이제부터 그 내용을 하나씩 살펴보겠습니다.

우선, 우리는 노동을 해야 합니다. 사도 바울은 일하기 싫거든 먹지도 말라고 했습니다(살후 3:10). 앞에서도 살펴보았지만, 노동은 하나님이 우리 인간이 하도록 계획하신 일입니다. 하나님도 일하고 계십니다. 그러나 많은 사람들이 노동을 필요악으로 생각하고, 이처럼 부정적인 인식 때문에 일하지 않고 돈을 벌려 합니다. 많은 이들이 손에 때를 묻히지 않고 돈 버는 것을 자랑스럽게 생각합니다. 조금 일하고 많이 버는 사람들은 성공한 사람처럼 보입니다. 그러나 성경에서는 그것을 옳지 않다고 이야기합니다. 일하지 않고 누리는 것은 옳지 않다고 말합니다. 하나님은 불로소득을 기뻐하지 않으십니다.

둘째로, 노동은 쉽지 않습니다. 힘듭니다. 늘 재미있고 의미 있기만

하지 않습니다. 모든 직업과 노동이 다 그렇습니다. 어려움이 없다면 그 것은 이상한 직업입니다. 물론 상대적으로 노동 강도가 적은 일이 있을 수 있겠지만, 모든 일에는 골치 아프고 어려운 부분이 있습니다.

뮤지컬 배우는 어떨까요? 뮤지컬 배우인 한 자매가 돌잔치에서 노래 와 춤으로 축하 공연을 하는 모습을 본 적이 있습니다. 그때 그 자매는 만삭이었는데, 몸이 너무나 유연하게 움직였습니다. 뮤지컬 배우이니 그 정도 유연함은 당연하다고 생각할 수도 있습니다. 그러나 공연장에 가보면, 몇 시간 전부터 몸을 풀고 있습니다. 유연한 다리 움직임은 그 냥 되는 것이 아니었습니다. 매일 몸을 풀지 않으면 공연하다 다칩니다. 뮤지컬 배우가 겉으로는 화려해 보일지 모르지만, 무대에 오르기 위해 서는 땀을 쏟는 훈련을 지속해야 합니다. 노래 잘하는 가수들 역시 목소 리만 좋아서 노래 잘하는 것이 아닙니다. 아주 훌륭한 가수들도 꾸준히 연습하지 않으면 음정이 틀립니다. 남들 눈에 보이지 않는 어려움과 수 고가 있습니다.

애쓰고 수고하지 않고 되는 일은 하나도 없습니다. 우리가 하는 일도 마찬가지입니다. 힘이 들 수밖에 없습니다. 우리는 타락하고 깨진 세상 에 살고 있기 때문입니다. 그러므로 노동에 따르는 수고를 당연하게 받 아들여야 합니다. 우리가 하는 일에는 영광도 있지만 그 뒤에는 반드시 어려움이 있습니다. 늘 수고와 어려움이 있을 수밖에 없습니다.

세 번째로, 수고했다고 해서 늘 좋은 결과가 따라오지는 않습니다. 좀 힘이 들더라도 고생해서 만족할 만한 결과가 나온다면 기꺼이 수고를 감내할 것입니다. 그러나 이 깨진 세상에서는 우리의 수고가 헛고생이 되어버리는 순간이 있습니다. 우리가 뿌린 대로 다 거둘 수 있다면, 하나님의 정의가 이미 임한 것입니다. 세상은 아직 하나님의 온전한 다스림 아래에 들어가지 않았기 때문에 사회가 아무리 발전해도, 노동한 만큼 대가를 제대로 받지 못하는 경우가 비일비재합니다. 억울한 일이 생깁니다. 이것이 우리 노동의 실상입니다.

그렇다면 하나님나라에 들어간 다음에도 노동이 있을까요? 물론입니다. 사람들은 하나님나라를 상다리 휘도록 차려놓고 잔치하는 곳으로 생각하곤 합니다. 이것은 하나님나라에 대한 잘못된 그림입니다. 천국에 가도 우리는 노동을 하는데, 그때에는 노동에서 고통스럽고 눈물 나고 힘든 부분이 사라집니다. 노동이 성화되어서 그 본연의 모습을 회복하는 것입니다. 어쩌면 세상에 있었던 몇 가지 직업은 없어질 가능성이 많습니다. 모두가 하나님을 알게 되니 목사 같은 사람은 더 이상 필요 없을 것입니다. 판사, 검사, 변호사와 같은 직업도 없어질 것입니다. 그곳에는 분쟁이 없을 것이기 때문입니다. 더 이상 몸과 마음의 질병이 없을 테니 의사도 없을 것입니다. 지금 인기 있는 주로 '사'자가 붙은 직업들이 대부분 사라질 가능성이 많으니, 그분들은 하나님나라에 가면 직업 훈련원 같은데 들어가야 할지도 모르겠습니다.

하늘나라에서는 우리 모두가 창조적인 일을 하게 될 것입니다. 구체적으로 어떤 일일지는 잘 모르지만, 그것이 무엇일지 상상만 해도 즐겁습니다. 하나님 아버지를 닮은 신성하고 창조적인 노동이 우리를 기다리고 있습니다. 우리는 이 노동을 통해서 하나님의 다스림에 온전히 참여하여 하나님과 함께 모든 창조세계를 다스리며, 그분의 특성이 드러나는 문화를 창조해나갈 것입니다.

영원한 하나님의 나라에서도 노동할 것이니, 이 땅에 살면서 노동하지 않고 소득과 만족을 얻는 사람은 가짜 천국을 맛보고 있는 사람들입니다. 노동이 없는 천국은 미래에도 없습니다. 그러나 하나님나라에 가면, 고통스럽지 않고 행복하게 노동하며 그 결과와 소득을 즐길 수 있습니다. 그러므로 노동 없이 삶을 즐기고 있다면 이상한 일입니다. 우리는 일해야 합니다. 하나님을 따라 일하는 것이 정상입니다.

묵상 질문

1. 시편 104:19-23을 묵상해봅시다. 하나님이 만드신 세상 원리 가운데 인간의 노동이 들어 있다는 사실이 당신에게 어떤 의미가 있습니까?

2. 당신은 하루 대부분의 시간을 들이는 '내 일'을 하나님의 경영에 참여하는 것이라고 생각하면서 하고 있습니까? 그렇지 않았다면, 이제는 '왜' 그리고 '어떻게' 그 일을 하나님의 일로 보아야 할까요?

4

노동하며
살아가기

생각해볼 질문

하나님은 무엇 때문에 당신이 지금 하는 일을 하게 하셨다고 생각하십니까?

하나님이 우리 가운데서 일하시는 분이니, 우리는 세상을 살면서 각자를 향하신 하나님의 뜻을 따라 일해야 합니다. 빌립보서 2장 13절은, 하나님이 우리의 노동에 뜻하신 바가 무엇인지 우리가 어떻게 분별하여야 한다고 말합니까?

하나님은 여러분 안에서 활동하셔서, 여러분으로 하여금 하나님을 기쁘게 해드릴 것을 염원하게 하시고 실천하게 하시는 분입니다.

예수님을 따르려고 애쓰다 보면, 우리 가운데 하나님을 향한 소원이 생깁니다. 하나님을 사랑하고, 자신의 가치를 발견하고, 사람들과 더불어 사는 즐거움을 맛보고, 하나님이 세상을 변화시키시는 것을 알게 되면, "하나님, 나는 이 세상에서 무엇을 하죠? 내 몫은 뭐죠?"라고 질문하게 됩니다. 하나님과의 관계, 자신과의 관계, 공동체와의 관계에서 기초를 잘 다졌다면, "깨진 세상에서 나는 어떤 일을 해야 하죠? 하나님, 하나님이 세상을 바꾸고 계신데 나는 무슨 일을 하죠?"라고 하나님께 계속 질문하게 될 것입니다.

그러면 하나님이 우리 마음에 소원을 주십니다. "그래, 내가 이 깨진 세상을 회복하고 치유하고 있단다. 네가 이런 일을 해줬으면 좋겠다." 그래서 깨진 세상을 향한 하나님의 마음을 본 사람들은 편한 삶을 버리고 힘들지만 가치 있는 삶의 방식을 택합니다. 하나님의 부르심에 응답하였기 때문입니다.

우리 각자를 향하신 하나님의 뜻

어떤 사람은 직장인으로서 자신의 노동의 의미를 하나님 앞에서 찾습니다. 어떤 사람은 하나님의 부르심에 따라 오지 선교사로 헌신합니다. 하나님의 부르심을 받았다면, 선교지로 나가거나 목사가 되어야 한다는 말이 아닙니다. 하나님이 우리 각자의 마음에 다양한 소원을 두신다는 것을 기억하십시오. 이 깨진 세상, 하나님의 다스림이 나타나지 않는 세상에서 그분의 다스림을 나타내기 위해 우리는 무슨 일을 할 수 있을까

하는 소원을 우리에게 주십니다.

예를 들어, 어머니의 역할은 굉장히 중요합니다. 아버지 역할도 마찬가지입니다. 경건한 자녀를 키우는 일은 보통 어려운 일이 아닙니다. 우리가 하는 일의 의미를 발견하면서 그 가운데서 하나님이 주신 소원을 이루어나가는 것이 중요합니다.

저는 미국에서 세탁소를 운영하는 사람들 가운데 극단적으로 다른 두 사람을 만난 적이 있습니다. 한 사람은 이렇게 이야기했습니다. "내가 양놈들 빤쓰(영어로 바지를 'pants'라고 하는데 이것을 일본식으로 발음한 것)나 빨아주면서 이게 뭐 하는 짓인지 모르겠다." 그런데 또 다른 한 사람은 "제가요, 이 동네 사람들 바지 날 전부 세워줍니다. 제가 아니면 이 동네 사람들 바지 다 구겨진 채로 입고 다닐 겁니다"라고 이야기했습니다. 두 사람 다 똑같이 세탁소를 운영하는데, 자신이 하는 일을 전혀 다르게 표현합니다.

두 청소부에 대한 유명한 이야기도 있습니다. 한 사람은 "내가 언제까지 쓰레기 치우면서 이렇게 빗질이나 하고 있어야 하나?"라고 이야기하고, 또 다른 한 사람은 "내가 하나님이 만드신 지구의 한 구석을 책임진다"고 이야기했다고 합니다. 좀 극단적인 예이지만, 실제 삶의 자세와 관련된 것만은 분명합니다.

우리가 하는 일과 관련하여 하나님의 소원이 무엇인지를 아는 것은 정말 중요합니다. 그래서 로마서 12장 1-2절은 "여러분의 몸을 하나님께서 기뻐하실 거룩한 산 제물로 드리십시오"라고 말합니다. 우리 몸을 드리라는 말은, 우리 일상, 즉 매일의 삶으로 하나님을 기쁘시게 해드리라는 뜻입니다. 이것이 예배입니다.

우리 일상이 하나님나라와 연결되어 있다면 그것은 예배가 될 수 있습니다. 일상이 무조건 예배라는 말이 아닙니다. 하나님의 다스림을 생각하며 어떤 일을 할 때 그것은 예배가 될 수 있습니다. 걸레질을 할 때도, 음악을 연주할 때도, 아이들을 가르칠 때도, 디자인을 할 때도, 어떤 물건을 사다가 파는 일을 할 때도, 모든 일에 의미가 있습니다. 그 의미를 하나님 앞에서 발견해나가야 합니다. 하나님이 우리 가운데 두신 소원을 찾는 것이 중요합니다.

하나님이 맡기신 일을 할 때의 자세

그렇기 때문에 우리가 일할 때 어떤 자세로 해야 하는지가 골로새서 3장 22-23절에 나와 있습니다.

> 22종으로 있는 이 여러분, 모든 일에 육신의 주인에게 복종하십시오. 사람을 기쁘게 하는 자들처럼 눈가림으로 하지 말고 주님을 두려워하면서 성실한 마음으로 하십시오. 23무슨 일을 하든지 사람에게 하듯이 하지 말고 주님께 하듯이 진심으로 하십시오.

우리에게 필요한 자세는 성실입니다. 이 구절은 일차적으로 노예제도가 그 사회의 기본 경제 시스템일 때 종에게 한 말이지만, 일반적으로 우리가 이 세상에서 노동할 때 필요한 중요한 원리를 이야기해줍니다.

본문은 "눈가림으로 하지 말고, 주님을 두려워하면서…주님께 하듯이"라고 말합니다. 왜 그래야 합니까? 우리가 어느 회사에 고용되어 일할 때 그 회사의 주인이 우리를 고용한 것처럼 보이지만, 실제로 우리는 하나님을 위해서 일합니다. '내가 남의 돈이나 벌어주고 있다'고 생각하는 사람이 있는데, 그렇지 않습니다. 우리는 일을 통해서 우리의 주인이신 하나님께 최선을 다합니다. 그러면 삶이 달라질 수밖에 없기 때문에 그리스도인에게는 성실성이 중요합니다.

많은 그리스도인들이 이렇게 말합니다. "우리는 그리스도인이니까 성실해야 해. 우리가 성실하게 살아야 다른 사람들이 '아, 그리스도인들은 정말 성실하게 사는구나' 하고 생각하니까." 맞는 말입니다. 하지만 성경에서는 이보다 더 높은 수준을 가르칩니다. 우리가 성실하게 사는 이유는 우리를 부르셔서 그 일을 맡기신 분이 하나님이시기 때문입니다. 우리는 하나님께 충성하는 자이기 때문에, 하나님의 다스림을 정말 믿기 때문에 성실하게 일합니다.

저는 젊었을 때 청년들을 대상으로 사역하였습니다. 그중에는 눈에 띄게 반짝반짝하는 친구들이 있습니다. 반면에 어떤 친구는 별로 눈에 띄지는 않지만 꾸준하고 자신에게 맡겨진 일에 최선을 다합니다. 세월이 지나고 보면, 하나님나라에 쓰임을 받고 있는 사람들은 후자가 더 많은 것을 발견합니다. 아무리 귀한 재주와 은사, 능력이 있다 해도, 성실하지 못한 사람들은 결국 세상에서도, 하나님나라에서도 빛을 발하지 못합니다. 또한 인생에서 어려움을 겪을 때, 하나님께 성실한 사람들은 그분의 주권을 믿고 자신의 몫을 꾸준하고 성실하게 감당합니다. 결국 어려운 시절은 지나가고 그 성실함이 귀한 열매로 드러납니다. 모든 일을 하나님께 하듯, 하나님 앞에서 하듯 하는 이 성경적 성실함은 노동하는 사람들 모두에게 필요한 덕목입니다.

이 성실성과 함께 한 가지 더 추구해야 할 것은 탁월성입니다. 탁월성은 최선을 다하기 때문에 나타납니다. 그저 열심히만 하는 것이 아니라 최선의 것으로 하나님께 보답하자는 마음입니다. 세상의 탁월성은 다른 사람들과 비교해서 갖게 되는 우월성을 뜻하지만, 성경이 말하는 탁월성은 좀 다릅니다. 하나님은 각자에게 주신 능력과 은사를 아십니다. 그러므로 하나님은 우리에게 주신 모든 잠재력이 온전히 발현되기를 기대하십니다. 우리 하나님나라 백성들에게서 탁월성은 결코 다른 이와 비교하는 데서 오는 것이 아니라, 우리 속에 주신 것들을 온전히 드러내고 있느냐에서 옵니다. 그러므로 성경적 탁월성도 추구하십시오. 작은 것 하나라도 하나님 앞에서 최선을 다하려고 애쓰는 것이 필요합니다.

우리 삶의 궁극적인 목적

이렇게 일할 때 어떤 결과가 나타납니까? 고린도전서 10장 31절과 마태복음 5장 16절을 차례대로 읽어봅시다.

> 그러므로 여러분은 먹든지 마시든지, 무슨 일을 하든지, 모든 것을 하나님의 영광을 위하여 하십시오.

> 이와 같이 너희 빛을 사람에게 비추어서 그들이 너희의 착한 행실을 보고 하늘에 계신 너희 아버지께 영광을 돌리게 하여라.

우리가 하는 일이 무엇이든 간에 우리의 궁극적인 목적은 하나님께 영광을 드리는 것입니다. 그렇다면 하나님께 영광을 드린다는 것은 무엇입니까? 예전에 미스코리아에 뽑힌 사람들이 당선 소감에서 "OOO 미용실 원장님께 영광을 돌립니다"라고 말하던 것을 기억하십니까? 그것은 자신을 치장해준 것이, 그 원장님의 솜씨라는 것입니다.

하나님께 영광을 돌린다는 것은, 하나님의 솜씨, 하나님이 하신 일, 하나님의 다스림을 드러내는 것입니다. 사람들이 보고, "그게 그렇게 된 것이 하나님이 개입하셨기 때문이군요. 당신이 그렇게 사는 게 그래서 그렇군요. 당신이 그렇게 열심히 수고하고 애쓰는 게 하나님 때문이군요"라고 알게 되면 하나님께 영광이 돌아갑니다.

그냥 "하나님께 영광"이라고 말만 하는 것이 아닙니다. 네온사인으로 크게 "예수 영광"이라는 글자를 만들어놓았다고 해서 하나님께 영광이 될까요? 그렇지 않습니다. 우리 삶과 착한 행실을 통해서, 무슨 일을 하든지 그 가운데 하나님이 살아 계시다는 것, 하나님이 공의와 사랑으로 다스리심을 드러내어, 사람들이 그 모습을 보고 참 좋다고 느낄 때, 그럴 때 바로 하나님께 영광을 돌리는 것입니다.

우리 삶의 궁극적인 목적이 바로 이것입니다. 우리가 하는 모든 일을 통해서 사람들이 "저 사람이 저렇게 사는 걸 보니까 정말 하나님이 계실지도 모르겠다"라고 이야기하게 만드는 것이 우리 삶의 목적입니다. 세상 사람들에게 '거룩한 호기심'을 불러일으키는 삶, 그것이 우리 삶의 목적이라고 해도 과언이 아닙니다.

이것이 신앙생활입니다. 이제 우리는 《풍성한 삶의 기초》 거의 마지막 부분에 와 있습니다. 하나님과의 관계, 자신과의 관계, 공동체와의 관계가 기초가 되어 열매가 나타나는 곳은 바로 세상입니다. 세상에서 열매가 나타나려면, 그 전에 하나님과의 관계, 자신과의 관계, 공동체와의 관계가 든든해야 합니다.

그리스도인의 궁극적인 목적은 세상에서 하나님의 영광을 드러내는 것입니다. 좀 과장해서 이야기하자면, 신앙생활은 교회 밖에서 하는 것입니다. 물론 교회 안에서도 신앙생활을 하지만, 교회 안에서는 배우고 익힌 다음, 실제로 그 내용을 실천으로 옮기는 곳은 우리 삶의 현장입니다. 거기서 우리의 일을 통해서 하나님의 영광을 드러냅니다.

그리스도인이 된다는 것은 하나님을 믿는다는 구실로, 세상으로부터 도피하는 것을 의미하지 않습니다. 오히려 하나님나라 백성이 되었기 때문에 주님이 오실 때 주님과 함께 세상을 다스릴 것을 믿고, 지금 이곳에서 그러한 다스림의 원리를 따라 사는 것을 의미합니다. 그 때문에 그리스도인들은 자신이 하는 일이 하나님 앞에서 어떤 의미가 있는지를 늘 묻고, 그 의미를 확신하며 삽니다. 뿐만 아니라, 하나님이 지으신 사람들이 만들어내는, 세상 모든 것이 하나님의 사랑과 공의로 다스려지기를 소원합니다.

이처럼 그리스도 안에 속한다는 것은, 그리스도와 함께 세상살이를 하는 놀라운 특권과 그 특권에 따른 의무를 의미합니다. 하나님의 다스림이 이제 나타날 것입니다. 공의와 사랑의 다스림이 완전하게 나타날 것인데, 우리는 그 다스림을, 아직 온전히 드러나지 않은 현재의 세상에 가져와서 그것을 믿고 그 관점으로 하나님나라 시민으로 살아갑니다. 우리의 일과 일하는 모습을 통해서 사람들이 보이지 않는 하나님을 어렴풋이 알게 되고, 하나님나라에 속한 사람들의 비밀을 더듬어 알게 되면, 그 사람들이 하나님께로 돌아올 가능성까지 생깁니다. 그래서 주님께서 다시 오셔서 이 세상을 완전히 회복하실 때, 우리 혼자만이 아니라 우리 삶을 통해서 맺은 열매들과 함께 그 나라로 들어갈 것입니다. 그것이 우리가 세상을 살아가는 이유입니다.

묵상 질문

1. 빌립보서 2:13을 묵상하고 하나님이 당신의 마음에 어떤 소원을 주고 계신지 깊이 생각해보십시오.

2. 우리에게 맡기신 일을 어떠한 자세로, 어떠한 결과를 기대하면서 해야 할까요?

| VI부 |

그리스도에 이르기까지
자라가기

Growing unto Christ

이 책의 목적은 하나님이 주시는 놀랍고 풍
성한 삶에서 인생의 목적과 의미를 찾아 누
리는 것입니다. 이 모든 훈련의 궁극적 지
향점은 우리를 향한 하나님의 목적과 연관
되어 있습니다. 그것은 우리를 하나님을 닮
은 자로 빚으시는 것이요, "하나님의 아들
을 믿는 것과 아는 일"에 예수님의 장성한
분량까지 자라는 것입니다.

그리스도를
닮아가기

인생의 목적을
어디서 찾을까

생각해볼 질문

여러분은 어떻게 인생의 목적을 찾았고, 그 목적은 무엇입니까?

여러분이 인생의 목적을 발견하는 데 가장 큰 영향을 준 것(사람, 책, 사건 등)은 무엇이었습니까?

저는 축구를 좋아해서 국가대표 축구 경기를 열심히 시청합니다. 그런데 한국 축구는 마무리를 잘 못해서 안타까울 때가 많습니다. 흔히 골 결정력이 부족하다는 말을 자주 합니다. 무슨 일이든 마무리가 중요한데, 한국 사회 곳곳에서 마무리를 제대로 하지 못하는 안타까운 모습을 자주 만납니다. 이런 마무리는 영성에서도 마찬가지입니다. 지금까지 열 번에 걸쳐 예수님의 제자로 사는 것에 대해 배웠는데, 이제 마무리를 해야 할 때가 되었습니다. 이제 이 훈련을 마무리하는 두 번의 만남을 통해서, 우리가 그리스도에 이르기까지 자라가는 것의 중요성과 의미 그리고 그 방법을 함께 살펴보려고 합니다.

인생살이에서 가장 중요한 것이 무엇일까요? 누구를 만나는가, 무엇을 하며 살 것인가, 어디서 살 것인가, 다 중요합니다. 그런데 저는 인생의 목적을 어디서 찾느냐가 그 무엇보다도 중요하다고 생각합니다. 그것이 한 사람의 인생을 좌우하기 때문입니다.

사람들은 책·영화·사건·사람 등에서 인생의 의미를 찾습니다. 하지만 이런 것이 아닌, 다른 차원에서도 얼마든지 인생의 목적을 찾을 수 있습니다. 그 한 가지 예가 바로 돈입니다. 수많은 사람이 돈에서 인생의 의미를 찾습니다. 특별히 자본주의 사회에서 경제력은 매우 중요합니다. 그래서 이런 이들은 돈 때문에 위축되기도 하고 거만해지기도 하고, 돈이 없으면 자신의 인생이 구질구질하다고 느낍니다. 돈이란 것이, 적지 않은 사람에게 수단을 넘어서 인생의 의미가 되어 있습니다.

사람들은 돈·쾌락·재미·성공·가족·건강·세상의 정의 등에서 인생의 의미를 찾으려고 합니다. 그러나 인간이 인생의 목적을 찾는 데 가장 존귀하고 믿을 만하고 중요한 원천은 단연코 하나님이십니다. 우리가 믿는 하나님은 우주를 창조하시고, 인간 역사를 주관하고 계십니다. 하나님은 우리 한 사람 한 사람을 목적을 가지고 창조하셨고, 누구보다도 우리 자신을 잘 아십니다. 그러므로 이렇게 세상 모든 것의 으뜸이시고 우리를 지극한 사랑으로 사랑하시는 하나님에게서 우리 인생 목적을 찾을 수 있다면 그것이 최선이 될 것입니다. 우리 인간을 향하신 하나님의 궁극적인 목적은 무엇일까요?

하나님의 목적

우리가 하는 이 훈련의 목적은, 하나님이 주시는 놀랍고 풍성한 삶에서 인생의 목적과 의미를 찾아 누리는 것입니다. 이 모든 훈련의 궁극적 지향점은 우리를 향한 하나님의 목적과 연관되어 있습니다. 먼저 마태복음 5장 48절을 보겠습니다.

> 그러므로 하늘에 계신 너희 아버지께서 완전하신 것같이 너희도 완전하여라.

여러분은 이 구절을 읽고 숨이 막히지 않으십니까? 예수님은 우리에게 "하늘에 계신 아버지가 완전하신 것같이 완전하라"고 말씀하십니다. 이순신 장군처럼 완전하라고 해도 힘이 들 텐데, 하나님처럼 완전해지라니, 이것이 도대체 무슨 말입니까?

그래서 사람들은 이것을 과장법이라고 생각합니다. 그러나 예수님뿐 아니라 사도 바울도 이와 비슷한 말을 합니다. 에베소서 5장 1절을 보십시오.

> 그러므로 여러분은 사랑을 받는 자녀답게 하나님을 본받는 사람이 되십시오.

사도 바울은 "너희 아버지께서 완전하신 것과 같이 너희도 완전하라"는 예수님의 말씀을 따라, 우리에게 "하나님을 본받는 사람이 되라"고 말합니다. 하나님을 본받는 사람이 된다는 것은 우리 인생의 목적이 될 만큼 놀라운 일입니다. 사도 바울은 여기에 전제를 달아서, 우리가 사랑을 받은 자녀라면, 그 자녀의 모습에 걸맞아야 한다고 말합니다. 이것이 초대교회 성도들의 자세였습니다. 우리 신분이 변화되어 하나님의 자녀가 되었으니, 그에 걸맞은 모습이 되려는 소망을 가지고, 실제로 그를 본받는 자가 되어야 한다는 것입니다.

사도 바울은 골로새서 3장 10절에서 이를 조금 다른 각도에서 설명합니다.

> 새 사람을 입으십시오. 이 새 사람은 자기를 창조하신 분의 형상을 따라 끊임없이 새로워져서 참 지식에 이르게 됩니다.

성경이 우리에게 가르치는 바는 너무나 분명합니다. 예수님이 과장하신 것이 아닙니다. 성경은 하나님을 닮아가는 것이 우리 인생의 목적이라고 말합니다.

이는 이 책에서 지금까지 우리가 배우고 훈련한 내용들의 궁극적인 열매입니다. 우리는 그리스도 안에 속함으로써 하나님의 자녀라는 지위를 갖게 되었습니다. 원래 진노의 자식이었는데 하나님의 우편에 앉아 그분의 상속자가 되었습니다. 하나님은 예수 그리스도 안에서 우리의 지위를 하나님과 비슷한 수준으로 끌어올리셨습니다.

정말 대단한 일 아닙니까? 장관이나 재벌 총수, 학계에서 최고 권위에 있는 사람들 같은 세상 권력자들, 아니면 유명 연예인 옆에 앉아본 적이 있습니까? 여러분이 정말 존경하는 사람과 한 식탁에 앉아본 적이 있습니까? 사람들은 그런 경험에 흥분하고, 또 평생 자랑거리로 삼기도 합니다. 그런데 우리가 지금까지 살펴본 대로, 하나님이 우리를 그분 옆에 앉히셨습니다. 한 번만 앉아보는 것이 아니라 영원히 그 옆에 두십니다. 우리 신분이 엄청나게 변했습니다.

하나님은 이렇게 우리의 신분만 바꾸신 것이 아니라, 그 다음 단계로 우리를 그 신분에 걸맞은 자질을 가진 자로 변화시키기 원하십니다. 우리 가운데 오셔서 우리를 이끄셔서, 하나님의 자녀다운 모습으로 지속적으로 변화시켜나가십니다. 이런 변화 과정이 우리 인생입니다.

많은 사람이 인생을, 사랑하고 결혼하여 아이를 갖고 성공하여 돈 벌고 즐기면서 살아가는 것이 전부라고 생각합니다. 하지만 우리 인생을 향한 하나님의 계획은 다릅니다. 하나님은 먼저 그분을 버리고 떠난 인간들이 다시 그분께로 돌아오도록 구원 계획을 세우셨습니다. 그 다음, 우리 신분을 바꾸고 그 신분에 걸맞은 자질을 갖도록 계속해서 변화시키십니다. 그렇게 해서 예수님이 다시 오실 때 비로소 우리를 온전한 모습으로 변화시키십니다.

사람들은 인생의 목적이 무엇이냐는 질문에, 교사가 되어서 아이들을 잘 가르치는 것, 의사가 되어 병든 사람들을 치료하는 것, 돈 많이 벌어서 좋은 일 많이 하는 것, 교회에서 직분을 맡아 봉사하며 섬기는 것 등 무언가를 하는 것으로 대답합니다. 무엇을 하는 것이 목적이 되는 경우가 많습니다. 하지만 기독교는 doing(행함)의 종교가 아니라 철저하게 being(존재)의 종교입니다! 우리가 무엇을 하느냐보다는 어떤 사람이 되느냐가 중요합니다.

우리는 사업을 할 수도 있고, 교사나 의사, 일용직 노동자, 목사나 선교사가 될 수도 있습니다. 하나님은 우리가 무엇이든지 할 수 있다고 말씀하십니다. 하지만 하나님은 우리가 무엇을 하느냐가 아니라 어떤 사람이 되느냐에 진정한 관심을 갖고 계십니다. 하나님은 우리를 하나님을 닮은 자로 빚어가시면서, 그렇게 변화되어가는 존재로서 우리 인생이 감당할 여러 가지 일들을 보여주십니다. 성경은 "자기를 창조하신 분의 형상을 따라 끊임없이 새로워지는 것"이 우리 삶의 목적이라고 말합니다.

우리의 모범 되신 예수님

그렇다면 우리는 어떻게 하나님의 형상을 입을 수 있을까요? 이런 본을 누구에게서 찾을 수 있을까요? 당연히 예수님이 가장 좋은 본을 선사하십니다. 예수님의 어린 시절을 말해주는 누가복음 2장 52절을 살펴봅시다.

> 예수는 지혜와 키가 자라고, 하나님과 사람에게 더욱 사랑을 받았다.

예수님의 어린 시절을 한번 상상해보십시오. 예수님이 아기 때부터 머리 뒤에는 후광이 비치고, 성자처럼 근엄하게 걸어 다녔을까요? 말도 못하는 갓난아기일 때도, 하나님의 아들이니까 어머니 마리아에게 근엄하게 이렇게 말했을까요? "마리아야, 내 기저귀를 갈아라." 아닙니다. 다른 아기들처럼 그냥 우셨을 것입니다. 저는 혼자 이 생각을 하면서 웃다가 울었습니다. '하나님이 기저귀를 혼자 갈 수 없어서 울어야 할 정도로 낮아지셨구나' 하는 생각이 들었기 때문입니다. 예수님도 평범한 아기처럼 성장하셨습니다.

누가복음의 이 구절은 "예수는 지혜와 키가 자라고, 하나님과 사람에게 더욱 사랑을 받았다"고 말합니다. 이 말씀은 예수님이 성장하신 영역을 보여줍니다. 지혜와 키는 정신적·육체적 영역을, 하나님에게 사랑을 받았다는 것은 영적 영역을, 사람에게 사랑을 받았다는 것은 사회적 관계를 보여줍니다.

저는 바로 이 예수님의 성장 영역에서 《풍성한 삶의 기초》의 틀을 찾았습니다. '지혜와 키'는 **나 자신과의 관계**라고 할 수 있습니다. 예수님은 먼저 이 영역에서 성장하셨습니다. 예수님은 육체적으로, 정서적으로도 성숙하셨을 것입니다. 아버지를 잃고 로마제국의 통치 아래에서 살면서, 여러 가지 어려운 일과 고통에도 불구하고 인격이 훼손되지 않고, 오히려 고통과 슬픔을 품어내는 그런 분으로 성장해가셨습니다.

사람들에게도 사랑스러워져갔습니다. 이는 다른 사람들과의 관계를 보여줍니다. 예수님은 사람들과의 관계에서 성장하셨습니다. 사복음서에 나타난 예수님은 긍휼히 여겨야 할 사람에게는 깊은 사랑을, 격려가 필요한 자에게는 적절한 칭찬을, 꾸짖음이 필요한 자에게는 가차없는 힐책을 주십니다. 이렇게 사람들과의 관계에서 온전한 성숙에 이르도록 자라가셨습니다. 이 사람들과의 관계는 **공동체와의 관계**와 **세상과의 관계**로 나눌 수 있습니다.

마지막으로 예수님은 하나님에게도 점점 더 사랑스러워져가고 그 관계가 점점 더 깊어졌다고 이야기하는데, 이는 **하나님과의 관계**를 가리킵니다.

개역개정은 이렇게 예수님이 성장하시는 모습을 좀 더 분명히 표현하고 있습니다. 개역개정은 "하나님과 사람에게 더욱 사랑스러워가시더라"라고 말합니다. 점점 더 그렇게 되어갔다는 뜻입니다. 우리는 여기서 두 가지를 눈여겨볼 수 있습니다.

먼저 예수님은 이런 여러 영역에서 **균형 있게** 성장하셨습니다. 하나님과의 관계만이 아니라, 모든 영역에서 균형 있게 성장하신 것을 볼 수 있습니다.

두 번째, 예수님은 성장 **과정**을 거치셨습니다. 키가 갑자기 확 크고 난 다음 어느 날 갑자기 영적으로 변한 것이 아니라, 키와 지혜가 자라면서 사람들과 하나님에게 사랑스러워져갔습니다. 점진적으로 성장했다는 말입니다. 예수님이 성장해서 언제 온전한 모습이 되셨는지는 모르지만, 서른 살이 넘어서 공생애를 시작하신 것을 기억하면, 그때까지 장성한 모습으로 성장해가는 과정이 있었을 것입니다.

왜 오늘날 많은 그리스도인이, 시간이 지났는데도 불구하고 그분처럼 아름답고 멋진 모습을 보이지 못할까요? 그 이유는 우선, 목적이 분명하지 않기 때문입니다. "하나님을 본받는 자가 된다", "예수님의 온전하신 모습에까지 이른다"라는 목적이 불분명하기 때문입니다. 두 번째로, 어느 영역에서 성장해야 하는지가 불분명하기 때문입니다. 그냥 교회만 열심히 다니면 된다고 생각합니다. 그저 마음씨 착한 사람이 예수를 닮은 사람이라고 착각하기도 합니다. 하지만 지금까지 《풍성한 삶의 기초》에서 살펴본 것처럼 우리에게는 네 가지 관계가 모두 다 중요합니다.

마지막으로, 사람들은 이것이 오랜 시간 과정을 거쳐 되는 일이라고 생각하지 않습니다. 어떤 사람들은 기독교를 오해해서, 그리스도인이 되면 어느 날 '불 받아서' 갑자기 변한다는 착각에 빠져 있습니다. 이러한 급작스런 변화가 전혀 없는 것은 아니지만, 그것은 하나님의 특별한 목적이 있을 때 일어나는 매우 예외적인 일입니다. 하나님의 특별한 축복을 입는 경우가 있다 하더라도, 그런 축복이 그 사람을 성자로 변화시키지는 않습니다. 하나님의 형상이 우리 가운데 온전히 드러나는 일은 평생을 통해서 점진적으로 일어납니다.

많은 사람이 목적이 불분명하고 어디서 성장해야 할지 모르고 인생이라는 과정을 염두에 두지 않기 때문에, 예수를 닮은 사람들로 성숙하지 못합니다. 저는 어릴 적에, 신앙생활을 오래한 사람들에게서 예수를 닮은 모습을 발견하지 못해서 적지 않게 고민하였습니다. 예수를 믿고 심판받지 않고 천국 입장권을 손에 쥔 축복이 그리스도인들이 누리는 축복의 전부라고 받아들이기가 쉽지 않았습니다. 그러나 우리는 성경을 통해서, 하나님이 우리에게 품으신 뜻은 우리가 진실로 그의 자녀가 되는 것임을 깨달았습니다. 우리의 신분만이 아니라, 우리가 하나님의 자녀로서 온전한 자질을 가지길 원하신다는 사실을 깨달았습니다. 주님이 재림하실 때에야 비로소 우리는 예수님처럼 완전하게 변화되겠지만, 이미 그러한 자질을 가질 수 있는 신분을 가진 우리가 인생 여정을 통해 예수님을 따라, 예수님처럼 성장하는 것을 하나님이 원하심을 깨닫게 되었습니다.

이제 40-50대가 된 친구들에게 인생의 목적을 물어보면 피식 웃으면서 아직도 인생 목적을 찾느냐고들 합니다. 그런 게 어디 있냐는 반응입니다. 나이가 들면 많은 사람들이 인생에 냉소적으로 바뀌어갑니다. 하지만 그리스도인들은 인생의 목적을 분명히 말할 수 있습니다. "내 인생의 목적은 예수님을 닮아가는 것"이라고 말할 수 있습니다. 예수님처럼 성장하고 성숙하는 것이 우리 인생의 목적입니다.

교사라면 예수님 같은 교사가 되어야 합니다. 음악가라면, 하나님을 닮은 음악가가 되어야 합니다. 정치가라면 예수님 같은 정치가가 되어야 합니다. 직장인이라면 예수님을 닮은 직장인이 되어야 합니다. 예수님 같은 예술가, 예수님 같은 목사와 선교사가 되어야 합니다. 성직자라고 해서 자동으로 예수님을 닮지는 않기 때문입니다. 우리가 무엇을 하든, 하나님은 우리가 예수님을 닮기를 원하십니다.

저는 젊어서부터 사역자로 살도록 훈련을 받았고, 은사나 관심으로 보아도 목사로 사는 것이 가장 적합하다고 생각합니다. 그러나 목사로 사역하고 난 이후 꽤 오랜 시간이 지난 다음에, 인생의 여러 어려움을 겪게 되었을 때 하나님이 나에게 목사의 삶을 당분간 또는 영원히 그만두라고 하시는 것이 아닌가 심각하게 질문하게 되었습니다. 제가 가장 좋아하고 잘할 수 있는 일을 포기하기란 참으로 어려운 일이었습니다. 그때 하나님이, 제가 목사로 사는 것이 제 삶의 목적이 아니라 예수를 닮아가는 것이 제 삶의 목적임을 다시 깨닫게 해주셨습니다. 이제 그때의 심각한 고민은 사라졌지만, 제 삶의 목적은 그로 인해서 더욱 또렷해졌습니다.

사람들은 자신이 무엇이 되어 무엇을 하느냐가 가장 중요하다고 생각하지만, 하나님은 우리 인생의 궁극적인 목적을 우리 모두가 예수님을 닮아가는 것이라고 말씀하십니다. 이 목적 아래서 각자의 특성에 맞게 이런 일을 할 수도 있고 저런 일을 할 수도 있습니다. 특별한 사명에 사로잡히거나 어떤 직업에 전념하는 것은 아름다운 일이지만, 그렇게 하다가 정말 중요한 것, 정말 목적으로 삼아야 하는 것을 놓쳐버릴 수 있습니다. 그러면 주객이 전도되고 맙니다. 제자훈련의 궁극적인 목적도 우리가 받은 구원을 우리의 삶과 인격에 드러내는 것이기 때문입니다. 예수님을 닮아가는 것이야말로 우리 삶의 궁극적인 목적입니다.

묵상 질문

1. 에베소서 5:1과 골로새서 3:10을 묵상해봅시다.

2. 예수님을 닮아가는 것이 우리 삶의 목적입니까? 당신은 얼마나 예수님을 닮아가고 있는지에 관심이 있습니까, 아니면 영적·신앙적 단계에 도달하는 것에 관심이 있습니까? 어떤 영역에서 특별히 성장해야 한다고 생각하십니까?

2

평생 예수님을
닮아가는 삶

생각해볼 질문

 당신의 마음속에 있는 목표, 즉 그리스도인으로서 성장하고 싶은 모습은 어떤
모습입니까?

에베소서 4장 13절은 예수를 닮아가는 것이 무엇인지 잘 설명해줍니다. 이 본문은 우리 그리스도인들이 추구해야 할 성장에 대하여 잘 이야기합니다.

> 우리가 다 하나님의 아들을 믿는 것과 아는 일에 하나가 되어 온전한 사람을 이루어 그리스도의 장성한 분량이 충만한 데까지 이르리니(개역개정).

그리스도인의 성장

우리의 **성장 목표**는 "그리스도의 충만하심의 경지에까지"(새번역) 이르는 것입니다. 아기 예수님이 아니라 예수님의 장성한 모습에 이르기까지 성장하자는 말입니다. 예수님이 키와 지혜가 자라면서 하나님과 사람에게 사랑스러워져갔듯이, 우리도 성장해가자는 것입니다. 그리스도인의 성장 목표가 바로 이것입니다. 그리스도의 충만함의 경지, 즉, 예수님의 장성한 분량까지 이르는 것입니다.

이 본문은 **성장의 내용**도 알려주는데, 그것은 "하나님의 아들을 믿는 것과 아는 일"입니다. 예수를 점점 더 알아가고 믿는 것이 성장에 가장 중요한 내용입니다. 예수가 누구시고 그분이 하신 일이 무엇인지 진실로 받아들이면서 우리가 변화되기 때문입니다. 그리스도인의 성장은 어떤 특별한 기술이나 활동을 통해서가 아니라, 우리에게 놀라운 구원을 가져오신 예수님을 더욱 알아가고 믿는 것을 기반으로 이루어진다는 사실을 잊지 말아야 합니다.

뿐만 아니라, 이 본문은 우리가 **성장하는 방법**도 말해주는데, "우리가 다 하나가 되어", "온전한 사람을 이루어" 등의 표현에서 이를 발견할 수 있습니다. 즉 개인적으로 성장하는 것이 아니라, 우리가 함께 하면서, 서로 도와가면서, 한 공동체 속에서 성장에 이릅니다. 우리가 함께하고 있는 이《풍성한 삶의 기초》훈련도 혼자 내용을 읽기만 하는 것이 아니라 배운 내용을 자신에게 적용하고, 함께 고민하고 아파하고, 서로가 한계를 극복할 수 있도록 기도해줄 때 우리에게 진정한 변화가 있습니다. 그래서 다른 사람과 함께 고민하고 나누는 방법을 추천하는 것입니다. 성경적인 성장 방법 중에서 가장 중요한 것이 공동체적인 훈련입니다.

이렇게 예수님의 생명이 우리 가운데 있어서 변화되는 사람들은 주변 사람들에게 놀라움을 줍니다. 그리스도인의 신앙은 어느 단계에 도달한 것을 자랑하는 신앙이 아닙니다. 오히려 지금 어느 쪽으로 어떻게 변화되고 있는가, 즉 예수님의 생명이 어떻게 우리 속에서 움직이고 있는가를 중요하게 여깁니다.

여러분도 경험하였겠지만, 예수님을 믿은 지 얼마 되지 않은 사람들이 다른 사람들에게 영향을 끼치는 경우가 많습니다. 그들 가운데 예수님의 생명력이 막 자라고 있어서 그들의 변화가 다른 사람들에게 도전을 주고, 은혜를 끼칩니다. 신앙생활을 오래한 사람들이 다른 사람들에게 영향을 미치지 못하는 이유는 예수의 생명력이 그들 가운데서 역사하고 있지 않기 때문입니다.

신앙의 연수가 중요하지 않습니다. 우리가 지금 예수님을 닮아가고 그분의 생명력이 우리 속에서 일하고 있느냐가 중요합니다. 믿음은 과거가 아니라 현재가 중요합니다. 과거에 아무리 대단한 일을 했어도 지금 하고 있지 않다면 아무 소용이 없습니다. 어제 아무리 기가 막힌 체험을 했어도 오늘 우리가 주님을 부인한다면, 어제의 경험은 별 소용이 없습니다.

우리의 궁극적 목표는 예수님께 있습니다. 우리는 예수님을 바라보고 있습니다. 그러므로 이 궁극적 목적이 보이지 않으면 옆에 있는 사람과 자신을 비교하게 됩니다. 저 사람이 헌금을 얼마나 하는지, 기도를 어떻게 하는지, 인도하는 능력이 있는지 없는지 등을 봅니다. 이런 것들이 뭐가 그렇게 중요하겠습니까? 하지만 사람들은 궁극적인 목표를 잃으면 좌표를 잃기 때문에, 신앙 영역에서조차 끊임없이 옆 사람과 자신을 비교할 수밖에 없습니다.

십일조 좀 많이 한다고, 장로나 집사 직분이 있다고, 봉사를 많이 한다고, 성경 지식이 다른 사람보다 좀 더 많다고 어깨에 힘을 주거나, 또 반대로 그런 남들과 자신을 비교하여 열등하게 느끼는 것은 모두 궁극적 목표를 잃었기 때문에 나타나는 모습입니다. 우리는 동일한 목표를 향해 가는 동료일 뿐입니다. 교회 안의 그리스도인들이 예수님을 닮는 데 집중한다면 그들 사이에 있는 불필요한 비교와 이에 따른 사소한 불평과 원망들은 상당 부분 사라질 것입니다.

우리의 진정한 목표가 예수님을 닮는 것이라면, 자신이 다른 사람들에게서 인정을 받지 못하고, 수고한 것에 대해 칭찬을 받지 못해도 큰 문제가 되지 않을 것입니다. 교회 내에 돌아다니는 귀신 중에서 제가 제일 무서워하는 귀신이 '섭섭귀신'입니다. 섭섭한 마음이 원망이 되고, 그러다 결국 '시험 들었다'고 말합니다. 그런데 이러한 일들은 대부분 우리가 예수님을 닮으려는 궁극적이고 고귀한 목적을 잃고, 다른 사람들과 자신을 비교할 때 나타나는 현상입니다.

우리 신앙의 궁극적 목적이 예수님을 닮아가는 것이라면 일상에서도 예수님을 닮아가야 합니다. 기도, 성경 읽기, 봉사 같은 소위 교회생활에서 예수님을 닮아가겠지만, 이런 것들은 일부분에 불과합니다. 예수님처럼 성장한다고 할 때 우리가 꼭 생각해야 할 부분은, 예수님도 성전에서 성장한 것이 아니라, 먼지 풀풀 날리는 삶의 정황에서 성장하셨다는 것입니다. 예수님도 아버지 요셉에게서 목수 일을 배우고, 얼마 후에는 편모슬하에서 동생들을 돌보며 실제 삶의 터전에서 성장하셨습니다.

　예수님을 닮아가는 것을 '좁은 의미의 종교생활'로 생각하는 사람들은 영적 체험 같은 것을 원합니다. 또 어떤 사람들은 성경을 읽고 암송하고 기도하고 큐티 훈련을 하는 좁은 의미의 제자훈련에 집중합니다. 또는 종교 행사에 꾸준히 참여하면 예수님처럼 된다고 생각해서 예배에 절대로 빠지지 않는 사람들도 있습니다. 물론 이것도 다 필요합니다. 하지만 이는 예수님 닮는 것을 종교 영역에만 국한시킨 것입니다. 예수님을 닮아가는 것은 우리가 매일 살아가는 현장, 즉 바로 지금 여기here and now에서 이루어집니다. 배우자와 아이들과 함께 생활하는 가정에서, 일하는 직장에서, 공부하는 교실에서, 친구들과 함께 만나는 장소에서, 바로 그곳에서 우리는 예수님을 닮아갑니다.

　오늘 우리 각자가 주님을 바라보며 닮아가는 것이 중요합니다. 하나님은 우리 삶의 현장, 우리가 사람들과 관계를 맺는 그 현장에서, 우리가 가진 여러 가지 문제에서 예수님의 뜻이 무엇인지 묻고 주님을 닮아가기를 원하십니다. 이것이 하나님의 주관심사요 또한 우리의 주관심사여야 합니다. 우리 삶의 궁극적인 목적은 예수님을 닮아가는 것입니다.

우리의 간절한 소원

　결국 우리가 이를 통해서 종국적으로 추구하는 바가 뭘까요? 우리가 간절히 소원하는 것이 무엇일까요? 우리가 너무나도 잘 아는 시편 42편 말씀에 그 해답이 있습니다(1-2절).

> 1하나님이여, 사슴이 시냇물을 찾기에 갈급함같이 내 영혼이 주를 찾기에 갈급하니이다. 2내 영혼이 하나님, 곧 살아 계시는 하나님을 갈망하나니, 내가 어느 때에 나아가서 하나님의 얼굴을 뵈올까 (개역개정).

2절에 좀 더 분명하게 나오듯이, 이 구절이 말하는 갈급함은 "하나님, 곧 살아 계시는 하나님을 갈망"하는 것입니다. 주를 찾기에 갈급한 것입니다. 우리 신앙의 궁극적 목적이 이것입니다. 2절 끝부분에 조금 더 구체적으로 나옵니다. "내가 어느 때에 나아가서 하나님 앞에 뵈올까." 새번역 성경의 표현으로는, "내가 언제 하나님께로 나아가 그 얼굴을 뵈올 수 있을까?"입니다. 평생 하나님을 닮아가면서 우리가 간절히 소망하는 것은 하나님 앞에 서는 것, 곧 그분의 임재 가운데 들어가서 그를 바라보는 것입니다. 그래서 시편 기자는 시편 곳곳에서 '하나님의 얼굴을 찾는다', '뵙기를 원한다'는 표현을 씁니다(시 4:6; 11:7; 13:1; 17:15; 24:6; 27:8; 31:16; 67:1 등). 사랑하는 사람들은 서로 얼굴을 바라봅니다. 하나님의 얼굴을 구한다는 것은 그분의 임재 가운데 들어가 하나님을 더욱 사랑하고 더욱 닮아가기를 원한다는 뜻입니다.

다시 말해, 우리 신앙의 궁극적 목적은 예수님처럼 되어서 예수님을 뵙는 것, 그분의 얼굴을 뵙는 것입니다. 우리가 신분이 바뀌어 그에 맞는 자질을 갖춰나가면서 종국적으로 지향하는 것은, 훈장 단 멋있는 사람이 되는 것이 아니라 하나님을 만나는 것입니다. 신학적으로는 이것을 '하나님의 임재 가운데 거한다', '하나님의 얼굴을 뵙는다', '하나님의 영광에 참여한다'는 등 여러 가지 표현을 사용합니다.

우리는 이러한 갈망으로 평생 살면서 결국 마지막 때에 일어날 놀라운 일을 소망합니다. 요한일서 3장 2-3절을 봅시다.

> 2사랑하는 자들아, 우리가 지금은 하나님의 자녀라. 장래에 어떻게 될지는 아직 나타나지 아니하였으나 그가 나타나시면 우리가 그와 같을 줄을 아는 것은 그의 참모습 그대로 볼 것이기 때문이니 3주를 향하여 이 소망을 가진 자마다 그의 깨끗하심과 같이 자기를 깨끗하게 하느니라(개역개정).

이 본문은 마지막 때에 그가 나타나시면, 우리가 예수님과 같이 된다고 이야기합니다. 우리가 살면서 얼마나 예수를 닮아갈지 모르지만, 결국 우리 모두는 그와 같이 될 것이라고 성경은 말합니다. 우리는 그분을 있는 그대로 보게 되는 영광을 누릴 것입니다. 이것이 우리가 종국적으로 다다를 영광스러운 미래입니다. 그렇기 때문에 이러한 소망을 가진 자들은 당연히 자신을 더욱더 깨끗하게 하며 삶의 모든 영역에서 예수를 닮아갑니다.

이러한 소망을 가진 자들은 "내가 진실로 속히 오리라"는 예수님의 말씀에 "아멘, 주 예수여, 오시옵소서"라고 답하며 기다립니다(계 22:20; 고전 16:22). 우리가 그리스도 안에서 놀라운 신분으로 변화되었다면, 그가 오실 때 그와 같이 되리라는 소망을 갖는 것이 온전한 믿음입니다. 그래서 참된 그리스도인들은 나이가 들면 거울을 보면서 피부가 늙고 잔주름이 생기고 눈꼬리가 처지는 것을 보면서 안타까워하는 것이 아니라, 자신 가운데 그리스도의 형상이 온전해져서, 어느 날 우리 모두가 그와 같이 될 것이라는 소망을 가집니다.

이러한 고귀하고 궁극적인 목적에 마음을 두지 않고 가치 없는 일에 마음을 빼앗기면, 우리의 삶은 갈지之자 인생이 될 수밖에 없습니다. 우리 주님이 우리에게 계획하신 삶은 그를 평생 닮아가다가, 결국 그의 앞에, 우리를 그토록 사랑하신 그분 앞에 서는 것입니다. 우리가 지금으로서는 절대 이해할 수 없지만, 영광스런 영원 속에서 그와 함께 있는 것입니다. 이 땅에서 그리스도 안에서 변화된 신분을 갖게 된 자들은 일생 그 변화된 신분에 걸맞게 변화되어가고, 종국에는 그 앞에 서서 그의 영광에 참여하게 될 것입니다.

묵상 질문

1. 성장하기 위한 몇 가지 요소 중에서 당신에게 가장 중요한 것이 있다면 무엇이라고 생각하십니까?

2. 요한일서 3:2-3을 묵상하며 자신의 소망이 진정 무엇인지 깊이 묵상해봅시다.

3

가장 중요한 성장 원리:
믿음

생각해볼 질문

이제 성장 목표는 분명해졌지만, 우리가 어떻게 그런 성장에 이를 수 있습니까?

　예수님을 닮는다고 할 때 많은 사람들은 종교 영역에서 헌신하는 것을 생각합니다. 그러나 다시 한 번 강조하지만, 예수님이 성장하신 곳, 사역하며 살아가신 곳은 성전이 아니라 삶의 현장이었습니다. 적지 않은 사람이 예수님을 닮아가는 제자훈련 하면, 교회에서 받는 어떤 훈련 과정에 참여하는 것이라고 생각합니다. 그래서 특정 훈련 과정을 마치고 다른 사람을 가르칠 수 있는 지식을 획득하면 제자가 되었다고 생각하기도 합니다. 더 나아가서, 사람들은 헌신하면 신학교에 가서 목사나 선교사가 되어야 한다고 생각하기까지 합니다. 예수를 닮는 것은 다른 사람을 가르치고, 더 나아가 복음을 전하는 것을 넘어서, 본질적으로 삶의 전 영역에서 예수를 닮아가는 것을 의미합니다. 그것은 기독교의 진리로 다른 사람을 잘 가르치고 문제점을 잘 파악해서 분석하는 것과 비교할 수 없을 만큼 중요한 일입니다. 참된 제자는 삶의 현장에서 예수를 닮아가는 사람입니다.

믿음의 원리

참된 제자로 성장해가는 진정한 제자훈련에서 가장 중요한 것은 무엇일까요? 그것은 믿음입니다. 믿음은 우리가 구원을 받는 초기에만이 아니라, 예수를 닮아가는 전 과정에서 가장 필요합니다. 이 믿음의 원리는 '풍성한 삶의 기초' 훈련의 중심을 관통하는 아주 중요한 원리입니다. 여기서 말하는 믿음이란, 우리가 앞에서도 언급했듯이, 하나님이 우리를 위해서 행하신 일을 전인격적으로 받아들이는 것입니다. 즉 예수님이 우리를 위해서 하신 일, 하고 계신 일, 앞으로 하실 일을 그대로 받아들이는 것입니다.

요한복음 19장 30절을 보면, 예수님은 십자가에서 "다 이루었다"고 말씀하셨습니다. 이는 우리를 구원하기 위해서 해야 할 일을 다 하셨다는 뜻입니다. 예수님이 우리를 위해서 하셔야 할 일의 본질적인 부분을 다 하셨다는 말씀입니다. 그래서 우리는 성경을 통해서 예수님이 하신 일을 배우고, 그것을 전인격적으로 받아들임으로써 그분을 닮아갈 수 있습니다. 예수님이 하신 일을 믿음으로 받아들여 우리 것으로 만듦으로써 우리가 점차적으로 변화될 수 있습니다. 이는 예수님을 닮아가는 중요한 원리입니다.

예를 들어, 그리스도인들은 온유해야 한다고 생각하고 결단한다고 해서 온유해지는 것이 아닙니다. 어떤 사람은 온유해야 한다는 생각을 하도 자주 하니 나중에는 강박이 되어서 온유는커녕 오히려 짜증이 난다고 말합니다. 겸손해야겠다고 반복적으로 생각해서 자신이 좀 겸손해졌다고 느끼고 우쭐해지니, '내가 정말 겸손해진 것인가' 질문이 생긴다고도 합니다. 하지만 우리는 예수님을 닮겠다며 "겸손해야 돼", "온유해야 돼"라고 자신에게 되뇌이며 사는 것이 아니라, 예수님이 우리를 구원하시기 위해서 얼마나 놀라운 일을 행하셨는지를 이해하고 그것을 믿음으로써, 즉 전인격적으로 받아들임으로써, 그 진리로 우리 자신이 변화되는 것을 경험합니다. 예수님이 우리 신분을 바꾸시고 우리로 예수를 닮게 만드신다는 사실을 믿고 따라갈 때, 우리 속에 그의 성품이 점점 생겨납니다.

그래서 우리는 믿음의 원리를 정리해볼 필요가 있습니다. 우리가 예수님이 하신 일을 믿음으로 받아들였을 때 우리에게 어떤 일이 일어났는지 살펴봅시다.

믿음으로 의롭다 함을 받음   먼저 로마서 3장 24-25절을 보겠습니다.

> 24그러나 사람은 그리스도 예수 안에서 얻는 구원으로 말미암아, 하나님의 은혜로 값없이 의롭다는 선고를 받습니다. 25하나님께서는 이 예수를 속죄 제물로 내주셨습니다. 그것은 그의 피를 믿을 때에 유효합니다.

우리가 은혜로 의롭다고 여김을 받았다는 것이 이 본문의 핵심입니다. 새번역에서는 "의롭다는 선고를 받았다"고 표현했는데, 이것이 법정 용어이기 때문에 이 번역도 가능하다고 생각합니다. 하나님이 주시는 은혜로 우리는 의롭다고 여김을 받게 되었습니다. 이 말은 유교적인 의미에서 의인이 되었다는 뜻이 아닙니다. 성경에서 의롭게 된다는 것은 하나님 앞에 설 수 있는 존재가 되었다는 뜻입니다. 원래 죄인인 우리를 위해 예수님이 속죄 제물이 되어주셨기 때문에 우리가 감히 하나님 앞에 설 수 있는 특권을 갖게 되었습니다.

이 놀라운 은혜가 어떻게 우리 것이 됩니까? 우리가 하나님이 하신 일을 전인격적으로 받아들일 때, 곧 예수님이 하신 일을 믿을 때 우리의 것이 됩니다. 예수님이 우리를 위해 돌아가셔서 우리 죄의 대가를 다 지불하셨다는 것을 믿는 것입니다. 로마서 3장 25절에서 "그의 피를 믿을 때"라는 말은 우리를 위해 돌아가실 때 흘린 그 피를 믿는다는 뜻입니다. 이것이 우리 믿음의 출발점입니다. 이로써 우리는 하나님 앞에서 의롭다 여김을 받아서 감히 하나님 앞에서 고개를 들고 설 수 있게 되었습니다.

이 신비와 은혜를 다시 한 번 생각해보십시오. 우리는 하나님 앞에서 감히 고개도 들 수 없는 존재입니다. 신음 소리조차 함부로 낼 수 없는 그런 존재입니다. 그런 우리를 하나님이 받아주셨습니다. 우리를 감히 그분 앞에 서서 하나님을 아버지라고 부를 수 있게 하셨습니다. 믿음으로, 이 놀라운 축복이 가능합니다.

하나님 앞에서 예배할 때 자신에게 특별한 느낌이 없다고 해서 예배가 잘 되지 않았다고 생각하는 사람들이 있습니다. 그러나 이는 철저히 자기중심적인 생각입니다. 우리처럼 자격 없는 자를 부르셔서 하나님 앞에 설 수 있는 존재로 세우셨으니, 우리가 그것을 느끼거나 느끼지 않거나 상관없이 하나님이 우리 같은 존재에게 이렇게 놀라운 축복을 주셨다는 사실을 믿음으로 받아들이고 하나님 앞에 서야 합니다. 이것이 참된 예배입니다. 그렇게 하나님이 우리를 위해서 하신 일을 받아들이고 묵상할 때, 이에 따르는 깨달음도 느낌도 체험도 따라옵니다.

자아상도 마찬가지입니다. '난 훌륭한 사람이야. 난 아름다운 사람이야. 난 사랑받기 위해서 태어난 사람이야'라고 자기 세뇌를 한다고 해서 자아상이 좋아지지 않습니다. 예수님의 피에 근거해서 하나님이 자신을 받으셨다는 사실, 자기같이 부족한 자를 받으셨다는 사실에 전인격적으로 동의하고 하나님의 시각으로 자신을 바라보게 될 때, 우리의 자아상은 건강해집니다.

믿음으로 하나님과 평화를 누림　　다시 말하지만, '하나님이 행하신 진리를 이해하고 믿음으로써' 우리가 점진적으로 변화됩니다. 로마서 5장 1-2절도 비슷한 이야기를 합니다.

> 1그러므로 우리는 믿음으로 의롭다 하심을 받았으므로 우리 주 예수 그리스도로 말미암아 하나님과 더불어 평화를 누리고 있습니다. 2우리는 또한 그리스도로 말미암아 지금 서 있는 은혜의 자리에 나아오게 되었으며 하나님의 영광에 이르게 될 소망을 품고 자랑을 합니다.

이 구절에는 '믿음으로'라는 말이 두 번 나옵니다. 먼저 우리가 "믿음으로 의롭다 하심을 받았다"고 말합니다(이것은 조금 전 로마서 3장 24절에도 나온 내용입니다). 그래서 이제 주 예수 그리스도로 말미암아 하나님과 평화를 누리고 있다고 말합니다. 우리는 지금 하나님과 화평을 누리는 단계에 와 있습니다.

2절에는, 또한 '믿음으로' 우리가 은혜의 자리에 나아오게 되었다고 말합니다. 우리가 지금 서 있는 자리는 하나님과 평화를 누리고, 하나님의 사랑을 받고, 하나님 품에 안겨, 하나님을 마음껏 예배하며 살아가는 자리입니다. 이를 본문에서는 은혜의 자리라고 표현했습니다.

한번 생각해보십시오. 인생살이가 어려울 때가 참 많습니다. 어떤 때는 힘든 일이 한꺼번에 몰려와서 사방으로 에워싸임을 당한 느낌이 들 때도 있습니다. 이럴 때 자신이 뭔가를 잘못해서 하나님이 벌을 주신다고 생각하는 사람들이 많습니다. 또는 자신의 부족함에서 그 원인을 찾고 죄책감에 괴로워하기도 합니다. 자신의 부족함을 냉철하게 살피는 것은 당연히 필요한 일이지만, 믿음으로 사는 그리스도인들은 이러한 상황에서도 우리를 의롭다 하신 하나님, 우리를 정죄하거나 심판하지 않으시고 완전히 받으신 하나님을 신뢰합니다.

이것이 바로 하나님과 평화를 누리는 자들이 서 있는 은혜의 자리입니다. 이들은 하나님께 노래하고, 하나님을 아버지라 부르고, 하나님과 특별한 관계를 맺을 뿐만 아니라, 그것을 기초로 매일의 삶을 자신 있고 의연하게 살 수 있습니다. 바로 이 자리에 우리가 '믿음으로' 들어왔습니다. 자기 아들을 아끼지 않고 내어주신 분이 우리와 함께 계시다는 것, 그분과 우리가 평화를 누리고 있다는 것, 우리가 받아야 할 모든 진노와 심판을 예수 그리스도가 대신 지셨다는 것을 '믿음으로' 우리가 이 자리에 서 있습니다.

여기에서 한 걸음 더 나아가서 사도 바울은 우리가 "하나님의 영광을 바라고 즐거워하느니라"(개역개정)라고 말합니다. "모든 사람이 죄를 범하였음에 하나님의 영광에 이르지 못하는"(롬 3:23) 상태에서 "하나님의 영광을 바라고 즐거워하는"(5:2) 상태로 바뀌었습니다. 이 모든 일이 '믿음으로' 되었습니다. 비록 그 영광의 실체를 제대로 다 알지 못하지만, 우리는 언젠가 하나님의 영광에 참여할 것을 기대하고 살아갑니다. 이 모두가 믿음으로 가능해졌습니다.

믿음으로 살아감 로마서의 주제를 담고 있는 1장 17절은 믿음의 원리를 다음과 같이 말해줍니다.

> 복음에는 하나님의 의가 나타나서 믿음으로 믿음에 이르게 하나니 기록된 바 오직 의인은 믿음으로 말미암아 살리라 함과 같으니라 (개역개정).

> 하나님의 의가 복음 속에 나타납니다. 이 일은 오로지 믿음에 근거하여 일어납니다. 이것은 성경에 기록한 바 "의인은 믿음으로 살 것이다" 한 것과 같습니다(새번역).

하나님의 의가 복음 속에 나타났고, 그 의가 우리 것이 될 수 있습니다. "믿음으로 믿음에 이르게 한다"는 개역개정의 번역을 새번역에서는

"이 일은 오로지 믿음에 근거하여 일어납니다"라고 번역했습니다. 즉 믿음의 원리로 하나님이 행하신 일들이 우리 것이 됩니다. 그래서 믿음으로 의인이 된 우리는 모든 영역에서 믿음으로 살아갑니다.

《풍성한 삶의 기초》는 이 믿음의 원리를 여러 면에서 다루고 있습니다. 그리스도 예수 안에서 나에게 무슨 일이 벌어졌는가, 하나님과의 관계에서 무슨 일이 벌어졌는가, 나 자신과의 관계에서 무슨 일이 벌어졌는가, 내가 어떻게 하나님의 공동체에 속하게 되었는가, 그리고 그리스도 안에 있는 나는 세상에서 어떤 존재인가에 대해서 지금까지 이야기했는데, 이것들은 다 믿음의 근거가 되는 내용입니다.

하나님이 행하신 모든 것이 우리 것이 될 수 있는데, 그것은 유일하게 믿음으로만, 전인격적으로 "네, 그렇습니다" 하고 받아들임으로써만 가능합니다. 그래서 고린도후서 5장 7절은 이렇게 말합니다.

우리는 믿음으로 살아가지, 보는 것으로 살아가지 아니합니다.

이것이 그리스도인의 삶의 원리입니다. 우리의 오감으로 느끼는 것이 중요하지 않고, 무엇을 믿느냐가 중요합니다. 하지만 우리 시대는 끊임없이 '느낌'을 강조합니다. 오늘날은 옛날보다 믿음을 갖기가 더 어려워진 것 같습니다. '나'라는 존재가 아주 중요한 시대이기 때문입니다. 특별히 '내가 어떻게 느끼는가?', '내가 어떻게 감동받는가?'가 중요하게 여겨지는 시대입니다. 인류 역사에서 나의 존재를 이토록 강조한 때가 없었습니다. 이는 좋은 점도 많지만 나쁜 점도 많습니다. 모든 것의 기준이 자기 자신이 되어서, 자기 감정과 느낌에 따라 진리도 재단합니다. 자기가 느끼지 못하면 그것은 진리가 아니라고 합니다.

설교나 강의를 들을 때도 느낌이 와야 합니다. 뭔가 느낌이 오는 것이 있어야 좋은 강의이고 은혜로운 설교입니다. 때때로 아무리 옳은 이야기를 해도 아무런 느낌이 오지 않는 경우가 있는데, 그것은 듣는 사람이 너무 피곤해서 그럴 수도 있습니다. 이럴 때 초콜릿 같은 것을 먹어서 혈당량이 높아지면 기분도 좋아져서, 똑같은 내용을 들으면서도 '은혜 받는 느낌'을 가질 수도 있습니다. 우리의 자기 중심이라는 것이 얼마나 쉽게 조작될 수 있는지 모릅니다. 우리는 느끼는 대로 따라가지 않고 믿는 대로 따라가야 합니다. 다시 한 번 강조하지만, 우리가 정말 믿는가, 무엇을 믿는가가 중요합니다.

믿음의 특징: 행함

앞에서 믿음이란 하나님이 하신 일에 전인격적으로 반응하는 것이라고 정의 내린 바 있습니다. 그렇다면 이러한 믿음에는 어떤 특징이 있을까요? 데살로니가전서 1장 3절에 기가 막힌 표현이 나옵니다.

> 너희의 믿음의 역사와 사랑의 수고와 우리 주 예수 그리스도에 대한 소망의 인내를 우리 하나님 아버지 앞에서 끊임없이 기억함이니(개역개정).

바울은 데살로니가 교인들의 세 가지 특징을 믿음, 소망, 사랑으로 간단히 표현하는데, 믿음에는 역사(행위, work), 사랑에는 수고, 소망에는 인내가 있다고 합니다. 간단하지만, 참으로 중요하고도 심오한 내용을 다루고 있습니다.

인내가 없으면 소망이 아닙니다. 성경적인 소망은 반드시 인내로 나타나게 되어 있습니다. 수고 없는 사랑은 가짜입니다. 사랑한다고 말만 하는 것은 가짜입니다. 사랑에는 반드시 수고가 있습니다. 마지막으로, 믿음에는 역사work가 있습니다. 즉, 믿음에는 행함이 있습니다. 우리가 무엇인가를 믿으면 그 믿음은 말로만 하는 고백이 아니라 행함으로 반드시 나타납니다.

특별히 이 점을 강조한 사람이 바로 야고보 사도입니다. 야고보서 2장 17절은 이렇게 말합니다.

이와 같이 믿음에 행함이 따르지 않으면, 그 자체만으로는 죽은 것입니다.

어떤 사람은 야고보는 행함을, 바울은 믿음을 강조한다고 말하지만, 바울이나 야고보나 모두 살아 있는 믿음, 곧 행함으로 나타나는 믿음을 이야기합니다. 정말 믿는다면 행함은 따라옵니다. 진리와 믿음, 믿음과 행함의 관계는 매우 중요합니다. 이것을 다음과 같이 표현할 수 있겠습니다.

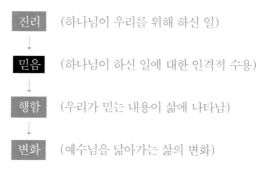

진리 (하나님이 우리를 위해 하신 일)
↓
믿음 (하나님이 하신 일에 대한 인격적 수용)
↓
행함 (우리가 믿는 내용이 삶에 나타남)
↓
변화 (예수님을 닮아가는 삶의 변화)

먼저 하나님이 우리를 위해서 행하신 진리가 있습니다. 우리는 그 진리를 믿습니다. 그러면 우리가 믿는 만큼 행함이 나타납니다. 이렇게 행함이 나타나면 점점 예수님을 닮아가며 변화됩니다. 하나님의 진리를 진리로 받아들이면, 즉 믿으면, 거기서 행위가 나오고 삶의 변화가 나타납니다. 이 변화 과정을 기억하십시오. 그러니 우리가 예수를 닮기 위해 변화되는 과정에서 믿음이 없으면, 모든 것이 허사입니다. 믿음은 이 하나님의 진리를 우리 삶에 드러내는 근본 원리, 곧 연결고리입니다. 믿음과 관련된 구체적인 예들을 생각해봅시다.

하나님은 아들을 희생시키면서까지 우리를 사랑하셨습니다. 우리는 하나님께 특별한 존재입니다. 우리는 이 진리를 진정으로 받아들이고 살려고 애씁니다. 그런데 살다가 우리보다 잘난 사람을 만날 때면 '난 왜 이렇게 엉망일까? 나는 왜 이리 구질구질할까?'라는 생각이 자연스럽게 떠오릅니다. 혹은 반대로 우리보다 훨씬 못한 사람을 보면 '난 참 다행이다'라고 생각합니다. 하지만 이것은 느낌에 주목하는 것입니다.

다른 사람과 자신을 비교하면, 우월하게 느낄 수도 있고 열등하게 느낄 수도 있습니다. 하지만 하나님이 자기 아들을 희생하면서까지 자신을 사랑하신다는 사실을 받아들인 사람의 실제적인 반응은 마음의 평안으로 나타납니다. 남과 비교해서 자신이 떨어지거나 좀 더 잘날 수는 있지만, 그것이 중요한 문제는 아닙니다. 자신을 그리스도 예수 안에서 용납하시고 자신을 특별한 존재로 지으셨다는 믿음이 있다면, 자신을 있는 그대로 받아들이고 하나님께 감사하게 됩니다.

공동체 생활도 마찬가지입니다. 교회에 오래 다니다 보면 함께 있기 힘든 사람이 꼭 생깁니다. 그럴 때 우리가 무엇을 따라야 합니까? 관계가 힘들다는 것은 우리의 느낌입니다. 어떤 사람을 보면 마음의 평안이 깨지고 기분이 나쁘면서 불편해집니다. 오래 알고 지내다 보면 상대방의 약점과 문제점을 훤히 알게 되어 '그 사람 참 피곤하다'고 느낍니다. 이것은 우리가 느끼는 느낌입니다. 이 느낌이 다 옳을 수도 있습니다. 그런데 하나님이 그 사람을 사랑하시고, 예수님이 그 사람을 위해서도 죽으셨으며, 그 사람을 그리스도 안에서 우리와 한 가족으로 만드셨다는 것은 사실입니다. 이런 사실을 믿음으로 받아들이면 그 사람을 대할 때 그저 불편하고 피곤하기만 하지는 않습니다. 그 사람이 아무리 싫어도, 하나님이 그 사람을 변화시키고 계심을 믿으면 그를 향한 우리의 태도와 행동에 변화가 생깁니다.

또 하나님은 세상에 있는 모든 물질을 우리에게 주셨습니다. 우리가 믿음으로 그 사실을 받아들였다면 우리에게 있는 물질은 하나님의 것이므로 어떻게 그것을 사용할지 그분께 여쭈어보아야 합니다. 그런데 옆집 사람은 우리보다 돈도 훨씬 더 잘 벌고 다른 사람은 아랑곳하지 않고 마음껏 즐기면서 사는 모습이 눈에 들어옵니다. 그때 우리에게 정말 믿음이 있다면, '나도 악착같이 돈 모아서 즐기면서 살아야지' 하고 생각하지 않고, '하나님, 제게 주신 재물 어떻게 사용하죠?'라고 구하게 됩니다. 그러면 하나님이 '검소하게 살면서 나눠라' 하고 말씀하시거나 '너와 가족을 위해서 네게 준 것을 누려라'라고 말씀하십니다. 하나님이 우리를 위해서 무얼 하셨는지를 잘 이해하고 받아들이면, 그에 따라서 행함이 나올 수밖에 없습니다.

사업이 잘 안 되고, 인생이 잘 안 풀릴 때가 또 얼마나 많습니까? 그럴 때 하나님의 말씀을 기억해보십시오. 하나님은 "내가 너를 주관한다. 너를 인도한다. 모든 것이 합력하여 선을 이룬다"고 말씀하셨습니다. 이 말씀을 정말 받아들였다면, 사업이 잘 안 될 때, '다른 사람들에겐 행운이 따르는데, 나는 지지리 운도 없지' 하며 조바심 내고 스트레스 받는 것이 아니라 '하나님, 제가 뭘 잘못한 게 있나요?' 하고 하나님께 구하면서 자신과 자신의 사업을 점검하는 여유가 생깁니다. 예수 믿으면 사업이 다 잘 된다는 이야기가 아닙니다. 하지만 적어도 하나님을 믿으면 어려운 상황에서 다른 사람들과는 다른 자세를 취하게 됩니다. 하나님이 우리를 주관하신다는 사실을 믿기에 다른 종류의 행동이 나옵니다.

세상을 살다 보면, 사람들에게 모함이나 비난을 당하는 상황도 있습니다. 그런 상황에 기억해야 할 말씀이 있습니다. "하나님이 아신다. 너의 진실성을 하나님이 아신다. 그걸 네가 가서 굳이 얘기하려고 하지 마라. 해봤자 변명밖에 되지 않으니, 넌 하나님 믿고 가만히 네 갈 길을 가라." 보통 세상 사람들은 비난을 당하면 견디지 못합니다. 변명하고 반박하고, 그러다가 악수를 두고 거짓말도 하게 됩니다.

이런 상황에서 '하나님이 정말 나를 받으셨구나. 하나님이 내 마음을 정말 아시는구나'라고 깨닫고 그 말씀을 믿으면 잠잠히 자기 길을 갈 수 있습니다. 그렇게 우리는 예수님을 닮아갑니다. 예수님이 우리를 위해서 하신 일을 믿음으로 받아들이면, 그것이 행함으로 나옵니다. 이것이 믿음의 원리입니다. 이런 이야기들은 끝도 없이 많겠지만, 위의 이야기를 정리하면 오른쪽 페이지의 표와 같습니다.

그리스도인의 삶의 열매는 믿음으로 나타납니다. 믿음은 우리의 노력과는 다릅니다. 믿음은 하나님이 하신 일을 알고 받아들이는 것입니다. 그리스도 안에서 이루신 일을 전인격적으로 받아들이면, 그에 따른 열매가 있습니다. 진실한 믿음은 열매를 맺습니다. 그렇기 때문에 하나님이 우리를 위하여 무엇을 하셨고, 지금도 무엇을 하고 계신지를 아는 것이 가장 중요합니다. 하나님이 하시는 일을 알지 못하면, 우리가 믿을 것도 없기 때문입니다.

하나님을 알아갈수록 우리가 믿을 것도 많아집니다. 믿을 것이 많아질수록 받아들이는 것이 많아지면, 우리 자신에게 많은 변화가 생깁니다. 성경에서 말하는 믿음은 하나님이 우리를 위해서 행하신 일들에 대한 지식이 점점 선명해져서 그것을 전적으로 받아들이는 것을 뜻합니다. 믿음이 강하다는 것은 억지로 하나님을 따르는 것이 아니라, 하나님이 우리를 위해서 행하신 일이 점점 선명해져서 그 놀라운 진리에 자신을 맡기는 것을 뜻합니다.

진리	상황	믿음	행함/반응
하나님이 나를 사랑하신다	나보다 잘난 사람이 나타남	○	그 사람이 나보다 잘난 건 사실이지만 그건 문제가 아니다. 평안함을 누림
		×	'내 인생은 왜 이리 엉망일까?' 하는 생각
하나님이 다른 형제자매들도 사랑하신다	어떤 형제의 행동이 마음이 안 들고 피하고 싶음	○	기도하고 긍휼히 여김
		×	그 사람을 피하고 나도 똑같이 대함
물질은 하나님이 주신 것이다	옆집 사람은 나보다 돈을 많이 벌지만 나누지는 않고 자기 것을 누리며 살고 있음	○	하나님이 내게 맡기신 것이므로 검소하게 쓰고 나누려 함
		×	옆집 사람처럼 나도 그렇게 해야지 하는 생각
하나님이 우리 인생을 주관하며 인도하신다	인생에 어려움이 닥침, 사업이 잘 안 풀림	○	나는 그리스도 안에 있고, 하나님은 나를 눈동자처럼 지키신다. 하나님께 기도하며 기다리는 여유
		×	조바심, 스트레스, 두려움
하나님이 나를 아시고 나를 받아주셨다	사람들이 모함하고 욕함	○	하나님을 믿으며 자신이 가야 할 길을 꾸준하게 걸어함
		×	억울함을 견딜 수 없어서 변명하고 반박함

묵상 질문

1. 야고보서 2:17을 깊이 묵상해봅시다.

2. 당신은 하나님이 당신을 위해서 하신 일 가운데 특별히 무엇을 믿습니까? 하나님과의 관계, 자신과의 관계, 공동체와의 관계, 세상과의 관계에서, 하나님은 당신을 위해서 어떤 일을 하셨습니까? 당신이 그것을 진정으로 믿어 믿음이 역사하고 있습니까?

4

믿음으로
훈련하기

생각해볼 질문

믿음으로 살아가려 할 때 당신에게 가장 큰 방해거리는 무엇입니까?

믿음이 우리 삶의 원리가 되게 하기 위해서 우리가 해야 할 일은 무엇입니까? 빌립보서 4장 9절에서 바울은 우리가 어떻게 해야 한다고 말합니까?

그리고 여러분은 나에게서 배운 것과 받은 것과 듣고 본 것들을 실천하십시오. 그리하면 평화의 하나님께서 여러분과 함께하실 것입니다.

사도 바울은 "나에게서 배운 것, 받은 것, 듣고 본 것을 실천하라"고 말합니다. 이는 우리가 배운 것을 받아들여서 연습하라는 의미입니다. 그때 평화의 하나님이 함께하시는데, 이 평화는 하나님의 뜻이 이루어져 조화로운 상태에 이르는 것입니다. 평화의 하나님이 함께하실 때, 우리 가운데 평화가 가득하게 될 것은 자명합니다. 또한 바울은 디모데전서 4장 7절에서는 이렇게 말합니다.

> 저속하고 헛된 꾸며낸 이야기들을 물리치십시오. 경건함에 이르도록 몸을 훈련하십시오.

믿음으로 연습하고 훈련하기

우리에게는 연습하고 훈련하는 일이 필요합니다. 우리가 하나님의 뜻을 알았다면 그대로 행할 뿐만 아니라, 그것이 제2의 천성이 될 때까지 훈련해야 합니다. 우리의 몸은 예수를 알기 전에 우리를 지배하였던 육신의 정욕에 익숙해져 있습니다. 이제 새롭게 변화된 신분에 걸맞은 모습이 우리 모습이 될 수 있도록 과거의 습관을 거스르고 새로운 훈련과 연습이 필요합니다.

예를 들어, 지금 우리가 하고 있는 '풍성한 삶의 기초'를 한 주도 빠지지 않고 꾸준하게 훈련하는 것이 중요합니다. 예수를 따르는 것은 세상의 이런저런 급박한 일에 휘둘리지 않고, 하나님께 드리기로 약속한 것을 드리는 것을 뜻합니다. 훈련에 우선순위를 두는 것은 배우는 내용을 습득하기 위해서뿐 아니라, 그 자체가 귀한 훈련이 됩니다. 급한 일의 횡포에 좌우되지 않고 하나님 앞에 결단한 것을 드리는 삶을 훈련하는 것은 매우 중요합니다.

또한 우리가 누군가와 갈등관계에 있다고 해봅시다. 부부싸움을 했거나, 직장 동료나 교인과 다툼이 생겼을 수도 있습니다. 그럴 경우 어떻게 해야 합니까? 우리가 성경에서 보고 배운 것이 무엇입니까? 우리가 믿는 하나님은 정의의 하나님이시라는 것입니다.

당신이 갈등 관계에 있는 사람과 힘이나 논리로 싸워서 이겼다고 해도, 하나님이 그의 억울함을 들으시고 "그래, 그가 정말 억울하구나"라고 하시면 그것은 절대로 이긴 것이 아닙니다. 그러므로 우리는 사람들을 어떻게 대해야 합니까? 논리로든 힘으로든 그 사람을 이기는 것이 중요하지 않습니다. '혹시 내가 잘못한 게 없을까?' 하고 생각하며 먼저 자기를 성찰해야 합니다. 부부싸움도 마찬가지입니다. 아내가 무슨 이야기를 하는데 듣기 싫다고 무조건 "시끄럽다"고 다그치지 말고, 아내의 말을 귀 기울여 들어봐야 합니다. 우리는 정의의 하나님을 믿기 때문입니다. 그런 하나님을 믿기에 우리도 정의롭게 생각하고 말하고 행동하는 훈련을 해야 합니다.

우리의 언어 생활도 훈련이 필요한 부분입니다. 당사자가 없는 자리에서 남 이야기를 하거나 말을 옮기는 습관 같은 것들은 훈련을 통해서 바로잡을 수 있습니다. 세상에서 육신의 욕망을 따라 하던 언어 습관을 교회 공동체에 그대로 들여오기 때문에 많은 공동체가 몸살을 앓고 있습니다. 우리는 우리 혀가 얼마나 악하고 독한 것을 내뿜을 수 있는지를 알고, 하나님의 사랑과 진리에 근거하여 말하도록 훈련해야 합니다.

예배에 대해서도 우리가 배우고 연습해야 할 부분이 있습니다. 성경은 하나님을 예배하는 것이 얼마나 소중한지를 가르쳐줍니다. 요한계시록을 보면, 우리가 이 땅에서 예배할 때 하늘에서 천군천사들도 같이 예배한다고 말합니다. 구약을 읽으면, 당시 사람들이 얼마나 정성을 들여 조심스럽게 예배를 드렸는지 배웁니다. 예배가 무엇인지 알게 되면 우리의 예배 자세가 바뀔 것입니다. 예배는 인간이 절대로 들어갈 수 없는 지성소에 들어가서 하나님의 얼굴을 뵙는 것입니다. 그런 사실을 아는 사람이라면 정성껏 예배를 드릴 수밖에 없습니다. 하나님 앞에 서는 것이 얼마나 조심스럽고 영광스러운지를 알게 되면, 예배 시간에 늦을 수 없습니다. 예배 시간에도 정성껏 살아 있는 예배를 드리려고 마음을 드리는 훈련을 할 것입니다.

'풍성한 삶의 기초'를 진행하면서 10-10-10 훈련을 했습니다. 이 작은 훈련이 얼마나 소중한지 모릅니다. 우리가 필요할 때 하나님을 호출하는 것이 아니라, 시간을 떼어놓고 하나님 앞에 나아가는 것은 매우 소중한 일입니다. 우리가 원할 때가 아니라, 하나님께 자신을 드리기로 하고 몸을 훈련해야 합니다. 하나님을 제대로 알면 알수록, 몸을 훈련하여 하나님께 자신을 드리는 삶에 익숙해지고, 그렇게 하나님을 존귀하게 여길 때 하나님은 우리 속에서 더욱 자유롭게 역사하실 수 있습니다.

때때로 이런저런 사건들로 인해 우리의 마음이 힘들어지곤 합니다. 그런 일을 통해서 하나님은 자주 우리에게 부족한 점을 보여주십니다. 이럴 때, 그 부족한 부분을 온전하게 할 수 있도록 애를 쓰며 몸을 훈련하는 것이 필요합니다. 많이 아는 것이 중요하지 않습니다. 성경에서 이야기하는 것이 굉장히 많지만, 그중에서 핵심만 제대로 알고 진심으로 받아들이기만 해도 삶이 달라집니다. 배우고 듣고 본 바를 실천하는 것이 중요합니다. 그리고 경건함에 이를 때까지 연습하고 훈련하는 것이 필요합니다.

영적 지도자의 역할

앞에 나오는 빌립보서 4장 9절에서 사도 바울은 "나에게서 배운 것과 받은 것"을 실천하라고 했을 뿐 아니라 거기에 "듣고 본 것"을 덧붙입니다. 사도 바울은 "나를 본받지 말고 하나님을 본받아라"라고 말하지 않습니다. 고린도전서 11장 1절에서처럼 "내가 그리스도를 본받는 사람인 것과 같이, 여러분은 나를 본받는 사람이 되십시오"라고 말합니다.

영적 지도자는 이렇게 이야기할 수 있어야 합니다. "나를 본받지 말고 하나님을 본받아!"라고 하지 않고, "내가 하나님 열심히 본받고 따라가니까, 여러분은 나를 본받으세요!"라고 이야기합니다. 이것은 교만이 아닙니다. 믿음이 어린 자가 어떻게 하나님을 직접 본받을 수 있습니까? 중간 모델이 필요하지 않겠습니까? 자신을 본받으라는 영적 지도자의 말은 "나도 하나님을 본받으려고 힘쓰고 있으니, 넌 나를 따라오면 하나님을 본받게 될 것이다"라는 뜻입니다.

오늘날 우리 시대에는 이런 지도자가 필요합니다. 하나님을 본받기 위해서 하나님이 하신 일들을 자기 삶에 적용하기 위해서 애쓰는 사람, 하나님이 하신 일을 믿음으로 받아들여서 계속 열매를 맺는 사람입니다. 이런 사람들은 "나에게서 듣고 본 것을 실천하라"고 자신 있게 말할 수 있을 것입니다.

지도자들이 보여야 할 본 중에서, 우리 시대를 지배하는 돈의 문제에 대해 생각해봅시다. 저는 돈이 이 시대에 하나님의 가장 큰 경쟁자라고 생각합니다. 우리는 하나님을 믿는다고 말하지만, 사실은 돈에 굴복하고 있고, 돈이 우리를 지배하도록 내버려두고 있는 경우가 많습니다.

그리스도인이 되면 보통 수입의 십분의 일을 헌금하는 십일조를 하게 됩니다. 꼭 십분의 일이어야 하느냐 하는 논란이 많은데, 사실 십일조는 구약의 율법으로서 이제 더 이상 필요하지 않습니다. 그러나 구약이 가르치는 원리는 여전히 그리스도 안에서 온전하게 이루어져 지속되는데, 십일조의 가장 중요한 원리는 우리가 가진 모든 것이 하나님의 것임을 선언하는 것입니다. 그러므로 율법적으로 십분의 일을 떼는 것이 아니라, 나의 경제생활에서 하나님의 주권을 인정하는 의미에서 십일조는 율법의 완성이신 예수 그리스도를 따르는 사람들에게 중요한 의미를 가집니다.

그런데 영적 지도자가 자기를 따라오는 사람들에게 십일조를 권유하지 못하는 경우가 있습니다. "아니, 그건 개인의 문제지"라고 이야기합니다. 왜 그럴까요? 그 지도자가 하나님이 주신 것을 하나님께 맡기고, 나머지 것으로 살면서 그분께 영광을 돌리는 경험이 부족하기 때문일 것입니다. 자신도 그런 경험이 없으므로 "저는 경제적으로 너무 어려운 사람한테 십일조 하라고 말 못하겠어요"라고 이야기합니다.

하지만 사실 경제적으로 어려운 상황에서 십일조를 하는 것은 어떤 면에서 하나님께 시위를 하는 셈입니다. 입에 풀칠하는 것조차 힘든 사람이 십일조를 드리면 아마 하나님은 굉장히 불편해지실 것입니다. 많은 사람들이 "하나님이 일용할 양식을 주신다고 하지 않으셨습니까? 하나님이 우리를 책임진다고 하지 않으셨습니까? 하나님의 말씀에 근거해서, 당장 먹을 것도 부족하지만 있는 것의 십분의 일을 드립니다" 하고 기도하고 십일조를 드리는 것은 얼마나 강력한 신앙의 고백입니까? 이런 경험을 통해서 많은 사람들이 하나님이 정말 살아 계신 것을 경험합니다.

경제적으로 바닥난 상황에서도 하나님을 의지했을 때 그분이 먹여 살리셨다고 많은 사람들이 간증합니다. 이는 참으로 놀라운 경험이며 고백입니다. 그런데 지도자들이 이렇게 하나님을 의지하는 삶을 살아가지 못한다면, 자신을 따라오는 사람들에게도 어떠한 상황에서도 하나님을 의지하라고 권면하지 못할 것입니다.

우리 시대에는 이런 본을 보이는 사람들이 필요합니다. 그들은 돈이 지배하는 것처럼 보이는 시대에도, 하나님의 진리를 믿기 때문에 하나님이 우리를 책임져주심을 경험하고 배우고 있습니다. 이런 사람들은 자신을 따라오는 사람들에게 "나를 본받으라"고 말할 수 있습니다. 돈 문제를 개인의 영역으로 치부하는 것은 하나님을 섬기지 못하게 하려는 사탄의 계략입니다. 우리가 정말 주님을 믿고 따른다면 이것을 깨뜨려야 합니다. 하나님을 따랐을 때 그분이 인도하시고 축복하시고 채우신다는 것을 자신이 경험하고 또 다른 사람들도 경험하게 해야 합니다. 그래서 그것이 몸에 배기 시작하면 경제적으로 어려운 상황이 와도 두려워하지 않습니다.

제가 아는 한 집사님이 생각납니다. IMF 때에 남편 회사에 부도가 나서 가족이 전부 몸을 피해야 하는 상황이 되었습니다. 그때 그 집사님은 아이들에게 말했습니다.

"얘들아, 짐 싸라. 우리가 잠깐 이 집에서 못 살게 될 것 같다."

"엄마, 그럼, 짐을 얼마나 싸야 돼?"

"가능한 많이 싸. 다시 들어오기 힘들지도 몰라."

그렇게 짐을 싼 다음, 집사님은 남편을 위로했습니다.

"여보, 우리가 지금까지 하나님 의지하고 살지 않았어요? 지금 갑자기 이런 일이 닥쳐서 길바닥에 나앉아도 하나님이 우리를 죽게 하기야 하시겠어요?"

아내가 집안에서 이런 믿음으로 중심을 잡고 있으니 남편도 당연히 힘이 나지 않겠습니까? 놀랍게도 하나님은 그 집을 경제적으로 회복시키셨습니다. 믿음이란 길바닥에 나앉아도 하나님이 나를 살리실 것을 믿는 것입니다. 이렇게 하나님을 체험한 사람은 인생살이에 무서울 것이 없습니다. 이런 것이 쌓여서 경건이 됩니다. 그렇게 우리는 예수님을 닮아갑니다.

생각이 바뀐다고 모든 것이 일시에 바뀌지는 않습니다. 생각이 바뀌면 행동이 바뀌기 시작하고, 행동이 바뀌면 우리의 오래된 습관들이 깨지고 새로운 습관이 생겨납니다. 이것은 반복되는 연습으로 가능합니다. 이렇게 말할 수 있습니다. 생각이 바뀌면 행동이 바뀌고, 행동이 바뀌면 습관이 바뀌고, 습관이 바뀌면 우리 인격과 인생이 바뀝니다.

결국, 우리 인생은 습관 덩어리입니다. 이런 습관 덩어리가 어디에 기초하였는가 하는 것은 정말 중요합니다. 우리의 이 습관 덩어리가 하나님의 진리에 기초하였다면 우리 속에 예수 닮은 모습이 점점 나타나겠지만, 우리의 습관들이 세상 가치에 기초한다면, 아무리 오랫동안 신앙생활을 해도 예수 닮은 모습은 나타나지 않을 것입니다.

'풍성한 삶의 기초' 훈련에서 우리가 반복적으로 배우는 것은 하나님이 우리를 위해서 무슨 일을 하셨는지를 알아가는 것이 모든 것의 기초라는 사실입니다. 진리를 깨닫고 우리의 생각이 바뀌는 것이 예수를 닮아가는 일의 핵심입니다. 그렇기 때문에 다시 한 번 우리는 이러한 놀라운 지식을 제공해주는 성경에 관심을 가지지 않을 수 없습니다.

우리를 온전하게 하는 성경

성경은 하나님이 어떤 분이고, 어떤 일을 하셨는지를 알 수 있게 도와줍니다. 그래서 우리 그리스도인은 하나님을 바로 믿고 하나님의 사람이 되기 위해서 성경을 읽고, 성경을 사랑합니다. 성경에는 인간이 소유할 수 있는 모든 '하늘의 보화', 하나님에 대한 비밀이 담겨 있습니다.

디모데후서 3장 17절은 이렇게 말합니다.

> 성경은 하나님의 사람을 유능하게 하고, 그에게 온갖 선한 일을 할 수 있게 하는 것입니다.

개역개정은 앞부분을 "하나님의 사람으로 온전하게 하며"라고 표현하는데, 이것이 더 좋은 번역인 것 같습니다. 우리는 성경을 통해 하나님의 사람으로 온전해집니다. 유일하게 성경에서, 하나님이 우리를 위해서 어떤 일을 하셨는지를 알 수 있기 때문입니다. 그러고 나서 선한 일을 할 수 있게 하는 것이 뒤따라옵니다. 다시 한 번, 우리의 존재가 바뀌는 being의 문제가 나오고 그 이후에야 doing의 문제를 다루는 것을 발견합니다. 그러므로 그리스도인은 온전한 사람이 되고 선한 일을 하기 위해서 성경을 열심히 읽어야 합니다. 성경을 떼어놓고 다니면 안 됩니다.

성경을 자꾸 읽다 보면 하나님이 어떻게 일하시는지를 배웁니다. 그것을 알면 믿음이 커집니다. 하나님이 구약에서 모세를 어떻게 대하셨는지, 다윗을 어떻게 다루셨는지, 에스더는 어떻게 인도하셨는지, 수많은 왕들을 어떻게 축복하고 심판하셨는지 알면, 우리의 믿음이 커져갑니다. 믿음이 커지면 그것은 행함으로 나타날 수밖에 없습니다. 다시 한 번 강조하지만, 큰 믿음이란 하나님을 맹목적으로 세게 믿는 것이 아니라, 하나님에 대한 살아 있는 지식이 넘쳐나고, 그로 인해 내 생각이 바뀌고 행동이 바뀌고 인격과 인생이 변화되는 것입니다. 그래서 우리는 성경을 잘 알아야 합니다.

이번 만남에서는 우리 삶의 목적이 무엇인지 다시 한 번 이야기했습니다. 우리의 궁극적인 목적은 그리스도를 닮는 것입니다. 교회에서뿐 아니라 우리 삶의 현장에서도 예수님처럼 되어가야 합니다. 그래서 궁극적으로 신분이 바뀐 우리가, 우리의 자질도 거기에 따라서 변하고 마지막에는 예수님 앞에 서게 됩니다. 이를 위해서 우리는 성경에서 이야기하는 바를 잘 이해하고 믿고 자꾸 연습해서, 삶에서 그것을 드러냄으로써 예수님을 닮아가는 인생을 살아야겠습니다. 우리가 하나님의 아들 예수를 닮아가고 결국은 예수처럼 온전하게 변화되는 것은 하나님의 정

해진 뜻입니다. 모든 그리스도인이 그렇게 성장하고 성숙하도록 운명지
어진 존재임을 잊지 마십시오.

묵상 질문

1. 믿음으로 살아가기 위해 특별히 당신이 좀 더 주의를 기울여 훈련
   해야 할 영역이 있다면 무엇입니까?

2. 디모데전서 4:7을 읽고 자신에게 필요한 '몸의 훈련'은 무엇인지
   묵상해보십시오.

Foundation Of Abundant Life

| 열 두 번 째 만 남 |

그리스도를
기다리기

'그리스도 안에 있는
풍성한 삶'의 청사진

그리스도인의 삶에서 '균형'이 중요한 이유는 무엇일까요?

　졸업식을 영어로는 'commencement ceremony'라고 합니다. com-mencement는 시작이란 단어이니, 직역하면 '시작식'이라고 할 수 있습니다. 졸업은 새로운 시작입니다. 우리는 이제 《풍성한 삶의 기초》의 마지막 만남에 이르렀습니다. 이 만남을 함께 공부하면 이 훈련이 끝이 납니다. 그러나 진정한 의미에서는 이제부터 시작입니다. 지금까지 배운 내용을 마음속에 새기고 실제로 드러내는 삶이 이제 본격적으로 시작되기 때문입니다. 이번 만남에서는 이렇게 새로운 시작을 위해서 우리에게 꼭 필요한 내용을 함께 살펴볼 것입니다.

향기 없는 그리스도인

보통 신앙이 좋다고 하는 분들은 두 부류로 나눌 수 있습니다. 우선, 기도 응답을 비롯하여 영적 체험을 많이 했기 때문에, 그 체험을 늘 기억하면서 영적으로 성숙했다고 하는 이들이 있습니다. 또 어떤 이들은 특별히 많은 훈련을 받고 많이 배웠기 때문에 성숙한 그리스도인이라고 이야기합니다. 영적 체험도, 여러 훈련도 그리스도인의 삶에서는 참 중요합니다.

그런데 가끔 이렇게 신앙이 좋다고 하는 분들에게서 부족해 보이는 것이 있습니다. 종교적인 색채를 빼고 말하면 '매력'이라고 할 수 있을 것입니다. 그리스도인들에게서 이러한 매력을 찾아보기 힘들 때가 많습니다. 또한 성경의 표현을 빌려 말하자면, 그리스도를 닮은 '향기'나 갈라디아서에서 이야기하는 성령의 열매라고 할 수 있습니다. 그런 사람들은 교회생활에서는 활력이 넘치지만, 세상 삶의 터전에서는 그리스도를 닮은 모습이 나타나지 않습니다. '풍성한 삶의 기초' 훈련을 마쳤다고 해도 또 다른 과정을 하나 더 마쳤을 뿐, 그리스도의 향기는 찾아보기 힘들 수도 있습니다.

이런 현상에는 세 가지 이유가 있습니다. 첫 번째는, 균형 잡힌 시각이 결여되어 있기 때문입니다. 기독교란 단순히 하나님과의 관계만 이야기하는 것이 아니라 자신과의 관계, 공동체와의 관계, 세상과의 관계에서 원래 하나님이 계획하신 모습으로 회복되는 것입니다. 하나님과의 관계를 중심으로 삶을 종합적으로 보고 성숙하게 해주는 것이 성경의 가르침인데, 이러한 전반적인 시각이 부족한 것이 문제입니다. 이것을 이원론적인 영성이라고 할 수도 있습니다. 하나님과의 관계나 교회생활은 성스럽고, 나머지 부분은 별로 중요하지 않다고 생각하는 것입니다.

아름다움이란 늘 균형에서 나옵니다. 적절한 비율을 유지해야 아름답습니다. 재료의 비율이 잘 맞아야 음식이 맛있습니다. 특정한 재료를 좋아한다고 해서 그것만 많이 넣으면 음식을 망칩니다. 그리스도인의 삶에서 가장 큰 문제가 이런 균형을 잃어버리는 것입니다. 그래서 이 '풍성한 삶의 기초' 훈련은 그리스도인의 삶에서 균형이 얼마나 중요한지를 계속해서 강조합니다. 하나님과의 관계, 자신과의 관계, 공동체와의 관계, 세상과의 관계에서 우리가 균형 있게 성장해야 한다는 시각을 제공해줍니다.

두 번째는, 건강한 공동체에 속하지 않았기 때문입니다. 사람은 공동체라는 토양에서 성장합니다. 성경의 하나님이 인간을 그렇게 만드셨습니다. 하나님이 공동체성을 갖고 계시고 그런 하나님의 형상을 따라서 인간을 만드셨습니다. 성부, 성자, 성령 삼위일체 하나님이 그분의 형상을 따라 우리를 만드셨기에 인간은 근본적으로 공동체성을 가지고 있습니다.

이렇게 지음 받은 우리가 그리스도 안에 속하여 서로 형제자매가 되었습니다. 하나님의 가족이라는 놀라운 공동체에 속하게 되었습니다. 이것은 영적인 실제reality입니다. 하나님이 이렇게 만드셨습니다. 사람은 하나님이 만드신 이 공동체에 속할 때 균형 있게 성장할 수 있습니다. 건강한 공동체가 없으면, 아무리 좋은 시각과 건전한 생각을 가졌어도 사람은 잘 변하지 않습니다. '풍성한 삶의 기초' 훈련을 하면서 그냥 책만 읽지 말고 이끄미와 따르미가 함께 그리스도를 따르기 위해서 고

투하라고 권고하는 이유가 여기에 있습니다. 지식을 습득한다고 해서 영적으로 성숙하지 않습니다. 하나님이 속하게 하신 공동체에서 실제적인 삶을 살아갈 때 진정한 영적 성숙이 일어납니다.

마지막으로, 균형 잡힌 시각도 있고 건강한 공동체에 속해 있는데도 잘 성장하지 않는 경우는 성령님과 하나님나라에 대해 무지하기 때문입니다. 예수님의 십자가 복음은 잘 알지만, 예수님의 중심 가르침인 하나님나라에 무지한 사람들이 적지 않습니다. 하나님은 우리가 이미 임한 하나님나라에 속한 자로서 완전하게 임할 하나님나라를 기다리며 살아가길 원하십니다. 예수 그리스도의 죽음과 부활이 이 놀라운 하나님나라 백성의 삶을 가능하게 했습니다. 예수의 복음이 우리를 하나님나라에 속하게 했습니다.

성령님은 우리가 하나님나라 백성으로 살아가는 일을 이끄십니다. 성령님을 고작 기적이나 초자연적 현상을 일으키시는 분으로 생각하는 사람들이 많습니다. 이미 임한 하나님나라를 이 땅에서 살아내기 위해서 우리를 안내하고 도우시는 성령님을 실제로 따라가지 않는다면, 아무리 균형 잡힌 시각과 좋은 공동체를 가지고 있다 하더라도 삶이 변화되지는 못할 것입니다.

책장에 이런저런 훈련 교재와 제자도 책들을 잘 구비한 사람들이 많습니다. 그들 중에는 그렇게 많은 훈련을 받고 책도 읽었지만, "왜 나는 변화되지 않지?"라고 질문하는 사람들도 있습니다. 우리도 그 다양한 훈련 교재와 도서 목록에 《풍성한 삶의 기초》를 한 권 더 추가하는 데서 그칠 수 있습니다. 그러나 우리가 그리스도 안에서 누리는 풍성한 삶을 진정으로 원한다면, 하나님나라 백성으로 성장하는 삶을 시작하려고 한다면, 앞에서 언급한 세 요소를 마지막으로 우리 마음속에 잘 새길 필요가 있습니다. 제대로 마무리하면, 제대로 시작할 수 있습니다.

그리스도 안에 있는 풍성한 삶

'풍성한 삶의 기초' 훈련을 하면서 우리는 그리스도 안에서 균형 있게 성장하는 삶을 끊임없이 강조했습니다. 우리가 이러한 훈련을 할 수 있는 이유는 하나님나라 복음을 우리가 받아들였기 때문이라는 사실도 다시 한 번 강조해야 할 것 같습니다. 우리 자신이 주인이 되어 죄 가운데 살았기에 하나님과의 관계가 깨졌고, 이로 말미암아 자신과의 관계, 사람들과의 관계, 세상과의 관계도 깨져 있었습니다. 이러한 우리를 하나님이 긍휼히 여기셔서 예수 그리스도의 죽으심을 통해 우리 죄를 사하여주시고 하나님의 자녀로 삼으셨습니다.

우리는 죄를 회개하고 주님의 대속적인 죽음을 받아들임으로써 하나님과의 관계를 회복합니다. 그리스도 안에 다시 속하게 되었습니다. 하나님나라의 백성이 되었습니다. 그래서 우리는 그리스도 안에서 이루어진 놀라운 영적 사실들을 믿음으로 받아들이면서 이 깨진 관계들에서 점진적으로 성장해갈 수 있게 되었습니다. 이 모든 것을 가능케 한 원초적이고 근본적인 은혜가 바로 하나님나라 복음입니다.

우리가 지금까지 배운 내용을 전체적으로 훑어봅시다. **첫 번째·두 번째 만남**에서는 '예수님이 나의 주인'이시라는 의미, 예수님을 영접한다는 의미가 무엇인지를 살펴보았습니다. 그러고 나서 '그리스도 안에서 이루어진 일'을 이야기했습니다. 아마 이 훈련 과정에서 가장 많이 반복된 어구가 그리스도 안에서 이루어진 일, '그리스도 안에서'일 것입니다. 이 어구는 성경에서 사도 바울이 많이 사용했습니다. 학자들에 따라서 약간씩 다르긴 하지만, 바울서신에는 이 표현이 164회 나온다고 합니다. 사도 바울은 '그리스도 안에서'라는 말을 반복해서 사용합니다. 그리스도 안에서 이루어진 일이 무엇인지 온전히 아는 것이 중요하기 때문입니다.

이 훈련에서는 그리스도 안에서 이루어진 일을 세 가지로 표현했습니다. 우리가 그리스도 안에서 받아들여졌다는 것, 그리스도 예수 안에서 우리가 특별한 존재라는 것, 그리스도 안에서 우리가 하나님의 새로운 공동체 속에 속했다는 것이 그것입니다.

그런데 이런 놀라운 영적인 사실들을 자신의 것으로 만드는 것이 바로 믿음이라고 배웠습니다. 믿음이란 세뇌나 자기 확신이 아니고, 또한 자신이 원하는 것을 강하게 믿는 것이 아니라 하나님이 이루신 일, 지금 하고 계신 일, 하시겠다고 약속하신 일을 전인격적으로 받아들이는 것임을 알았습니다. 믿음에 대한 개념이 자신이 원하는 것을 믿는 기복적 개념에서 하나님이 행하신 일을 전인격적으로 받아들이는 성경적 개념으로 바뀌기만 해도 한국 교회는 괄목할 만큼 건강해질 것입니다. 이처럼 **첫 번째·두 번째 만남**에서는 '그리스도 안에 있는 새로운 피조물인 나'를 다루었습니다.

세 번째·네 번째 만남에서는 우리가 그리스도를 통해서 어떻게 하나님과 인격적인 관계를 나눌지를 배웠습니다. 여기에서도 '우리가 그리스도 안에서 하나님과 어떤 관계에 있게 되었는가?'를 가장 먼저 이야기했습니다. 우리가 옛날에는 진노의 자식이었지만, 이제는 그리스도 안에서 하나님의 우편에 앉아 있는 상속자, 즉 하나님의 아들과 딸이 되었습니다.

이 이야기를 할 때마다 우리는 감격할 수밖에 없습니다. 우리가 도대체 뭔데, 하나님의 우편에 앉을 수 있습니까? 우리의 신분을 그렇게 완전히 바꾸셨다고 합니다. 가만히 생각해보십시오. 어떻게 감격스럽지 않을 수 있습니까? 하나님 우편에 앉는다니, 언감생심 꿈이나 꿔볼 일입니까? 하지만 우리가 그리스도를 받아들임으로써 하나님과 특별한 관계가 되었고, 또한 그 관계로 인해 놀라운 특권을 누립니다.

우리가 자녀로서 누리는 가장 큰 특권은 하나님을 **알아가는 것**입니다. 그리스도인들이 이 놀라운 특권을 등한시하고 있다면 그야말로 불행한 일입니다. 세상 사람들도 이런저런 것들을 알아가는 재미로 살아갑니다. 우리에게는 무언가를 알아가는 즐거움이 있습니다. 그중에서도 우리 그리스도인은 천지의 주재이신 하나님을 알아가는 즐거움을 누리는 이들입니다.

그렇다면 이 하나님을 어떻게 알 수 있습니까? 우리는 성경을 통해서 하나님을 알아갑니다. 성경 읽기가 의무가 되어버린 사람은 기독교의 본질을 제대로 이해하지 못한 사람입니다. 하나님을 알아가는 특권을 얻은 자가, 어떻게 하나님에 대한 최고급 정보를 담고 있는 성경을 읽지 않고 살 수가 있겠습니까?

이렇게 하나님을 알아가면 그분을 아는 만큼 하나님을 향한 우리의 **사랑하기**도 깊어질 수밖에 없습니다. 하나님의 섬세하심과 웅대하심이 얼마나 놀랍습니까? 하나님은 역사를 이끌어가시는 큰 손의 하나님이시면서도, 동시에 우리 마음을 만지시는 작은 손의 하나님이십니다. 하나님을 알면 하나님을 사랑하게 됩니다. 그 사랑을 표현할 수밖에 없습니다.

그뿐인가요? 하나님은 우리를 오래 참아주십니다. 우리는 늘 부족하고 하나님 앞에서 잘 못 살고 충성되지 못한데도, 하나님은 우리를 용납하시고 기다리시고 받아주시고 격려하시며 새 힘을 주십니다. 그렇다고 해서 계속 엉망인 채로 살도록 내버려두지 않으시고, 서서히 우리를 교정해주십니다. 이런 하나님을 우리가 어떻게 사랑하지 않을 수 있습니까?

이렇게 하나님을 사랑하기 때문에, 우리는 그분께 예배를 드리고 우리 속에 있는 것을 그분 앞에 토해놓습니다. 이 모두가 다 특권입니다. 우리는 하나님의 사랑을 받았기 때문에 성경도 읽고, 예배도 드리고, 기도도 합니다. 예배드리고 기도하고 성경을 읽어야 하나님이 우리를 사랑해주시는 것이 아닙니다. 그것은 의무가 아니라 특권입니다. 많은 사람들이 율법에서 우리를 해방시키는 복음을 받아들이고도, "이것도 하고 저것도 해야 한다"는 새로운 율법을 배웁니다. 성경도 읽어야 하고, 예배도 드려야 하고, 기도도 하고 전도도 '해야 한다'고 배웁니다. 이 모두가 그리스도인들이 누리는 특권인데, 그것을 의무로 배웁니다. 안타까운 일입니다. 다시 한 번 강조하지만, 기독교는 이것저것을 하라는 종교가 아니라, 이미 주님께서 모든 것을 이루셨음을 믿고 그에 근거해서 살아가는 종교입니다. 그래서 하나님과의 관계에서 가장 중요한 키워드는, 하나님을 알아가고 사랑하는 특권을 누리는 것입니다.

다섯 번째·여섯 번째 만남에서는 그런 하나님의 사랑을 받고 누리게 된 우리 자신에 대해 이야기했습니다. 우리는 우리 자신을 진정으로 사랑할 수 있는 존재가 되었습니다. 그리스도 안에서 완전히 새로운 존재가 되었기 때문입니다. 하나님의 우편에 앉은 자, 하나님의 사랑을 입은 자, 하나님이 존귀하게 여기는 자가 되었습니다. 하나님은 우리를 세상의 어떤 잣대로도 바라보시지 않고, 그리스도 안에서 특별하게 사랑을 입은 자로 바라보십니다.

이렇게 우리가 그리스도 안에서 새로운 존재가 되었을 때 성령님이 우리에게 오십니다. 그래서 우리 안에는 두 가지 다른 종류의 욕망이 생깁니다. 성령께서 우리 속에 계셔서 우리를 주도하려고 하시지만, 육체로부터 나오는 소욕들이 아직 우리 가운데 남아 있기 때문입니다. 우리는 이 육체의 소욕과 성령의 소욕이 자꾸 상충하고 부딪치는 경험을 합니다.

이런 상황에서 자기를 사랑하는 것은 하나님이 새롭게 만들어주신 나를 사랑하는 것입니다. 또 **자기 부인**은, 자기의 기본적인 욕망이나 마음속에 있는 자연스러운 것들까지 다 미워하고 학대한다는 뜻이 아니라, 옛 사람에 속한 것들, 그리스도 밖에 있었던 것들을 부인하는 것입니다. 자기 부인을 오해한 이들은 기독교를 자기 멸시나 자기 학대의 종교로 생각하는데, 이는 기독교를 잘못 이해한 것입니다. 기독교야말로 진정한 의미에서 자애의 종교, 자기를 아주 건강하게 사랑하는 종교입니다.

여기서 우리에게 중요한 것이 바로 성령님이십니다. 우리는 성령님이 우리 가운데 오셔서 하시는 일에 대해 이야기했습니다. 먼저 우리가 예수님을 받아들이면 성령님이 우리 가운데 내주하십니다. 우리가 그 성령님의 인도를 잘 따라가기 시작하면, 성품 면에서는 성령의 열매를 맺고, 성령님이 우리 삶에 비전을 주시고, 그 비전을 살아갈 수 있는 성령의 능력을 허락해주십니다. 또 교회 공동체 내에서 섬길 수 있는 은사를 주시고, 결국에는 **성령 충만**에 이르러, 그분과 특별한 관계를 누리게 됩니다.

성령 충만과 그리스도 안에서 우리 인격이 완성되는 것은 거의 동의어입니다. 성령이 충만하면 신비하고 이상한 사람이 되는 것이 아니라 하나님이 원하셨던 하나님의 형상, 그 아들의 형상으로 회복됩니다.

그러나 우리 가운데 계신 성령님을 잘 따라가지 않으면, 성령님은 계속 우리를 인도하시기 위해 우리를 경책하고 꾸짖으십니다. 우리가 그 음성을 계속 거부할 경우 성령님은 슬퍼하시고, 그것이 심해져서 우리가 성령님을 완전히 무시하고 살면 결국에는 침묵하십니다. 성령이 소멸되는 단계까지 갈 수 있다는 것을 기억하고 두려운 마음을 가져야 한다는 것을 앞에서 배웠습니다.

자신과의 관계에서 중요한 두 가지 개념은 바로 자기 부인과 성령 충만이라고 할 수 있습니다. 우리에게는 우리를 발전시켜줄 수 있는 개인 트레이너가 계십니다. 그분이 바로 성령님이십니다. 그리스도인들이 성령님과 동행하지 않으면 인간적인 면에서는 성장할지 모르지만, 하나님의 형상을 닮아가는 성장에는 이를 수가 없습니다.

일곱 번째 · 여덟 번째 만남에서는 공동체 생활에 대해 이야기했습니다. 자신을 사랑하게 되고 나서 그 다음에 생각할 것은, 우리가 공동체에 속하게 되었다는 것입니다. 우리가 공동체에 속하게 된 것은 단순히 우리가 선택한 결과가 아니라, 이미 그리스도 안에서 하나님이 이루신 일을 우리 삶에 드러내는 것입니다. 성경은 우리에게 공동체에 속하라고 말하기 이전에 우리가 이미 공동체에 속해 있다고 가르칩니다.

그래서 공동체를 떠난 그리스도인들은 시들시들 죽어갑니다. 우리가 집을 떠나 고아처럼 살면 힘이 빠지는 것처럼, 하나님의 가족에 속한 그리스도인도 마찬가지입니다. 우리는 이 공동체에 이미 속한 존재임을 기억하십시오. 성경은 추상적인 진리를 말하는 것처럼 보이지만, 성경의 진리는 반드시 실제적으로 나타납니다. 하나님의 공동체에 속하는 것은 이론이 아니라 우리 삶의 실제여서, 우리가 공동체에 속하여 우리에게 주신 형제자매를 사랑하는 것으로 나타납니다.

하나님을 정말 사랑한다면 형제자매를 정말 사랑하게 됩니다. 하나님을 사랑하는 자는 하나님이 이루신 일을 소중하게 여기고, 그렇다면 그리스도 안에서 우리를 받으셨듯이 받아주신 다른 형제자매들을 사랑하는 것은 당연한 일입니다. **형제 사랑**은 우리가 하나님의 자녀임을 드러냅니다. 성경에서 우리가 형제자매를 사랑하지 않으면 하나님을 사랑하는 것이 아니라고까지 말하는 이유가 여기에 있습니다. 우리는 더 나아가 요한일서에서 그 사랑의 원리를 배웠습니다. 그것은 희생하는 사랑, 진실한 사랑 또는 투명한 사랑, 구체적인 사랑, 중심이 있는 사랑이었습니다. 예수님이 우리에게 이런 사랑을 보여주셨습니다.

이렇게 형제를 사랑하면, 서로 순종하게 됩니다. 누가 누구를 지배하는 세상과 달리 우리는 피차 복종합니다. 또한 하나님이 우리에게 하신 대로, 우리도 서로에게 잘못한 것을 용서하며, 서로 다른 점을 용납하는 것을 배워나갈 수 있습니다. 더 나아가 우리는 공동체 가운데서 서로 섬깁니다. 우리의 은사를 사용하여서 공동체를 세웁니다. 우리는 우리가 가진 은사가 공동체의 유익을 위해서 주어진 것을 압니다.

진정한 성숙은 **섬김의 도**에서 나옵니다. 지적 능력이나 육체적인 힘,

많은 경험 같은 우리의 은사들을 다른 사람들을 섬기기 위해서 사용할 때, 우리는 그리스도를 닮아 성숙해져갑니다. 정리하자면, 그리스도 안에서 이루어지는 공동체 생활에서 중요한 두 가지 키워드는 바로 형제 사랑과 섬김의 도입니다.

우리는 공동체에서도 살지만, 세상에서도 살아갑니다. **아홉 번째·열 번째 만남**에서는 세상에서 어떻게 살아갈지를 배웠습니다. 우리는 세상 속에 있지만, '그리스도 안에 있는 나'라는 존재로 세상에 있습니다. 그러므로 우리는 세상에서 하나님의 다스리심을 선언해야 합니다. 하나님이 이 세상의 주인이심을 표현하는 가장 원천적인 방식이 **복음 전도**입니다. 전도란 지옥 갈 사람에게 천국 티켓을 나눠주거나, 교인의 숫자를 늘리기 위한 것이 아닙니다. 신학적이고 성경적인 관점에서 본다면, 전도란 하나님의 다스림을 선포하여 사람들이 그분의 다스림 아래로 돌아오게 하는 행위라고 할 수 있습니다.

전도 없이는 하나님나라도 없습니다. 하나님나라의 본질은 하나님나라의 다스림을 알리고 그 다스림으로 사람들을 불러모으는 것입니다. 예수님의 복음이 아니고서는 하나님의 다스림 아래에 들어올 수 없습니다. 하나님 없이 살다가 하나님 없이 죽어가는 사람들, 하나님의 선한 다스림을 맛보지 못하고 그냥 떠나는 사람들에게, 하나님의 다스림 아래로 와보라고, 하나님의 선하신 덕을 같이 맛보자고 권하는 것이 전도입니다. 이렇게 복음을 듣고 하나님나라에 들어온 사람들이 하나님나라 백성이 되어, 하나님의 사랑과 정의가 드러나는 세상을 만들어갈 수 있습니다.

하나님의 다스림을 선포하고 알리는 것이 복음 전도라면, 이러한 다스림이 세상에 온전히 드러나도록 애쓰는 것이 **세상 경영**입니다. 다시 말해, 세상 경영이란 하나님이 하시는 일에 우리가 참여하는 것입니다. 여기서 중요한 두 가지 원리는 '정의'와 '사랑'입니다. 정의는 우리 일상에서 매우 중요합니다. 돈, 육체적인 힘, 지위, 학력 등 무엇이 되었든, 우리가 가진 힘으로 정의롭게 세상을 경영해야 합니다.

세상 경영의 원리가 사랑과 정의라면, 세상 경영의 방법은 노동입니다. 우리는 일의 의미가 무엇인지, 하나님 앞에서 일하는 것이 얼마나 귀한지, 타락한 세상에서 노동의 한계와 어려움이 무엇인지, 그럼에도 불구하고 어떤 자세로, 어떤 일을 해야 하는지를 함께 나눴습니다. 우리의 노동은 하나님나라가 임하고 난 이후에도 성화된 모습으로 지속될 것입니다. 우리는 노동을 통해 세상에서 하나님의 영광을 드러내고, 그분의 살아 계심을 세상 사람들에게 보여주기 원합니다. 이렇듯, 세상과의 관계에서 중요한 두 가지 키워드는 복음 전도와 세상 경영입니다.

열한 번째 만남에서는, 이 모든 것을 통해서 우리가 궁극적으로 얻으려는 것은 예수님을 닮는 것, 그분의 형상에까지 이르는 것, 하나님이 온전하신 것처럼 우리도 이 땅에서 온전케 되는 것임을 확인했습니다. 그렇게 되기 위해서 가장 중요한 열쇠가 바로 믿음입니다. 하나님이 하신 일을 믿음으로 받아들이면, 그 믿음은 행동으로 나타날 수밖에 없고, 이렇게 우리의 인격과 삶을 바꾸는 일들이 나타나기 시작합니다.

청사진을 갖는 것은 매우 중요합니다. 이 훈련을 하면서, 그리스도 안에 있는 새로운 피조물로서 성숙해지고 싶은 모습을 마음속에 그려보십시오. 이 청사진을 가지고 그리스도에 이르기까지 자라가는 꿈을 꾸어봅시다.

묵상 질문

1. 그리스도의 향기를 품은 그리스도인, 예수를 닮은 성도가 되기 위해서 꼭 필요한 세 가지는 무엇입니까?

2. 균형 잡힌 그리스도인의 삶이란 어떤 것입니까? 《풍성한 삶의 기초》에서 이야기하는 각 영역에서 '믿음'이 중요한 역할을 하는 이유는 무엇입니까?

2

하나님나라의
계보를 잇는 공동체

생각해볼 질문

그리스도 안에 있는 풍성한 삶, 또는 하나님나라 백성의 멋진 삶을 위한 청사진을 다시 생각해볼 때 가장 기대가 되는 부분은 무엇입니까?

앞 장에서는《풍성한 삶의 기초》에서 다룬 내용 전체를 정리해보았습니다. 12주 동안 배운 내용을 한꺼번에 정리하기가 그리 쉽지는 않지만, 실생활에서 이 내용을 적용할 수 있도록 네 가지 관계와 관련된 주요 개념을 마음속에 잘 정리해놓는 것은 매우 중요합니다. 많은 사람들이 예수님을 닮는 것을 모호하게 생각하지만, 다음 그림을 마음속에 청사진으로 간직하면, 어떻게 성장해야 하는지가 선명해져서 우리 자신이 어떻게 살아야 할지 분명히 알 수 있습니다. 이 책에서 살펴본 네 가지 관계를 중심으로 다시 한 번 정리해봅시다.

선명한 청사진이 인생을 세운다

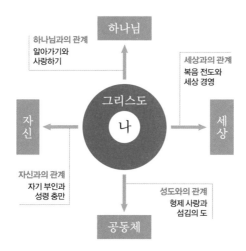

그리스도 안에 있는 풍성한 삶

먼저, 하나님과의 관계, 자신과의 관계, 공동체와의 관계, 세상과의 관계, 이렇게 큰 관계가 네 가지 있습니다. 하나님과의 관계에서 중요한 두 가지는 '알아가기'와 '사랑하기'입니다. 또 알아가기에서 중요한 것은 성경입니다. 여기서는 다섯 손가락을 기억하십시오. 사랑하기 아래에는 예배와 순종, 기도가 있습니다. 이렇게 중요 단어들을 기억하십시오.

자신과의 관계에서는 '자기 부인'과 '성령 충만'이 핵심 단어입니다. 자기 부인과 관련해서는 우리에게 있는 두 가지 욕망이, 성령 충만과 관련해서는 성령께서 우리를 어떻게 인도하셔서 성령 충만에 이르게 하시는지, 또 그 반대로 근심하여 소멸하기까지 하시는지가 떠오릅니다.

공동체와의 관계에서는 '형제 사랑'과 '섬김의 도'가 중요한 단어입니다. 형제 사랑에서는 사랑의 네 가지 원리를 기억하고, 섬김의 도에서는 피차 복종의 원리를 기억해야 할 것입니다.

그 다음으로 세상과의 관계에서는 '복음 전도'와 '세상 경영'이 필요합니다. 여기서는 복음 전도의 의미를 기억하고, 세상 경영의 두 원리인 사랑과 정의, 세상을 경영하는 방법인 노동의 의미를 잘 새겨놓아야 합니다.

우리가 예수를 닮아 성숙하려 할 때 가장 중요한 것은 시각과 생각이 바뀌는 것입니다. 겉으로 드러나는 모습에 집착하지 말고, 우리를 변화시킬 수 있는 본질에 집중해야 합니다. 앞 장에서 한 번에 간략히 정리한 것처럼, 여러분 스스로 '풍성한 삶의 기초'를 자신의 말로 표현해보십시오. 혼자서도 좋고, 따르미와 이끄미가 서로 한 번씩 정리해보아도 좋겠습니다.

이렇게 생각이 바뀌면 행동도 조금씩 바뀌기 시작합니다. 행동이 바뀌면 우리 몸에 배어 있던 습관도 바뀝니다. 이 습관은 여러 번 반복된 행동의 결과로 우리 속에 각인되었습니다. 그렇기 때문에 습관을 깨는 것은 정말 어렵습니다. 사람들은 익숙한 것을 받아들이기 좋아합니다. 예를 들어, 운동할 때도 어떤 자세가 몸에 한 번 배면 고치기가 상당히 어렵습니다. 저는 어릴 때부터 테니스를 쳐서 공은 무난하게 넘기지만, 어떤 날은 잘 맞고 어떤 날은 잘 안 맞습니다. 그래서 제대로 강습을 받아 봐야겠다 싶어서 테니스를 배우기 시작했습니다. 그런데 코치가 저의 자세를 일일이 고쳐줍니다. 공 맞는 위치, 공 맞는 높이, 라켓 잡는 방법, 라켓 돌리는 법, 어깨 쓰는 방법 등이 다 틀렸다는 겁니다. 그렇게 강습을 받던 중에, 어느 날 코치가 그러더군요. "그냥 치시죠. 그거 다 고치려면 힘들 것 같습니다." 그래서 결국 자세 교정은 그만두었습니다.

이미 몸에 밴 것은 정말 고치기가 어렵습니다.

습관이 변화될 때 우리의 인격과 인생이 바뀝니다. 지난 12주 동안 열심히 '풍성한 삶의 기초'를 훈련했지만, 그렇다고 해서 우리가 담박에 변화되지는 않습니다. 작은 변화의 조짐이 보인다고 해서 반드시 진정한 변화로 이어지지는 않기 때문입니다. 사람은 그렇게 쉽게 변하지 않습니다. 우리는 지난 12주 동안에 청사진을 보았습니다. 청사진을 손에 쥐었다고 해서 곧장 건물이 지어지지는 않습니다. 마찬가지로, 그리스도인으로서 성장해야 할 구체적인 그림이 마음속에 있다고 해서, 순식간에 성장이 이루어지지는 않습니다. 청사진을 가졌으니, 그에 따라 기초를 놓고 평생에 걸쳐 모든 영역에서 조금씩 세워나가야 합니다. 이렇게 일생을 통해서 세워나가다 보면, 우리에게서 그리스도의 향기가 풍기고 성령의 열매가 드러나는 것을 보게 될 것입니다.

건강한 공동체

건강한 공동체는 사람들의 생각과 행동과 습관이 바뀔 수 있도록 도와주는 가장 좋은 환경입니다. 이런 건강한 환경에서 사람의 인격과 인생이 바뀝니다. 바울은 에베소서 4장 13절에서 이렇게 말합니다.

그리하여 우리 모두가 하나님의 아들을 믿는 일과 아는 일에 하나가 되고, 온전한 사람이 되어서 그리스도의 충만하심의 경지에까지 다다르게 됩니다.

우리의 지향점은 그리스도의 충만하심의 경지입니다. 그러기 위해서는 '우리 모두가' 하나님의 아들을 믿는 일과 아는 일에 '하나가' 되어야 합니다. 신앙생활은 혼자 하는 것이 아닙니다. 그리스도를 닮고 싶다면, 하나님을 아는 일과 믿는 일에 하나가 되는 공동체가 있어야 합니다.

그리스도인 공동체는 가서 위로를 받고 쉬는 곳만이 아니라 함께 그리스도를 닮아가는 곳입니다. 그리스도를 닮도록 서로 격려하고 도와주고 도전하고 세워주는 곳이 그리스도인의 공동체입니다. 그런 공동체 안에 있을 때 우리는 자연스럽게 성장합니다. 베드로전서 1장 22절을 읽어보십시오.

> 여러분은 진리에 순종함으로 영혼을 정결하게 하여서 꾸밈없이 서로 사랑하기에 이르렀으니, 마음으로 서로 뜨겁게 사랑하십시오.

배운 진리에 순종함으로써 우리 영혼은 점점 깨끗해집니다. "꾸밈없이(즉 거짓 없이) 서로 사랑하기에 이른다"는 말씀은 참으로 놀라운 표현입니다. 거짓 없이 사랑하는 것은 참으로 중요합니다. 겉으로는 사랑하는 척하면서 뒤에 가서는 딴소리를 하는 것이 아니라, 우리 속에 불편한 것이 있으면 이야기하고, 같이 대화하는 가운데 관계가 점점 더 가까워지고 투명해져야 합니다. 만날 때마다 속에는 다른 생각을 품고 있다면 그것은 거짓으로 사랑하는 것입니다. 우리 공동체가 궁극적으로 원하는 것은 바로 거짓 없이 형제를 사랑하는 것입니다.

베드로는 더 나아가서 "순결한 마음으로 서로 뜨겁게 사랑하라"고 말합니다. 하나님이 원하시는 공동체는 이렇게 순결한 마음으로 뜨겁게 사랑하는 공동체입니다. 그런 공동체 속에 있을 때 사람들은 자연스럽게 변합니다. 지속적으로 성장합니다. 공동체는 우리가 진리를 깨닫고, 깨달은 진리를 살아내고, 그 진리대로 우리 인생이 변화되기 위해서 꼭 필요한 환경입니다. 건강한 교회를 세우는 것이 그토록 중요한 이유가 여기에 있습니다. 가정교회이든, 소그룹이든, 구역 모임이든, 그 가운데서 우리는 진실하게 사랑하는 관계를 발전시켜나갑니다. 그럴 때 사람들이 회복되고 변합니다. 아무리 좋은 시각을 가지고 있더라도 그 시각을 같이 연습할 사람이 없다면 신앙생활은 불가능합니다. 하나님은 우리가 불특정 다수를 추상적으로 사랑하는 것이 아니라, 우리에게 주신 사람들과 부대끼면서 그들을 진실로 사랑하기를 원하십니다. 하나님은 우리가 그런 공동체를 만들고 누리기를 원하십니다.

이런 공동체에서 매우 중요한 존재가 있습니다. 고린도전서 11장 1절을 읽어봅시다.

> 내가 그리스도를 본받는 사람인 것과 같이, 여러분은 나를 본받는 사람이 되십시오.

우리는 보이지 않는 하나님을 본받는 것이 아니라, 우리 앞서 걷고 있는 영적 이끄미들을 본받으며 살아갑니다. 교회 안에는 반드시 이렇게 영적으로 더욱 진보한 지도자들이 있어야 합니다. 교회에서 흔히 듣는 말 중에 "교회는 사람 보고 오는 게 아니라, 하나님 보고 오는 거야"라는 말이 있습니다. 이 말은 거짓말입니다. 저는 그렇게 말하는 사람에게 물어봅니다. "당신은 하나님이 보이십니까?"

하나님은 보이지 않습니다. 하나님은 사람을 통해 드러나십니다. 교회는 사람 보고 오는 곳입니다. 그러므로 우리 그리스도인들이, 그리스도를 완전히 드러내지는 못해도 부분적으로는 드러내주어야 합니다. 신앙생활을 오래 한 사람들이 예수님을 닮아가는 모습을 보여주어야 어린 그리스도인들이 따라갈 수 있습니다.

사도 바울은 이 진리를 분명히 알고 있었기에 "내가 그리스도를 본받는 사람인 것같이 여러분은 나를 본받는 사람이 되십시오"라고 말했습니다. "내가 그리스도를 향해 열심히 좇아가고 있으니 당신들은 나를 본받아라"라는 뜻입니다.

바울이 완전함에 이르렀기 때문에 자신을 따라오라고 하는 것이 아닙니다. 자신이 예수를 본받고 있고 이 일에서 조금 앞서 있으니, 자신을 본받으라고 한 것입니다. 우리 앞서 예수님을 좇아가는 사람을 보고 따라가면서, 우리도 하나님을 닮아갑니다.

그래서 공동체가 필요합니다. 그리스도인 공동체에는 하나님을 먼저 따라간 사람들이 있습니다. 그들이 앞서서 걸어가고 믿음이 어린 자들이 그들을 따라갑니다. 앞에서 먼저 균형 있게 걸어가는 사람들이 있으면 따라가는 사람들의 걸음걸이가 쉬워집니다. 반면 앞서 가던 사람들이 멈칫멈칫하거나 갈지之자로 걸어가면 사람들이 따라가기 힘듭니다.

저는 우리 한국 교회에는 왜 좋은 모델이 되는 그리스도인들이 별로 없을까 하는 생각을 많이 했습니다. 아마도 그 이유는 한국 기독교 역사가 100년이 겨우 넘었기 때문일 것입니다. 그 짧은 기간마저도 전쟁 등 어려움이 많아서 좋은 스승이 있었다 해도 그들의 신앙이 잘 전수되지 못했습니다. 기독교 역사가 깊은 나라를 보면, 5-6대째 훌륭한 신앙을 물려받은 집안들이 있습니다. 어릴 때부터 경건한 가정에서 하나님을 사랑하면서 자란 사람들에게서 나이가 들면 성숙한 모습이 나옵니다.

우리도 한국 교회의 앞선 세대들의 좋은 유산을 물려받아, 그분들의 어깨 위에 서서 우리가 배운 것을 가지고 잘 살아야 합니다. 과거보다 더 좋은 공동체를 만들어야 합니다. 사람들이 따라올 수 있고, 보면서 격려와 도전을 받을 수 있는 공동체를 만들어야 합니다. 그래서 우리도 감히 사도 바울처럼 "내가 그리스도를 본받는 자가 된 것처럼 너도 나를 본받는 자가 되었으면 좋겠다"는 말을 할 수 있는 삶을 살기를 주께서 원하십니다. 이것은 교만이 아닙니다.

하나님나라 복음 공동체의 궁극적인 목적

이렇게 주님을 본받아가는 그리스도인 공동체와 개인이 힘써야 할 일은 무엇입니까? 에베소서 2장 7절을 읽어봅시다.

> 그것은, 하나님께서 그리스도 예수 안에서 우리에게 자비로 베풀어주신 그 은혜가 얼마나 풍성한지를 장차 올 모든 세대에 드러내 보이시기 위함입니다.

하나님이 우리에게 은혜를 주신 궁극적인 목적은 하나님의 은혜를 단지 우리 세대만 누리는 것이 아니라, 장차 오는 모든 세대가 알고 누리기 위해서입니다. 이를 디모데후서 2장 2절에서는 어떻게 더 구체적으로 표현하고 있습니까?

> 그대가 많은 증인을 통하여 나에게서 들은 것을 믿음직한 사람들
> 에게 전수하십시오. 그리하면 그들이 다른 사람들을 또한 가르칠
> 수 있을 것입니다.

바울이 "나에게서 들은 것"이라고 말하는 것은 무엇일까요? 이것이 바로 우리가 계속해서 이야기하고 있는 '하나님나라의 복음'입니다. 사도 바울은 디모데에게 이 하나님나라 복음을 부탁하여, 그가 믿음직한 사람들에게, 그리고 다시 다른 사람들에게 전달해나가기를 바랍니다. 이것이 바로 복음 전수입니다. 전수란 무엇입니까? 그냥 전달만 하는 것이 아닙니다. 자신이 충분히 이해하고 누려서 온전히 자기 것이 되었을 때, 다른 사람에게 전수할 수 있습니다. 마치 무형 문화재를 전수하는 것과 비슷해서, 입술만으로는 전수할 수 없습니다. 자신이 이미 그런 삶을 살고 누리고 있어야 합니다.

하나님나라 복음 전수가 왜 그렇게 중요할까요? 기독교 역사의 명맥은 어느 조직이나 교파, 권력이나 학파가 아니라 하나님나라 복음을 자신의 인격과 삶으로 녹아내어 전수한 사람들에 의해서 이어져왔습니다. 사도 바울이 자신으로부터 영적인 세대를 4세대(바울-디모데-믿음직한 사람-다른 사람들)로 바라보며 디모데에게 복음을 전수하였던 것처럼, 복음을 살고 전달한 사람들이 있었기에 기독교 역사가 지금에 이르게 되었습니다.

복음 전수에서 가장 큰 수혜자는 다름 아닌 복음 전수자입니다. 복음

을 전수하면 할수록 이 복음이 자신 속에서 선명해지기 때문입니다. 진리는 단순하지만 심오하여서, 그 심오성은 반복을 통해서 자신의 것으로 내면화됩니다. 복음을 받아들이기만 하고 아무에게도 전하지 않은 사람들에게 복음은 추상적 개념에 불과하지만, 복음을 전수하는 사람들에게는 자신 속에서 심화되고 다른 사람의 인생을 바꾸어주는 "하나님의 능력"(롬 1:16)이 되는 것을 경험합니다. 반복 없이는 심화도, 내면화도 없습니다.

'풍성한 삶의 기초'를 훈련하면서 따르미만 변화되는 것이 아닙니다. 이끄미 역시 회를 거듭할수록 이 내용이 더욱 내면화되어서 예수 그리스도의 장성한 분량에까지 이르게 됩니다.

이 복음이 오늘 자신에게까지 어떤 경로로 흘러왔을지 상상해보십시오. 여러분에게 복음을 전수해준 이에게 복음을 전수한 사람이 있고, 그에게 또 전수한 사람이 있을 것입니다. 이렇게 따라 올라가보면, 열두 사도가 나오고, 마지막에는 예수님이 계십니다. 이 예수로부터 우리에게까지 복음이 전파되었습니다. 이 전수 과정에서 얼마나 많은 사람이 고초를 당하고, 핍박을 당하고, 더 나아가 죽음에까지 이르렀겠습니까? 이렇게 고귀한 헌신을 통해서 우리에게 복음이 전해졌습니다. 그런데 만약, 이 고귀한 복음 전수가 우리에게서, 우리 당대에서 그 맥이 끊어진다면, 얼마나 안타깝고 부끄러운 일입니까? 반대로 만약, 우리로부터 우리 동시대와 다음 세대에 복음이 풍성하게 전수된 것을 보게 된다면, 우리는 얼마나 영광스럽게 주님을 만날 수 있겠습니까?

여러분, 잊지 마십시오. 우리를 변화시키신 하나님나라 복음을 공동체 속에서 살아내고, 그 하나님나라 복음을 주변 사람들과 다음 세대에 전수하는 것, 그리하여 하나님나라 복음의 맥을 잇는 것, 이보다 더 중요한 일은 없습니다. 우리가 온전한 하나님나라를 맞이할 때, 우리는 이 영적 흐름도를 볼 텐데, 그때 우리를 위해서 자신의 생명을 아낌없이 주셨던 그분과 우리 믿음의 선조 앞에 자랑스럽게 설 수 있기를 기도합니다.

묵상 질문

1. 고린도전서 11:1을 묵상하십시오.

2. 당신에게는 균형 잡힌 그리스도인의 삶을 함께 훈련하고 배울 수 있는 공동체가 있습니까? 이런 공동체에 속하기 위해서, 또는 이런 공동체를 세우기 위해서 주님이 당신에게 원하시는 바는 무엇일까요?

3

하나님나라 백성을
이끄시는 성령님

생각해볼 질문

기독교 역사에는 신앙생활을 하기에 결코 쉽지 않은 여건이 많았습니다. 이러한 악조건에서도 복음이 전수된 것을 어떻게 설명할 수 있을까요?

사람들은 가끔 이런 불평을 합니다. "제게는 좋은 리더가 없습니다. 본받을 만한 좋은 그리스도인 리더나, 따를 만한 좋은 선례가 없습니다." "제게는 좋은 공동체가 없습니다. 그래서 그리스도인으로 살아가기가 어렵습니다."

오늘날 한국 교회는 절체절명의 상황입니다. 그 원인을 두고는 이런 저런 이야기를 할 수 있겠지만, 무엇보다도 균형 있게 성장하는 그리스도인들과 그들이 주축이 된 건강한 공동체가 절실하게 필요합니다. 교회에서 좋은 영적 선배를 찾기가 쉽지 않고, 또한 사람들이 자연스럽게 성장할 수 있는 건강한 공동체는 더더욱 적은 것이 사실입니다. 이러한 상황에서 무엇을 어떻게 할 수 있는지 막연하게 느껴질 수 있습니다. 균형 있게 성장하는 그리스도인과 건강한 공동체들이 세워지기에는 우리의 상황이 너무 열악하다는 생각이 듭니다. 때로 절망감에 사로잡히기까지 합니다. 그렇다면 초대교회의 상황은 어땠을까요? 그때는 지금보다 상황이 훨씬 나았을까요?

우리를 도우시고 인도하시는 성령님

초대교회도 결코 좋은 상황은 아니었습니다. 성령께서 임하셔서 큰 변화를 가져왔지만 초대교회에는 여전히 문제가 많았습니다. 지금 우리에게는 성경을 비롯한 여러 자료가 있지만, 초대교회 당시에는 지금과 같은 성경이 없었고 예수님에 대한 이야기조차 잘 정리되어 있지 않았습니다. 교회 전통도, 교육 프로그램도 없었습니다. 이런 상황에서 여러 이단이 우후죽순으로 생겨났습니다. 유대교의 핍박이 늘 따라다녔고, 로마제국으로부터는 말할 수 없는 고초를 받아야 했습니다. 초대교회의 상황은 지금의 우리보다 더 열악한 상황이었음이 분명합니다.

그럼에도 초대교회에는 한 가지 놀라운 사실이 있었습니다. 그것은 초대교회를 붙들고 계셨던 성령님입니다. 초대교회는 여러 가지 어려움과 혼돈이 있었음에도, 그들을 하나로 묶어서 성숙하게 하신 분이 계셨습니다. 그분이 바로 성령님이십니다.

성령님이 계셨기에, 팔레스타인 지역에서 일어난 군소 종교에 불과했던 기독교가 로마제국의 통치를 뒤집어엎었습니다. 이는 사회학적으로나 종교 사회학적으로도 이해할 수 없는 현상이었습니다. 아무 배경도 없는 한 종교가 아주 짧은 시간에 헬라 지역 전체를 뒤엎어버린 것입니다. 인간의 지혜로 이해할 수 없는 이 놀라운 일 배후에 성령님이 계셨습니다.

기독교는 여건이 좋아서 성장한 것이 아닙니다. 여건이 척박할수록 사람들은 하나님을 의지하고 성령님의 인도를 구합니다. 오히려 상황이 좋을 때는 사람들이 하나님을 의지하지 않아 교회가 세속화되는 경우를 많이 봅니다. 기독교는 척박한 상황에서 오히려 순결해지고 성령님을 의지하며 조용히 성장해왔습니다. 오늘날 우리의 상황이 아무리 어렵다 할지라도 우리가 성령님을 따른다면 그분으로 인해서 놀라운 일들이 벌어질 가능성이 많습니다.

요한복음 14장 16절에서 예수님은 성령님에 대해서 말씀하셨습니다.

> 내가 아버지께 구하겠으니 그가 또 다른 보혜사를 너희에게 주사 영원토록 너희와 함께 있게 하리니(개역개정).

예수님이 여기서 또 다른 보혜사라고 말씀하신 것은, 이 말씀을 하시는 순간까지는 그분이 보혜사의 역할, 곧 보호하고 은혜를 주시는 역할을 하셨다는 뜻입니다. 하지만, 이제 또 다른 분, 곧 성령님이 오셔서 그들과 영원히 함께 있겠다고 말씀하십니다.

그리스도인들에게는 우리와 영원히 함께하시며 우리를 도우시고 이끄시는 성령님이 계십니다. 요한복음 16장 13절을 읽어봅시다.

> 그러나 그분 곧 진리의 영이 오시면, 그가 너희를 모든 진리 가운데로 인도하실 것이다. 그는 자기 마음대로 말씀하지 않으시고, 듣는 것만 일러주실 것이요, 앞으로 올 일들을 너희에게 알려주실 것이다.

진리의 영이신 성령님은 우리를 모든 진리로 인도하십니다. 예수님은 "내가 떠나가는 것이 너희에게 유익하다.…내가 가면, 보혜사를 너희에게 보내주겠다"(요 16:7)고 말씀하시기도 했는데, 그 이유는 이 성령께서 우리를 모든 진리로 이끌어주실 것이기 때문입니다. 여기에서 말하는 모든 진리는 소크라테스 같은 철학자들이 논하는 진리가 아니라, 예수 그리스도께서 우리에게 전달해주신 하나님나라 복음과 이 복음의 중심에 서 계신 예수 그리스도 자신을 뜻합니다. 성령께서는 우리를 이 진리 가운데로 이끌어주십니다.

이렇게 놀라운 일을 하시는 성령님이 우리가 사는 세상에서 하시는 중요한 역할을 좀 더 자세히 살펴봅시다. 에베소서 1장 13-14절을 보십시오.

> 13여러분도 예수 그리스도 안에서 진리의 말씀 곧 여러분을 구원하는 복음을 듣고서 그리스도를 믿었으므로, 약속하신 성령님의 날인을 받았습니다. 14이 성령은, 하나님의 소유인 우리가 완전히 구원받을 때까지 우리의 상속의 보증이시며, 우리로 하여금 하나님의 영광을 찬미하게 하십니다.

이 본문은 우리가 어떤 사람인지 먼저 설명합니다. 우리가 진리의 말씀이요 구원하는 말씀, 즉 하나님나라 복음을 듣고 그리스도를 믿었습니다. 그리스도는 그리스어이고, 히브리어로는 메시아입니다. 메시아는 깨진 세상을 회복하시는 하나님의 종입니다. 곧 우리는 이 메시아를 믿음으로 그 나라의 백성이 되고, 14절에서처럼 하나님의 소유가 되었습니다. 성경은 끊임없이 우리에게 일어난 놀라운 일을 선언합니다. 이런 우리가 기다리고 있는 것이 있는데, 그것은 우리가 완전히 구원을 받을 때입니다. 여기에서 구원은 속량redemption, 즉 우리의 몸까지 완전히 회복되는 것을 뜻합니다.

성경은 우리가 이러한 완전한 구원을 기다리고 있는데, 이러한 우리를 위해서 성령께서 우리에게 날인을 하셨다고 합니다. 날인이라는 표현은 개역개정에서 인치셨다고 이야기하는 것으로, 이는 확증하는 것을 뜻합니다. 성령께서 우리 가운데 계시다는 것은 우리 구원의 확실성을 이야기해줍니다. 이 성령께서는 우리가 하나님나라를 상속할 때까지 우리에게 보증이 되어주십니다. 보증은 계약할 때 거는 계약금을 뜻합니다. 성령님은 하나님나라 상속의 보증으로 우리 가운데 계십니다.

성령님은 우리가 구원을 받고 완전한 구원에 이를 때까지 우리를 인도하고 이끄시고 보호하십니다. 그러므로 자신을 이끌어줄 수 있는 성숙한 리더가 없다 해도 너무 낙망하지 마십시오. 오히려 그렇게 어려운 상황일수록 성령님을 더욱 의지하십시오. 성령님도 성경의 진리를 통해 일하시니, 성경의 가르침에 천착하며 성령님의 도우심을 갈구하십시오. 이《풍성한 삶의 기초》가 그런 척박한 상황에 있는 성도들에게도 도움이 될 수 있을 것이라 한 가닥 희망을 갖는 이유는, 바로 초대교회 이후 지금까지 성도들 가운데서 일하고 계신 성령님을 믿기 때문입니다.

교회 공동체의 영이신 성령님

성령님은 하나님나라가 온전히 임할 때까지 그의 다스림을 받는 하나님나라 백성 공동체인 교회를 이끌어가십니다. 단지 그리스도인 개인만이 아니라, 그리스도인 공동체를 이끄시는 분이 성령님이십니다. 에베소서 2장 22절을 읽어봅시다.

> 너희도 성령 안에서 하나님의 거하실 처소가 되기 위하여 그리스도 예수 안에서 함께 지어져가느니라(개역개정).

우리는 종국에 하나님이 거하시는 처소가 될 텐데, 이러한 종말론적인 공동체가 되기 위해서 성령 안에서 함께 지어져가고 있다고 사도 바울은 말합니다. 교회는 단순한 조직이나 단체를 넘어서서, 마지막 날에 하나님이 그의 백성 가운데 영원히 거하시게 될 처소가 되기 위해서 함께 지어져가고 있습니다. 이렇게 지어져가는 일에서 성령님이 핵심 역할을 하십니다. 성령님은 우리의 구원을 온전하게 하실 뿐 아니라, 하나님나라가 완전히 임할 때까지 교회를 이끄시고 교회가 성장해나갈 수 있도록 주도하십니다. 예수님이 오셔서 시작된 하나님나라가 예수님이 다시 오셔서 완성될 터인데, 이 중간 기간에 교회를 이끄시며 세상을 치유하고 회복하는 일을 하시는 분이 바로 성령님이십니다.

성령님 없이는 교회는 존재할 수도, 살아남을 수도 없습니다. 에베소서 1장 23절은 이 교회의 사명을 다음과 같이 말합니다.

> 교회는 그의 몸이니 만물 안에서 만물을 충만하게 하시는 이의 충만함이니라(개역개정).

여기서 만물을 충만하게 하신다는 말씀은, 우리가 살고 있는 현재의 세상이 허무에 굴복하고 있다는 사실을 전제합니다(롬 8장). 성경은 만물이 우주의 중심이신 하나님을 무시하여, 그 중심이 뻥 뚫린 상태라고 봅니다. 이렇게 비어버린 만물을 충만케 하시는 것이 예수님의 사역입니다. 즉, 예수님은 이 깨진 만물을 회복하시고 계시는데, 이 회복에서 주체적인 역할을 하는 것이 바로 교회입니다. 교회는 예수님의 손과 발이 되어서 움직입니다. 그리고 이 교회를 이끄시며, 이 고귀한 사명을 잘 감당하며 지어져가서 종국에는 하나님이 우리와 함께 영원히 거하도록 우리를 이끄시는 분이 바로 성령님이십니다.

이렇게 성령님의 인도를 받는 삶은 결코 개인적인 삶에 국한되지 않습니다. 우리가 교회 공동체로 성령님의 인도를 받지 않는다면, 우리도 모르는 사이에 다시 허무에 굴복하게 될 것입니다. 민주주의나 교회 헌법만으로 교회 공동체를 지킬 수 없는 이유가 여기에 있습니다. 교회는 교회의 영이신 성령의 지도와 보호를 받아야 하기 때문입니다. 에베소서 4장 30절을 다시 읽어봅시다.

> 하나님의 성령을 근심하게 하지 말라. 그 안에서 너희가 구원의 날

까지 인치심을 받았느니라(개역개정).

성령께서 우리 가운데서 근심하시는 것은 단지 우리 개인의 문제만 연관이 있지 않고, 공동체와 연관이 있습니다. 오늘날 우리 개인과 공동체가 허약한 이유는 우리가 따라야 할 성령님을 제대로 따르지 않기 때문입니다. 개인뿐 아니라 공동체가 성령의 인도를 어떻게 받아야 할지에 대해서 매우 무지한 상태에 있습니다. 그래서 세상 방식과 똑같은 방식으로 교회를 '운영'하기도 합니다. 결국 우리는 허무에 굴복하게 되고, 우리 속에 계신 성령께서는 근심하십니다.

우리가 완전한 구원에 이르기 위해서, 그날까지 우리를 인쳐주신 성령께서 우리 개인과 우리 공동체를 이끄시도록 우리는 개인적으로 또 공동체적으로 성령님께 순복하여야 합니다. 성령님의 이끄심을 받기 위해서 깨어 있고, 각 개인과 공동체가 성령님의 인도를 받아 지속적으로 성장해나가야 합니다.

예수님이 오셔서 우리를 위해 죽으시고 부활하심으로 우리가 그리스도 안에 속하게 하셨습니다. 그리스도 안에 속하게 되었다는 것은 이제 하나님의 다스림을 받으면서 하나님의 온전한 회복을 기다리며 만물을 회복하시는 하나님의 사역에 동참하는 것을 뜻합니다. 우리는 우리의 구원이 완전하게 나타나기를 기다리며 살아갑니다. 그렇기 때문에 그리스도의 영이신 성령님은 하나님나라 백성들이 늘 따라야 할 또 다른 '보혜사'이십니다.

묵상 질문

1. 에베소서 1:13-14을 묵상하십시오.

2. 당신은 성령님의 인도하심을 따라 성장하고 있습니까? 당신이 속
   한 공동체는 성령님의 인도를 받기 위해서 어떤 모습으로 살아가고
   있습니까?

4

하나님나라의 도래를
기다리는 삶

생각해볼 질문

당신은 예수님이 다시 오실 것을 간절히 기다리며 살고 있습니까? 하나님나라
가 완전히 임하는 날을 생각하면 무엇이 떠오릅니까?

많은 그리스도인들이 하나님나라가 임하는 것을 기다리지 않습니다.
주기도문의 두 번째 기도가 "하나님나라가 임하게 하옵소서"이지만, 진
정으로 하나님나라의 도래를 기다리며 살아가는 그리스도인들은 극소
수처럼 보입니다. 그러나 진정한 하나님나라 백성은 이미 임한 하나님
나라의 백성으로, 예수님이 다시 오셔서 하나님나라가 완전하게 도래할
것을 기다리며 살아갑니다. 그렇다면 아직 임하지 않은 하나님나라를
기다리며 살아가는 그리스도인의 삶은 어떤 모습일까요? 로마서 8장
22-26절을 살펴봅시다.

²²모든 피조물이 이제까지 함께 신음하며, 함께 해산의 고통을 겪고 있다는 것을, 우리는 압니다. ²³그뿐만 아니라, 첫 열매로서 성령을 받은 우리도 자녀로 삼아주실 것을, 곧 우리 몸을 속량하여주실 것을 고대하면서, 속으로 신음하고 있습니다. ²⁴우리는 이 소망으로 구원을 얻었습니다. 눈에 보이는 소망은 소망이 아닙니다. 보이는 것을 누가 바라겠습니까? ²⁵그러나 우리가 보이지 않는 것을 바라면, 참으면서 기다려야 합니다. ²⁶이와 같이, 성령께서도 우리의 약함을 도와주십니다. 우리는 어떻게 기도해야 할지도 알지 못하지만, 성령께서 친히 이루 다 말할 수 없는 탄식으로, 우리를 대신하여 간구하여주십니다.

그리스도인의 소망

사도 바울은 우리가 사는 세상의 "모든 피조물이 신음하며 해산의 고통을 겪고 있다"고 말합니다. 성경은 우리가 사는 세상이 살 만한 세상이라고 말하지 않습니다. 아이를 낳아본 이들은 해산의 고통을 잘 압니다. 온 창조세계가 이러한 고통 가운데 있다고 성경은 말합니다. 굳이 지구 반대편에서 기아와 불의로 고통당하는 사람들을 거론하지 않아도, 우리 주위에도 다양한 고통 가운데 있는 사람들이 있습니다. 뿐만 아니라, 우리가 살고 있는 생태계도 이 깨어짐 가운데 신음하는 것을 봅니다.

예를 들어, 결혼한 부부가 아이를 갖지 못해서 고통을 겪습니다. 어쩌다 임신이 되어도 유산을 합니다. 여성들이 평균적으로 다섯 번 임신을 하면 그중에 한 번은 유산을 하는데, 이것은 하나님의 의도와는 거리가 멉니다. 이런 현상은 우리가 사는 세상이 이토록 비정상이라는 사실을 잘 보여줍니다. 그리스도인들도 하나님을 믿지 않는 사람들과 똑같은 비율로 유산합니다. 마찬가지로 교통사고를 겪고, 자연 재난을 만나기도 하고, 사회적 불의와 억압을 경험합니다. 우리 그리스도인들도 만물과 함께 신음하고 있습니다.

그런데 언제부터인지 그리스도인들이 우리가 사는 세상이 살 만하다고 생각하고 있습니다. 마치 영원히 살 '스위트 홈'이라고 생각하는 것 같습니다. 자신이 겪는 고통이 적다고 세상의 불의와 깨짐에서 눈을 돌려 자신의 삶에만 집중하는 경향이 있습니다. 이 세상에서 하나님만 잘 믿으면 다른 사람들과 달리 온갖 복을 누리면서 살 수 있는 것처럼 가르치기까지 합니다. 성경은 그렇게 가르치지 않습니다. 예수를 믿는 것은 하나님이 세상에서 뽑아내서 특별 관리를 해주는 하나님의 특수 고객이 되는 것을 뜻하지 않습니다.

성경은 "첫 열매로 성령을 받은 우리도" "속량하여 주시는 날을 고대하면서" 앞에서 살펴본 대로 "신음하고 있다"고 말합니다. 우리도 만물과 함께 몸이 완전한 속량을 얻을 때까지 신음하고 함께 고통을 겪고 있습니다. 우리 그리스도인들이 받은 축복은, 이렇게 신음하는 세상에서 우리의 불완전한 몸조차 온전해지는 그날을 소망하는 것입니다. 이러한 소망을 가지고 있기에 견딜 수 있습니다.

이렇게 견딜 때, 성령께서 우리와 함께 계십니다. 우리 속에서 말할 수 없는 탄식으로 우리를 위해서 대신해서 기도하십니다. 로마서 8장 15-16절에서 우리에게 양자의 영으로 오셔서 우리로 하여금 하나님을

'아바 아버지'라고 부르짖게 하신 성령님이, 우리가 이 세상에서 만물과 함께 신음할 때, 우리를 위해서 기도하고 계십니다. 그러므로 이런 깨진 세상에서 살면서 우리는 성령님을 의지할 수 있습니다. 성령님을 의지하지 않는다면, 우리는 세상 사람들이 고통을 당할 때의 모습과 다를 바가 하나도 없습니다.

이렇게 하나님나라가 임할 때까지 소망을 품고 견디는 우리에게, 하나님은 세상 사람들이 바라는 물질과 세상적인 안전을 주시지는 않습니다. 하나님은 하나님의 사랑을 우리에게 주십니다. 하나님 자신을 우리에게 주십니다. 하나님나라를 우리에게 주십니다. 눈에 보이는 소망은 소망이 아닙니다. 눈에 보이지 않는 것을 바란다면 인내함으로 기다려야 할 것입니다.

소망으로 사는 삶

그리스도 안에서 새로운 생명을 누리는 사람들은 이 놀라운 생명이 온전하게 드러날 날을 간절하게 사모합니다. 하나님의 다스림 아래에서 믿음으로 살아가는 우리는 이제 하나님의 다스림이 온전하게 드러날 것을 사모하며 살아갑니다. 신약 성경은 이 사모하는 삶을 다양하게 표현하고 있습니다. 먼저 요한일서 3장 2-3절을 살펴봅시다.

> 2사랑하는 여러분, 이제 우리는 하나님의 자녀입니다. 앞으로 우리가 어떻게 될지는 아직 밝혀지지 않았습니다만, 그리스도께서 나타

나시면, 우리도 그와 같이 될 것임을 압니다. 그때에 우리가 그를 참모습대로 뵙게 될 것이기 때문입니다. 3그에게 이런 소망을 두는 사람은 누구나, 그가 깨끗하신 것과 같이 자기를 깨끗하게 합니다.

요한 사도조차 우리가 앞으로 될 일을 정확하게는 알 수 없다고 말합니다. 사도 바울도 지금은 우리가 부분적으로밖에 알 수 없다고 말했습니다(고전 13:12). 그러나 아는 것이 있는데, 그것은 그때 우리가 그를 있는 모습 그대로, 참모습대로 뵙게 되리라는 것입니다. 그를 만나고 그의 발에 입 맞추는 영광을 사모하는 것이 우리 그리스도인들의 소망입니다.

이러한 소망을 가진 자들은 자신을 깨끗하게 합니다. 자기 중심성의 본질인 죄로부터 자신을 깨끗하게 하여서, 주님을 만나뵙기에 부족함이 없게 이 세상을 살면서 자신을 준비합니다. 자신을 깨끗하게 한다는 것은 죄성을 벗어나 예수를 닮아가는 것을 뜻합니다. 이렇게 예수님 닮아가는 인생을 살다가 우리는 결국 그를 만날 것입니다. 그때 우리는 그를 예배하고, 지금은 이해할 수 없는 세상과 인생살이의 모든 것이 선명해질 것입니다. 이것이 우리 개개인의 소망입니다.

뿐만 아니라, 에베소서 2장 10절에는 우리가 살아가는 목적이 나타나 있습니다.

우리는 하나님의 작품입니다. 선한 일을 하게 하시려고, 하나님께서 그리스도 예수 안에서 우리를 만드셨습니다. 하나님께서 이렇게 미리 준비하신 것은, 우리가 선한 일을 하며 살아가게 하시려는 것입니다.

예수님을 닮는 것이 우리 삶의 목적인데, 이렇게 우리의 존재가 변화되면서 그와 더불어 '선한 일'을 하면서 살아가는 것이 이런 놀라운 '하나님의 작품'이 된 목적이라고 말합니다. 즉, 우리의 행함에도 변화가 일어납니다. 하나님의 자녀, 하나님나라 백성, 그리스도 안에서 새로운 피조물이 된 우리는 그 변화된 모습에 걸맞게 성숙해갈 뿐 아니라, 세상에서 우리가 감당해야 할 선한 일을 행하며 살아갑니다.

무슨 일을 하든 우리가 하는 일이 하나님 보시기에 선한 일이어야 합니다. 그것이 우리의 삶의 목적입니다. 우리는 우리 각 개인이 하는 일을 통해서 하나님의 세상 경영에 참여합니다. 이뿐 아니라, 공동체적으로도 선한 일을 도모합니다. 어떻게 우리 공동체가 우리 지역, 우리 주변에서 선한 일을 할 수 있을지 끊임없이 고민하고, 우리가 감당할 수 있는 일을 찾아 섬깁니다. 이것이 하나님이 만물을 회복하고 치유하고 계시는 일에 참여하는, 교회의 참모습입니다.

또한 우리 그리스도인 개인과 공동체, 그리고 '특별한 관심이 있는 사람들'은 어떻게 우리 사회를 변화시킬지, 어떻게 더 좋은 문화를 만들어낼지, 어떻게 법률을 개정하여 더 나은 사회를 만들지 고민합니다. 훼손되고 있는 생태계를 회복하기 위해서 무슨 선한 일을 할 수 있을지 고심하고 행동에 옮깁니다. 이러한 일에 우리가 끊임없이 관심을 가지는 이유는 우리를 부르신 하나님이 우리에게 이러한 선한 일을 하며 살기를 원하시기 때문입니다. 우리 그리스도인들은 만날 때마다, 어떻게 하면 우리가 개인적으로, 공동체적으로, 또 사회에서 선한 일을 도모할 수 있는지 이야기하고 고민하고 실천하고 연대합니다. 이것이 우리가 사는 낙이 되어야 합니다.

우리는 세상에서 선한 일에 최선을 다하지만, 우리의 선한 일이 세상을 완전히 변화시킬 수 있다고 믿지 않습니다. 오히려 우리에게 맡겨진 선한 일을 최선을 다하여 행하면서 하나님이 세상을 완전하게 회복하실 때를 기다립니다. 요한계시록 22장 20절을 읽어봅시다.

이것들을 증언하신 이가 이르시되 내가 진실로 속히 오리라 하시거늘. 아멘, 주 예수여, 오시옵소서(개역개정).

이 구절은 신약 성경이 기록하는 예수님의 마지막 말씀입니다. 주님이 "속히 오시겠다"고 말씀하시고, 성도들은 "어서 오십시오. 이 깨지고 고통스런 세상에 어서 오셔서 온전한 회복을 주십시오. 정의가 없는 이 부조리한 세상에 오셔서 당신의 정의를 드러내주십시오. 사랑이 없어 깊은 상처를 입은 사람들을 주님의 사랑으로 치유해주십시오. 주님 어서 오셔서, 완전한 회복을 주시옵소서"라고 기도합니다.

우리는 개인적으로나 공동체적으로 예배할 때마다, 끊임없이 주님이 오실 것을 고대하는 기도를 드립니다. 깨지고 고통스런 세상, 그래서 약한 자들이 늘 고통과 압제를 경험할 수밖에 없는 세상에 주님이 오셔서 그들을 신원하여주시기를 기도합니다. 이렇게 주님을 기다리는 것은 우리 예배에 빠질 수 없는 요소입니다. 만약에 우리 예배에 주님의 다시 오심을 간절히 사모하는 부분이 빠진다면, 우리의 신앙은 현세에서 복받고, 세상에서 성공하는 사람들의 반열에 들기 위한 세속적 예배가 될 것입니다. 오늘날의 예배에 우리의 신음과 함께, 하나님의 도래를 기다리는 찬양과 기도가 가득하길 기대합니다.

우리의 구체적인 목표

우리는 하나님나라의 완전한 도래를 기다리면서 삶의 모든 영역에서 예수를 구체적으로 닮아가기 위해 힘씁니다. 이를 위해 우리가 구체적으로 성령님의 인도를 받고, 구체적으로 계획하고 훈련할 때 성령님이 함께하십니다. 정기적으로 삶을 평가하고 다시 계획하기 위해서는 인생의 목적과 단기 목표를 가질 필요가 있습니다.

이 훈련의 마지막 과제가 바로 이것입니다. 여러분의 인생 목적을 한 번 써보십시오. 여러분이 사는 이유가 무엇인지 솔직하게 써보십시오. 사실은 "내 인생의 목표는 43평 아파트를 얻는 것이다"라고 써야 하는데 "하나님의 영광을 위해 산다"라고 쓰지 말고, 정말 정직하게 사는 이유를 생각하고 정리해보십시오.

그리고 나서, 앞으로 3개월 동안 하나님과의 관계, 자신과의 관계, 공동체와의 관계, 세상과의 관계에서 할 수 있는 일을 계획해보십시오. 실제로 행동으로 옮길 수 있는 계획을 세워보십시오. 이런 계획을 세울 때 성령님께 기도하며 마음을 정하십시오.

예를 들어, 세상과의 관계에서는 "직장에서 하루에 한 번 다른 사람을 돕는다"는 계획을 세울 수 있습니다. 하루에 한 번 누군가를 돕는다는 것이 쉽지는 않습니다. 그렇게 하려면, 남을 도와줄 일이 없는지 늘 살피는 사람이 됩니다. 섬기는 사람으로 바뀌어갑니다.

또 자신과의 관계에서는 "하루에 세 번 성령님께 집중하는 시간을 갖는다"거나 "하루에 세 번 삼위 하나님을 찬양한다" 등이 있을 수 있습니다. 방법은 다양합니다. 여러분 나름대로 성령님께 여쭈어보면서 창조적인 계획을 세워보십시오.

하나님과의 관계에서는 지금 하고 있는 10-10-10 훈련을 20-10-20으로 발전시킨다는 계획을 세울 수 있습니다. 실제로 매일 아침 10분씩 하나님 앞에 앉아 있는 것은 귀한 일이지만, 지속하다 보면 10분이 부족하다는 사실을 금세 발견할 것이고, 좀 더 오랫동안 하나님을 알아가는 축복을 누릴 계획을 세울 수 있습니다.

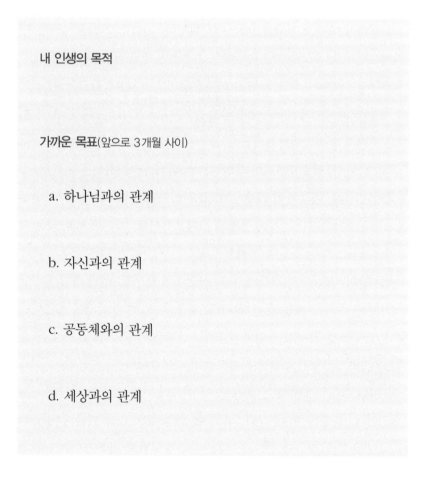

내 인생의 목적

가까운 목표(앞으로 3개월 사이)

a. 하나님과의 관계

b. 자신과의 관계

c. 공동체와의 관계

d. 세상과의 관계

이번 만남을 시작하면서 졸업식은 또 다른 시작이라는 말을 했습니다. 이 훈련이 끝나면, 지금부터 3개월이 매우 중요합니다. 이 3개월 동안 어떻게 사느냐가, 이 훈련을 통해 배운 바를 자신의 것으로 만들지 아니면 또 다른 얄팍한 지식의 축적에 불과할지를 결정할 것이기 때문입니다.

어느 날 향수 한 번 뿌렸다고 해서 그리스도의 향기가 나지는 않습니다. 매일매일 바뀐 생각에 근거해서 살아갈 때 그리스도의 향기가 풍겨 나옵니다. 가능하다면, 이끄미와 따르미가 적어도 3개월에 한 번은 만나서 계획을 어떻게 실천하고 있는지를 서로 점검해보고 새롭게 좌표를 설정하십시오. 우리는 서로 세워주고 이끌어주는 사람들이 되어야 하기 때문입니다.

하나님나라 복음의 제자를 향하여

우리 시대 많은 사람들은 기독교인이 되는 것을 결코 매력적인 일, 괜찮은 선택이라고 생각하지 않습니다. 기독교 신앙을 값싼 은혜로 이해한 기존 그리스도인들이 성장하지 않기 때문입니다. 하나님 아버지가 우리에게 품으신 뜻은 그렇지 않습니다. 하나님은 그리스도께서 자라신 만큼 우리도 자라기를 원하십니다. 우리 시대 많은 사람들은 교회가 세상을 변화시키고 사랑과 정의를 흘려보내는 전초기지라고 생각하지 않습니다. 교회 공동체가 자신이 누구이며, 어떤 부르심을 받았는지 놓쳤기 때문입니다. 예수님은 그런 교회를 세우지 않으셨습니다. 만물을 회복하는 주체로 교회를 세우셨습니다.

하나님나라 복음의 제자로 사는 것은 개인적으로는 성령을 따라 행함으로 온전히 자기를 완성하고, 다음 세대에 진정한 영적 모범이 되며, 많은 찾는이들에게는 하나님을 향한 디딤돌이 되어 세상에서 끊임없이 선한 일을 추구하는 것입니다. 공동체적으로는 우리 공동체가 행할 선한 일을 찾아 힘쓰며, 하나님의 다스리심을 선포하며, 완성될 하나님의 나라를 기다리는 것입니다. 이렇게 우리는 만물을 치유하고 회복하시는 메시아의 사역에 참여합니다.

이것이 '풍성한 삶'입니다. 이제 하나님나라 백성의 삶의 기초를 든든히 세웠으니, 멋지고 아름다운 인생을 살아갑시다. 그래서 그분이 오실 때, 그 앞에서 모두 다 기쁨으로 설 수 있기를 기도합니다.

이제 함께 공동 기도문을 낭송하면서 이 훈련을 마무리하려 합니다.

주님, 우리는 지난 12주 동안, 그리스도 예수 안에서 이루어진 놀라운 일들을 살펴보고, 그것을 믿음으로 받아들여서 네 가지 영역에서 균형 있고 점진적으로 성장하는 것을 꿈꾸었습니다. 이제 이것을 배웠으니, 듣고 마는 어리석은 자가 되지 말게 하시고, 배운 것을 믿음으로 받아들여 실제로 행함으로, 우리 인생에서 이 놀라운 진리가 참된 진리로 드러날 수 있도록 인도하여주십시오. 그리하여 우리 개인 한 사람 한 사람이 살아나고, 교회 공동체들이 살아나고, 그리하여 우리 한국 교회가 주님의 영광스러운 이름을 되찾을 수 있도록 도와주시옵소서. 이 모든 말씀, 다시 오실 우리 주님의 이름으로 기도했습니다. 아멘.

묵상 질문

1. 요한일서 3:2-3을 묵상하며, 이 말씀이 자신의 고백인지 살펴보십시오.

2. 당신에게 말씀하시고 영향력을 끼치시는 성령님께 민감하게 반응하기 위해, 당신은 어떤 계획을 세웠습니까? 그 계획을 함께 나누고 서로를 위해서 기도해주십시오.

《풍성한 삶의 기초》,
여러분의 손에 부탁하며

예수님을 처음 만난 이후로 줄곧 계속된 저의 고민, "어떻게 그리스도
인으로 성장하여 풍성한 삶을 누릴까"라는 고민은 하나님나라 복음을
제대로 이해하고 배워가면서 해결되었습니다. 이와 함께 나의 동료이
며, 나를 따라오는 성도들을 어떻게 섬길까 하는 고민은 이《풍성한 삶
의 기초》를 구성하고 만들면서 그 실마리를 찾았습니다. 나들목교회를
세우고 이 훈련 과정을 만들어 네 번의 개정을 거치는 동안, 1,000명에
가까운 성도들이 이 제자훈련에 참여하여 적지 않은 변화와 열매를 거
두었습니다.

　오늘 이렇게《풍성한 삶의 기초》의 최종 원고를 마치면서, 그동안 함
께 훈련에 참여하였던 1,000여 명의 나들목 하늘가족과, 적게는 1회에
서 많게는 10회 이상《풍성한 삶의 기초》를 이끌어준 350여 명의 이끄
미들에게 깊은 감사를 드립니다. 또한 최근 시작된 "하나님나라복음
DNA네트워크"(www.hanabokdna.org)를 통해《풍성한 삶으로의 초대》
와《풍성한 삶의 기초》로 교회 공동체를 세우며 아름다운 열매를 나누
고 있는 여러 동역자들에게도 감사의 마음을 전합니다. 이 훈련 과정은
결코 하룻밤 만에 책상머리에서 만들어진 것이 아니라, 저 개인의 오랜
영적 여정과 나들목이라는 공동체, 여러 동역 교회의 실제 임상이 만들

어낸 것이기에, 마음속에 깊은 감격과 감사가 있습니다.

이제 이 책의 마지막까지 오신 여러분께 부탁합니다. 기독교의 진리를 단지 여러분의 정보량을 늘리는 데 사용하지 말아주십시오. 하나님나라 복음은 우리를 구원하실 뿐 아니라, 우리에게 그 내용을 내면화하여 삶터와 일터에서 살아내기를 강력하게 요청합니다. 지난 12주 동안 배우고 익힌 내용이 우리의 성품과 삶이 될 때까지, 자신의 공동체의 근간이 될 때까지 이 내용을 더욱 심화시키도록 애쓰십시오. 먼저 성령께서 진리로 우리 자신을 변화시키시는 것을 경험하십시오. 작은 공동체 내에서 이 진리를 먼저 경험하고 누리십시오.

그렇게 풍성한 삶을 먼저 사신 분들은 성령께서 여러분 마음속에 이 놀라운 하나님나라의 복음을 다른 사람에게 전수하고 싶은 마음을 주실 것입니다. 그런 분들은 앞에 언급한 웹사이트에서 "풍성한 삶의 기초-인도자반" 강의를 신청하시고, 이 훈련에 이어지는 성서신학과 영성, 방법론에 대해서 배우십시오. 이 내용은 《제자훈련: 폐기할 수 없는 기독교의 생존전략》(가제)이라는 이름으로 곧 출간될 것입니다.

자신의 삶에 '풍성한 삶의 기초'를 놓으면서, 이러한 삶에 대한 성경적인 이해가 깊어졌다면, 이 놀라운 복음을 여러분 주변의 누구에겐가 꼭 전수해주십시오. 여러분의 이끄미가 여러분을 위해서 수고하였던 것처럼, 여러분도 그렇게 애써주십시오. 우리가 우리 손에 전해진 하나님 나라의 복음을 누구에겐가 지속적으로 전수한다면, 한국 교회가 하나님의 명예를 실추시키고 있는 이때에, 예수님을 진정으로 따르는 따르미들이 많이 일어나고, 그들을 통해서 하나님의 공동체가 세워지고 갱신되는 놀라운 일들이 반드시 일어날 것입니다.

결국, 이 놀라운 하나님나라의 복음은 이제 여러분의 손에 달려 있습니다. 우리 선조가 그렇게 했던 것처럼, 우리도 열심히 이 진리를 살고 전수합시다. 그의 영광스런 나라가 이 땅에 임하여 온 창조세계를 온전하게 새롭게 하시고, 하나님이 우리 가운데 거하시는 그날이 올 때까지 그리스도의 은혜 가운데서 모두 강건하십시오.

2014년 6월 북악산을 바라보며

Foundation Of Abundant Life